THÉORIE ET PRATIQUE

DES

OBLIGATIONS

I

THÉORIE ET PRATIQUE

DES

OBLIGATIONS

OU

COMMENTAIRE

DES TITRES III ET IV, LIVRE III DU CODE CIVIL

ARTICLES 1101 A 1386

PAR M. L. LAROMBIÈRE

Membre de l'Institut
Ancien Premier Président de la Cour d'appel de Paris
Président à la Cour de cassation

NOUVELLE ÉDITION

TENUE AU COURANT DE LA JURISPRUDENCE

———

TOME PREMIER

Articles 1101 à 1145

———

PARIS

A. DURAND ET PEDONE-LAURIEL, ÉDITEURS
Libraires de la Cour d'appel et de l'Ordre des Avocats
G. PEDONE-LAURIEL, SUCCESSEUR
13, RUE SOUFFLOT, 13

—

1885

Si l'on nous demande comment et pourquoi nous avons fait ce livre, voici notre réponse :

Il nous a toujours semblé que la loi générale des obligations et des contrats était la loi essentielle et fondamentale de la législation civile. Elle est la loi de tous, de tous les actes et de tous les instants. Les autres parties du droit, vivifiées et fécondées par elle, en dérivent ou y aboutissent; elle en est constamment le point de départ ou la fin. En elle se résument les éléments de la sociabilité humaine, les grands principes qui sont les fondements des sociétés. Nous y retrouvons, dans les contrats, la liberté morale de l'homme; dans les obligations résultant de la loi, l'égalité des devoirs sociaux; dans la matière des engagements, la propriété; dans la transmission des obligations et des droits, l'hérédité et la famille. Aussi régit-elle également la civilisation et la barbarie; car elle est la suprême loi de justice, universelle et absolue, fixant par le droit les principes de la dignité et de la moralité humaines.

A ces divers titres, nous lui avons patiemment consacré la meilleure partie de nos méditations et de nos études. Nous n'avons d'abord pensé qu'à nous-même, à notre profession, à nos fonctions. Mais après avoir ainsi commencé par une étude, nous

1

avons involontairement fini par un livre. Notre ouvrage n'est donc pas un livre écrit de parti pris ; il n'en est peut-être que plus de bonne foi.

C'est probablement avoir déjà gagné quelque chose que de se plaire en ces matières, où les préceptes du droit sont d'accord avec les enseignements de la philosophie. Mais il faut les aborder avec une conscience droite et un cœur honnête. Puissent les Codes et leurs commentaires se fermer et se pétrifier, sous la main de ceux qui, de la science du juste et de l'injuste, seraient tentés de faire un art d'iniquité, de mauvaise foi et de fraude !

Quant à ceux qui aiment naturellement la justice, qu'ils ne dédaignent point d'en étudier les règles dans la loi. Ils y distingueront sans peine cette morale d'action, de bon sens et d'équité, où l'idée de l'utile mêlée à celle de l'honnête, sans la dénaturer, constitue, à vrai dire, l'honnêteté commune et la justice pratique. Leur conscience et leur raison ne laisseront pas de ressentir une satisfaction bienfaisante et une noble fierté, à considérer le droit comme étant l'expression la plus haute de la probité humaine.

Voilà sous quelles impressions et dans quels sentiments nous avons écrit notre livre. Quel que soit l'accueil que le public lui réserve, nous ne croirons jamais avoir perdu sans fruits pour nous-même les années que nous avons passées à méditer une partie de notre législation civile qui, plus que toute autre, semble respirer la puissance de la loi, la majesté du droit, la sainteté de la morale.

CODE CIVIL

LIVRE III. — TITRE III

DES CONTRATS

ou

DES OBLIGATIONS CONVENTIONNELLES EN GÉNÉRAL

(Décrété le 7 février 1804. Promulgué le 17 du même mois.)

CHAPITRE PREMIER

DISPOSITIONS PRÉLIMINAIRES

ARTICLE 1101.

Le contrat est une convention par laquelle une ou plusieurs personnes s'obligent, envers une ou plusieurs autres, à donner, à faire ou à ne pas faire quelque chose.

Sommaire.

1. Des définitions dans un Code.
2. Définition du contrat.
3. En quoi il diffère de la convention simple.
4. Toute convention non obligatoire n'est pas un contrat.
5. Définition de l'obligation.
6. Obligation parfaite et imparfaite.
7. Quand l'obligation est dissoute.
8. De l'objet essentiel à toute obligation.
9. Toute convention suppose une offre et une acceptation.
10. L'acceptation doit cadrer avec l'offre. Examen de divers cas.
11. L'acceptation se fait tacitement ou expressément.

12. Le nom par lequel la chose est désignée ne fait absolument rien.
13. La proposition peut être rétractée, tant qu'elle n'a pas été acceptée.
14. Mais non pas toujours impunément.
15. Il ne faut pas confondre la rétractation de l'offre avec la condition potestative résolutoire du contrat.
16. Ces règles s'appliquent aux offres faites en justice par les parties litigantes.
17. Les reconnaissances et renonciations unilatérales n'ont pas besoin d'être acceptées.
18. L'acceptation est bien venue tant que l'offre n'est pas rétractée.
19. Le contrat n'est formé que par l'acceptation connue.
20. L'acceptation devient impossible si l'une des parties meurt ou devient incapable auparavant.
21. Des offres et acceptations par correspondance.
22. Si l'offre d'une part et la même offre de l'autre viennent à se croiser fortuitement, il n'y a pas de contrat.
23. Il y a exception pour les commerçants et ceux qui par état tiennent leurs choses ou leurs services offerts perpétuellement au public.
24. Si la rétractation cause un préjudice, il doit être réparé.

COMMENTAIRE.

1. Les définitions légales sont elles-mêmes des règles de droit ; et s'il est vrai de toute science, surtout de la science de la législation et du droit, qu'elle se réduise à une langue bien faite, il appartient au législateur d'en donner l'enseignement et l'exemple. Cependant on a dit, depuis longtemps, qu'en droit toute définition est périlleuse (1). Mais alors même qu'elle est incomplète ou inexacte, son imperfection peut toujours être réparée ou rectifiée à l'aide des principes supérieurs qui la dominent et que toute bonne définition doit résumer. Le titre des contrats et des obligations conventionnelles commence donc par la définition et la classification des contrats ; nous avons à en apprécier l'exactitude et la vérité.

2. Le contrat, dit l'article 1101, est une convention par laquelle une ou plusieurs personnes s'obligent, envers une ou plusieurs autres, à donner, à faire, ou à ne pas faire quelque chose.

(1) L. 202, ff. De reg. jur.

Le contrat est une convention... Qu'est-ce donc qu'une convention ? *Duorum vel plurium in idem placitum consensus* (1) ; un accord de volontés entre deux ou plusieurs personnes, et, mot à mot, un rendez-vous donné par elles dans la même pensée ; *nam sicuti convenire dicuntur qui ex diversis locis in unum colliguntur et veniunt, ita et qui ex diversis animi motibus in unum consentiunt, id est in unam sententiam decurrunt* (2).

Cette corrélation de volontés, constitutive de toute convention, peut exister entre une ou plusieurs personnes d'une part et une seule ou plusieurs autres d'autre part. Et s'il y a plusieurs personnes du même côté, elles se seront donné elles-mêmes un premier rendez-vous dans une intention commune ; il y aura aussi entre elles une première convention.

3. Si tout contrat est une convention, toute convention n'est pas un contrat. Ce qui donne à une convention le caractère et la force d'un contrat, c'est l'obligation qu'elle impose d'un côté et le droit qu'elle confère de l'autre : obligation et droit, termes corrélatifs, idées inséparables, inconcevables l'une indépendamment de l'autre. Aussi, l'article 1101, après avoir dit que le contrat est une convention, ajoute-t-il : *par laquelle une ou plusieurs personnes s'obligent,* etc. Voilà le caractère essentiel du contrat ; il est essentiellement une convention obligatoire, c'est-à-dire susceptible d'être ramenée à exécution par les voies de droit.

Une convention n'a de valeur réelle, de même qu'elle n'a d'existence légale, que comme expression et résumé de volontés unanimes. Pour contracter, il faut donc convenir, consentir, *animo contrahendæ obligationis,* dans la ferme intention de s'obliger. Sans cette intention il n'y a pas de contrat, et la convention n'est pas seulement annulable, elle est réputée inexistante.

(1) L. 1. § 2, *ff. De pactis.*
(2) L. 1. § 3, *ff. De pactis.*

4. On rencontre des conventions si bizarres, si originales, si étranges, qu'on ne peut les regarder comme sérieuses et obligatoires. Acheter, par exemple, cent hectolitres de blé à tant le grain, de noix à tant la douzaine, voilà certainement une très singulière convention, qui, à moins de la preuve évidente du contraire, passera pour avoir été faite *jocandi causâ*, par forme de plaisanterie, plutôt que *animo contrahendæ obligationis*. Combien entre-t-il, dans un hectolitre, de grains de blé, de douzaines de noix ? Telle sera, le plus souvent, la question que la convention présente à résoudre comme simple pari ou comme ridicule expérience.

Nous convenons de faire ensemble un voyage·d'instruction ou d'agrément ; dans l'acception générale du mot, c'est bien une convention, *in idem placitum consensus*. Mais ce n'est pas un contrat ; car ni vous ni moi n'entendons faire une convention strictement obligatoire. Il appartient donc aux circonstances d'expliquer si la convention a été formée pour atteindre à la dignité et à la perfection de contrat, ou pour demeurer dans l'état de faiblesse et d'infirmité de convention simple. Telle serait encore cette promesse faite par un notaire de Caen dans une lettre adressée au maire : « — Pénétré de la plus vive reconnaissance pour le bienfait que vient de m'accorder Sa Majesté (sa nomination de notaire), j'ai le désir d'y faire participer les pauvres de la ville de Caen : j'ai en conséquence l'honneur de vous déclarer que je prends l'engagement de leur donner annuellement, pendant vingt années, une somme de 1,000 fr. » Depuis 1823 jusqu'en 1837, le sieur Evrard paya exactement. A cette époque il vendit son étude et cessa de payer. Poursuivi par le maire de Caen, il ne lui fut pas difficile de démontrer qu'il n'avait contracté qu'un engagement d'honneur, de délicatesse, sans lien juridique qui pût créer contre lui une action légale en exécution d'un simple acte de bienfaisance, parfaitement spontané et volontaire de sa part (1). Jusqu'où ne va pas le ridicule des procès !...

---

(1) Orléans, 23 avril 1842. Sirey, 43, 2, 383.

5. Les lois romaines définissent l'obligation *vinculum juris quo necessitate adstringimur alicujus rei solvendæ, secundum nostræ civitatis jura* (1). Que l'on remarque ces mots *vinculum juris*, un lien de droit, lien moral qui nous enchaîne à la nécessité d'exécuter nos conventions.

6. Quand une obligation se présente avec ce caractère imposant de nécessité légale, quand le droit lui communique l'autorité des commandements de la loi, et en fait, suivant l'énergique expression de l'article 1134, la loi des parties contractantes, on dit alors de cette obligation que c'est une obligation parfaite, par opposition aux obligations qu'on appelle imparfaites, parce qu'on est astreint à leur exécution non plus par un lien de droit, *vinculum juris*, mais seulement par un lien de morale, d'honneur, d'équité naturelle. Ce mot, obligation, pris dans toute son étendue, a donc un grand sens ; il exprime tous nos devoirs, il implique tous nos droits.

7. Ce lien de droit n'existe qu'aussi longtemps que dure la nécessité de payer quelque chose, *alicujus rei solvendæ*. Quand il a été satisfait à cette nécessité, le lien est rompu, il n'y a plus d'obligation. En effet le mot *solvere*, appliqué à l'obligation même, exprime son extinction ; appliqué aux personnes, leur libération ; appliqué aux choses, leur payement ; c'est-à-dire, l'accomplissement de l'obligation même ; et c'est dans ce dernier sens que *necessitate adstringimur*.

8. Toute obligation a essentiellement un objet ; *obligationum substantia consistit.... ut alium nobis obstringat ad dandum aliquid, vel faciendum, vel præstandum* (2). Quand on s'oblige, ce doit toujours être ou à donner, ou à faire, ou à ne pas faire quelque chose : ce sont les termes de l'article 1101.

Il y a dans la loi romaine le mot *præstandum*, qui ne se trouve point traduit dans notre article. *Præstare* avait en droit

---

(1) Instit., *De oblig. Pr.*
(2) L. 3, *ff. De oblig.*

romain plusieurs acceptions diverses, dont le sens n'était pas
parfaitement précisé. Par opposition au mot donner, *dandum*,
il signifiait livrer, faire avoir une chose, sans translation de
propriété. Pris dans ce sens, il se confond aujourd'hui avec
donner.

En effet, si dans les principes du droit romain le mot
donner signifiait spécialement conférer la propriété (1), dans
les principes du Code civil, il y a obligation de donner toutes
les fois qu'on s'est obligé à transférer un droit réel sur une
chose, soit un droit de propriété, d'usufruit, de servitude, soit
même un simple droit de détention, de jouissance, de gage,
d'antichrèse, d'hypothèque. Il y a obligation de donner, suivant
l'acception générale du mot, parce que l'obligation se ramène
à exécution sur la chose même qui en est l'objet. C'est là le
caractère essentiel et commun de toutes les obligations de
donner, qui d'ailleurs ont chacune leurs effets particuliers,
suivant la nature et l'espèce de la convention dont elles
dérivent.

Il y a obligation de faire ou de ne pas faire, toutes les fois
que c'est la personne même qui est obligée, et que c'est sur
elle que l'exécution doit se poursuivre. Mais sans rien antici-
per, qu'il nous suffise d'énoncer ici la différence immense qui
sépare l'obligation de donner de celle de faire ou de ne pas
faire ; c'est que la première est exécutoire *in terminis*, à la
lettre, tandis que l'autre se résout, en cas d'inexécution, en
simples dommages et intérêts (1142).

9. Puisque toute convention se forme par le concours de
plusieurs volontés consentantes, *duorum vel plurium in idem
placitum consensus*, on doit distinguer dans toute convention
l'offre ou la proposition d'une part et l'acceptation de l'autre.
Elle commence par la proposition, elle s'achève par l'acceptation. Supprimez l'un de ces termes, et vous n'aurez absolument rien. Une offre inacceptée est un acte stérile, impuissant
à transférer aucun droit ; et une acceptation sans offres préala-

(1) Instit., *De act.*, § 14.

bles est une chose impossible, absurde, qui ne répond à rien. Pour acquérir, il ne suffit pas en effet qu'on m'offre, il faut que j'accepte ; il ne suffit pas non plus que je veuille acquérir, si l'on ne me fait pas d'offres (1). Votre volonté seule ne me transfère donc rien, pas plus que ma volonté seule n'acquiert.

10. Les volontés mises en présence doivent consentir, convenir sur la même chose, *in idem placitum*. Puisqu'il s'agit de convenir, il faut se donner rendez-vous sur le même terrain. L'acceptation doit répondre à la proposition, pour ainsi dire, mot pour mot. Autrement, il y aurait une chose offerte et une autre chose acceptée ; il n'y aurait plus *consensus in idem placitum*, il n'y aurait plus convention.

Quand nous disons que la chose acceptée doit être la même que la chose offerte, nous n'exigeons pas seulement une identité matérielle. Je vous offre la vente de mon cheval, au prix de 500 fr. payables à tels termes, si tel événement arrive. Le montant du prix, le payement à tels termes, l'apposition d'une condition, concourent à caractériser l'offre, à en fixer l'identité. Il ne vous suffira donc pas de dire, j'achète votre cheval, si d'ailleurs vous ne vous mettez d'accord avec moi sur les diverses clauses et conditions dont ma proposition est assortie. L'acceptation doit enfin prendre l'offre telle qu'elle est faite, et s'y conformer de tous points (2).

L'identité de l'offre ne se caractérise pas seulement par son objet matériel, par ses clauses et conditions diverses, mais encore par les personnes qui la font, par les personnes à qui elle est faite. Il faut donc que la proposition soit acceptée par tous ceux à qui elle s'adresse et vis-à-vis de tous ceux qui la font (3).

Cependant s'il résultait de la manière dont l'offre est conçue, de son objet, de la fin que se proposent les parties, que

(1) Pothier, *Oblig.* n° 4. — Toullier, t. 6, n° 24.
(2) Troplong, *Vente,* n° 30.
(3) Toullier, t. 6 n° 24.

leur intention est de contracter séparément, individuellement et à part, de former autant de conventions distinctes, sans autres rapports, sans autre contact, sans autre confusion qu'un rapprochement d'origine et une simultanéité de naissance, la proposition serait alors valablement acceptée par un seul à l'égard d'un seul. Par exemple, trois personnes disent à trois autres : nous vous offrons pour tant la vente de nos immeubles. Un seul d'un côté pourra répondre à un seul, aux deux ou aux trois de l'autre, j'accepte : et la convention sera formée. Mais si la proposition portait sur des immeubles indivis, il faudrait une acceptation à l'égard de tous : car il est évident qu'ils n'ont pas voulu vendre séparément. De même si l'offre était faite avec condition de solidarité entre les acquéreurs, il faudrait une acceptation de la part de tous. Tout dépend donc des circonstances ; et il nous suffit d'avoir indiqué la distinction à faire : est-il, oui ou non, dans l'intention de ceux qui proposent de faire une offre divisible au fond, quoique indivise dans la forme, et de se contenter d'acceptations individuelles et séparées, malgré la généralité de la proposition ?

Lorsque l'acceptation ne cadre pas avec l'offre, par exemple, lorsque sur l'offre de vendre un cheval, on accepte la vente d'un bœuf, ou lorsque l'offre est pure et simple et l'acceptation conditionnelle, on fait ce que les lois romaines appellent une stipulation inutile (1); c'est-à-dire qu'on ne fait absolument aucune convention. Il n'y aurait pas non plus corrélation de volontés, si à l'offre faite cumulativement de plusieurs choses qu'on ne veut point séparer, on répondait par l'acceptation d'une seule chose. Ce ne serait plus en effet le même objet offert et le même objet accepté. Mais si chacune des choses offertes était considérée isolément comme formant l'objet d'une stipulation particulière, comme alors il y a matière à plusieurs conventions distinctes et indépendantes,

_____

(1) Instit., *De inut. stip.*, § 5, 23, 18. — L. 1, § 3. — 83, § 1, *ff. De verb. oblig.*

quoiqu'elles puissent être réunies par une communauté d'origine, le répondant peut restreindre son acceptation à l'une des choses offertes, former quant à celle-ci une convention valable, tandis que pour les autres choses, à défaut d'acceptation, il n'y a aucune convention achevée (1). Il faut donc appliquer ici à la division des choses, la distinction que nous venons de faire pour la séparation des personnes.

Partant de ce principe, que le moins est dans le plus, Ulpien et Paul (2) pensaient que l'acceptation se conformait encore à la proposition, mais seulement pour la moindre des deux valeurs, malgré leur non conformité absolue; comme il n'y avait qu'une différence de nombre et de quantité, il était, suivant eux, valablement convenu pour le *minimum*. Ainsi je vous offre vingt, vous acceptez dix, et *vice versâ*, il y a convention pour dix. Mais Caïus (3) pensait au contraire qu'il n'y avait qu'une stipulation complètement inutile. C'est cette dernière opinion que Justinien a adoptée (4). Elle est à coup sûr la plus raisonnable et la plus juste. Tel voudra prêter 1,000 fr. et non 500 fr.; tel autre, emprunter 2,000 fr. et non 1,000 fr. Il ne s'agit pas de savoir si le plus contient le moins, principe d'ailleurs matériellement vrai; mais si celui qui veut plus veut moins, si celui qui veut une chose dans une certaine mesure, veut également cette chose dans une mesure moindre et par conséquent autre. Or si je vous offre la vente de cent hectolitres de blé et que vous en acceptiez un; si vous m'en demandez cent, et que je vous en offre trois, où est l'identité de la chose offerte et de la chose acceptée? N'est-il pas évident que nous ne nous entendons point (5)?

Cependant lorsque la différence du plus ou moins dans l'acceptation n'est que le résultat d'une erreur évidente, ou qu'elle autorise à conclure tout de même, ou *à fortiori*, l'existence du

---

(1) Instit. *De inut. stip.*, § 18. — L. 29, 83, § 4. *ff. De verb. oblig.*
(2) L. 1, § 4. — 83, § 3, *ff. De verb. oblig.*
(3) Instit., 3., 102.
(4) Instit., *De inut. stipul.*, § 5.
(5) Voy. cep. Vinnius, Instit. — Voet, *De verb. obl.* — Cujas, *ibid.*

consentement, la convention n'en est pas moins valablement formée. Si c'est une erreur, le contrat est achevé par l'acceptation dans la mesure de l'offre faite. Que si la différence entre les deux quantités permet encore de croire à la réalité du consentement, la convention se réduit à la moindre valeur comprise soit dans l'offre, soit dans l'acceptation. Ainsi je vous afferme dix, vous croyez payer cinq, pas de convention. Car voulant dix, je ne puis être présumé consentir à cinq. Je vous afferme cinq et vous acceptez pour dix, il y a bail, mais seulement au prix de cinq, le seul point sur lequel on puisse conclure notre commun accord (1).

Dans les donations et autres contrats à titre gratuit, la différence du plus au moins ne peut être non plus un obstacle à l'achèvement de la convention, lorsqu'elle fait présumer *à fortiori* le consentement de toutes parties. Je vous donne 100 fr., vous acceptez 50 ; je vous donne la pleine propriété, vous acceptez l'usufruit. Le contrat est valable pour le *minimum*. Mais si vous offrant l'usufruit, vous acceptez la pleine propriété, il n'y a rien de fait, parce que je ne veux pas donner la pleine propriété et que vous pouvez, d'après les charges de la donation, ne pas vouloir vous contenter de l'usufruit.

Lorsque l'offre est alternative, l'acceptation pure et simple embrasse les deux choses. Vous me demandez 5,000 fr. ou 6,000 fr.; j'accepte : il y a convention ; vous pouvez me demander 5,000 fr. ; parce que le *minimum* de votre demande est le montant de mon obligation (2). Je pourrai cependant vous obliger à prendre 6,000 fr., parce que la réduction de l'obligation au *minimum* est tout entière en ma faveur, de moi obligé. Ainsi, la généralité de mon acceptation me donne le droit de choisir, tandis que la généralité de votre offre, de votre proposition vous enlève le droit de vous plaindre de mon option. Car elle porte toujours sur une chose que vous avez demandée.

---

(1) L. 52, *ff. Locati.*
(2) L. 12, 109, *ff. De verb. oblig.*

11. Notre droit français ne connaît pas de formes sacramentelles pour exprimer soit la proposition, soit l'acceptation. Il suffit que chaque intention se fasse connaître, par paroles, par gestes ou par écrit, et se mette avec l'autre en corrélation parfaite. L'offre est suffisamment acceptée par ces mots, j'accepte, j'y consens, ou par la réplique au moyen du verbe de l'interrogation. Ce sont là autant d'expressions complètes d'une adhésion sans réserve. Le consentement peut s'exprimer par un signe, *nutus significatio voluntatis* (1), même par le silence (2); qui ne dit rien consent, bien que le silence ne puisse pas se prendre toujours pour une adhésion. *Qui tacet non utique fatetur; sed tamen verum est eum non negare* (3); se taire n'est pas dire oui, mais aussi ce n'est pas dire non. Je vous offre la vente d'une paire de bœufs, d'un troupeau de moutons; vous acceptez tacitement en les marquant, en les conduisant dans votre écurie. Arracher quelques poils à l'animal, se frapper mutuellement dans la main signifient une convention faite, un marché conclu. Je vous propose un mandat; vous acceptez en l'exécutant. Il suffit enfin qu'il n'y ait pas d'équivoque sur l'accord des parties.

12. Il importe peu que les parties, en se mettant d'accord, désignent la chose par des mots différents, si d'ailleurs elles s'entendent sur cette chose (4). Mais alors même que dans l'acceptation on emploierait la même expression que dans l'offre, si l'acceptant entendait par là une chose différente, il n'y aurait pas de convention régulièrement formée (5).

13. Tant que les offres n'ont pas été acceptées, celui qui les a faites peut les rétracter; sa volonté lui appartient encore,

---

(1) L. 65, § 3, *ff. Ad S. C. Trebell.*.

(2) V. Bordeaux, 3 juin 1867. SIREY, 68, 2, 183.— Cass., 15 avril 1874. SIREY, 74, 1, 432.

(3) L. 142, *ff. De red. jur.*

(4) L. 65, § 1, et L. 136, *ff. De verb. oblig.* — L. 9, § 1, *ff. De cont. emp.*

(5) Instit., § 23, *De inut. stipul.*

il peut en disposer librement. Mais après l'acceptation, il y a contrat, il y a lien. *Contractus sunt ab initio voluntatis, ex post facto necessitatis. Sicut initio libera potestas unicuique est habendi vel non habendi contractus, ita renunciare semel constitutæ obligationi, adversario non consentiente, nemo potest* (1). Celui qui a fait la proposition ne peut se soustraire à la loi de la convention, contre le gré de l'autre partie, à moins qu'il ne se soit réservé le droit de changer de volonté, ou que la loi ne le lui réserve, comme au cas de mandat (2004), de dépôt (1944). Mais alors ce n'est plus une rétractation d'offres ; c'est une dissolution de contrat.

14. Il n'est pas vrai cependant que les offres puissent toujours être impunément rétractées avant l'acceptation. Par exemple, si, vous offrant la vente de ma maison, je vous accorde huit jours pour réfléchir ou consulter votre famille, je ne reprends le droit de rétracter mes offres, à défaut d'acceptation, qu'après l'expiration des délais accordés. Je ne puis du moins les rétracter en ce sens, que si, sur la foi de ma proposition, quoique non acceptée, vous avez fait quelques démarches, quelques dépenses, ma rétractation, en faisant manquer le contrat, m'oblige envers vous à la réparation du préjudice causé (2). Mais je puis les rétracter en ce sens, que votre acceptation ultérieure ne peut faire considérer ma rétractation comme nulle et m'imposer de force un contrat contre lequel j'ai protesté avant sa formation.

Il en est de même de l'offre d'acheter ou de passer tout autre contrat qui serait faite dans des termes semblables, avec indication d'un délai facultatif pour y répondre. Cette offre ne lie celui de qui elle émane, ainsi que nous venons de le dire, que si elle a été elle-même, tout d'abord et indépendamment de l'acceptation définitive qui est provoquée par le proposant, l'objet d'une acceptation particulière, soit expresse, soit présumée d'après les circonstances de la cause. Si cette

(1) L. 5, C. *De oblig.*
(2) Voy. inf., n° 24.

acceptation n'est pas intervenue, et c'est précisément le cas où nous nous plaçons, on ne saurait prétendre qu'il ait été formé une convention quelconque, faisant obstacle à la rétractation de l'offre, sauf réparation du dommage qui aurait été causé.

15. Il ne faut pas confondre avec cette hypothèse le cas où le contrat aurait été régulièrement formé dans le principe, mais soumis à une condition résolutoire potestative, *si displicuerit*. Si la condition se réalise, il y a dissolution de contrat. Aussi, au défaut de la condition, le contrat est-il maintenu, sans qu'il soit question de rétractation d'offres qui dès le début ont été acceptées. Car les parties ont fait un contrat, conditionnel, il est vrai, mais qui ne les lie pas moins, et elles ne se sont pas bornées à l'ébauche d'une convention.

J'offre la vente de tel domaine à Paul, par l'entremise d'un tiers qui n'accepte pas définitivement. Je suis censé lui accorder le temps nécessaire pour consulter Paul et rapporter son adhésion. Je ne pourrai donc rétracter ma proposition qu'à l'expiration de ce délai, qui d'ailleurs se calcule avec quelque facilité et sans trop de rigueur (1). Nous supposons que le porte-fort n'a pas accepté mon offre ; car autrement il ne s'agirait pas de rétractation, mais de la résolution d'une convention dûment achevée.

16. Les règles relatives au concours et à la conformité de l'offre avec l'acceptation, s'appliquent également aux contrats que les parties litigantes peuvent former devant la justice. Une offre, une déclaration, un consentement, une délation de serment, donnés et faits devant la justice, ne forment que le premier terme d'un contrat qui ne s'achève que par leur acceptation. Tant que l'adversaire n'a pas déclaré y accéder, n'en a pas demandé acte, ces propositions peuvent être révoquées. Pour avoir été faites devant la justice, elles n'en sont

---

(1) L. 11, § 2, *ff. Rem ratam haberi.*

pas moins la première partie d'une convention dont les juges sont là pour donner témoignage et dresser monument (1).

Mais le contrat judiciaire est formé par l'acceptation de l'autre partie, sans qu'il soit nécessaire que les juges aient donné acte de la proposition et de l'adhésion. Donner acte n'est qu'un mode de constatation qui peut être suppléé par d'autres éléments de preuve. La formation du contrat judiciaire en est donc indépendante, autant qu'une convention ordinaire peut l'être de l'acte qui l'établit (2).

17. Il ne faut pas ranger sur la même ligne les simples actes de reconnaissance et la formation des contrats. Autre chose reconnaître une obligation existante, autre chose créer une convention. Le débiteur s'oblige irrévocablement en faisant une reconnaissance unilatérale et solitaire de sa dette, en l'absence et à l'insu de son créancier (3). C'est que la reconnaissance n'a pas besoin d'être acceptée (4). Comme elle peut être tacite, résulter d'un simple fait, et que la seule manière d'accepter un fait c'est de s'en prévaloir, il suit qu'on peut toujours s'emparer d'un acte de reconnaissance, tant qu'on ne l'a pas répudié.

Pareillement les simples actes de renonciation purement abdicative et ne contenant aucune translation de droits, n'ont pas besoin d'être acceptés par les tiers qui en profitent. Ils produisent effet par eux-mêmes, sans que les tiers en faveur desquels ils ne contiennent aucune stipulation ou engagement soient tenus, pour les rendre irrévocables à leur égard, de se les approprier par une acceptation expresse ou tacite. De pareils actes sont immédiatement parfaits par la seule déclaration unilatérale de la personne de qui ils émanent, pourvu

---

(1) Cass., 8 avril 1835. Sirey, 36, 1, 37. — Cass., 9 juillet 1845. Sirey, 45, 1, 729.

(2) Merlin, Rép. vᵢₛ Contrat judiciaire. — Voy. cepend. Caen, 19 août 1837. Sirey, 38, 2, 25.

(3) Delvincourt, t. 2, p. 675. — 2ᵉ édit.

(4) Dunod, Prescript., p. 58. — Merlin, Quest. de droit, Suppl., vᵒ Prescript., p. 605. — Troplong, Prescript., nᵒ 615.

qu'elle soit capable et maîtresse de ses droits. Dès lors les droits qui forment l'objet de la renonciation sont éteints par la seule force de l'acte, et leur extinction profite de droit à ceux qui n'avaient que des droits à un rang postérieur qu'ils primaient ou modifiaient d'une manière quelconque. Tel est le cas où un créancier déclare renoncer à son hypothèque, et consentir à ce que tels autres créanciers viennent à son rang et par préférence à lui-même. Il ne saurait revenir contre sa renonciation, sous le prétexte que les tiers bénéficiaires ne l'ont pas acceptée (1).

Mais il convient de ne pas se méprendre sur le véritable sens de cette doctrine. Quand nous disons que toute personne, maîtresse de ses droits, peut y renoncer unilatéralement, à son gré, sans le concours et l'acceptation de ceux qui en profitent, nous supposons que ces derniers ne font qu'exercer leurs droits personnels, améliorés seulement par la renonciation dont ils se prévalent. Que si, au contraire, ils entendaient se prévaloir, non de leurs droits propres, mais de ceux du renonçant, par suite, soit d'une cession de créance, soit d'une subrogation de rang, soit de toute autre translation effective de droits, s'agissant alors d'un acte réellement conventionnel, la partie prétendue renonçante pourrait leur opposer l'inexistence du contrat et retirer son consentement, tant qu'il ne serait intervenu de leur part aucune acceptation régulière. C'est ce qui a lieu, par exemple, lorsqu'un créancier hypothécaire renonce à son droit en faveur d'un créancier autre que celui qui le suit immédiatement. Ce créancier profite sans doute de la renonciation, considérée comme abdication pure; mais il n'en profite qu'à son rang; et s'il entend l'opposer comme contenant cession de rang en sa faveur, il faut qu'elle réunisse toutes les conditions essentielles à la perfection des contrats.

---

(1) Cass., 19 nov. 1855. SIREY, 56 1, 145. — Nîmes, 5 août 1862. SIREY, 62, 2, 402.

18. Il est évident que la proposition d'une part précède toujours l'acceptation de l'autre, de même que la demande précède la réponse. Mais l'initiative n'appartient exclusivement à personne. Elle peut être prise par l'une ou l'autre des parties qui, une fois sa proposition faite, est censée y persévérer, tant qu'il n'apparaît pas d'une rétractation. Jusque-là l'acceptation est possible et bien venue, à moins qu'un terme de rigueur n'ait été fixé dans lequel elle devait intervenir (1)· L'expiration de ce délai, sans acceptation, équivaut à refus ou retrait des offres.

19. Il faut, pour la perfection du contrat, que cette acceptation soit connue de celui qui a fait la proposition (2). C'est ce que décide l'article 932 pour les donations. Mais ceci est vrai de tous les contrats; seulement il n'est pas besoin d'une notification. Celui qui a fait l'offre pourra donc la rétracter, même après que l'acceptation aura été donnée, pourvu que ce soit avant de la connaître. Car, en droit, cette acceptation ignorée est vis-à-vis de lui comme non existante. De son côté, celui qui a donné son acceptation peut la rétracter, tant qu'elle n'est pas connue, comme il dispose d'une pensée secrète, comme il reprend une parole non entendue. Si donc une rétractation est encore possible, la convention n'est pas encore formée. Et puisque la rétractation n'est plus possible que lorsque l'acceptation a touché le proposant, ce n'est aussi qu'à ce moment-là que le contrat est parfait. D'où il suit que si la proposition doit être acceptée par plusieurs, le contrat ne date que de la dernirée acceptation connue; car jusque-là ces deux termes, offre et acceptation, ne se trouvaient pas mis en présence, réunis face à face au rendez-vous commun.

---

(1) TROPLONG, vente, n° 30. — Lyon, 27 juin 1867. SIREY, 68, 2, 182.

(2) TOULLIER, t. 6, n° 29 — TROPLONG, *Vente*, n⁰ˢ 23 et suiv. — MERLIN, Rép., v° *Vente*, § 1, art. 3, n° 11. — Voy. cep. ZACHARIÆ, t. 2, p. 465, nᵗᵉ 3 (1ʳᵉ édit., Aubry et Rau), et t. 4, p. 294, 4ᵉ édit. — DUVERGIER, *Vente*, n° 58. — MARCADÉ, art. 1108, n° 2.

Il est certains cas cependant où celui qui a fait la proposition est lié par l'acceptation de l'autre, quoiqu'il ne la connaisse pas encore. Je vous écris, par exemple, pour vous donner mandat de faire telle chose en mon nom; pour vous offrir la vente de telle chose, au prix de....., en vous disant que vous n'aurez qu'à m'en envoyer la somme; pour vous engager à me vendre au prix convenu et à m'expédier telle chose, dans tel délai : je vous fais, en un mot, une proposition de convention dans des termes auxquels vous n'avez pas à adhérer autrement que d'une manière tacite et par des faits d'exécution même. Dès que vous avez accompli le mandat (1985), que vous m'avez envoyé la somme ou expédié la chose, je suis lié par votre acceptation, bien que je l'ignore, et la convention est irrévocablement formée entre nous, sans que je puisse revenir sur ma proposition. C'est que vous y avez répondu de votre côté, dans les conditions mêmes où je vous demandais de manifester votre adhésion (1).

Aussi, n'y a-t-il rien à en conclure contre l'opinion que nous venons d'exprimer et suivant laquelle l'acceptation doit être connue pour établir le lien de droit. Cette règle générale reprend donc son empire, quand celui à qui la proposition a été faite, au lieu d'y répondre par un acte d'exécution, comme il en a été sollicité, y fait une réponse différente par lettre préalable ou commissionnaire; l'offre peut alors être rétractée, aussi longtemps que l'acceptation reste ignorée et qu'il n'est d'ailleurs intervenu aucun fait d'exécution régulière. Réciproquement, l'acceptation peut toujours être rétractée, de quelque façon qu'elle ait été donnée, tant qu'elle n'est point parvenue à la connaissance du proposant.

20. Puisque la proposition précède toujours l'acceptation et peut même la précéder plus ou moins longtemps, qu'arrivera-t-il si dans l'intervalle, avant que la proposition soit acceptée, celui qui doit l'accepter meurt, devient incapable de contracter? Le contrat n'étant pas encore formé est dorénavant

(1) Troplong, *Vente,* n° 29.

impossible, parce qu'il ne pourrait s'achever, du moins tel qu'il a été ébauché, que dans un temps où le concours des volontés ne peut plus avoir lieu (1). Ainsi, Paul m'offre la vente de sa maison; avant d'avoir accepté, je tombe en démence; plus de contrat possible : je meurs; mes héritiers ne pourront accepter pour moi. Ce qu'il y a en effet de transmissible dans ma succession, ce sont mes obligations et mes droits, et non une faculté d'acceptation toute personnelle, qui s'éteint avec ma personne, seule capable de la donner, puisque c'est à elle seule que la proposition a été adressée.

Ainsi, le décès du banquier à qui des valeurs sont adressées, arrivé avant que ces valeurs aient été reçues ou aient été passées au crédit de l'envoyeur, ce décès arrête le compte courant, de telle sorte que les valeurs sont restées la propriété de l'envoyeur qui peut les revendiquer dans la faillite du banquier décédé (2). De même la faillite du banquier destinataire eût arrêté le compte courant dès l'instant de son ouverture (3). C'est que le compte courant se fonde sur un contrat qui suppose le consentement réciproque des deux parties, et que le contrat ne peut plus se former, quand celle qui avait encore à donner son consentement vient à perdre, par son décès ou sa faillite, toute capacité nécessaire à cet effet.

Le concours des volontés devient également impossible si c'est le proposant qui meurt ou devient incapable avant l'acceptation. Cette acceptation ne pourra plus avoir lieu vis-à-vis de ses héritiers, parce qu'ils ne le représentent point dans des actes tout personnels de volonté, ni vis-à-vis de lui incapable, parce que, au moment où elle se donne, elle ne s'adresse plus à une proposition appuyée sur un consentement valable. En un mot, les volontés dont le concours forme la convention, doivent, à partir des offres, conserver de part et d'autre les

---

(1) TOULLIER, t. 6, n° 31. — ZACHARIÆ, t, 2, p. 465, n^{to} 4, et t. 4, p. 292, 4e édit. — DUVERGIER, *Vente*, t. 1, n° 69.

(2) Cass., 20 juillet 1846. SIREY, 46, 1, 875.

(3) Cass., 13 mai 1835. SIREY, 35, 1, 707.

mêmes éléments d'identité, de personnalité, de capacité. Celle-là seule peut recevoir l'acceptation qui a fait l'offre; celle-là seule peut accepter qui a reçu la proposition. Et si plus tard, nonobstant ces incidents de mort et d'incapacité, la convention vient à se former, elle constitue une convention nouvelle, puisqu'elle s'achève dans des termes différents de ceux de son ébauche primitive.

Mais remarquons bien que le contrat serait formé si la proposition avait été faite ou acceptée par un tiers se portant fort, bien que la validité de la convention dépendît de ma ratification. Mes héritiers pourraient valablement ratifier eux-mêmes, car ils trouvent un contrat tout formé. Mais il en serait autrement si le tiers, sans se porter fort, n'avait agi que comme entremetteur officieux, réservant mon adhésion et mon consentement.

Si ces incidents de mort ou d'incapacité ne surviennent qu'après l'acceptation donnée, mais avant qu'elle soit connue, le contrat n'en est pas moins irrévocablement formé. Il y a eu en effet concours de deux volontés; et qu'importe que toutes parties puissent se rétracter tant que l'acceptation n'est pas connue? Il n'en est pas moins vrai que le contrat n'est imparfait qu'à cause de cette faculté de rétractation, mais qu'il est formé irrévocablement à défaut de cette rétractation. Or l'effet même de la mort ou de l'incapacité de l'une des parties, survenues après l'acceptation de l'offre, est de rendre toute rétractation impossible de sa part et de consolider le contrat de son côté. Quant à l'autre, il est indifférent qu'elle ait pu se dédire, tant que l'acceptation n'était pas connue, si, ayant cette faculté, elle ne l'a pas exercée à temps. Il y a donc de part et d'autre persévérance de volontés, à défaut de rétractation.

21. Puisque ce n'est pas la mise en présence des personnes, mais le concours des volontés qui forme les conventions, elles peuvent se former par correspondance, par messagers, par tous les moyens qui peuvent servir au rapprochement et à la communication des pensées. La merveilleuse rapidité avec laquelle elles se communiquent rend aujourd'hui l'emploi de ces moyens plus fréquent.

Il faut toujours, comme condition essentielle, qu'il y ait concordance entre les intentions de celui qui propose et de celui qui répond. Si donc il y avait eu erreur, surprise, ou dissentiment formel, il n'y aurait pas contrat. Par exemple, je transmets par le télégraphe ordre à mon commissionnaire de vendre au prix de 165 fr.; les agents du télégraphe, par erreur, signalent 135, et mon commissionnaire trompé vend au-dessous du prix que j'ai inscrit dans la minute de ma dépêche. Dès lors il n'y a pas eu mandat régulièrement conféré, et, n'y ayant pas eu mandat, la vente consentie aux tiers doit être annulée (1).

Mais à quel moment s'achève alors le contrat? Je vous écris pour vous proposer la vente de ma maison. La convention ne s'achèvera que par votre acceptation connue de ma part. Si dans l'intervalle je meurs, si je suis frappé d'incapacité, si je me rétracte (et j'en ai le droit) (2) avant et même après la réception de ma lettre en vos mains, dès lors plus de contrat possible; vous accepteriez en vain; car il faut que mon intention persévère jusqu'au moment où je connaîtrai votre adhésion. Les choses enfin ne se passent pas autrement quand on correspond que quand on s'abouche (3).

Vous me répondez que vous acceptez. Votre lettre ne m'est pas encore parvenue que je me rétracte. Remarquez que je suis encore à temps de le faire (4); car votre acceptation ne

---

(1) Amiens, 11 mai 1854. SIREY, 55, 2, 186.

(2) Voy. *Suprà*, nᵒˢ 13, 19.

(3) POTHIER, *Vente*, nᵒ 32. — MERLIN, Rép. vᵒ *Vente*, § 1, art. 3, nᵒ 11. — TROPLONG, *Vente*, nᵒˢ 23, 24; il cite un passage de Bade. — Bruxelles, 25 fév. 1867. SIREY, 68, 2, 182. — Paris, 12 juin 1869. SIREY, 69, 2, 237. — Cass. 23 fév. 1870. SIREY, 70, 1, 296. — Bordeaux, 17 janvier 1870. SIREY, 70, 2, 219. — Chambéry, 8 juin 1877. SIREY, 77, 2, 252.

(4) TROPLONG, *Vente*, nᵒ 25. — *Contrà*, POTHIER, *Vente*, nᵒ 32. — DURANTON, t, 16, nᵒ 45, qui pensent que le contrat est formé par la déclaration qu'on accepte et rien de plus.

m'a pas encore touché, n'a pas encore, pour ainsi dire, demandé et pris acte de ma proposition. Je suis donc toujours dans les termes d'une offre simple, qui m'appartient, qui ne m'engage pas. Si donc je me rétracte avant que votre réponse me soit parvenue, il n'y a pas de contrat. Et vous pouvez de même rétracter votre acceptation; car elle ne saurait pas plus vous engager que moi-même, tant qu'elle n'est pas connue (1).

Mais de vos deux lettres contradictoires, celle-là prévaudra qui m'aura été remise la première. Ainsi le 1er janvier vous répondez, j'accepte; le 2 vous me répondez, je refuse. Je reçois le 3 la lettre du 1er, le contrat est formé; celle du 2 arrive trop tard.

Et ici nous nous rapprochons de l'opinion de MM. Aubry et Rau sur Zachariæ (2), en ce qu'ils ne considèrent la rétractation comme possible que dans le cas où l'acceptation est purement intentionnelle et n'a reçu qu'une manifestation telle que celui qui l'a donnée peut en effacer les traces. Or ici la lettre reçue la constate et consomme ainsi la convention, à un moment où la rétractation ignorée est sans valeur.

Par la lettre du 1er vous avez refusé, par celle du 2 accepté. Je reçois d'abord celle du 1er. Vous m'avez par elle rendu mes offres; elles n'existent plus pour servir d'assiette à votre acceptation qui ne m'arrive que le lendemain. Il faut donc une nouvelle manifestation de ma volonté, et, pour ainsi dire, une acceptation de votre adhésion.

Les lettres arrivent-elles en même temps, la préférence n'appartiendra pas à la première lue (le hasard peut en être cause), mais à la dernière en date, comme expression simultanée de la volonté la plus récente, ainsi qu'on ferait pour le dernier mot d'une conversation orale.

Que si elles ne marquent aucune antériorité de date, il n'y aura point de convention, parce qu'entre deux expressions

(1) Troplong, *Vente*, n° 26.
(2) Zachariæ, t. 2, p. 465, n^te 3, et t. 4, p. 294, n^te 25, 4e édit.

contradictoires d'égale force, il n'y a pas certitude du concours de nos volontés.

On ne saurait non plus voir de contrat formé dans cette
hypothèse : un commis voyageur, qui du reste n'a point qualité pour contracter un engagement au nom de son commet-
tant, reçoit un bulletin de souscription qu'il transmet à ce
dernier. Mais en même temps que cet avis est reçu, arrive la
rétractation du souscripteur. Il n'y a point eu dès lors concours
de volontés, et il n'existe aucun lien de droit (1).

22. Comme l'initiative appartient à tous, il peut se faire que
les propositions se croisent en voulant se prévenir. Je vous
écris pour vous offrir la vente de ma maison; le même jour
vous m'écrivez pour m'engager à vous la vendre, au même
prix que je la fais, ou même à un prix supérieur; de ces deux
propositions fera-t-on un contrat?

On peut dire que de chaque côté l'un manifeste l'intention
de vendre et l'autre d'acheter, qu'il y a accord de sentiments,
que chaque proposition est vis-à-vis de l'autre l'équivalent
d'une acceptation formelle, qu'ainsi une convention est faite,
par laquelle la maison est vendue pour le prix qu'en voulait le
propriétaire, qu'il soit égal ou inférieur à celui offert. Nous
croyons cependant que ces deux propositions ne peuvent former une vente. Il leur manque en effet ce qu'il faut pour une
convention, la corrélation, l'accord, le concours des intentions.
Sans doute elles sont la manifestation de deux pensées qui
peuvent s'entendre; mais comme elles sont solitaires et indépendantes, qu'elles ne se sont pas mises dans des rapports de
demande et de réponse, d'offre et d'acceptation, il n'y a pas
consensus in idem placitum; il n'y a pas ce rendez-vous précisément donné et accepté; il n'y a pas convention. On peut
présumer que les parties s'entendront aisément; mais il ne
s'agit pas de savoir si elles pourront contracter, mais si déjà
elles ont contracté. Or n'est-il pas évident que chacun de nous,

(1) Bordeaux, 13 juin 1853. Sirey, 53, 2, 555.

en faisant sa proposition à l'autre, n'entendait pas donner une acceptation à la proposition adverse, puisqu'il ne la connaissait pas? N'est-il pas manifeste que la rencontre de nos volontés a été purement fortuite et non intentionnelle? La convention ne sera donc formée que lorsque l'un de nous, en réponse à la proposition de l'autre, aura fait connaître son intention. Seulement celui qui a offert plus que le propriétaire lui-même ne demandait, fera bien de ne pas se laisser prévenir par l'acceptation de son offre. Le plus sûr sera de la rétracter.

La loi 52, *ff. Locati*, dit bien que si je crois affermer pour dix et vous, payer cinq, il n'y a rien de fait, tandis que si je crois affermer pour cinq et vous, payer dix, le prix du bail se réduit à celui que je pensais. Mais pour écarter l'application de cette loi, il suffit de faire observer quelle indique elle-même que les contractants avaient mis leurs pensées en corrélation d'offre et d'acceptation; et sa décision est fort juste (1).

23. Nous proposerons cependant quelques exceptions. Un négociant offre une partie de marchandises à l'un de ses clients qui vient lui-même de lui en adresser la demande. Les propositions se croisent. Dans ce cas il y aura convention aussitôt qu'elles auront été réciproquement connues, et le prix offert, s'il est supérieur à celui demandé, sera réduit juste à sa mesure. En effet, la lettre de l'acheteur ne vaut acceptation et la convention ne peut se parfaire que dans les termes de la proposition du vendeur. Nous disons qu'il y a contrat, car le négociant est en état permanent de proposition faite au public. Lors donc qu'on lui fait une demande, c'est bien moins une proposition qui lui est adressée, qu'une acceptation de ses offres continuelles, à l'adresse de tout le monde. Il y a ainsi corrélation de volontés.

Il doit en être de même dans le cas où le négociant aurait demandé les objets nécessaires à l'exercice de son commerce et de son industrie. Par exemple, un boulanger demande des

(1) Voy. *Suprà*, n° 10.

farines; un marchand de bestiaux, des moutons; un fabricant de porcelaine, des terres; un fabricant de draps, des laines; etc..... Ces personnes sont à cet égard dans un état continuel de demandes. La proposition du premier venu qui se croise avec la leur est donc moins une offre qu'une acceptation de la demande tacite qu'ils adressent perpétuellement au public.

Nous étendons enfin notre exception à tous ceux qui, par la nature de leur profession, tiennent leur travail, leur industrie, leurs services à la disposition du public. Offerts d'avance et par état, on les accepte plutôt qu'on ne les demande.

24. Comme entre la proposition et l'acceptation il y a toujours place à rétractation, surtout quand on traite par correspondance, celui qui, par sa rétractation, a causé quelque préjudice à l'autre devra le réparer, non pas en vertu d'un contrat ni à titre d'inexécution de contrat, mais en vertu de l'obligation qu'il s'était tacitement imposée de ne point révoquer ses intentions jusqu'à l'expiration du délai nécessaire pour recevoir une réponse. Doivent être compris dans cette indemnité les frais d'expédition, de port de lettres, la perte résultant de la baisse des marchandises demandées et non vendues, en un mot, tout le dommage que l'autre partie aura éprouvé (1). Les termes généraux de l'article 1382 suffisent pour fonder cette action.

ARTICLE 1102.

Le contrat est *synallagmatique* ou *bilatéral* lorsque les contractants s'obligent réciproquement les uns envers les autres.

ARTICLE 1103.

Il est *unilatéral* lorsqu'une ou plusieurs personnes sont obligées envers une ou plusieurs autres, sans que, de la part de ces dernières, il y ait engagement.

---

(1) POTHIER, *Vente*, n° 32. — TROPLONG, *Vente*, n° 27. — DUVERGIER, *Vente*, n° 67, t. 1. — ZACHARIÆ, t. 2, p. 465, n° 4, et t. 4, p. 293, 4° édit. — Bordeaux, 17 janvier 1870. SIREY, 70, 2, 219.

ARTICLE 1104.

Il est *commutatif* lorsque chacune des parties s'engage à donner ou à faire une chose qui est regardée comme l'équivalent de ce qu'on lui donne ou de ce qu'on fait pour elle. Lorsque l'équivalent consiste dans la chance de gain ou de perte pour chacune des parties, d'après un événement incertain, le contrat est *aléatoire*.

ARTICLE 1105.

Le contrat *de bienfaisance* est celui dans lequel l'une des parties procure à l'autre un avantage purement gratuit.

ARTICLE 1106.

Le contrat *à titre onéreux* est celui qui assujettit chacune des parties à donner ou à faire quelque chose.

Sommaire.

COMMENTAIRE.

1. Après avoir défini les contrats, le législateur les classe suivant les obligations qu'ils imposent. La convention que nous avons formée nous impose-t-elle des obligations réciproques, elle sera un contrat synallagmatique ou bilatéral. Ainsi la vente, l'échange, le louage, la société sont des contrats synallagmatiques ou bilatéraux, parce que les contractants s'obligent réciproquement les uns envers les autres (1102).

2. Il est d'autres contrats qui d'abord et principalement n'imposent d'obligations que d'un côté, ce sont les contrats unilatéraux. L'article 1103 dit qu'un contrat est unilatéral lorsqu'une ou plusieurs personnes sont obligées envers une ou plusieurs autres, sans que de la part de ces dernières il y ait d'engagement. Mais cette définition du contrat unilatéral paraît inexacte et démentie par plusieurs textes. On cite en effet comme exemples les contrats de mandat, de dépôt, de prêt, de nantissement. Sans doute le mandataire, le dépositaire, l'emprunteur, le gagiste contractent l'obligation capitale, qui de rendre compte de son mandat, qui de restituer la chose déposée, qui de payer la chose prêtée, qui de rendre la chose engagée. Mais le mandant, le déposant, le prêteur, le débiteur donnant sa chose en nantissement, ne contractent-ils pas eux-mêmes des obligations? Qu'on ouvre le Code, on y verra les obligations que leur convention particulière leur impose. Il est vrai que, à la différence des obligations qui résultent de la vente, de l'échange, du louage, et qui en résultent immédiatement et principalement pour toutes parties, les obligations qui dérivent du mandat, du prêt, du dépôt, sont, les unes principales et immédiates pour le mandataire, l'emprunteur, le dépositaire, les autres incidentes et éventuelles pour le mandant, le prêteur, le déposant. Mais le contrat n'en produit pas moins des obligations de part et d'autre. Aussi des contrats que nous venons de citer ne faisons-nous, comme Pothier (1), qu'une variété des contrats synallagmatiques, en ce sens qu'ils le sont *moins parfaitement*. Nous ajouterons donc à la fin de l'article 1103 ces deux mots, *principal et immédiat* (2), afin de rendre la définition donnée par le Code le moins inexacte possible, et encore ne conviendra-t-elle guère, par exemple,

(1) *Oblig.*, n° 9. — *Sic*, ZACHARIÆ, t. 2, p. 461, nᵗᵉ 2, et t. 4, p. 285, nᵗᵉ 2, 4° édit.

(2) TOULLIER, t. 6, n° 19.

au prêt où le prêteur contracte lui-même principalement et immédiatement l'obligation de ne demander la chose qu'à l'échéance du terme (1888, 1899), car il n'y a point là une simple modalité de la dette de l'emprunteur, dans le sens d'une obligation à terme ; il y a réellement dans le sens de la durée du prêt, un engagement principal contracté par le prêteur de concéder pour un temps défini la possession, la jouissance ou les services de la chose.

On conçoit cependant des contrats unilatéraux tels que le Code les définit ; par exemple, la convention par laquelle je m'oblige à conférer hypothèque. Il n'y a d'engagement que de mon côté. Nous pourrions en citer d'autres du même genre.

3. L'article 1104 définit le contrat commutatif et le contrat aléatoire. Le contrat est commutatif, lorsque chacune des parties s'engage à donner ou à faire une chose qui est regardée comme l'équivalent de ce qu'on lui donne ou de ce qu'on fait pour elle. Ainsi la vente, l'échange, le louage, sont des contrats commutatifs.

4. Lorsque l'équivalent, ajoute l'article 1104, consiste dans la chance de gain ou de perte pour chacune des parties, d'après un événement incertain, le contrat est aléatoire. Mais voici une autre définition donnée par le Code lui-même du contrat aléatoire : le contrat aléatoire est une convention réciproque dont les effets, quant aux avantages ou aux pertes, soit pour toutes parties, soit pour l'une ou plusieurs d'entre elles, dépendent d'un événement incertain. Cette définition que nous trouvons dans l'article 1964 est certainement la plus exacte ; car il n'est pas vrai que chacune des parties doive courir des chances de gain ou de perte. Tels sont, ajoute-t-il, le contrat d'assurance, le prêt à la grosse aventure, le jeu et le pari, le contrat de rente viagère ; nous ajouterons la vente de droits ou de prétentions héréditaires, de fruits à naître, de profits à espérer, en un mot, tout traité fait sur une chose incertaine dans son existence ou dans sa quantité.

5. Commutatif ou aléatoire, le contrat est intéressé de part et d'autre, c'est-à-dire, que chaque partie reçoit quelque chose de l'autre, non par libéralité, mais comme équivalent de ce qu'elle donne ou fait, ou des risques qu'elle encourt (1). Dans ces sortes de contrats il y a échange ou de faits, ou de choses, ou d'espérances, ou bien échange de faits contre des choses, ou de faits ou de choses contre des espérances. En ce sens ils sont commutatifs.

6. Le contrat de bienfaisance, dit l'article 1105, est celui dans lequel l'une des parties procure à l'autre un avantage purement gratuit. Tels sont les contrats de donation, de mandat, de dépôt, de commodat, de prêt de consommation.

7. Le contrat est mixte lorsqu'il impose à l'une des parties l'obligation de donner, de faire ou de ne pas faire une chose dont la valeur est inférieure à celle de la chose qu'elle reçoit (2). Telle est, par exemple, la donation qui impose au donataire quelques charges qui diminuent les avantages du contrat.

8. Au contrat de bienfaisance on oppose le contrat à titre onéreux, c'est-à-dire, d'après l'article 1106, celui qui assujettit chacune des parties à donner ou à faire quelque chose. Tels sont la vente, le louage, la société, etc.

Comme le contrat à titre gratuit s'apprécie d'après sa nature et ses conditions intimes, indépendamment des circonstances extrinsèques qui peuvent en altérer l'efficacité et en détruire les avantages comme tel, il ne cesse pas d'être réellement à titre gratuit, et non à titre onéreux, quoique en définitive il ne soit pour la personne prétendue avantagée la cause d'aucun profit et que même il lui cause préjudice. La qualification des actes est ainsi indépendante des événements ultérieurs. De même un contrat à titre onéreux n'en conservera pas moins

---

(1) POTHIER, *Oblig.*, n° 13. — Cass. 14 avril 1863. SIREY, 63. 1, 362.

(2) POTHIER, *Oblig.*, n° 12.

ce caractère, quelque avantage qu'il procure à l'un des contractants au préjudice de l'autre.

9. A ces diverses espèces de contrats nous en ajouterons
une dernière. Nous diviserons les contrats en principaux et
accessoires (1). Le contrat est principal lorsqu'il intervient
pour lui-même exclusivement et qu'il impose des obligations
qui ne se rattachent à aucune autre obligation préexistante.
Le contrat est accessoire lorsqu'il a pour objet de compléter,
de renforcer une convention antérieure, sans autrement la
modifier ni la détruire. Tels sont les contrats de cautionnement, de nantissement, d'hypothèque, qui supposent essentiellement la préexistence d'un autre contrat.

10. Remarquons que le même contrat, envisagé sous plusieurs points de vue, peut recevoir autant de qualifications
diverses. Ainsi, la vente sera tout à la fois un contrat principal, synallagmatique, commutatif, intéressé de part et d'autre,
à titre onéreux et même aléatoire, si son objet présente des
chances de perte ou de gain, s'il y a *alea*. Ainsi, le prêt à rente
viagère sera principal, unilatéral, commutatif, intéressé de
part et d'autre, aléatoire, à titre onéreux. Au surplus cette
classification des contrats est fort peu importante dans la pratique, et l'inexactitude ou l'insuffisance des définitions peut au
besoin trouver son excuse dans leur peu d'utilité.

ARTICLE 1107.

Les contrats, soit qu'ils aient une dénomination propre,
soit qu'ils n'en aient pas, sont soumis à des règles générales,
qui sont l'objet du présent titre. — Les règles particulières à
certains contrats sont établies sous les titres relatifs à chacun
d'eux, et les règles particulières aux transactions commerciales sont établies par les lois relatives au commerce.

(1) POTHIER, *Oblig.*, n° 14.

Sommaire.

COMMENTAIRE.

1. C'est ici seulement que la loi commence. L'art. 1107 est en effet le premier de ce titre qui contienne de véritables et réels commandements. Mais pour en bien apprécier la portée, il faut faire un retour sur le droit romain.

Essentiellement formaliste, il avait, comme on sait, une foule de ces formules mystérieuses qui furent la production de la cabale des jurisconsultes (1). On peut dire même que, dans le principe, elles le constituèrent presque tout entier ; et telle fut la fidélité avec laquelle on en conserva le dépôt, que le droit populaire des préteurs et la doctrine plus simple des prudents ne parvinrent jamais, même aux beaux jours de la jurisprudence romaine, à triompher de l'influence que leur assurèrent toujours les antiques traditions de leurs commencements théocratiques. C'est ce mélange de simplicité et de mystère, de rigueur et d'humanité, de subtilité et de bonne foi, de petitesse et de grandeur, qui fait parfois aujourd'hui le désespoir et l'étonnement de l'interprète.

Comme il est dans la nature de chaque langue de ne pas avoir un nom spécial pour chaque chose, on a, dans le genre

(1) PATRU, 6. *Plaid.*, t. 1, p. 91.

des contrats, tel contrat particulier qui a un nom propre, tel autre qui n'en a pas; on a des contrats nommés et des contrats innommés. Un fait aussi simple, aussi naturel, la subtilité du droit romain s'en empara pour en déduire des conséquences conformes à son esprit. Chaque contrat servant de principe et de texte à une action de même nom, il s'ensuivit qu'un contrat nommé produisit une action nommée, qu'un contrat innommé produisit également une action innommée. Il y eut l'action de vente, de louage, de dépôt, de mandat, etc..., parce qu'il y avait des contrats qualifiés de cette dénomination propre. Alors, au contraire, qu'il s'agissait d'un contrat d'origine mixte et pour ainsi dire croisée, participant à la fois de la nature de divers contrats nommés, comme dans ce cas son caractère indécis ne se prêtait pas à une dénomination propre, l'action qui en dérivait, innommée, sans qualification propre, se formulait dans les termes même du contrat, *præscriptis verbis*. Le contrat, à défaut de nom, lui donnait son texte. Telle était, par exemple, la convention par laquelle deux individus, propriétaires chacun d'un bœuf, se seraient obligés à les réunir en attelage complet pour labourer leurs terres.

Théoriquement, tout cela est encore vrai sous l'empire du Code civil. Nous avons, ou plutôt la théorie trouve des contrats nommés et des contrats innommés. Ouvrez le Code, n'a-t-il pas des chapitres particuliers pour des contrats particuliers, c'est-à-dire, nommés, et exclusivement pour eux? Cette distinction entre les contrats ne ressort-elle pas de la nature même des choses et de l'insuffisance du langage? Mais elle ne dépasse pas les spéculations théoriques pour entrer dans le domaine de la pratique. On en parle, mais on n'en use pas. Et voilà la différence qui sépare du droit romain notre Code civil et notre ancienne jurisprudence; voilà leur progrès. Comme tout contrat est obligatoire et produit action, il est inutile, contraire au bon sens, qui seul a fait la théorie des contrats, d'aller s'enquérir si la convention, d'ailleurs régulièrement formée, a dans la langue du droit un nom propre ou n'en a pas.

2. Le droit romain avait fait encore une distinction entre les contrats, distinction plus importante, car elle touchait à la force même des conventions, aux obligations qui en dérivent. Il divisait les conventions en deux espèces, les pactes et les contrats. Les contrats étaient les conventions faites avec toutes les formalités et dans toutes les rigueurs du droit civil. Celles-là seules avaient immédiatement et par elles-mêmes la puissance de fonder une action de droit. Les pactes étaient au contraire les conventions formées par le seul consentement des parties, sans observer les formalités et les conditions prescrites pour les contrats.

Cette théorie des pactes est fort subtile. On y reconnaît à chaque pas le génie formaliste de la jurisprudence romaine aux prises avec les principes éternels de la bonne foi et de l'équité. Règle générale : le pacte ne produisait pas d'action, mais seulement une exception (1). Et voici comment : parmi les exemples de pactes rapportés dans les soixante-deux lois du titre du Digeste *De pactis*, nous n'en rencontrons aucun qui ne suppose une obligation et un droit préexistants que le pacte vient modifier et restreindre. Le pacte est alors au profit du débiteur et contient une stipulation à son avantage. Ainsi il est convenu, *pactum est, ne petatur, ne de dote agat, ne a Titio petatur*, etc... Qu'arrive-t-il? Le débiteur n'a rien à faire ; il n'a pas à aller au-devant de son obligation ; il attend les poursuites de son créancier et le voit venir. Celui-ci agit; alors on lui oppose le pacte, par voie d'exception, comme contenant une restriction, une modification de son droit. Qu'on y songe bien ; si le pacte n'est opposé alors que par voie d'exception, c'est la combinaison de ce pacte avec le droit préexistant du créancier qui le nécessite et le veut, en ne permettant pas au débiteur de s'en prévaloir autrement. A ce point de vue, il est impossible de voir la moindre injustice dans le système du droit romain ; mais il faut convenir aussi que ce n'était pas la

---

(1) L. 7, § 4, *ff. De pactis.*

peine de faire de la convention un simple pacte, quand, dans des circonstances semblables, un contrat réellement civil ne produisait lui-même qu'une exception, comme le pacte, dans les mains du débiteur.

Mais voici où commence l'iniquité : au lieu d'un pacte accessoire qui restreint une obligation antérieure, supposons un pacte qui crée d'une manière principale des rapports sans précédents ou aggrave une obligation préexistante. Ce pacte produira-t-il action ? Chaque contractant pourra-t-il contraindre l'autre partie à exécuter la convention ? Le droit romain faisait alors une distinction : ou ce pacte constituait un contrat nommé, et alors il valait à ce titre, il produisait action ; ou il ne constituait pas de contrat nommé, et dans ce cas il était destitué d'action. C'est ce qu'enseigne Ulpien (1) : *Quæ (juris gentium conventiones, id est pactiones) pariunt actiones, suo nomine non stant, sed transeunt in proprium nomen contractus; ut emptio, venditio, locatio, conductio, societas, commodatum, depositum et cæteri similes contractus.* Ainsi, par cela seul qu'un pacte prend un nom de contrat, il vaut comme contrat civil.

Quant à ceux qui ne prenaient pas un nom de contrat particulièrement dénommé, ils n'étaient en principe que des pactes nus, destitués d'action. Cependant si le pacte était causé, c'est-à-dire, dans une acception singulière de ce mot, s'il avait reçu un commencement d'exécution d'un côté, alors il produisait action ; et celui qui avait exécuté pouvait agir en exécution contre l'autre. C'est encore ce que dit Ulpien (2) : *Sed etsi in alium contractum res non transeat, subsit tamen causa; esse obligationem.* Par exemple, je me suis obligé à vous donner une chose pour une autre. Je vous la donne ; vous êtes obligé de me donner celle que vous m'avez promise. La convention n'avait donc pas de valeur par elle-même. Elle ne puisait de force que dans sa cause, dans son exécution d'un

---

(1) L. 7, § 1, *ff. De pactis.*
(2) L. 7, § 2, 4, *ff. De pactis.*

côté, dans la dation que je faisais de ma chose. Jusque-là ce n'était qu'un pacte nu, *nuda pactio ;* et le pacte nu n'était, en résumé, que le pacte sans cause et sans nom.

3. Toutes ces anciennes subtilités ne nous apparaissent aujourd'hui que comme des aberrations étranges de la raison d'un grand peuple. Où est le bon sens, où est l'équité, où est la bonne foi ? Et cependant tout le titre qui contient ces misérables subtilités est rempli de ces principes d'éternelle vérité, qui se perpétuent d'eux-mêmes dans le cœur de l'homme. Le titre du Digeste *De pactis* ne commence-t-il pas par cette magnifique proclamation ? Qu'y a-t-il de plus conforme à la bonne foi, que de tenir ses engagements ? Il n'y a donc rien qui puisse justifier aux yeux du bon sens cette division des conventions en pactes et en contrats. Je me demande si ce n'était pas là un pur enfantillage, qu'on me passe le mot. Il semble en vérité que le droit romain ait pris pour modèle de ses pactes les conventions enfantines. Je crois voir deux enfants contractant ensemble, et chacun d'eux, dans sa naïve défiance, ne reconnaissant à l'autre le droit de demander l'exécution du contrat, que s'il ne l'a au préalable exécuté lui-même.

4. Le Code civil aujourd'hui, pas plus que notre ancienne jurisprudence qui en avait fait autrefois bonne justice, n'admet cette distinction des contrats nommés et des contrats innommés, des pactes simples et des contrats civils. C'est pour nous un principe capital que les conventions régulièrement formées tiennent lieu de loi à ceux qui les ont faites (1134). Aussi Loisel (1) disait-il dans son langage pittoresque comme un proverbe : « On lie les bœufs par les cornes et les hommes par les paroles : et autant vaut une simple promesse ou convenance que les stipulations du droit romain. »

_____

(1) Instit., t. 2, liv. 3, tit. 1, règle 2.

5. Le droit romain divisait encore les contrats, suivant la manière dont ils se formaient, en contrats réels, verbaux, littéraux et consensuels. Les contrats réels se formaient par la remise d'une chose ; tels étaient le prêt, le commodat, le dépôt, le nantissement. Les contrats verbaux se formaient par la prononciation de certaines paroles solennelles. Les contrats étaient littéraux, lorsque l'obligation résultait d'un écrit ; enfin consensuels, lorsqu'il suffisait du consentement respectif des parties (1).

6. Ces distinctions n'ont jamais été faites dans notre jurisprudence française. Il n'en existe aucune trace dans le Code civil. Il ne reconnaît pas en effet de contrats verbaux, c'est-à-dire les anciennes stipulations du droit romain, et encore moins de contrats littéraux. A ses yeux, tous les contrats sont des contrats consensuels, s'il est permis de donner cette qualification à un contrat, puisqu'il est de l'essence de tout contrat, sans exception, de n'exister que par le concours et la corrélation de plusieurs volontés consentantes.

Cependant la division des contrats en contrats réels peut avoir encore aujourd'hui quelque chose de vrai. Car cette distinction tient au fond même du contrat. Le prêt, le commodat, le dépôt, le nantissement supposent essentiellement la remise d'une chose. S'il n'y a pas de chose remise, il n'y a pas non plus de contrat qu'on puisse ainsi qualifier. Je puis sans doute m'obliger à vous donner telle chose en prêt, en commodat, en nantissement, en dépôt ; et notre convention est valable. Mais tant qu'elle n'aura pas été réalisée par la remise de la chose, *re,* elle n'existera pas à l'état de prêt, de commodat, de nantissement, de dépôt ; il n'y aura ni emprunteur, ni commodataire, ni gagiste, ni dépositaire. On voit par là que nos observations ne sont pas sans importance dans la pratique.

7. Comme nous n'examinons ici les contrats que sous le

_____

(1) Instit., liv. 3, tit. 14, 15, 16, 22, 23.

rapport de leur formation, nous n'avons pas à nous occuper des solennités et des formes extérieures dont doivent être revêtus les actes destinés à les prouver. Autre chose est la convention, autre chose est sa preuve. Une convention peut très bien exister dans l'ordre des faits accomplis, et cependant être considérée comme non existante, à défaut de preuve. Cette preuve se fait diversement, suivant la nature et l'importance de la convention. Ainsi telle convention ne se prouve que par écrit, et encore par un écrit assorti de telle ou telle formalité ; telle autre peut se prouver par témoins, par présomptions et, quelquefois, seulement lorsqu'il existe un commencement de preuve écrite. Mais, nous le répétons, tout cela est en dehors de la convention même et de sa formation. Lorsqu'elle périt faute de preuve, par la forme, il n'en résulte pas du tout qu'au fond elle n'ait point existé. Ce n'est donc pas le moment de diviser les contrats sous le rapport de la preuve dont ils sont susceptibles. Nous le ferons plus tard.

8. Ça été aussi pour le législateur une question d'à-propos et de logique que de poser avant tout des règles générales et communes à tous les contrats. Il le proclame lui-même ; les contrats, soit qu'ils aient une dénomination propre, soit qu'ils n'en aient pas, sont soumis à des règles générales qui sont l'objet du présent titre, le titre III (1107). Il était en effet d'une bonne méthode de commencer par poser les points de ressemblance entre tous les contrats, les principes généraux auxquels ils sont tous soumis, et d'examiner ensuite, sous des titres spéciaux, les points de différence qui séparent les divers contrats entre eux, et les principes particuliers auxquels ils sont assujettis, tant en la forme qu'au fond. Aussi dit-il encore que les règles particulières à certains contrats sont établies sous les titres relatifs à chacun d'eux (1107).

9. Enfin, comme le Code civil ne s'occupe que des conventions civiles, il déclare formellement excepter et réserver les conventions commerciales. Les règles particulières aux transactions commerciales sont établies par les lois relatives au commerce (1107). Ce n'est pas cependant que le Code civil cesse d'être à leur égard la loi générale. Il est toujours la règle, et la loi commerciale n'est que l'exception. Ses principes doivent être en conséquence appliqués dans tous les cas que cette dernière n'a point expressément ou virtuellement exceptés.

CHAPITRE II

DES CONDITIONS ESSENTIELLES POUR LA VALIDITÉ DES CONVENTIONS

ARTICLE 1108.

Quatre conditions sont essentielles pour la validité d'une convention : — le consentement de la partie qui s'oblige; — sa capacité de contracter; — un objet certain qui forme la matière de l'engagement; — une cause licite dans l'obligation.

Sommaire.

1. Choses essentielles,
2. Naturelles,
3. Accidentelles aux contrats.
4. Autre chose sont les conditions de forme.
5. Sens des mots *acte, contrat, obligation.*

COMMENTAIRE.

1. Dans tout contrat on distingue les choses qui lui sont essentielles, celles qui lui sont naturelles, enfin celles qui lui sont accidentelles (1).

Les choses essentielles sont celles sans lesquelles une convention ne peut valablement exister, ou ne peut avoir le caractère qu'on prétend lui attribuer.

Parmi les choses essentielles, les unes sont communes à toutes les conventions, les autres particulières à certaines conventions.

Sont communes à toutes conventions les quatre conditions que l'article 1108 pose comme essentielles à leur validité : 1° Le consentement de la partie qui s'oblige (nous ajouterons, et de celle envers qui on s'oblige); 2° sa capacité de contracter; 3° un objet certain qui forme la matière de l'engagement; 4° une cause licite d'obligation. Chacune de ces conditions a dans le Code une section particulière qui lui est consacrée.

Sont particulières à certaines conventions, les choses essentielles, non plus à l'existence, mais au caractère propre de chaque contrat. Par exemple, il est de l'essence du contrat de vente qu'il y ait une chose et un prix en argent : si le prix ne consistait pas en argent, il y aurait échange ou tout autre contrat; mais, à coup sûr, il n'y aurait pas de vente (2). De même encore il est de l'essence particulière à la société qu'il y ait une personne et une masse sociales, formées par le concours de plusieurs personnes et l'apport de plusieurs mises. Nous pourrions multiplier les exemples.

2. Sont naturelles au contrat celles qui, sans être de son essence, en font tacitement partie, quoique les parties ne s'en soient pas expliquées, mais parce que la loi les y sous-entend (3). Ainsi il est naturel à la vente que le vendeur soit tenu de garantir; l'acquéreur, de payer les intérêts du prix, si la chose est productive de fruits; au bail, que le preneur réponde de l'incendie; que les parties pour donner congé observent

---

(1) POTHIER, *Oblig.*, n° 5.
(2) TROPLONG, *Vente,* n° 6.
(3) POTHIER, *Oblig.,* n° 7.

l'usage des lieux. Ce sont des points que la loi règle elle-même dans le silence des parties, mais que ces dernières peuvent exclure ou modifier à leur gré, sans altérer en rien l'essence du contrat.

3. Sont accidentelles à la convention les choses qui ne s'y trouvent que par une clause particulière ; telles sont la garantie de la solvabilité du débiteur cédé ; le payement des intérêts du prix de vente à 2, 3, 4 %, ou lorsque la chose vendue ne produit pas de fruits, la garantie du plus petit défaut de contenance ; la sortie ou l'expulsion du preneur sans congé, ou avec congé autre que celui d'usage, etc... Abandonnées à la discrétion des contractants, les choses accidentelles à la convention se diversifient à l'infini ; et il faut remarquer qu'elles résultent toujours de l'exclusion ou de la modification des choses naturelles au contrat.

Telle est la division tripartite des choses qui se trouvent dans la formation de toute convention. On peut dire qu'elle fait à la fois la part de la nécessité, celle de la loi, celle des volontés contractantes, des trois puissances enfin qui concourent à la formation de tout contrat.

4. Le législateur s'est bien gardé de placer au rang des conditions essentielles à la validité des conventions, les simples conditions de forme. Et ceci est de toute raison : autre chose le contrat, autre chose sa preuve. Un contrat peut être vicieux au fond, irréprochable quant à la forme, et *vice versâ*. Il ne faut donc pas confondre la nullité du contrat avec le défaut, l'insuffisance, ou l'illégalité de sa preuve. Comme fait accompli, le contrat existe indépendamment des éléments de preuve qui peuvent l'établir, des témoins qui en déposent, des présomptions qui le révèlent, de l'écrit ou acte, *instrumentum, monumentum,* qui nous instruit de son existence et monumente sa création.

Sans doute le contrat dont l'existence n'est pas prouvée est, en droit, comme s'il n'existait pas. Mais, en fait, il n'en a pas moins une existence réelle. La preuve ne le crée pas plus que le soleil ne crée le monde en l'éclairant. Ce n'est qu'une lumière qui tombe sur lui et le rend visible; et il n'apparaît que parce qu'il existait déjà.

Cet axiôme de la métaphysique scolastique, *forma dat esse rei,* appliqué, si l'on veut, à la forme des conventions, tout modifié qu'il soit maintenant par les principes meilleurs d'une plus saine philosophie, cet axiôme signifie simplement qu'à défaut d'une révélation extérieure qui témoigne de son existence, la convention est comme si elle n'existait pas.

5. Nous avons prononcé le mot acte; il faut en préciser le sens. Quelquefois il est pris dans l'acception de contrat, comme le mot obligation est pris lui-même dans le sens de contrat et d'écrit constatant la convention. Mais on ne saurait exiger trop de pureté et de correction dans la langue du droit. Le contrat est une convention obligatoire; on peut lui donner pour synonymes les mots convention, pacte, traité. L'obligation provient du contrat, comme l'effet de sa cause; et pour obligation on dit aussi engagement. Acte, littéralement, signifie *id quod actum est,* le fait même du contrat. Mais dans le langage du droit qui, en ce point, est celui du vulgaire, acte signifie l'écrit constatant la convention, l'instrument qui la rend notoire. On dit en ce sens, acte privé, acte public, acte ayant date certaine.

SECTION Ire.

DU CONSENTEMENT.

ARTICLE 1109.

Il n'y a point de consentement valable, si le consentement n'a été donné que par erreur, ou s'il a été extorqué par violence ou surpris par dol.

Sommaire.

1. C'est la qualité du consentement qui fait toute la force du contrat.
2. Il doit être absolu, définif,
3. Eclairé,
4. Libre,
5. Spontané.
6. Erreur — dol — violence — ne sont pas les seuls vices de consentement.
7. De la lésion comme vice de consentement.
8. Le consentement doit avant tout être personnel.

COMMENTAIRE.

1. Tout contrat n'a de valeur morale et légale que comme expression des consentements qui l'ont créé par leurs concours. C'est du consentement qu'il tire sa force et son autorité; c'est lui qui l'anime, le vivifie. Si la convention est obligatoire, c'est parce qu'elle témoigne d'une part de la volonté de s'imposer une obligation, et d'autre part de la volonté d'acquérir un droit. Il est donc fort important d'examiner quelles doivent être les qualités du consentement.

2. Il faut avant tout que le consentement soit absolu, définitif. Il doit être de côté et d'autre irrévocablement acquis, en ce sens que, si la volonté peut prendre un fait comme condition, elle ne peut se prendre elle-même comme condition à elle-même. Consentir de cette manière, si je veux, si ça me plaît, ce n'est pas consentir du tout. Un consentement donné dans ces termes ne se donne que sous la réserve de lui-même; il se donne et se retient; c'est-à-dire qu'il ne se donne pas, ne s'aliène pas. C'est un des plus grands vices qui puisse l'affecter, car il va jusqu'à empêcher et prévenir la formation du contrat.

Pothier (1) le place expressément au nombre des vices de consentement, sous le nom de défaut de lien. Le Code n'en

_____

(1) *Oblig.*, nᵒˢ 16, 47.

parle pas ici, par la raison bien simple qu'on n'a pas à chercher un vice de consentement là où aucun consentemeut n'est donné, où il n'y a qu'une volonté qui se réserve elle-même, en un mot, absolument rien. Nous supposons donc, avec l'article 1109, un consentement donné dans des termes tels que le contrat est tout à fait formé, d'une manière au moins apparente.

3. Mais pour avoir été définitivement aliéné, le consentement n'est pas pour cela dispensé de tout autre condition essentielle à sa validité. Il doit être éclairé, c'est-à-dire, que l'on doit savoir à quoi l'on s'oblige, sur quoi et pourquoi l'on contracte. Si l'on ignore l'objet et la cause de la convention qu'on prétend former, il n'y a pas de consentement valable. *Non videntur qui errant consentire,* ce n'est pas donner de consentement que de le donner par erreur (1).

4. Il doit être libre. Consentir sous l'empire de la contrainte et de la violence, ce n'est pas consentir aux yeux de la raison et de la loi. Le consentement est en effet un acte essentiel de notre volonté; il suppose en nous une plénitude de liberté et une faculté d'option incompatibles avec la violence qui les anéantit.

5. Il doit être spontané, c'est-à-dire exempt de surprise, donné par une volonté qui s'appartient tout entière, par une intelligence qui ne s'est point laissé circonvenir ni tromper par de perfides machinations et de frauduleuses manœuvres. Le consentement surpris par dol n'est pas plus valable que le consentement égaré par l'erreur, ou arraché par la violence. Le dol tient en effet de la violence et de l'erreur. Comme la violence il domine et entraîne; comme l'erreur il égare l'intelligence séduite et fascinée, d'autant plus dangereux qu'il dissimule son action et trompe ainsi la résistance.

6. Erreur, dol, violence, voilà les trois vices de consente-

(1) L. 116, *ff. De reg. jur.*

ment que le législateur signale tout d'un coup dans le même article 1109, comme s'ils étaient les seuls. Cependant les articles 1118 et 1119, par la place qu'ils occupent, semblent en reconnaître deux autres, la lésion et l'intervention pour autrui.

7. Pothier (1) met la lésion au nombre des vices de consentement, et son opinion implicitement suivie par les rédacteurs du Code nous paraît tout à fait rationnelle. Si la lésion est une cause de nullité, c'est que, sous les inspirations du bon sens qui président toujours à la théorie des contrats, on a pensé que le consentement donné à une convention lésionnaire n'a été que le produit de l'erreur; qu'il aurait été refusé par la partie lésée, si elle avait pu croire un seul instant que le contrat allait tromper son attente par l'absence d'un juste équivalent et le défaut de réciprocité. La lésion est donc un vice de cause, de cause insuffisante. Or le vice de cause insuffisante, comme le vice de cause fausse, réagit sur le consentement. Il suppose l'erreur; le vice de lésion n'est donc qu'une variété du vice d'erreur.

8. L'article 1119 porte qu'on ne peut, en général, s'engager ni stipuler en son nom que pour soi-même. Le consentement doit donc être personnel. Telle est même sa première condition; elle domine toutes les autres. S'il n'est pas personnel, inutile de rechercher s'il est éclairé, libre, spontané. L'article 1119 qui clot la série des vices de consentement devrait donc logiquement la commencer au lieu de la clore.

ARTICLE 1110.

L'erreur n'est une cause de nullité de la convention que lorsqu'elle tombe sur la substance même de la chose qui en est l'objet. — Elle n'est point une cause de nullité lorsqu'elle ne

_____

(1) *Oblig.*, n° 16.

tombe que sur la personne avec laquelle on a intention de contracter, à moins que la considération de cette personne ne soit la cause principale de la convention.

Sommaire.

COMMENTAIRE.

1. Il y a deux sortes d'erreur : l'erreur de fait et l'erreur de droit, *juris aut facti ignorantia*. Il y a erreur de droit lorsque, dans l'ignorance de la loi, nous faisons un acte préjudiciable, soit en renonçant à un droit que la loi nous donnait, soit en reconnaissant dans autrui un droit qu'il n'avait pas. Il y a erreur de fait lorsqu'on se trompe sur les circonstances purement matérielles de la convention ou de l'acte. Ignorant, par exemple, la loi qui me la donne tout entière, j'admets mon neveu au partage de la succession de l'un de mes neveux, son cousin-germain. Il y a de ma part erreur de droit ; car mon erreur consiste dans l'ignorance de la loi qui exclut mon neveu. J'admets ma sœur au partage égal de la succession de mon frère ; plus tard il se trouve un testament qui m'institue seul héritier ; il y a de ma part erreur de fait, parce que mon erreur consiste dans l'ignorance d'un fait matériel, l'existence d'un testament.

2. Si elles ont toutes deux pour résultat d'égarer l'intelligence et de tromper la volonté, il n'en est pas moins vrai qu'issues d'origines différentes, elles exigent l'une et l'autre un examen particulier. Commençons par l'erreur de fait.

J'entends acheter un cheval blanc, vous, m'en vendre un noir ; je pense acheter, vous, me prêter ; je crois louer à tel prix, vous à tel autre ; aucune convention n'est formée, nous ne nous entendons pas. L'erreur établit entre nous un dissentiment qui empêche la formation du contrat (1).

Ici l'erreur prévient la convention ; le plus souvent elle l'annule toute formée. Vous me vendez, de bonne foi ou non, une étoffe de coton, une montre en cuivre, des chandeliers plaqués, tandis que je vous demande et crois acheter une étoffe

---

(1) L. 9, *ff. De contrah. emp.* L. 57, *ff. De Obl. et Act.* — POTHIER, *Oblig.*, n° 17.

de soie, une montre en or, des chandeliers en argent massif. L'erreur a vicié mon consentement : la vente est nulle (1).

3. Dans les cas que nous venons d'examiner, l'erreur ne porte point sur la chose elle-même, mais sur sa qualité : car c'est bien l'étoffe, la montre, les chandeliers que je voulais acheter. Mais je voulais une étoffe de soie, une montre en or, des chandeliers en argent massif, et pas autrement. Cette qualité de la chose, nous l'avions principalement en vue ; nous en faisions tous deux la condition essentielle du contrat, la qualité substantielle de la chose, sa substance même ; c'est donc en réalité l'objet lui-même qui manque à mon consentement. Et *vice versâ*, si vous m'aviez vendu, par erreur et sans le savoir, une montre en or, des chandeliers en argent massif, de véritables diamants, alors que vous les considériez et les vendiez expressément comme montre en cuivre, chandeliers plaqués, diamants faux ; dans ce cas aussi vous pourriez invoquer votre erreur comme cause de nullité. La qualité substantielle de la chose excède en effet, et à votre préjudice, celle que nous avions spécialement visée dans le contrat.

Serait de même annulée la vente d'un tableau, d'une statue, d'un objet d'art faite avec la désignation du peintre, du sculpteur, de l'artiste, si cette désignation se trouvait fausse (2). Ce que l'acheteur a voulu, c'est, par exemple, un tableau de Murillo ou d'Ingres, une statue de Clésinger ou de David, une œuvre d'Albert Durer ou de Cellini. L'identité de l'artiste faisait la qualité essentielle de l'objet du contrat, et l'erreur porte ainsi sur la substance même de la chose. Il n'y a même pas seulement erreur, il y a inexécution de l'engagement.

Nous supposons donc que la qualité de la chose a été formellement visée, garantie et promise. Ce n'est en effet que

---

(1) L. 14, 41, § 1. *ff. De contrah. emp.* — POTHIER, *Oblig.*, n° 18. — TOULLIER, t. 6, n° 55. — DURANTON, t. 10, n° 114. — TROPLONG, *Vente*, n° 13.

(2) Douai, 27 mai 1846. SIREY, 46, **2**, 501.

par sa prise en considération expresse qu'elle devient substantielle; et si la loi ne parle que de l'erreur tombant sur la substance même de la chose, c'est qu'elle n'a pas à s'occuper ici de ce qui est purement de convention. Si donc les parties, s'arrêtant seulement à son identité extérieure, prennent la chose telle qu'elle leur apparaît, peu importe ensuite que leur attente soit trompée par une qualité absente ou méconnue. Comme elle n'est pas entrée dans les prévisions expresses du contrat, l'erreur qui tombe sur elle est indifférente. Qu'un amateur, par exemple, achète sciemment ou non, mais sans dol, un tableau du Corrège, des monnaies antiques, exposés ou offerts en vente comme croûte ou comme lingots; peu importe l'erreur du vendeur. Tant pis pour lui s'il n'a pas connu les qualités qui rehaussaient le prix de sa chose. Il est lésé sans doute; mais le vice de lésion est le seul qui se rencontre dans le contrat; et comme, à raison de leur valeur arbitraire et variable, la lésion n'est pas une cause de nullité dans les ventes de choses mobilières, quelque lésionnaire qu'il soit, le contrat est tout de même maintenu. Par les mêmes raisons, si l'acheteur se trompait sur la qualité de la chose, il ne pourrait non plus revenir contre la convention, à défaut de prévisions expresses de sa part et de promesse formelle de la part du vendeur, touchant la qualité supposée. Voilà pour les qualités substantielles de la chose.

4. Mais lorsque la qualité de la chose n'est que secondaire et accidentelle, lorsque l'absence de cette qualité, bien qu'elle puisse constituer une altération et une dépréciation de la chose, n'en détruit cependant pas la substance, l'erreur des contractants sur ce point n'annule pas la convention. J'achète un livre le croyant bon, il est horriblement mauvais; un cheval pour cabriolet, c'est un cheval de selle; je demande à un maquignon un bon cheval, de confiance ou non, ce qui est tout un, il me vend une rosse; à un marchand une étoffe solide et bon teint, il m'en vend une qui n'a aucune de ces qualités : la convention est valable. L'erreur ne porte en effet

que sur des qualités secondaires et d'ailleurs appréciables.
La chose est matériellement celle que j'ai voulu acheter. La
substance en est la même, malgré le défaut des qualités que je
prenais sans doute en grande considération, mais dont je
pouvais et devais vérifier l'existence (1). Nous exceptons, bien
entendu, les cas de vices cachés, de dol, de fraude, de convention spéciale.

5. Il ne faut pas confondre au surplus l'erreur sur les qualités substantielles de la chose, avec les vices cachés, les vices
appelés rédhibitoires. Par leur nature même ces vices ne peuvent être appréciés et vérifiés au moment du contrat, ou du
moins ils ne peuvent l'être aisément. L'erreur sur les qualités
substantielles de la chose ne suppose pas, au contraire, essentiellement que ces qualités ne soient point susceptibles de
vérification au moment du contrat. On peut vérifier tout de
suite, par exemple, si une montre est en or ou en cuivre ;
cependant il y a erreur viciant le contrat, si j'achète comme
étant en or une montre qui n'est qu'en cuivre.

Les vices rédhibitoires altèrent la chose, sans la dénaturer ;
l'erreur fait, au contraire, que ce n'est plus la même chose ;
elle n'opère pas seulement une altération, mais une mutation
véritable. Aussi, affecte-t-elle plus profondément la convention ; et tel contrat qui serait valable si l'on ne trouvait dans
la chose qu'un vice rédhibitoire, serait nul si une appréciation
plus saine y constatait une véritable erreur tombant sur la
substance même de la chose. Ainsi l'action résultant des vices
rédhibitoires n'a pas lieu dans les ventes faites par autorité
de justice (1649); l'erreur sur la substance de la chose est au
contraire un vice qui peut être opposé contre toute espèce de
conventions. La jurisprudence n'a pas toujours tenu compte
de cette importante distinction. Elle a souvent confondu les
deux actions, sans juger plus mal pour cela ; car pour les

_____

(1) POTHIER, *ibid.* — TOULLIER, t. 6, nᵒˢ 55, 56. — DURANTON, t. 10,
nᵒ 115. — TROPLONG, *Vente*, nᵒ 14. — Voy. Nancy, 15 mai 1869.
SIREY, 69, 2, 179. — Pau, 20 janv. 1875. SIREY, 75, 2, 176.

contrats formés sous la foi de la justice, on peut, dans la plupart des cas, douter de l'existence d'une erreur suffisante. Cependant elle n'en est pas moins possible en théorie et en pratique.

6. En matière d'erreur, comme dans toutes les questions de fait, il est beaucoup abandonné à l'appréciation des circonstances. L'examen en sera souvent difficile, périlleux. Il est livré à la sagacité du juge, et la seule règle que nous puissions indiquer, la voici : 1° l'erreur doit être certaine ; elle doit porter sur un fait absolument ignoré au moment de la convention. S'il y a doute sur l'existence de l'erreur, la convention subsiste. C'est en effet un principe constant que *in dubio nocet error erranti*. Si l'erreur a été grossière, inexcusable, on n'y croira pas ; sa grossièreté même fait douter de sa réalité. Alors tant pis pour celui qui s'est trompé ; aussi bien n'a-t-il de reproches à adresser qu'à lui-même, quand il lui a été facile de s'assurer de la vérité. *Nam et sole resuccurri non stultis, sed errantibus* (1) ; la loi ne vient au secours que de l'erreur et non de la folie, de la sottise. Cependant on ne doit pas se montrer trop rigoureux. Il est un juste milieu entre la grossièreté de l'erreur et la subtilité des investigations que coûte la science (2).

7. 2° L'erreur doit porter sur un fait principal et déterminant, tel que, si on avait connu la vérité, on n'aurait certainement pas contracté. C'est ce que veut dire l'article 1110, quand il dit que l'erreur n'est une cause de nullité de la convention que lorsqu'elle tombe sur la substance même de la chose qui en est l'objet. Si le fait sur lequel elle est tombée est assez insignifiant et assez peu grave pour laisser croire que le consentement eût été donné tout de même, en connaissance de cause, comme alors il y a doute que l'erreur ait été la

---

(1) L. 9, § 5, *ff. De juris et facti ignor.*
(2) L. 6, *ff. De juris et facti ignor.*

cause déterminante du contrat, quel que soit ce doute, le contrat n'est pas annulé. *In dubio nocet error erranti*.

8. Comme l'erreur sur la chose, l'erreur sur la personne doit remplir, pour être une cause de nullité des contrats, cette double condition de certitude et de gravité. Sans doute il est plus difficile et plus rare qu'elle la remplisse. Que m'importe en effet que, croyant acheter un cheval de Pierre, je l'achète de Jean, vendre à Pierre et que je vende à Paul ? Si j'achète, si je vends, ce n'est pas en considération de la personne, c'est en considération du contrat, de l'acte lui-même. Aussi, la règle générale est-elle que l'erreur sur la personne n'est pas une cause de nullité. Mais ce n'est pas une règle sans exception. Il y a mieux, nous verrons que les principes de l'erreur sur la personne et ceux de l'erreur sur la chose sont, au fond, exactement les mêmes, quant aux qualités que doit avoir l'erreur.

9. Si l'on conçoit tel contrat, tel acte où les personnes sont indifférentes, n'en conçoit-on pas tel autre où la considération des personnes fait tout, auquel on n'aurait certainement pas consenti, si l'on avait connu la vérité à l'égard de la personne ? Nous aurons occasion d'en citer plus d'un exemple. Mais il suffit, en commençant, d'énoncer ce principe pour qu'aussitôt il se présente à l'esprit tel contrat qui en reçoive l'application. Telles sont donc les dispositions de l'article 1110 : l'erreur n'est point une cause de nullité lorsqu'elle ne tombe que sur la personne avec laquelle on a l'intention de contracter ; voilà la règle, et voici l'exception : à moins que la considération de la personne ne soit la cause principale de la convention. *La cause principale*, remarquez ces expressions, et non pas, *y entre pour quelque chose*, suivant l'opinion atténuante de Pothier (1). Le Code est plus rigoureux, et il a évidemment raison de l'être ; car ce n'est pas pour peu de chose qu'on doit déclarer la nullité d'une convention.

(1) *Oblig.*, n° 19.

10. Voyons donc quand et comment la considération de la personne est la cause principale, déterminante de la convention.

Nous ne citerons point comme exemple le contrat le plus solennel, le plus imposant de tous, le mariage, parce que les personnes étant à la fois les parties contractantes, et respectivement l'objet même du contrat, l'erreur tombe aussi bien sur la chose que sur la personne.

11. Dans les conventions qui produisent une obligation de faire, il est évident que la considération de la personne qui doit l'exécuter entre pour beaucoup dans le contrat, peut en être la cause principale. Je fais marché avec un ouvrier, le prenant pour un autre que je sais fort habile ; je commande des tableaux, des statues à divers individus que je prends, trompé par la similitude des noms, qui pour Ingres, qui pour Delaroche, qui pour David. La considération de la personne était la cause déterminante de la convention ; c'est évident. Mon erreur en entraîne donc la nullité.

12. Observons que si l'ouvrier, le peintre, le sculpteur ont été de bonne foi, je serai obligé de payer leur travail, non pas en vertu d'une convention qui est nulle, mais suivant estimation, en vertu de l'obligation qui m'est imposée d'ailleurs par la loi et l'équité de réparer le préjudice causé par mon erreur ou mon imprudence (1).

Mais s'ils avaient été de mauvaise foi, s'ils avaient eu la conscience de mon erreur, ils n'auraient rien à réclamer. Ils pourraient même, suivant les circonstances, me devoir des dommages et intérêts, comme je leur en devrais moi-même, dans tous les cas où ils auraient été, de bonne foi, victimes de mon erreur et de ma méprise. Mais que l'on remarque bien que cette action en dommages et intérêts, *actio in factum*, n'a lieu précisément que parce qu'il n'existe plus de contrat, mais seulement un pur fait.

_____

(1) POTHIER, *Oblig.*, n° 19. — TOULLIER, t. 6, n° 43. — DURANTON, t. 10, n° 119. — DELVINCOURT, t. 2, p. 676.

Alors même que la personne sur laquelle j'ai erré aurait été de mauvaise foi, si, par leur nature, par leur réunion et leur incorporation à ma chose, les travaux doivent me rester, comme j'en profite, je lui en devrai indemnité (1).

13. Il est entendu que dans tous les contrats qui entraînent des obligations de faire pour lesquelles il faut une certaine aptitude, une certaine capacité, un certain talent, comme le consentement n'a été donné qu'en considération de cette aptitude, de cette capacité, de ce talent, l'erreur sur la personne est une cause de nullité.

Il en sera de même des contrats qui reposent sur la confiance d'une part, la complaisance, le dévoûment, la bienveillance de l'autre. Tels sont le mandat, le dépôt, le commodat, le prêt gratuit. La personne du mandataire, du mandant, du dépositaire, du déposant, du commodataire, de l'emprunteur y est prise en considération principale. Il n'est pas habituel en effet de vouer sa confiance ou sa bienveillance au premier venu. C'est à tel que je l'accorde et non à tel autre.

Si la personne sur laquelle on s'est trompé a été de bonne foi, elle aura tous les droits qu'aurait pu lui assurer une convention exempte d'erreur ; mais ce sera à titre d'indemnité pour obligation de fait, et non à titre d'exécution de contrat. Si donc le mandant, le mandataire, le déposant, le dépositaire, le commodataire, l'emprunteur, à qui un prêt gratuit a été fait, ont été de bonne foi, lorsqu'on a erré sur leurs personnes, ils auront encore tous les droits qui pourraient résulter pour eux d'un contrat parfaitement régulier. Entre l'erreur d'un côté et la bonne foi de l'autre, l'équité a bientôt fait son option. La bonne foi doit être indemnisée par l'erreur. Or, dans les espèces que nous supposons, le meilleur moyen d'indemniser complètement la bonne foi, c'est de faire abstraction de l'erreur en réglant le passé d'après la convention, comme si on ne s'était pas mépris sur les personnes. S'il y avait eu

(1) Argument de l'art. 555, C. c.

mauvaise foi de leur part, il y aurait lieu à l'annulation du contrat, même avec dommages et intérêts. La convention, en s'effaçant, ferait place à un quasi-contrat ou à un quasi-délit. Par exemple, l'emprunteur de mauvaise foi devrait payer les intérêts (1378) ; car il aurait reçu sans cause, puisque le prêt ne lui aurait été consenti que par suite d'une erreur dont il aurait eu lui-même conscience.

14. Le contrat de société repose sur des sentiments de confiance réciproque et sur une présomption d'aptitude personnelle. Il se forme principalement en considération des personnes. L'erreur sur la personne y est donc une cause de nullité.

Cependant, si l'associé sur la personne duquel on a erré ne doit jouer dans la société d'autre rôle que celui de bailleur de fonds; si, sa mise une fois faite, il n'a plus rien à faire, comme dans ce cas c'est la bourse plutôt que la personne qui a été prise en considération, l'erreur sur la personne cesse d'être une cause de nullité. Nous croyons cette distinction préférable à celle que pose M. Duranton (1), entre une société ordinaire et une simple société en participation. Cette dernière exige en effet très souvent de la part des associés une plus grande action personnelle, une plus intime confiance que toute autre. Ce n'est donc pas entre les sociétés qu'il faut distinguer, mais bien entre la position et le rôle social de chaque partie dans l'association.

15. Nous appliquons les mêmes principes au colonage partiaire. L'erreur sur la personne l'annule comme le contrat de société, dont il a les principaux éléments (2). Il repose en effet, lui aussi, sur des sentiments de confiance et une présomption d'aptitude. Nous ne parlons ici que de l'erreur sur la personne du métayer, car l'erreur sur la personne du

---

(1) T. 10, n° 121.
(2) Voy. L. 25, § 6, ff. Locat. conduct. — L. 52, § 3, ff. Pro socio. — Coquille, Nivernais, pag. 191, et Quest., pag. 261. — Troplong, Louage, n° 638. Voy. 1122, n° 32.

maître, pour ne pas être absolument indifférente, n'est pas d'assez grave conséquence cependant pour entraîner la nullité de la convention, à moins de circonstances exception-nelles.

16. Lorsque, dans les obligations de faire, l'objet de la con-vention est de telle nature qu'il peut être exécuté par le pre-mier venu indifféremment, comme alors la considération de la personne a été à peu près nulle, l'erreur sur la personne cesse d'être une cause de nullité (1); par exemple, s'il s'agit d'un transport de personnes ou de marchandises, d'un terras-sement, du creusement d'un fossé, etc.... Sauf néanmoins les circonstances particulières qui, en cette matière, demeurent toujours réservées.

17. Dans les contrats à titre onéreux et qui emportent obli-gation de donner, tels que la vente, l'échange, le louage des choses, la considération de la personne entre le plus souvent pour bien peu. Que m'importe qui achète, vende, échange, loue? Il n'y a d'important pour moi que le prix ou l'objet de la vente, du bail, de l'échange. Cependant il peut se présen-ter telles circonstances où le contrat n'aurait pas eu lieu, si les parties contractantes s'étaient réellement connues (2). Ces circonstances qui peuvent aussi bien se réaliser que se con-cevoir, nous les réservons. L'erreur sur la personne serait alors une cause de nullité. Tel est le cas où le vendeur d'une agence d'affaires a trompé frauduleusement l'acquéreur sur son individualité et ses antécédents judiciaires (3).

18. L'art. 2053 dispose que la transaction peut être rescin-dée lorsqu'il y a erreur dans la personne. Mais cet article se complète par l'article 1110. Il faut en effet que la considéra-tion de la personne sur laquelle tombe l'erreur soit la cause

(1) DURANTON, t. 10, n° 122.
(2) TOULLIER, t. 6, n° 52. — DURANTON, t. 10, n° 123.
(3) Aix. 21 décembre 1870, SIREY, 71, 2, 216.

principale de la transaction. Sans doute, la personne est en général considérée pour quelque chose dans ce genre de contrat; mais on y considère surtout la transaction en elle-même, indépendamment de la personne avec qui l'on traite. En transigeant, je veux principalement couper court à un procès; je veux me donner quelque repos, quelque tranquillité, n'importe de qui ils me viennent. Il faudra donc des circonstances bien graves pour faire annuler une transaction, sous le prétexte qu'on se sera trompé sur la personne de son adversaire. On devra toujours établir qu'elle a été prise principalement en considération, et que l'erreur seule a déterminé le contrat.

Cette erreur sera nécessairement fort rare, car les relations que suppose entre elles l'œuvre d'une transaction ne permettent guère de penser que les parties qui transigent ne se sont point connues. D'un autre côté, si l'erreur était telle que l'on transigeât avec une personne autre que son véritable adversaire, la transaction serait nulle, non pas à cause de l'erreur sur la personne, mais à cause de son défaut de qualité. Il n'y aurait pas une personne méconnue, mais un tiers stipulant sans droit sous un nom et pour un nom qui n'est pas le sien, ou le fait prendre pour une autre personne (1).

19. Au surplus, l'erreur sur le nom seul de la personne est indifférente, alors que l'identité est d'ailleurs constante. On se trompe de nom, mais non de personne.

20. L'erreur sur la qualité est plus grave. Une qualité supposée, méconnue ou ignorée peut être une cause de nullité, lorsque la considération de cette qualité a été la cause principale du contrat. L'erreur qui tombe sur la qualité est en effet une erreur sur la personne même, puisqu'une personne ne se caractérise pas seulement par son identité matérielle, mais encore par son identité morale. Or l'identité n'existe plus, à défaut des qualités essentielles qui la constituaient. Je regarde

(1) L. 3, § 2, ff. De trans.

un tel comme mon neveu, comme père de famille; il n'en est
rien; comme j'ai traité avec lui en considération de cette
qualité, le contrat est nul; mon erreur l'affecte du vice de
cause fausse.

21. L'erreur sur la qualité de la personne se rapproche parfois de l'erreur de droit. Cependant elle en diffère et ne doit
pas être confondue avec elle. Que l'on remarque bien en effet
que la qualité sur laquelle nous avons supposé tout à l'heure
qu'on avait erré, était telle qu'elle ne conférait aucun droit à
la personne en qui on l'avait supposée existante. C'était une
qualité de neveu, de père de famille. Mais s'il s'agissait d'une
qualité que l'on considérât par erreur comme servant de base
légale à un droit quelconque, alors la convention faite en considération de cette qualité et pour la satisfaction du prétendu
droit qu'elle semble conférer, ne serait plus entachée d'une
erreur de fait sur la personne, mais d'une véritable erreur de
droit.

J'admets, par exemple, mon neveu à la succession de son
cousin germain, aussi mon neveu. Je lui suppose ainsi une
qualité de cohéritier qu'il n'a pas; en contractant en considération de cette fausse qualité, je commets une erreur de
droit, et non une erreur de fait qui tombe sur la personne.
Que si, au contraire, je suppose que Paul est mon neveu,
père de famille, magistrat, et qu'en considération de cette
qualité je traite avec lui, je commets une erreur de fait sur
sa personne, et non une erreur de droit, parce que la qualité
prétendue existât-elle, elle ne lui confère légalement aucun
droit qui puisse faire considérer notre convention comme l'accomplissement d'une obligation envers lui.

22. L'erreur de droit, comme l'erreur de fait, vicie le consentement. Le Code civil ne distingue pas plus que la
raison ne peut distinguer elle-même. C'était d'ailleurs un
principe posé par Papinien, que l'erreur de droit n'est pas
plus un moyen de perdre que d'acquérir; principe que

d'Aguesseau, dans une dissertation spéciale, a mis en telle lumière, que rien désormais ne peut en obscurcir l'éclat (1).

Parmi les monuments nombreux de jurisprudence qui l'ont consacré, nous citerons un arrêt de la Cour royale de Limoges, du 8 décembre 1837 (2), qui en a fait l'application à une espèce assez remarquable. La dame Briquet laisse pour héritiers naturels le sieur Magenest père, la dame Tramont et les enfants Marcoul-Lagorce. Elle fait un testament par lequel elle dispose nominativement de certains objets en faveur des enfants Magenest, avec réserve d'usufruit pour leur père; d'autres objets en faveur de la dame Tramont; d'autres objets enfin en faveur des enfants Marcoul-Lagorce. Elle les qualifie d'héritiers universels, de légataires universels. En dehors des objets déterminés dans chaque disposition, il s'en trouvait d'autres sans attribution spéciale. La dame Tramont prenant la qualité d'héritière présomptive en partie et de légataire à titre universel, en demande le partage contre les enfants Marcoul-Lagorce et Magenest père. Ce dernier prenant acte des qualités prises par Madame Tramont, et se fondant sur l'incompatibilité de la qualité d'héritier avec celle de légataire, demande le rapport du legs fait à la dame Tramont, offrant de rapporter son legs en usufruit. Jugement de première instance qui accueille ce système. Sur l'appel, la Cour pensa au contraire, avec beaucoup de raison, que l'attribution de parts en objets particuliers et déterminés, n'empêchait pas le testament de contenir des legs universels; que dès lors la dame Tramont, en sa qualité de légataire universelle, avait droit au tiers des objets omis; que ce n'était que par erreur qu'elle avait pris la double qualité d'héritière et de légataire à titre universel. En conséquence, elle l'admit, en la

(1) L. 7, 8, ff. De juris et facti ignor. — DOMAT, I. 2, tit. 18, sect. 1re, nos 7, 13 et suiv. — POTHIER, Pandectes, t. 1, p. 645, n° 3. — MERLIN, Rép., vo Choix, § 1, n° 10. — TOULLIER, t, 6, n° 58; t. 11, n° 63. — DELVINCOURT, t. 2, p. 677. — DURANTON, t. 10 n° 127. — FAVARD-DE-LANGLADE, vo Erreur.

(2) SIREY, t. 39, 2, 27.

dispensant du rapport et en excluant le sieur Magenest père, au partage des objets non compris dans le testament.

La Cour de cassation a enfin décidé que la partie lésée peut demander la rescision d'un acte contenant partage de la communauté, lorsqu'elle y a fait figurer des objets acquis par elle personnellement depuis sa dissolution, par suite de l'erreur de droit qui l'avait portée à croire que le défaut d'inventaire avait opéré la continuation de la communauté jusqu'au partage (1).

23. On dit que tout le monde est censé connaître la loi; *nemini jus ignorare licet* : trop flatteuse présomption en faveur de la science humaine !... Pure fiction, qui d'ailleurs n'a que faire ici. Oui, l'on est censé connaître la loi, lorsqu'il s'agit des lois qui disposent dans un intérêt d'ordre public, soit qu'elles prohibent ou commandent; des lois qui règlent les conditions nécessaires pour l'acquisition, la conservation, l'exercice d'un droit, soit qu'elles s'appliquent au fond ou à la forme. Ainsi, l'ignorance de la loi n'excuse ni une contravention ni un délit. Je laisse acquérir une prescription; je néglige la constatation légale d'un fait ou d'un contrat, les formalités prescrites pour l'exercice d'un droit; en vain j'essayerai de me justifier par mon ignorance de la loi. C'est alors qu'on me ferme la bouche en me disant : *nemini jus ignorare licet,* vous vous êtes trompé, vous avez manqué à la loi; tant pis pour vous.

Mais lorsqu'il s'agit d'un droit qu'on aliène, d'une obligation qu'on s'impose par suite d'une erreur de droit, on ne peut s'empêcher de relever de son erreur celui qui en a été victime, à moins de changer, suivant les expressions énergiques de d'Aguesseau, toutes les obligations sans cause en donations forcées, et tous ceux qui se trompent en véritables donateurs. La loi a plus de bonne foi et d'équité. Elle n'accorde à la fiction qui nous suppose légistes que ce qu'il lui faut pour l'ordre public et l'utilité générale.

(1) Cass., 12 mars 1845. Sirey, 45, 1, 524.

24. Mais l'erreur de droit doit être, aussi bien que l'erreur de fait, un fait certain et la cause déterminante du contrat. Dans le doute, il n'y a pas nullité; *in dubio nocet error erranti.* C'est sur ce principe que sont fondées certaines exceptions, qui ne sont que la confirmation de la règle.

25. L'aveu judiciaire peut être révoqué, s'il a été la suite d'une erreur de fait; mais il ne peut l'être sous prétexte d'une erreur de droit (1356). *Non fatetur qui errat, nisi jus ignoraret* (1). Je vous reconnais créancier ou légataire de mon père d'une somme de 1,000 fr.; plus tard, je découvre une quittance ou un autre testament qui établit le payement ou révoque le legs. Mon aveu est nul comme fondé sur une erreur de fait; *non fatetur qui errat.* Que si au contraire, après vous avoir reconnu comme légataire ou donataire, je veux rétracter mon aveu, sous le seul prétexte que le testament et la donation sont nuls, par suite d'un vice de forme que j'ai ignoré, vous me répondrez, avec l'article 1356, qu'il ne peut l'être sous prétexte d'une erreur de droit. Il est en effet possible que mon aveu ait été fondé, bien moins sur l'ignorance du vice qui entachait l'acte et de la loi qui l'annulait, que sur l'intention de faire honneur à la mémoire de mon père, en exécutant ses dernières volontés, sans chicaner sur la légalité de leur expression que je tiens pour suffisante, tout irrégulière que je la sache d'ailleurs. Mais il en serait autrement, si le testament et la donation étaient faux; car la fausseté ne se range pas sur la même ligne qu'une omission de forme. L'erreur sur le faux constitue une erreur de fait.

Ainsi entendu, l'article 1356 contient un principe général qui ne s'applique pas seulement à l'aveu judiciaire, mais encore à l'aveu extrajudiciaire, aux conventions et aux actes intervenus dans des circonstances telles qu'il n'est pas possi-

---

(1) L. 2, *ff. De confess.*

ble de prouver que l'erreur de droit en ait été la cause déterminante.

26. Les transactions ne peuvent être attaquées pour cause d'erreur de droit (2052); c'est encore parce que les transactions ayant pour objet de prévenir ou de terminer un procès, il est impossible de savoir si le consentement a été déterminé par une erreur de droit plutôt que par un désir de rapprochement et de pacification. Il est encore une autre raison. Quand on transige, on a toujours un sentiment de doute et de défiance sur l'existence de la loi, son sens, son application. La transaction suppose donc un examen préalable du droit. Cette appréciation peut sans doute être erronnée et fausse ; mais où en sera la preuve irréfragable ? Ce ne peut être que dans une décision judiciaire. Or, on ne conçoit pas qu'on puisse en appeler à une pareille décision, d'une transaction qui a précisément pour objet de la prévenir, ni que cette transaction puisse être annulée, juste par l'acte qu'elle se proposait de remplacer. Il n'y aurait certainement que très peu de transactions qui tinssent à un examen scrupuleux du droit; car elles contiennent presque toujours des concessions réciproques, faites plutôt *ex æquo et bono*, que *ex summo jure*. Il est donc de leur essence même de ne pouvoir être attaquées sous prétexte d'erreur de droit.

27. L'article 2054 dispose que les transactions peuvent être rescindées lorsqu'elles ont été faites en exécution d'un titre nul. Quelle doit être cette nullité ? Il faut concilier les articles 2052 et 2054. L'article 2052 exclut l'erreur de droit comme cause de nullité. L'article 2054 entend donc parler d'un titre dont on a ignoré la nullité, par suite d'une erreur de fait, et non par suite d'une erreur de droit. Autrement, toutes les fois que la transaction aurait été faite sur un titre nul et qu'on n'aurait point traité expressément sur la nullité, on pourrait en poursuivre la rescision, n'y eût-il qu'une simple erreur de droit; l'article 2052 se trouverait ainsi éludé. Il faut donc entendre l'article 2054 en ce sens, que le titre a été supposé valable par erreur de fait (1). Par exemple, si je transige sur l'exécution d'un testament nul pour vice de forme et que je le suppose valable par suite d'une erreur de droit, la transaction est valable. Elle serait nulle au contraire s'il avait été supposé valide, dans l'ignorance d'un autre testament qui le révoque, dans l'ignorance de sa fausseté, ou enfin dans l'ignorance d'une renonciation faite par mon adversaire. Dans tous ces cas, il y aurait erreur de fait, la transaction serait rescindable.

Tel est le premier système d'interprétation et de conciliation qui a été présenté par quelques auteurs. D'autres ont entendu le mot *titre,* qu'emploie l'article 2054, non plus dans le sens d'un acte instrumentaire constatant un contrat ou une disposition, mais dans celui d'un acte juridique et d'une cause légale sur lesquels sont fondées les prétentions qui forment l'objet de la transaction. La nullité de la transaction résulterait alors de l'absence absolue ou relative de toute cause juridique ; et il n'y aurait plus à distinguer entre l'erreur de fait ou l'erreur de droit. Il suffirait de constater, en fait, que l'une des parties a ignoré la nullité du titre, n'importe comment (2). Tel serait le cas où, croyant mon neveu appelé concurremment avec moi à la succession de mon cousin germain, je transige avec lui sur la quotité de ses droits, sans transiger en même temps sur la réalité de sa vocation à l'hérédité du *de cujus,* c'est-à-dire sur la nullité ou la validité de son titre. Or, comme d'une part il est certain que mon neveu n'est pas mon cohéritier, et que d'autre part il est constant que je n'ai transigé sur la quotité de ses droits que par suite d'une erreur, la transaction est nulle pour défaut de cause.

Quant à nous, sans donner de préférence marquée à aucun

(1) Toullier, t. 6, n° 72. — Duranton, t. 18, n°s 423, 428. — Troplong, *Transact.,* art. 2054. — Cass., 25 mars 1807. Sirey, 1807, 1, 199. Voy. *ibid.,* les conclusions de M. Daniels. — Cass., 28 décembre 1829. Dalloz, 1830, 1, 68. — Voy. Cass., 19 décembre 1865. Sirey, 66, 1, 301. — Zachariæ, t. 4, p. 670, 4e édit.

(2) Voy. Zachariæ, t. 3, p. 147, n°tes 2 et 3, et t. 4, p. 670, 4e édit.

de ces systèmes d'interprétation, nous les acceptons, comme corrigeant à la fois ce que l'article 2052 semble avoir de trop rigoureux, et l'article 2054 de trop facile ; nous les acceptons également tous deux, comme se complétant l'un l'autre.

28. On ne doit assimiler qu'avec beaucoup de réserve à l'erreur de droit l'erreur sur la jurisprudence ou sur la doctrine. Si d'un côté elles donnent au sens de la loi de la fixité, de la certitude, de la précision, de l'autre, par leur contrariété, elles font naître souvent le doute et l'incertitude. Lors donc que la solution d'une question soulève différents systèmes, si, de bonne foi et dans l'ignorance de l'opinion contraire, je suis celle-là même qui compte en sa faveur le moins d'autorités, pourrai-je me placer dans le cas d'une erreur de droit et demander la nullité de l'acte fait en conséquence ? N'oublions pas ce principe ; il faut qu'il soit certain que l'erreur a été la cause déterminante. Or la diversité et la contrariété des opinions font elles-mêmes douter que l'erreur ait été la cause principale. On peut croire que, même en connaissance parfaite de tous les systèmes opposés, de leurs raisons et de leurs partisans, j'eusse néanmoins fait ce que j'ai fait, au lieu de poursuivre, dans les aventures d'un procès, l'option plus ou moins incertaine de la justice.

Par exemple (avant les nouveaux articles 717 et 772 du Code de procédure), ignorant la jurisprudence de la Cour suprême et les opinions de savants jurisconsultes qui décident que la femme, à défaut d'inscription régulièrement prise, est, après la purge, déchue de tout rang hypothécaire vis-à-vis des autres créanciers qui ont pris inscription, je laisse néanmoins la femme me primer dans un ordre amiable, malgré le défaut d'inscription de sa part et la régularité de la mienne ; je ne pourrai me faire relever, sous prétexte d'une erreur de droit, parce qu'après tout je n'ai fait que ce qu'une foule d'arrêts et d'auteurs graves me condamnent à faire, et que peut-être je l'eusse fait, quand même j'aurais eu le pour et le contre sous les yeux.

Mais il ne faut rien exagérer. Il y a des questions dont la

solution, si simple, si évidente qu'elle soit, soulève néanmoins une inconcevable contrariété de sentiments. L'évidence même se discute et se nie. Si, dans la lutte des opinions contraires, il existe d'une part une masse imposante d'autorités, en raison, en doctrine, en jurisprudence, et de l'autre, une minorité vaincue, réduite au silence, ou dont le cri solitaire n'est qu'une protestation vaine et ridicule ; s'il s'agit d'un de ces points, livrés d'abord à la controverse, mais bientôt enlevés à la discussion et fixés par l'accord des opinions et des arrêts, alors il pourra se faire que l'erreur sur un point constant de doctrine et de jurisprudence soit, selon la gravité des circonstances, considérée à l'égal d'une erreur de droit. Mais il est bien entendu que pour apprécier l'erreur, il faut se reporter au temps où elle a été commise. La science du droit a en effet ses progrès. Tel point ne s'établit qu'à la longue. Les systèmes se sont d'abord heurtés ; puis l'un d'eux, resté maître du champ de bataille, s'est élevé sur les ruines des autres, seul et triomphant. Au fort de la lutte, on s'est rangé de bonne foi, par erreur, ou plutôt à défaut de prescience, du côté du système qui a fini par succomber. On aurait évidemment tort d'invoquer les progrès ultérieurs de la science et la fixité récente des opinions, pour établir que, dans le temps, on a commis une erreur de droit, capable de faire annuler aujourd'hui la convention. Qui peut, en effet, savoir si l'on aurait refusé son consentement, en connaissance parfaite des divers systèmes alors en présence ? Qu'importe qu'aujourd'hui, dans l'état actuel de la jurisprudence et de la doctrine, l'erreur puisse être une cause de nullité, si rien ne prouve qu'autrefois elle ait été la cause déterminante du contrat ?

Quoi qu'il en soit, l'allégation de cette erreur n'aura jamais qu'un très difficile accès auprès des juges. L'expérience apprend quelle foi mérite une jurisprudence dite constante. Que de variations, que de retours ! C'est toujours l'inconstance de l'humanité. Qu'il n'y ait donc de points considérés comme constants que ceux qui sont passés, à l'aide de la consécration du temps, à l'état d'irrécusables vérités, comme si elles étaient expressément écrites dans la loi.

29. Parmi les diverses erreurs qui peuvent vicier le consentement, nous avons distingué (1) l'erreur qui prévient et empêche la convention, et celle qui l'annule une fois formée ; nous avons dès lors, pour ainsi parler, l'erreur-obstacle et l'erreur-nullité. L'erreur de droit suppose toujours la convention formée ; elle ne sera donc jamais qu'une cause de nullité. L'erreur de fait prévient au contraire quelquefois la formation du contrat, c'est-à-dire toutes les fois que les parties ne s'entendent pas sur l'objet de la convention, et que l'aceptation ne coïncide pas avec la proposition, par suite d'une erreur qui s'oppose à l'accord des volontés.

Et cette distinction n'est pas purement théorique. Lorsqu'il n'y a qu'une erreur-nullité, celui-là seul est recevable à demander la nullité de la convention, dont le consentement a été entaché d'erreur ; de telle sorte que, si de part et d'autre il y avait erreur, chaque partie pourrait également s'en prévaloir. Alors, au contraire, qu'il y a une erreur-obstacle, comme dans ce cas il n'y a pas de contrat, faute par les parties de s'entendre, et que dès lors l'erreur leur est essentiellement commune, chacune d'elles est également en droit de soutenir qu'aucune convention n'existe. Il ne s'agit pas seulement d'une convention annulable ou rescindable, mais bien d'une convention réputée inexistante.

30. Au surplus, quel que soit le caractère de l'erreur, qu'elle soit invoquée par voie d'action ou par voie d'exception, elle doit toujours être prouvée par celui qui l'invoque ; car il est demandeur.

Il n'est cependant pas indifférent que l'erreur tombe sur la chose ou sur la personne. S'il s'agit d'une erreur tombant sur la substance même de la chose, il suffit de prouver cette erreur, et tout est dit, puisque la loi présume que, dans ce cas,

(1) *Suprà*. n° 2.

l'erreur a été la cause déterminante de la convention. S'agit-il d'une erreur tombant sur la personne ? Comme cette erreur n'est une cause de nullité que tout autant que la considération de la personne a été la cause principale de la convention, il ne suffit pas de prouver son erreur sur la personne, il faut en outre établir la circonstance aggravante et caractéristique de son erreur. Ainsi, la loi est d'autant plus exigeante pour la preuve, que l'erreur a moins de gravité apparente.

31. La partie qui a donné un consentement vicié d'erreur peut faire valoir la nullité du contrat, non-seulement contre la personne avec laquelle elle a contracté, mais encore contre les tiers auxquels cette dernière n'a pu transmettre plus de droits qu'elle n'en avait elle-même (1).

ARTICLE 1111.

La violence exercée contre celui qui a contracté l'obligation est une cause de nullité, encore qu'elle ait été exercée par un tiers autre que celui au profit duquel la convention a été faite.

ARTICLE 1112.

Il y a violence, lorsqu'elle est de nature à faire impression sur une personne raisonnable, et qu'elle peut lui inspirer la crainte d'exposer sa personne ou sa fortune à un mal considérable et présent. — On a égard, en cette matière, à l'âge, au sexe et à la condition des personnes.

ARTICLE 1113.

La violence est une cause de nullité du contrat, non-seulement lorsqu'elle a été exercée sur la partie contractante, mais encore lorsqu'elle l'a été sur son époux ou sur son épouse, sur ses descendants ou sur ses ascendants.

(1) DURANTON, t. 10, n° 131.

ARTICLE 1114.

La seule crainte révérentielle envers le père, la mère ou autre ascendant, sans qu'il y ait eu de violence exercée, ne suffit point pour annuler le contrat.

Sommaire.

1. Pourquoi nous réunissons ces quatre articles.
2. Le Code civil ne parle que de violence, le droit romain, de crainte
3. Qu'entend-on par violence ?
4. Quelle doit être la gravité de la violence ?
5. On a égard à l'âge, au sexe, à la condition des personnes.
6. Différence avec le droit romain.
7. Qu'entend-on par mal présent ?
8. Par mal considérable ?
9. La violence insuffisante peut dégénérer en dol, en cause illicite.
10. De la violence injuste — de l'abus du droit.
11. Suite. Du cas où l'on fait consentir une obligation, à titre de réparation civile, par une personne prise en flagrant délit.
12. Le contrat est-il nul ou réductible ?
13. La menace n'a pas besoin d'avoir les caractères prévus au Code pénal.
14. De la crainte révérentielle.
15. Sur qui la violence doit-elle être exercée ?
16. En quel sens l'article 1113 est limitatif ?
17. Il importe peu par qui la violence a été exercée.
18. L'action en nullité passe contre les tiers.

COMMENTAIRE.

1. Nous réunissons ces quatre articles dans un même commentaire, parce qu'à eux quatre ils complètent toute la théorie de la violence en matière de contrats. Alors en effet qu'on parle de violence, on commence par se demander ce qu'elle doit être, par qui, sur qui elle doit être exercée pour être une cause de nullité. Or, la réponse à cette triple question ne se trouve que dans l'ensemble des articles 1111, 1112, 1113, 1114.

2. Le Code civil parle seulement de la violence, et le droit romain, seulement de la crainte (1); c'est-à-dire que l'un envisage le moyen et l'autre l'effet. Mais c'est tout à la fois parler des deux; car de la violence, l'esprit se reporte à la crainte, comme de la crainte à la violence, de l'effet à la cause.

3. Appliquée à l'homme, la violence, dans son acception la plus générale, est l'action d'une force extérieure, soit que cette force agisse sur ses organes, soit qu'elle intimide et contraigne sa volonté. En ce sens, il y a violence, même dans tout acte de force majeure. Mais ce n'est pas de cette violence que le Code entend parler, parce qu'elle est aveugle, inintelligente et fatale. A propos de violence, la loi suppose toujours une intention dans l'acte violent, dans l'extorsion du consentement. On ne dit pas en effet de la force majeure qu'elle extorque le consentement; on ne peut le dire que d'une violence intelligente, d'une violence humaine, qui voit son but et raisonne ses moyens.

Le Code n'entend pas parler non plus de la violence qui n'est que l'occasion et non la cause immédiate du contrat. Par exemple, arrêté par des brigands, je promets tant à une personne qui vient à passer, pour qu'elle me délivre de leurs mains. La violence dont j'ai été victime de la part des brigands n'est que l'occasion de mon contrat, elle n'en est pas la cause; car la violence exercée sur moi n'a pas eu pour but et pour intention de contraindre en ce sens ma volonté et de l'amener à cette convention. Si la somme que j'ai promise est exagérée, on pourra sans doute réduire mon obligation (2); mais ce ne sera pas d'après l'article 1109.

Que si, au contraire, j'ai promis tant aux brigands qui m'ont arrêté, à titre de rançon; voilà un contrat nul. J'ai cédé à une violence qui avait précisément pour objet l'extorsion de ce consentement.

(1) Voy. le tit. au *ff. Quod metús causâ.*
(2) Voy. 1131, n° 13.

Tel est donc le premier caractère de la violence prévue par le Code, comme vice des contrats. Elle doit être intelligente et la cause immédiate de la convention ; elle doit s'exercer avec la conscience de son dessein et l'indication de son but ; elle doit, en un mot, extorquer le consentement (1).

Observons encore que la loi ne parle ici que des moyens d'intimidation qui agissent sur la volonté et déterminent l'abandon du consentement. Il était inutile qu'elle s'occupât des violences physiques qui s'emparent des organes d'un individu et les réduisent à l'état d'instruments. Un bras plus fort s'empare de ma main et lui fait, de force, souscrire une obligation. Il n'y a pas même, dans ce cas, l'ombre d'un consentement de ma part ; je n'ai pas plus consenti que la griffe qui imprime. Mais lorsque, sous l'empire de la menace, de la crainte, j'abandonne ma volonté, alors je donne un consentement tel quel. *Coacta voluntas est voluntas* (2). Quelle en est la valeur ? La loi le déclare nul, parce qu'il a été extorqué par violence.

4. Voyons maintenant quel caractère de gravité elle doit avoir. Elle doit être de nature à faire impression sur une personne raisonnable, et lui inspirer la crainte d'exposer sa personne ou sa fortune à un mal considérable et présent (1112).

Les termes de la loi sont évidemment plus rigoureux que sa pensée. Si en effet la violence doit avant tout être de nature à faire impression sur une personne raisonnable, il s'ensuivra qu'une personne qui ne sera point raisonnable, qui, par conséquent, aura pu concevoir une peur chimérique, ne pourra point invoquer la nullité de son obligation, bien que son consentement n'ait pas été plus libre que si sa crainte eût été fondée ; il s'ensuivra que ceux-là mêmes qui auront le plus besoin de la protection de la loi, seront justement ceux qui en seront privés. Telle n'a pu être l'intention du législateur. La voici : il n'a pas voulu que, à moins d'infirmité naturelle,

---

(1) Voy. Dijon, 24 mai 1865. SIREY, 66, 2. 64.
(2) L. 21, § 5, *ff. Quod metûs causâ*, et la glose.

on pût se prétendre victime d'une crainte qui ne serait fondée sur aucun sujet sérieux. Il a dit de la violence ce qu'il a dit de l'erreur, *nam et solere succurri non stultis, sed errantibus* (1); et de même, *vani timoris justa excusatio non est* (2); *si quis meticulosus rem nullam frustrà timuerit, per hoc edictum non restituitur* (3). *Per hoc edictum;* remarquez ceci : s'il ne peut agir *metûs causá,* il peut avoir l'action *de dolo.* Telle est l'observation de Pothier (4). Mais les craintes paniques et insensées, sans motifs ni prétextes sérieux, qui ne sont que les égarements d'une impardonnable faiblesse, voilà les craintes qu'on ne peut invoquer comme cause de nullité, alors qu'on jouit d'ailleurs de toutes les facultés qui constituent la raison humaine.

5. Ce qui prouve encore qu'il ne faut pas entendre la loi avec une excessive rigueur, c'est le dernier paragraphe de l'article 1112. On a, dit-il, égard, en cette matière, à l'âge, au sexe et à la conditon des personnes (5). On doit même avoir égard à leur caractère, à la faiblesse de leur esprit; mais avec beaucoup de discrétion. Alors en effet qu'il s'agit de chercher la preuve de la crainte en dehors de sa cause même, c'est-à-dire des manœuvres d'intimidation, le juge ne doit entrer dans cette voie qu'avec une extrême réserve.

6. Voyez quelle grande différence existe à ce sujet entre le Code civil et le droit romain; celui-ci voulait que la crainte fût de nature à faire impression sur l'âme la mieux trempée d'énergie, *in hominem constantissimum* (6). Tout, jusqu'aux principes du droit, était ainsi taillé à la mesure du courage romain. Plus indulgent, notre Code est aussi plus humain, plus naturel, plus vrai.

(1) L. 9, § 5, *ff. De juris et facti ignor.*
(2) L. 184, *ff. De reg. jur.*
(3) L. 7, *ff. Quod metûs causá.*
(4) *Oblig.,* n° 25.
(5) Pothier, *ibid.*
(6) L. 5, 6, *ff. Quod metûs causá.*

7. L'impression faite par la violence doit être non équivoque, profonde, déterminante; aussi, la loi veut-elle que le mal dont on éprouve la crainte ait une certaine gravité. Il doit menacer la personne ou la fortune, être considérable et présent (1). Cette dernière expression ne doit pas être cependant prise strictement à la lettre. Dans le sens de la loi, un mal présent n'est pas un mal qu'on tient, pour ainsi dire, sur la gorge de la personne qu'on violente. Le mal est, suivant elle, suffisamment présent, lorsque la menace fait ses conditions et n'ajourne point sa victime d'une manière vague et indéterminée. Mal présent ne signifie donc pas mal actuel, mais mal plus ou moins imminent (2), ou même mieux, la crainte actuelle d'un mal.

La loi 9, *ff. Quod metûs causâ*, que l'article 1112 semble avoir traduite, se liait au système de sévérité du droit romain, quand elle exigeait *metum præsentem, non suspicionem inferendi ejus.* Mais l'indulgence du Code ne va pas avec la rigueur de ce texte; il nous semble même qu'il y aurait violence suffisante dans la menace qui, ne précisant qu'elle-même, laisserait à dessein quelque obscurité et quelque équivoque sur le mal indéterminé, mais considérable, qu'elle tiendrait suspendu sur votre tête. Dans ce cas, la menace est d'autant plus effrayante que, vous laissant incertain sur le mal, elle rend par cela même plus difficiles vos moyens de précaution et de défense. Il est dans la nature humaine que l'imagination soit d'autant plus prompte et plus ingénieuse à se troubler qu'elle connaît moins l'objet de sa peur, et que, ne sachant pas précisément ce qu'elle a à craindre, elle croit avoir tout à redouter.

8. Quant à la grandeur du mal, elle s'apprécie d'une manière relative. Un mal est considérable pour telle personne, qui ne l'est pas pour telle autre. Son appréciation doit donc varier suivant les circonstances.

La gravité du mal dont on est menacé s'apprécie non-seule-

---

(1) L. 5, 9, *ff. Quod metûs causâ.*
(2) DELVINCOURT, t 2, p. 677. — DURANTON, t. 10, n° 151.

ment en elle-même, mais encore en raison des moyens qu'on peut avoir de s'en défendre et de s'en garantir. Qu'on me menace, par exemple, de me dénoncer ou de me poursuivre comme voleur, comme assassin, comme magistrat prévaricateur. Quel mal plus grand pour un homme de cœur que l'infamie dont on menace de le couvrir! Cependant sa gravité s'atténue et s'efface pour moi devant le sentiment de mon innocence et mes moyens de justification. Je suis trop fort de ma conscience et trop sûr des faits pour rien craindre d'une menace dont les effets ne peuvent m'atteindre. Mais il faut ne rien outrer, et ne pas faire de tout homme innocent qu'on menace de poursuivre comme coupable, le juste d'Horace élevant sur la base inébranlable du droit et du devoir une triomphante et courageuse impassibilité.

9. Au surplus, nous disons ici, et une fois pour toutes, que tel fait, telle menace, telle manœuvre d'intimidation, insuffisants pour caractériser légalement la violence, peuvent constituer soit un élément de dol, soit une cause illicite. L'appréciation en demeure abandonnée à la prudence et à la sagacité des magistrats.

10. La violence doit enfin être injuste (1), c'est-à-dire qu'elle doit consister dans toute autre manœuvre d'intimidation que la menace d'exercer un droit légitime; c'est seulement alors que l'on peut dire que force n'est pas droit (2). Je suis, par exemple, votre créancier de la somme de 1,000 fr., et je vous dis : payez-moi, ou j'use contre vous de la contrainte par corps, ou je vous exproprie. Je vous menace tout simplement d'exercer un droit qui m'appartient; s'il y a rigueur, il n'y a pas violence de ma part; aussi le payement que vous m'aurez fait sera-t-il parfaitement valable.

Ce principe, que la violence doit être injuste, essentiellement vrai en lui-même, on en a cependant faussé l'application,

_____

(1) L. 3, § 1, ff. *Quod metûs causâ.* — POTHIER, *Oblig.*, n° 26.
(2) LOISEL, Institutes, liv. 5, tit. 2, n° 9.

faute d'en avoir précisé le véritable sens. Aussi devons-nous donner là-dessus quelques explications.

Ce n'est pas faire violence, dit la loi romaine, que d'user de son droit et d'exercer une action juridique, *non videtur vim facere qui jure suo utitur et ordinaria actione experitur* (1).

« Les voies de droit, dit Pothier (2), ne peuvent jamais passer pour une violence de cette espèce (une violence injuste); c'est pourquoi un débiteur ne peut jamais se pourvoir contre un contrat qu'il a fait avec son créancier, sur le seul prétexte qu'il a été intimidé par les menaces que le créancier lui a faites d'exercer contre lui les contraintes par corps qu'il avait droit d'exercer, ni même sur le prétexte qu'il a fait ce contrat en prison, lorsque le créancier a eu le droit de l'incarcérer (3). »

Il paraît cependant, d'après divers arrêts rapportés par Merlin (4), que dans l'ancienne jurisprudence du parlement de Paris, on n'admettait pas ce principe d'une manière absolue, et que parmi les actes consentis par une personne incarcérée, on distinguait les actes qui ne contenaient aucune lésion et qui auraient pu être consentis également en pleine liberté, de ceux qui contenaient une lésion telle qu'il était évident que la personne emprisonnée ne leur avait donné son consentement que par nécessité de position. Ceux-ci étaient rescindés, les autres point.

Pour nous, nous ne sommes satisfait ni de cette distinction du parlement de Paris, ni de l'opinion absolue de Pothier. Nous pensons en effet qu'il y a certains actes que le créancier ne peut arracher à la volonté de son débiteur, par la menace d'exercer contre lui un droit rigoureux que la loi lui donne, par exemple, la contrainte par corps, et que si cette menace n'est pas en elle-même une violence injuste dans le principe,

---

(1) L. 155, *ff. De reg. jur.*

(2) *Oblig.*, n° 26.

(3) Voy. Toullier, t. 6, n° 81. — Duranton, t, 18, n° 143. — Cass., 25 février 1879. Sirey, 79, 1, 273.

(4) Quest. de droit, v° *Crainte.*

elle commence à l'être aussitôt que le créancier s'en prévaut abusivement et en dehors de sa destination commune, contre les desseins de la loi. Expliquons-nous.

J'ai contre vous la contrainte par corps pour une somme de 10,000 fr.; je vous menace de l'exercer immédiatement, à moins que vous ne consentiez à me souscrire un billet de 1,000 fr. en sus, comme pour rançon. Nous disons que dans ce cas la violence est injuste; car le créancier abuse de son droit, contrairement aux termes et à la pensée de la loi. Qu'est-ce en effet que la contrainte par corps? une voie d'exécution contre le débiteur. Voici sa destination, son but : contraindre le débiteur à payer, par la crainte de perdre sa liberté. Si donc le créancier s'en sert non plus pour le recouvrement, mais pour l'augmentation de sa créance, alors il fait abus du droit, il sort de la loi, et l'injustice commence aussitôt que la loi cesse.

Supposons qu'entre le créancier et le débiteur placé sous le coup de la contrainte par corps, il intervienne un contrat par lequel celui-ci cède à l'autre, en payement de sa créance, tel immeuble, tel objet mobilier ; ce contrat sera-t-il absolument valable ? Oui, suivant M. Toullier (1) ; car il n'y a pas violence injuste; et s'il peut être rescindé, ce n'est que pour lésion, aux termes du droit. Quant à nous, nous faisons cette distinction : le débiteur a-t-il proposé lui-même spontanément la convention qui le libère au moyen d'une novation, d'une dation en payement ? n'a-t-il cédé à aucune suggestion, ni intimidation ? semble-t-il avoir pris, faute de mieux et avec réflexion, ce moyen de libération, comme le plus à sa convenance, dans sa position actuelle ? Je dis que dans ce cas le contrat est valable, fût-il même lésionnaire, pourvu toutefois que la lésion ne rentre point dans les termes de la loi ; autrement, à elle seule, elle serait une cause suffisante de nullité. Mais nous parlons ici de violence : eh bien, il n'y en a pas eu de la part du créancier; et si le débiteur a pu céder à quelque crainte, cette

____

(1) t. 6, n° 81.

crainte n'en est pas une aux yeux de la loi, puisqu'elle n'est que la crainte de la loi même. Son consentement ne cesse pas d'être libre.

Est-ce, au contraire, le créancier qui a fait les premières ouvertures de la convention ? l'a-t-il imposée de force, d'autorité ? Alors il y a de sa part abus du droit ; il y a dès lors violence injuste. La menace se formulait en effet contre le vœu de la loi, et sollicitait un mode de payement en dehors des termes de l'obligation, à l'exécution littérale de laquelle la contrainte par corps doit exclusivement servir. La violence sera donc, suivant son intensité, une cause de nullité de l'acte.

Peu importe au surplus que le débiteur soit incarcéré ou non, pourvu que son incarcération ait été faite ou doive se faire légalement. Dans tous les cas il vise également à la conquête de sa liberté, à sa reprise ou à son maintien. Il n'en est pas moins exposé à une violence juste, si elle consiste dans l'exercice loyal d'un droit légitime ; injuste, s'il est fait abus de ce droit.

Quant à la distinction que faisait autrefois le parlement de Paris entre les actes consentis par une personne incarcérée, distinction contre laquelle M. Toullier s'élève avec force, nous ne l'admettons point. Il ne faut pas en effet confondre et amalgamer la violence et la lésion, donner à leur réunion la force qu'isolément chacune d'elles n'aurait point, et composer une cause de nullité de contrat, moitié lésion, moitié violence. Par cela seul qu'une convention faite dans les circonstances que nous supposons est lésionnaire plus ou moins, nous ne disons donc pas qu'elle a été extorquée par violence. La lésion n'exclut pas toujours la liberté du consentement ; mais il nous paraît raisonnable et juste de tenir compte de la lésion, non pas comme cause de nullité en elle-même, mais comme indice d'une violence exercée avec succès, et qui sera, elle violence, la cause véritable de la nullité du contrat.

11. Autre exemple de violence injuste, suivant les circonstances, bien qu'après tout elle ne semble que la menace de la

justice et de la loi. Je vous surprends en flagrant délit ; j'ai des
preuves, des témoins du fait dont vous vous êtes rendu coupable à mon égard. A part de l'action publique qui appartient
à la société pour la répression, j'ai, simple particulier, l'action
civile en réparation du dommage que vous m'avez causé. Vous
me promettez tant pour ne pas être dénoncé, ni poursuivi ;
cette promesse sera-t-elle valable ? Oui, en principe, car le
promettant n'a fait que céder à une crainte qu'il s'est faite lui-
même, et dont il ne peut accuser personne. Mais si, victime
de son délit, j'ai, pour obtenir une plus forte somme de dommages et intérêts, exagéré à dessein les conséquences fâcheuses
d'une dénonciation et d'une poursuite dirigées contre lui ; si
j'ai exploité le trouble et les frayeurs de sa conscience ; si j'ai
spéculé, par des manœuvres d'intimidation, sur la position
toute particulière où sa culpabilité l'avait placé, et qui faisait
plus que jamais de la peur un excellent moyen d'action sur sa
volonté demi-vaincue ; alors il peut très bien arriver que la
crainte, spontanément éprouvée et excitée encore par des
circonstances extérieures, soit une contrainte morale assez
grave pour vicier le consentement. Nous le répétons, l'injustice
de la violence commence avec l'abus du droit. Or n'est-ce pas
abuser du droit et de la loi que de les employer comme un
épouvantail, pour jeter le trouble dans la conscience du coupable et s'emparer ensuite de son consentement ? Que les juges
apprécient donc les circonstances ; qu'ils examinent si la
promesse a été faite spontanément, librement, ou arrachée
à force d'intimidation. Ici il y aura violence, et là libre volonté (1).

12. Mais est-ce à dire que le contrat doive être maintenu
ou annulé pour le tout ? Nous ne le pensons point. Nous établissons en effet plus loin (2) que dans une pareille convention

_____

(1) Cass., 17 août 1865. SIREY, 65, 1, 399. — 20 août 1879. SIREY,
80, 1, 62. Paris, 27 juin 1881. Rouen, 15 juillet 1881. SIREY, 81,
2, 243.

(2) Art. 1133, n° 12.

il y a cause illicite pour tout ce qui excède la juste réparation du préjudice causé. Il y a donc cause licite dans une certaine mesure, à concurrence de laquelle le contrat est valable, sauf réduction; c'est-à-dire que si la promesse, même spontanément consentie, a été exagérée, on doit la réduire; que si au contraire elle a été extorquée, on doit néanmoins la maintenir jusqu'à concurrence d'une juste réparation, puisqu'il faut, de nécessité légale, y satisfaire dans tous les cas, bon gré, malgré, et que, dans cette limite, on ne peut taxer d'injustice la contrainte morale.

Nous employons peut-être des expressions trop rigoureuses, quand nous disons jusqu'à concurrence du préjudice causé. Il faut les entendre d'une manière un peu large, et plutôt en ce sens que la promesse doit être maintenue ou seulement réduite en tout ce que le délinquant, rentré en lui-même et maître de son esprit, aurait pu librement et volontairement, sous l'empire de la réflexion, consentir et accorder par voie de transaction, eu égard à sa fortune, à sa position sociale, eu égard aussi aux inconvénients et aux dangers que pouvait faire naître pour lui une poursuite judiciaire. Ce sont en effet, de son côté du moins, autant d'éléments d'une cause licite d'obligation (1).

13. Nous terminons ce que nous avons à dire des caractères de la violence, en observant qu'il s'agit ici de violence civile et non de violence criminelle; que conséquemment la violence peut être une cause de nullité sans réunir les conditions d'un crime ou d'un délit. Peu importe donc que la menace ait, ou non, les caractères prévus par les articles 305 et suiv., C. P. Autrement, ce serait ajouter à l'article 1112. Peu importe enfin par quelle expression elle se produise, soit par écrit, par parole, par gestes, par actes. Il suffit qu'elle soit capable d'entraîner une contrainte morale assez grave pour affecter la liberté du consentement.

---

(1) Voy. DURANTON, t. 10, n° 144.

14. D'après les caractères nécessaires à la violence pour qu'elle soit un vice de consentement, il est évident que la seule crainte révérentielle ne doit point suffire pour annuler les contrats. Telle est la disposition de l'article 1114. La crainte révérentielle ne résulte en effet que d'un sentiment de respect, de soumission, d'obéissance; que de la conscience de la hiérarchie domestique. Elle n'est donc ni une contrainte injuste, ni une contrainte imposée par des actes de violence.

L'article 1114 ne parle que de la crainte révérentielle envers le père, la mère ou autre ascendant; veut-il dire que la crainte révérentielle de la femme envers son mari, du domestique envers son maître, enfin de tout inférieur envers son supérieur, soit suffisante pour constituer légalement la violence? Non, sans doute; car cette crainte a absolument les mêmes caractères que la crainte filiale, et doit par conséquent produire les mêmes effets.

Mais si la crainte révérentielle n'est pas suffisante pour annuler le contrat, c'est à la condition qu'elle soit seule. La seule crainte révérentielle..... dit l'article 1114. Si donc il y avait d'ailleurs quelques manœuvres d'intimidation, il faudrait tenir compte de cette dépendance, qui devient ainsi le premier élément d'une violence légalement caractérisée. La crainte révérentielle devra ainsi rendre les juges moins exigeants dans l'appréciation des actes extérieurs de violence; et telle violence insuffisante toute seule pour annuler le contrat, suffira avec la circonstance aggravante de la crainte révérentielle, dont l'abus aura fait une contrainte injuste (1).

15. Voyons maintenant sur qui la violence doit être exercée. La violence, dit l'article 1113, est une cause de nullité du contrat, non-seulement lorsqu'elle a été exercée sur la partie contractante, mais encore lorsqu'elle l'a été sur son épouse,

_____

(1) POTHIER, *Oblig.*, n° 27. — TOULLIER, t. 6, n° 80. — DURANTON, t. 10, n° 154. — ZACHARIE, t. 2, p. 469, n^tes 17, et t. 4, p. 301, 4e édit.

sur ses descendants ou ascendants. L'affection en fait d'autres nous-mêmes.

Cet article s'applique également au cas de paternité et de filiation naturelles; mais s'applique-t-il au cas de paternité et de filiation adoptives? Nous le croyons; d'abord parce que les termes de la loi sont généraux et ne font aucune distinction; ensuite parce que, s'il y a dans l'adoption une fiction de paternité, il n'y en a pas une d'affection. Cette affection qui lie entre eux les membres de la famille adoptive n'est pas une fiction, mais une réalité. Or la loi n'a pas d'autre principe que ce sentiment, qui identifie avec nous-mêmes les objets de notre affection et de notre amour (1).

16. L'article 1113 est limitatif; mais voici comment : la violence a-t-elle été exercée sur mon épouse, sur l'un de mes enfants ou ascendants, c'est comme si elle avait été exercée sur moi-même. Il me suffit donc d'établir la violence, et il va sans dire que j'en ai été personnellement atteint dans des personnes aussi chères. Mais la violence a été exercée sur mon beau-père, mon gendre, mes alliés; sur mon frère, mon oncle, mon ami; est-ce à dire que cette violence me soit absolument étrangère et ne puisse point me toucher? Les termes limitatifs de l'article 1113 excluent-ils toute réclamation de ma part, à ce point que je ne puisse pas crier à la violence, à la contrainte? Quelques-uns le pensent et le regrettent (2).

Pour nous, nous pensons que la violence exercée sur un frère, sur un oncle, sur un ami, en un mot sur une personne autre que celles comprises dans l'article 1113, peut constituer légalement l'extorsion de la volonté (3). Mais il faut nous entendre : il ne vous suffira pas de prouver que la violence a été exercée sur votre frère, par exemple; car alors la loi ne présume pas de plein droit que vous ayiez été personnellement atteint dans sa personne; elle ne reconnaît de

---

(1) *Contrà,* DURANTON, t. 10, n° 152.
(2) DURANTON, t. 10, n° 152.
(3) MARCADÉ, art. 1113.

personne s'identifiant avec vous-même, quant à la violence, que celles désignées spécialement dans l'art. 1113. Mais si vous établissez, en outre, que l'intimité des liens de parenté ou d'affection fait de la personne violentée un autre vous-même; si vous prouvez que vos rapports d'amitié et de famille n'ont pas permis que l'un fût sous la menace d'un mal considérable et présent, sans que l'autre ne reçût lui-même le contre-coup de la violence, nous pensons qu'alors vous êtes bien fondé à prétendre que votre consentement a été vicié de crainte, parce que vous avez prouvé ce que la loi présume de droit dans l'art. 1113; à savoir que vous avez été personnellement atteint dans la personne d'un autre. La question dépend ainsi de l'appréciation des circonstances.

Où est en effet le texte qui défend cette preuve? Parce que la loi identifie le mari et la femme, les ascendants et les descendants, est-ce à dire que cette présomption légale, *juris et de jure*, qui dispense de prouver dans un cas, empêche par cela même de prouver, dans un autre, toujours le même fait, l'atteinte personnelle reçue par contre-coup? Autant il vaudrait dire qu'il est impossible d'être personnellement touché dans un autre. Si la loi l'avait un seul instant présumé, elle aurait donné le plus absurde démenti au principe de la sociabilité humaine. Le supposer, c'est lui faire injure. Séparons donc la loi de son commentaire, et n'admettons point qu'elle ait gratuitement sacrifié les sentiments d'humanité et de sympathie qui nous rapprochent, nous confondent et nous font, suivant l'expression de La Boëtie, plutôt tout uns que tout unis. Laissons-la présumer de plein droit que, dans certains cas, *pro affectu* (1), à raison de l'affection, on est effrayé pour un autre autant que pour soi-même; mais reconnaissons en même temps qu'elle permet, dans les autres cas, de prouver qu'on a personnellement ressenti le contre-coup de la violence exercée sur un tiers. Par là, il sera, suivant nous, satisfait aux exigences du droit et de l'équité.

(1) L. 8 § 3, *ff. Quod metûs causâ.*

17. La violence exercée, ou censée exercée, sur celui qui a contracté l'obligation, est une cause de nullité, encore qu'elle ait été exercée par un tiers autre que celui au profit duquel la convention a été faite (1111) (1). Peu importe en effet qui lui fasse violence; le consentement n'en est pas moins extorqué. « En effet, dit Sénèque (2), cité par Pothier (3), la loi ne sévit point contre celui qui a exercé la violence; elle restitue simplement celui qui en a été victime; il lui paraît injuste de consacrer le contrat où le consentement n'a pas été libre, mais forcé. Et peu importe qui lui a imposé cette contrainte; car le contrat est nul et rescindable du chef de celui qui a subi la violence, et non de celui qui l'a exercée. »

18. L'action en rescision qui naît de la violence a lieu contre les tiers qui tiennent leurs droits de la personne avec laquelle le contrat a été passé (4). Ainsi je pourrai faire annuler contre eux les obligations que j'aurai souscrites par suite de la violence; j'aurai le droit de revendiquer sur eux les immeubles que j'aurai livrés, de faire rescinder les billets et obligations que j'aurai consentis. L'action se donne contre eux parce qu'ils ne sauraient avoir plus de droits que leurs auteurs.

ARTICLE. 1115.

Un contrat ne peut plus être attaqué pour cause de violence, si, depuis que la violence a cessé, ce contrat a été approuvé, soit expressément, soit tacitement, soit en laissant passer le temps de la restitution fixé par la loi.

Sommaire.

1. Renvoi aux art. 1304 et 1338.

(1) L. 9, *ff. Quod metûs causâ.*
(2) *Controv.* 4, n° 26.
(3) *Oblig.*, n° 23.
(4) Duranton, t. 10, n° 150.

COMMENTAIRE.

1. L'art. 1115 ne contient que l'application au cas particulier de violence des principes posés dans les art. 1304 et 1338; et comme le commentaire de ces articles est naturellement le sien, nous y renvoyons le lecteur.

ARTICLE. 1116.

Le dol est une cause de nullité de la convention lorsque les manœuvres pratiquées par l'une des parties sont telles qu'il est évident que, sans ces manœuvres, l'autre partie n'aurait pas contracté. — Il ne se présume pas, et doit être prouvé.

Sommaire.

1. Définition du dol.
2. Il ne faut pas le confondre avec l'escroquerie.
3. Du dol déterminant et du dol incident.
5. Le Code civil ne reconnaît pas de dol bon.
4. Il y a un dol toléré.
6. Du dol pratiqué relativement à la forme du contrat. Renvoi.
7. Du dol réel, *reipsâ*.
8. Pourquoi le dol doit être pratiqué par les contractants. Critique de la loi sur ce point.
9. Le dol insuffisant peut constituer l'erreur.
10. Qu'entend-on par tiers relativement à la perpétration du dol?
11. Qui l'invoque doit le prouver.
12. L'action pour dol passe contre les tiers.
13. Elle s'applique à toute espèce d'actes.

COMMENTAIRE.

1. Tout le monde connaît la définition que les lois romaines donnent du dol : *Labeo definit dolum omnem calliditatem, fallaciam, machinationem, ad circumveniendum, fallendum, decipiendum adhibitam* (1). Labéon définit le dol toute ruse,

(1) L. 1, § 2, *De dolo*.

tromperie, machination employées pour circonvenir, surprendre, tromper.

Circonvenir, capter, tromper, tel est le but du dol; il implique nécessairement une intention mauvaise, la prémédi-
tation d'abuser et de surprendre. Lorsque l'erreur ou la lésion
de la partie ne peut être attribuée à aucun fait intentionnel de
la part de qui que ce soit, il n'y a pas dol, mais simplement
erreur, lésion, imprudence.

Ruse, fourberie, captation, finesses, artifices, manœuvres,
réticences et dissimulations insidieuses (1), paroles et simulations calculées, emploi de faux noms ou de fausses qualités,
allégations de fausses entreprises, d'un pouvoir et d'un crédit
imaginaires, excitation d'espérances ou de craintes chimériques, abus de confiance, abus de crédulité; tels sont les
éléments du dol. C'est une espèce de Protée se diversifiant à
l'infini, se dérobant sans cesse à la précision d'un signalement
absolu, mais toujours facile cependant à reconnaître en lui-
même, par ses œuvres et ses résultats, faisant une chose, en
simulant une autre, *cum esset aliud simulatum, aliud actum,*
suivant les expressions du jurisconsulte Aquilius (2).

Peu importe au surplus que le dol soit négatif ou positif,
qu'il ait pour but de dissimuler et de cacher ce qui est, ou de
faire accroire ce qui n'est pas.

2. Il ne faut pas confondre le dol civil dont nous nous occupons ici, avec le dol criminel, prévu et puni par le Code
pénal. Le dol criminel doit réunir certains caractères qui ne
sont pas nécessaires au dol civil. Il constitue alors ce qu'on
appelle escroquerie. Lors donc qu'il s'agit d'annuler un contrat pour cause de dol, il ne faut pas y rechercher rigoureusement les éléments constitutifs de l'escroquerie, d'après l'art.
405 du Code pénal. Il suffit qu'il soit évident que les manœu-

---

(1) Cass. 17 fév. 1874. SIREY, 74, 1. 248.
(2) Voy. CICÉRON, *De off.,* liv. 3, nº 14. Il faut lire presque en entier
ce livre du *Traité des Devoirs.*

vres dolosives ont surpris et trompé le consentement. La loi ne demande pas autre chose (1).

3. Le dol doit en effet être déterminant. C'est là un de ses caractères essentiels. Les docteurs l'appellent alors *dolus dans causam contractui*, par opposition au dol incident, *incidens in contractum.* Celui-là est une cause de nullité, celui-ci ne l'est pas; et la raison en est simple, c'est que le dol incident n'ayant pas déterminé le consentement, on ne peut, sous prétexte de dol, annuler un contrat qui, par lui-même, aurait obtenu l'adhésion de la partie.

Ce n'est pas cependant que la partie trompée par un dol incident, c'est-à-dire trompée sur certains accessoires, certains accidents du contrat, n'ait aucune action en réparation du préjudice qui lui a été causé par les manœuvres dolosives de l'autre partie. Si elle n'a pas d'action en nullité de la convention, elle en a une en dommages et intérêts (2). Mais il ne s'agit plus alors d'une action en nullité ou en rescision, conformément à l'art. 1304. Il s'agit d'une action en réparation de dommage qui, bien qu'en droit elle ne soit prescriptible que par trente ans, doit néanmoins être intentée dans un assez bref délai, de manière que les juges puissent apprécier, en fait, si le préjudice provient réellement des manœuvres alléguées, et si, dans tous les cas, il n'y a pas eu dans le silence gardé par le demandeur renonciation à toute action de sa part.

4. Sous le rapport de sa moralité, les jurisconsultes romains reconnaissaient deux espèces de dol, le dol bon et le dol mauvais (3). Le dol bon, par opposition au dol mauvais, consistait dans les faits d'habileté, de savoir-faire, consommés *pro so-*

---

(1) Voy. TOULLIER, t. 6, n° 95. — MERLIN, Rép., v^{is} *Dol et Escroquerie.*

(2) TOULLIER, t. 6, n° 91. — POTHIER, *Oblig.*, n° 31. — DURANTON, t. 10, n° 170. — DELVINCOURT, t. 2, p. 679.

(3) L. 1, *ff. De dolo malo.* — Voy. CICÉRON, *De off.*, liv. 3.

lertia (1), dans le simple but de protéger de légitimes intérêts, sans aucune intention de préjudicier aux intérêts d'autrui.

Notre droit français, s'il reconnaît au fond la chose qu'il exprime (2), n'admet jamais, du moins dans son langage, le terme de dol bon. Il emploie toujours toute seule l'expression de dol; et ce terme a le même sens que les deux mots latins réunis, *dolus malus*. Il se prend en effet en mauvaise part, et entraîne toujours avec lui une pensée de préjudice et de fraude envers autrui. C'est ainsi qu'on trouve très souvent dans les auteurs et même dans nos lois, ces deux mots accouplés, dol et fraude. Cependant, pour la pureté du langage du droit, nous observerons que dol se dit plus particulièrement des manœuvres commises de contractant à contractant; et fraude, du préjudice causé envers les tiers, par les actes faits de mauvaise foi, en dehors de leur présence et de leur concours.

5. Nous signalerons ici un dol particulier que nous appellerons dol toléré, non pas que la morale et l'équité ne le désavouent; mais parce que la loi le laisse passer. Telles sont les dissimulations des défauts de sa chose, les simulations de qualités qu'elle n'a pas, l'exagération des qualités qu'elle a, l'atténuation des défauts qu'elle peut avoir, pourvu que la mauvaise foi n'ait pas été jusqu'à changer l'extérieur de la chose par des artifices trompeurs, et à empêcher de la part de l'autre partie toute vérification, toute découverte de la réalité. Tels sont en effet les procédés de médiocre délicatesse que l'on rencontre dans nos foires, dans nos marchés, dans presque toutes les transactions commerciales. Les scrupules d'une exquise probité peuvent trouver à y reprendre; mais les principes de la loi civile, plus tolérants, les laissent impunis, lorsqu'après tout la possibilité d'une vérification donne pour cause au préjudice, plutôt l'imprudence de celui qui en souffre, que les manœuvres de celui qui en profite. Le dol toléré

---

(1) L. 1, *ff. De dolo malo.* — Voy. Cicéron, *De off.,* liv. 3.
(2) Voy. Toullier, t. 9, nᵒˢ 159 et suiv.

est donc celui qui ne donne lieu à aucuns dommages et intérêts, à raison de sa grossièreté même, ou de son peu de
conséquence.

Ce n'est pas, nous le répétons, qu'il ne soit contraire à la
bonne foi, à l'équité et à cette maxime que Cicéron (1) appelle une maxime d'or : comme il faut se bien conduire
entre gens de bien et sans fraude, *ut inter bonos bene agier
oportet et sine fraudatione*. Mais différentes sont les armes des
lois contre le dol; différentes celles de la philosophie : les
lois le poursuivent quand elles peuvent l'atteindre de la main ;
la philosophie, toutes les fois qu'elle peut le saisir par la raison et l'intelligence. La raison défend donc les artifices, les
simulations et les fraudes. *Sed aliter leges, aliter philosophi
tollunt astutias : leges quatenus manu tenere possunt ; philosophi, quatenus ratione et intelligentia. Ratio ergo hoc postulat,
ne quid insidiose, ne quid simulate, ne quid fallaciter* (2).

6. Alors même qu'il s'accomplit en vue d'un contrat, le dol
n'a pas trait toujours à ce qui le constitue, mais quelquefois
aussi seulement à ce qui le constate. Étranger au fond même
de la convention, il est alors tout entier dans la forme, dans
l'acte, dans l'instrument. Par exemple, je veux faire une donation; mon consentement est exempt de tout vice; mais, par
des manœuvres dolosives, le donataire m'engage à dissimuler
ma donation sous la forme d'une vente. Par exemple, encore,
je vends une chose, sans erreur, sans violence, sans dol; mais
l'acquéreur obtient, par dol, que je dissimule dans l'acte une
partie du prix. On conçoit les dangers que j'encours au cas
d'éviction des objets donnés ou pour le payement du prix dissimulé, si aucune contre-lettre n'existe. On conçoit d'autre
part que la question n'est pas de savoir si le contrat est valable au fond, puisqu'aucun vice ne l'infecte; mais si, malgré
la forme et les constatations de l'acte, je puis prouver que

---

(1) *De off.*, liv. 3, n° 17.
(2) Cicéron, *ibid.*

c'est une donation que j'ai faite, ou que ma vente a eu lieu pour tel prix. Ce n'est donc pas une question de nullité, mais une question de preuve. Le contrat est sauf, car le dol n'est venu qu'après sa consommation. Mais quelle doit être l'autorité de l'acte, de l'instrument sur lequel seul il a porté? Pourrai-je prouver la vérité par témoins, s'agissant d'un quasi-délit? Nous examinerons cette question sous l'art. 1348 (1).

Nous devons toutefois présenter ici, au sujet de cette espèce de dol, une observation importante : c'est qu'il ne réagit point sur la validité de la convention, qui n'est, dans son principe, infectée d'aucun vice, puisqu'il est postérieur à sa formation, et qu'il ne se rattache qu'aux circonstances extrinsèques de son exécution et de ses effets. De ce que l'acte est valable, il suit que la partie obligée ne peut tirer de la mauvaise foi de son adversaire aucune exception opposable aux tiers. Par exemple, je souscris une obligation de 10,000 fr., avant que la somme me soit comptée. Plus tard, le stipulant s'autorise des énonciations de l'acte pour se prétendre libéré. Pourrai-je établir sa mauvaise foi? Par quel genre de preuve? C'est la question que nous réservons. Mais s'il cède sa créance à un tiers de bonne foi, exempt de toute fraude, je serai tenu de satisfaire à mon engagement vis-à-vis de celui-ci, sauf à agir contre la partie avec laquelle j'ai contracté. Sa mauvaise foi et son dol étant étrangers au fond même de la convention, considérée dans sa formation originaire, ne produisent que des effets tout personnels à leur auteur, sans que je puisse m'en prévaloir contre les tiers de bonne foi, pas plus que je ne pourrais leur opposer une contre-lettre qui établirait l'entière vérité. Je dois supporter les conséquences de mon imprudence et de mon incurie.

Que si, au contraire, j'avais été induit par dol à souscrire mon engagement, je pourrais alors, ainsi que nous le verrons plus loin, opposer aux tiers cessionnaires, même de bonne foi, la nullité résultant du vice dont mon consentement a été

(1) Nos 16 et suiv.

entaché dès le principe. On voit combien il est important de distinguer le dol qui affecte la formation du contrat, de celui qui n'étant que postérieur, se confond avec la mauvaise foi simple dans l'exécution.

7. Jusqu'ici nous avons parlé du dol pratiqué à force de manœuvres. Les docteurs en reconnaissent un autre qu'ils appellent *Dolus reipsâ*, le dol réel, *quia res in se dolum habet*, parce que la chose même le ·contient en soi (1). Le dol de cette dernière espèce n'est autre chose que la lésion énormissime, tellement extraordinaire qu'il est impossible de croire qu'il n'y ait point eu mauvaise foi de la part de celui qui en profite. Mais le Code civil ne le reconnaît que comme lésion. Quelle qu'elle soit, la lésion ne vaut jamais que comme lésion et non comme dol, en tant qu'on l'invoque comme cause de nullité des contrats. L'article 1116 parle en effet de manœuvres pratiquées, et conséquemment d'un dol tout autre que le dol *reipsâ*, qui n'en suppose aucune. Ce n'est pas que la lésion ne mérite d'être considérée comme un des éléments qui puissent servir à prouver la perpétration du dol pratique et l'influence qu'il a exercée sur la détermination du contractant. Mais, loin de constituer le dol lui-même, elle n'en est que la preuve.

8. Au fond, il devrait en être du dol comme de la violence, car il est un vice du consentement, puisqu'il en produit la surprise, la captation, la fascination : c'est-à-dire que le dol devrait entraîner la nullité du contrat, n'importe par qui il ait été pratiqué. Cependant l'article 1116 exige que le dol ait été pratiqué personnellement par l'une des parties, de telle sorte que les manœuvres dolosives d'un autre ne seraient pas une cause de nullité du contrat, mais seulement un principe d'action en dommages et intérêts contre leur coupable auteur (2). Il va sans dire qu'il suffit de la complicité de la partie con-

(1) L. 36, *ff. De verb. oblig.*
(2) Pothier, *Oblig.*, n° 32.

tractante. C'est alors comme si elle pratiquait le dol elle-
même, puisqu'elle se l'approprie par sa participation et sa
connivence.

Quant à cette différence que la loi a établie entre les effets
du dol, suivant qu'il a été pratiqué par l'une des parties ou
par un tiers étranger, nous avouerons qu'il nous est impossible de lui trouver même de spécieuses raisons. Nous n'en
voulons d'autre preuve que l'embarras même des auteurs,
lorsqu'il s'agit de la justifier; chacun en effet en donne une
raison différente, et déclare tout autre motif que le sien non
satisfaisant. Serait-ce donc, comme le prétend M. Delvincourt (1), parce que la partie dont le consentement a été
surpris par le dol d'un tiers, a toujours à s'imputer plus ou
moins d'avoir mal placé sa confiance et de s'être laissé tromper par les manœuvres de ce tiers étranger? Nous le comprenons dans les circonstances ordinaires de simple mauvaise
foi; mais nous ne le comprenons plus en cas de dol, c'est-à-
dire de surprise, de fascination de la volonté, d'un vice enfin
qui altère le consentement et l'affecte dans son essence, aussi
bien que la violence et l'erreur.

Serait-ce, comme le soutient M. Toullier (2), parce que l'on
fonde de préférence la nullité du contrat sur la mauvaise foi de
l'un des contractants, et qu'il est plus facile de prouver les
manœuvres de celui-ci que l'erreur de son adversaire? Mais
nous supposons que le dol a été déterminant, qu'il a amené le
contrat qui n'aurait pas eu lieu sans lui. La loi l'a en conséquence rangé positivement parmi les vices du consentement,
et elle ne reconnaît pas comme valable le consentement surpris par dol, pas plus que le consentement extorqué par violence. Or, comment peut-il se faire qu'un consentement nul
en soi, soit valable vis-à-vis de l'un et nul vis-à-vis de l'autre?
N'est-ce pas le cas de dire ici du dol ce que Sénèque dit de la

(1) T. 2, pag. 678.
(2) T. 6, n° 93.

violence (1), en changeant les mots? La loi ne sévit pas contre celui qui a pratiqué le dol, elle restitue simplement celui qui en a été victime. Il lui paraît injuste de consacrer le contrat où le consentement n'a pas été libre et éclairé, mais surpris par dol; et peu importe qui a pratiqué les manœuvres dolosives, le contrat est nul et rescindable du chef de celui qui a subi le dol et non de celui qui l'a pratiqué.

Serait-ce, comme le veut M. Demante (2), parce que le consentement surpris par dol n'en existe pas moins; mais qu'il est juste que la partie trompée soit indemnisée par l'auteur des manœuvres, et que, lorsque l'auteur de ces manœuvres est la partie même envers laquelle l'engagement a été contracté, l'indemnité doit naturellement consister dans l'anéantissement de l'obligation, à titre de dommages et intérêts. A ces raisons nous répondons encore qu'il est faux que le dol ne serve que comme principe à une simple action en dommages et intérêts; qu'il est bien réellement un vice du consentement; que la nullité du contrat est moins la répression de la mauvaise foi de l'un que la restitution de l'autre; qu'il est faux enfin qu'il y ait un véritable consentement, quand la loi déclare elle-même (1109) qu'il n'y en a pas de valable, s'il a été surpris par dol.

Serait-ce enfin parce que, si le dol n'a pas été pratiqué par l'une des parties, celle-ci est de bonne foi aussi bien que l'autre, et que, dans cette égalité de position, il vaut mieux maintenir les choses? Mais alors qu'on me dise pourquoi, lorsqu'il s'agit de violence exercée par un tiers, le contrat est nul tout de même; pourquoi la bonne foi n'est comptée pour rien. N'est-il pas évident que c'est uniquement parce qu'il n'y a pas de consentement valable? et cette raison milite avec la même force dans le cas de dol pratiqué par un tiers; car il n'est pas plus facile de se dégager des piéges du dol que des étreintes de la violence. Souvent même, l'absence de tout consentement

(1) Voy. 1111, n° 17.
(2) T. 1, n° 541. *Junge,* MARCADÉ, art. 1116, n° 1.

y est plus sensible, la personne circonvenue étant la dupe de sa propre illusion et ne pouvant se rendre compte de la vérité, tandis qu'en cas de violence, alors même qu'elle cède à la contrainte, elle sait au moins à quoi on la force de consentir. Or, là où il y a même besoin, il doit y avoir même secours. La loi ne l'a point voulu, et en ce point (nous croyons être en droit de le dire), les rédacteurs du Code civil ont suivi trop servilement les anciennes traditions, et ont été trop préoccupés des préjugés de l'habitude et de la subtile raison des lois romaines (1).

9. Si le dol pratiqué par un tiers, sans connivence avec l'une des parties, ne peut, en tant que dol, entraîner la nullité du contrat, il le peut néanmoins comme élément d'erreur. Alors eu effet, à côté du dol, vice insuffisant, se trouve l'erreur, vice assez grave pour opérer seul la nullité (2).

Nous ajoutons, à l'égard de ce tiers, que s'il n'a fait que donner au contractant un avis, un conseil, de bonne foi et sans fraude, il n'est point responsable du résultat, quel que soit le préjudice qui en est la conséquence. Comme chacun doit appliquer les ressources de sa propre intelligence à la surveillance et à la garde de ses intérêts, il ne naît envers les tiers aucune obligation d'un conseil par eux donné sans fraude; car sans intention frauduleuse point d'engagement, *consilii non fraudulenti nulla obligatio est* (3), à moins de circonstances particulières qui sont abandonnées à l'appréciation des tribunaux (4).

10. Il reste à savoir que la loi n'entend par tiers que celui qui ne figure au contrat ni en nom, ni en qualité. Ainsi, ne seraient point des tiers le tuteur, le mari, le mandataire,

---

(1) L. 4, § 28, 31, *ff. De doli mali except.* — L. 2, § 1, 2, *ff. ibid.*
(2) TOULLIER, t. 6, n° 94. — DELVINCOURT, t. 2. pag. 463.
(3) L. 47, *ff. De reg. jur.*
(4) Voy. Riom, 28 juin 1859. SIREY, 59, 2, 550. — Caen, 8 juillet 1865. SIREY, 66, 2, 59. — Bordeaux, Paris, 19 et 26 juillet 1869. SIREY, 70, 2, 12.

l'administrateur, contractant dans les limites de leurs pouvoirs. Le dol commis par eux serait une cause de nullité (1), mais sans dommages et intérêts contre la partie représentée, à moins qu'elle n'eût participé au dol. Cependant, au cas où des souscriptions d'actions dans une société commerciale auraient été déterminées par les manœuvres frauduleuses du gérant, la nullité n'en pourrait être poursuivie contre les syndics de cette société tombée en faillite, bien qu'elle puisse l'être contre le gérant. C'est que les syndics représentent la masse des créanciers au nom de laquelle ils réclament le montant des souscriptions et que ces créanciers sont ici des tiers. On trouve dans cette solution la consécration du double principe que nous venons de poser (2).

11. Comme la violence et l'erreur, le dol ne se présume point (1116). C'est à celui qui l'allègue à le prouver, *perspicuis indiciis* (3),

12. Comme aux cas de violence et d'erreur, l'action en rescision pour dol passe contre les tiers, auxquels la partie coupable de dol n'a pu transmettre plus de droits qu'elle n'en avait elle-même. Si, en effet, le dol n'est une cause de rescision que tout autant qu'il est personnel à l'une des parties, il ne s'ensuit pas que le vice de nullité se circonscrive, quant à ses effets, dans les rapports des seuls contractants, et ne s'étende point de l'auteur à l'ayant-cause (4). Quand le dol a été commis par un tiers étranger, sans la coopération ou complicité de l'un des contractants, le contrat est donc maintenu comme valable, parce qu'alors aucune des parties ne tire ses droits de celui qui a pratiqué les manœuvres frauduleuses. Mais au contraire, lorsque le dol est l'œuvre de l'un des contractants, comme le contrat est rescindable à son égard, il doit l'être

---

(1) Duranton, t. 10, n° 186. — Delvincourt, t, 2, pag. 679.
(2) Cass., 10 fév. 1868. Sirey, 68, 1, 149.
(3) L. 6, C. *De dolo malo.*
(4) Duranton, t. 10, n° 180. — *Contrà,* Marcadé, art. 1116, n° 2.
— Delvincourt, t. 2, pag. 679.

également à l'égard de son sous-acquéreur, cessionnaire ou ayant-cause à titre singulier, puisqu'il tient ses droits de lui, quelle que soit sa bonne foi.

Du resté, il n'y aurait point de difficulté, si au vice de dol venait se joindre soit un vice d'erreur ou de lésion, soit l'existence de vices cachés, donnant lieu à une action en rescision ou en nullité qui passe, sans contestation, aux ayants-cause.

13. Comme le dol et la fraude font exception à toutes les règles, l'action pour dol s'applique à toute espèce d'actes et de contrats, même aux conventions matrimoniales (1). Les testaments eux-mêmes ne sont point à l'abri de cette action, puisqu'ils peuvent être attaqués pour cause de captation frauduleuse (2). Enfin, les jugements rendus en dernier ressort peuvent être rétractés par la voie de la requête civile, s'il y a eu dol personnel (480, C. pr.).

ARTICLE 1117.

La convention contractée par erreur, violence ou dol, n'est point nulle de plein droit; elle donne seulement lieu à une action en nullité ou en rescision dans les cas et de la manière expliqués à la section VII du chapitre V du présent titre.

Sommaire.

1. Renvoi.

COMMENTAIRE.

1. Nous renvoyons le commentaire de cet article à l'art. 1304, sur lequel nous établissons notre théorie des nullités de plein droit et des actions en nullité ou en rescision.

---

(1) Cass., 2 mars 1852. SIREY, 52, 1, 262.
(2) Ordon. de 1735, art. 47. — FURGOLE, *Test.*, ch. 5, sect. 3. — DURANTON, t. 8, n° 61. — ZACHARIÆ, t. 5, pag. 51, et t. 7, p. 66, 4° édit. — TOULLIER, t. 5, n° 705 et suiv. — MERLIN, Rép., v° *Suggestion*, § 1, n° 1. — TROPLONG, *Donat.*, n°ˢ 479, 491 et suiv. — Cass. 14 nov. 1831. SIREY, 31, 1, 457. — 22 déc. 1841. SIREY, 43, 1, 54.

ARTICLE 1118.

La lésion ne vicie les conventions que dans certains contrats ou à l'égard de certaines personnes, ainsi qu'il sera expliqué en la même section.

Sommaire.

1. De la lésion.
2. Questions réservées par l'art. 1118.
3. Examen historique et critique du vice de lésion.
4. Pourquoi il n'est une cause de nullité que dans certains contrats.
5. De la lésion des mineurs. Renvoi.
6. En dehors des cas exceptés, la lésion ne vicie point les contrats.

COMMENTAIRE.

1. Lorsque dans un contrat essentiellement commutatif, l'un des contractants ne reçoit par le juste équivalent de ce qu'il donne lui-même, on dit qu'il en éprouve un préjudice, une lésion. On comprend très bien qu'on ne puisse pas exiger une balance parfaite dans la permutation ; car les choses ne sont pas susceptibles d'une appréciation qu'on puisse déterminer à un centime près. Leur prix, suivant l'expression de Pothier (1), ne consiste pas dans un point indivisible, où les contractants doivent précisément se rencontrer. Un prix s'entend dans de certaines limites entre lesquelles les contractants peuvent le débattre, aller du plus au moins, sans pour cela faire une convention absolument lésionnaire.

Il faut donc qu'il y ait une différence considérable dans la valeur des objets de la permutation, une lésion énorme, telle enfin qu'on soit tenté de dire du contractant qui l'éprouve, qu'il n'a dû consentir que par erreur, dans la fausse supposition d'un juste équilibre de valeurs, et qu'autrement il n'aurait point consenti, s'il avait eu la conscience de l'iniquité du contrat.

(1) *Oblig.*, n° 33.

D'un autre côté, comme il est de l'essence de tout contrat
de reposer sur une cause légale, et que dans tout contrat
commutatif la cause est dans la réciprocité des dations, des
prestations ou des faits, peut-on dire encore qu'il y ait une
cause légale, lorsque la différence et l'inégalité des choses
stipulées établissent une lésion à l'égard de l'une des parties,
c'est-à-dire une imperfection et une insuffisance de cause, à
son préjudice?

La lésion énorme implique donc un double vice dans le
contrat, vice personnel de consentement, vice réel de cause;
et nous entendons par lésion énorme celle qui excède les limites
que la loi a marquées pour le débat du prix.

Telles sont les considérations sur lesquelles le législateur
s'est fondé pour admettre, dans certains cas, la lésion comme
cause de rescision des contrats.

2. L'art. 1118, tout en proclamant cette cause de nullité, a
pris soin de n'en faire qu'une cause exceptionnelle. Mais il
n'a pas dit quels doivent être les caractères de la lésion, quels
sont les contrats rescindables pour ce motif; autant de questions réservées.

Déjà les rédacteurs du Code avaient admis la lésion de plus
du quart comme cause de rescision des partages (887 et suiv.);
mais c'était là un de ces points si solidement appuyés sur la
tradition et l'autorité de notre ancienne jurisprudence, qu'il
eût été plus téméraire encore qu'injuste de tenter son abro-
gation, alors surtout que les lois de la révolution venaient d'en
fortifier le principe dans leurs dispositions égalitaires. Les
partages ont d'ailleurs leur principe nécessaire dans un fait
d'indivision; et quel que soit le dénoûment de cette indivision,
partage amiable ou judiciaire, il est toujours vrai que la lésion
de l'un des copartageants est plus visiblement involontaire
que celle éprouvée par l'un des contractants, à la suite d'une
convention dont le préjudice peut être mis d'autant plus vo-
lontiers sur le compte de l'irréflexion et de l'imprudence, que
l'acte a été, de tous points, volontairement et librement consenti.

L'admission de la lésion de plus du quart, comme cause de rescision des partages, ne préjugeait donc rien à l'égard des contrats. Aussi, quand les rédacteurs du Code entrèrent dans la théorie des conventions et eurent à classer les vices de consentement, comme les opinions du conseil d'État se divisaient sur la question de savoir si la lésion serait une cause de restitution contre la vente, il fut convenu de rédiger l'article 1118 de manière à ne rien préjuger sur cette question.

3. La loi 2, C. *De rescind. vend.*, constitution des empereurs Dioclétien et Maximien, fait expressément de la lésion une cause de rescision du contrat de vente, sauf option de la part de l'acquéreur de payer le supplément du juste prix. *Humanum est*, dit le législateur; c'est un acte d'humanité, une concession faite à l'équité, à la bonne foi; un sacrifice imposé à la rigueur du droit civil par la clémence du droit naturel, en faveur de l'imprudence et de l'erreur. La loi 2 dit encore dans quel cas il y avait lésion; elle en fixe le taux. Il y avait lésion quand la chose était vendue au-dessous de la moitié de sa valeur.

Il importe peu que la constitution de Dioclétien et de Maximien ait fait, la première, de la lésion une cause de nullité, ainsi que le pense M. Troplong (1), ou que suivant d'autres (2), elle n'ait fait que déterminer le taux de la lésion, dont l'appréciation était auparavant abandonnée à l'arbitraire du juge. Mais il est certain qu'elle ne suppose pas le dol personnel et pratique, ni le dol réel, *reipsá*, qui n'est autre chose que la lésion énormissime, mais seulement la lésion énorme, ou, suivant le taux fixé par elle, la lésion d'outre moitié.

Il est certain encore qu'elle avait formé le droit commun de la France. Notre ancienne jurisprudence admettait en principe général la rescision de la vente pour déception d'outre moitié du juste prix.

(1) *Vente*, t. 2, art. 1674.
(2) Voy. NOODT, *De rescind. vend.*

Cependant au commencement du xviii° siècle, un jurisconsulte allemand, professeur à Hall, Christian Thomasius, dans une dissertation de *æquitate cerebrinâ* (1), attaqua l'authenticité historique de la constitution des empereurs Dioclétien et Maximien, et prétendit au fond que les motifs d'équité, d'humanité, de justice sur lesquels on la basait n'étaient que d'une équité cérébrine.

Une loi du 14 fructidor an III (31 août 1795), abolit la rescision de la vente pour lésion d'outre moitié. Cette loi n'était point fondée, comme la dissertation de Thomasius, sur des raisons de critique historique et doctrinale, mais exclusivement sur les nécessités de l'époque. La crise financière qui avait été la suite de l'irruption du papier-monnaie avait amené une telle mobilité, une telle perturbation dans la valeur des choses et leur signe représentatif, qu'il était devenu fort difficile d'établir l'existence de la lésion et d'en déterminer le chiffre dans les contrats d'alors. Mais aussitôt que la crise fut dissipée, un décret du 3. germinal an V (23 mars 1797) rétablit l'action en rescision pour lésion d'outre moitié dans les ventes, hors celles de biens nationaux.

Lors de la rédaction du Code, on se demanda si l'on devait maintenir ou abroger l'action en rescision pour lésion. On discuta ce point pendant trois séances, sous la double influence des doctrines de Thomasius et des souvenirs de la loi de l'an III. Plusieurs membres, entre autres Berlier et Réal, insistèrent pour l'abolition de l'action pour lésion. Ils disaient que la loi 2, C. *De rescind. vend.*, avait été prise par Tribonien dans un Code apocryphe; qu'on avait d'excellentes raisons pour le croire; qu'au surplus, entre parties capables, en dehors des cas de dol, de violence et d'erreur, la loi du contrat doit être irréfragable et ne point céder à une imaginaire équité; que la valeur des choses est variable, arbitraire, relative, difficilement appréciable; que dès lors il vaut mieux prendre comme ap-

____

(1) On peut en voir l'analyse dans M. TROPLONG, *Vente*, t. 2, n°ˢ 784 et suiv.

préciation juste l'appréciation même des parties; qu'il faudrait, autrement, s'en rapporter à une expertise, à des documents dont rien ne peut garantir l'infaillibilité; enfin que l'action en rescision, en exposant les propriétaires aux dangers d'une éviction, les rend indifférents aux améliorations qui augmentent la valeur des choses et la somme des produits.

Cambacérès, Portalis, le premier consul répondaient que l'origine de la loi 2 au Code importait peu; qu'il importait surtout qu'elle consacrât un principe raisonnable et juste; que la lésion peut être incontestablement telle qu'on ne puisse l'expliquer que par une erreur, une surprise, une déception du consentement; que celle-là seule doit être une cause de nullité; que la vente est un contrat commutatif où chaque partie doit recevoir un équivalent plus ou moins parfait, sous peine de contracter sans cause; qu'il ne s'agit donc plus que de fixer le point où commence l'absence de cause, c'est-à-dire le taux de la lésion; que les choses ont une valeur réelle, commune, le prix qu'on en donne communément; qu'ici les notions du bon sens dominent les subtilités des théories; que les expertises sont les moyens d'appréciation humainement les seuls sûrs et praticables; que l'acquéreur ne saurait s'abstenir de toute amélioration, sous le prétexte qu'il peut être évincé, puisque ces améliorations lui sont nécessairement remboursées; que du reste l'action en rescision pouvait être limitée à un temps très court.

Le premier consul insista surtout sur les principes d'équité, de moralité qui doivent présider aux contrats; il fit valoir la nécessité d'une *loi de mœurs* qui devait arrêter l'injustice et l'agiotage, par cela seul que son existence devait rendre plus rares les occasions de l'invoquer.

La loi de rescision passa, et l'on eut les articles 1674 et suivants; le taux de la lésion fut élevé d'outre moitié à plus des sept-douzièmes; l'exercice en fut limité à deux ans pour toutes personnes (1676), aux ventes d'immeubles (1674), en faveur du vendeur exclusivement (1683), aux seules ventes volontaires (1684).

4. En admettant l'action en rescision pour lésion contre deux actes seulement, le partage et la vente volontaire d'immeubles, la loi lui a attribué un caractère d'exception imposé d'ailleurs par les nécessités des choses. S'agit-il en effet d'une vente judiciaire? il faut consolider les faits consommés sous la foi de la justice et avec toutes les précautions capables de prévenir la lésion. S'agit-il d'autres actes? La loi n'a cessé de tenir compte du vice de lésion que là où il était évidemment dangereux et impossible d'en vérifier l'existence, à défaut d'une base solide de calculs. Ainsi pour l'échange, parce qu'il y manque l'argent, signe légal et mesure indispensable des valeurs; ainsi pour les ventes de meubles, parce que la valeur en est trop mobile et trop capricieuse; ainsi pour le louage des hommes et des choses, parce qu'il s'agit de services ou de jouissances de valeur incertaine et d'évaluation mathématiquement impossible; ainsi pour les cessions de successions, de droits universels où l'on prend en bloc et confusément le bon et le mauvais, l'actif et le passif (1); ainsi pour les contrats aléatoires, parce que l'*alea* exclut tout élément véridique de mise à prix et empêche toute réduction en une somme précise. Mais il faut que le contrat soit réellement aléatoire, qu'il contienne de véritables risques et des périls sérieux. On ne pourrait considérer comme tel le contrat qui soustrait aux chances de quoi faire largement face au hasard, en le portant au pire, de telle sorte qu'il n'y ait plus d'incertitude que sur le degré de la lésion, d'ores et déjà démontrée et réalisée par le contrat lui-même (2).

Si le vice de lésion est particulier à certains contrats, il l'est aussi à certaines personnes. Le vendeur peut seul l'invoquer et non l'acquéreur, parce qu'il n'y a jamais nécessité d'acheter; que l'acquéreur est parfaitement libre, à l'abri des influences et des sollicitations du besoin, et que si l'on ne vend jamais à vil prix par aversion pour sa chose, il est vrai au contraire

---

(1) Voy. LOISEL, *Instit.*, liv. 3, tit. 4, règles 11, 12. *De la vente.*
(2) TROPLONG, *Vente*, n°ˢ 790, et suiv.

qu'on achète souvent très cher par affection. Voilà pour les majeurs.

5. Quant aux mineurs, nous expliquerons sous les articles 1305 et suivants quand, comment et à quelles conditions ils peuvent se faire restituer pour cause de lésion.

6. En dehors des cas exceptionnels où elle vicie les conventions, la lésion, quelle que soit son énormité, n'autorise point la rescision du contrat, si d'ailleurs elle ne se complique d'un vice caractérisé de consentement, tel que le dol ou la violence. Il y aurait violation de la loi du contrat de la part du juge qui en prononcerait l'annulation, en se fondant sur son seul caractère lésionnaire pour le déclarer frauduleux, dénué de libre consentement, ou même contraire à l'ordre public.

La question s'est particulièrement présentée devant les conseils de prud'hommes, à l'occasion de minimes salaires et de bas prix de façon. Mais la Cour de cassation (1) n'a jamais manqué de rétablir les vrais principes du droit, ainsi que ceux de la liberté des conventions et de l'industrie, en cassant des décisions déterminées sans doute par un pur sentiment d'équité, mais évidemment rendues d'une manière arbitraire et en violation formelle des articles 1118 et 1134.

ARTICLE 1119.

On ne peut en général s'engager ni stipuler en son propre nom que pour soi-même.

Sommaire.

1. Contractant en son nom, on ne peut engager que soi-même.
2. Mais on peut engager le fait de la personne qui nous le doit.
3. On ne peut en son nom stipuler pour autrui.
4. On peut stipuler pour ses héritiers.

---

(1) 20 déc. 1852. SIREY, 53, 1, 101. — 12 déc. 1853. SIREY, 54, 1, 333.

5. Le mandataire, le portefort, etc..., ne stipule pas ni ne promet pas pour autrui.

6. Je puis valablement stipuler pour autrui, en stipulant du promettant qu'il payera tant, s'il ne tient pas sa promesse. Caractères de cette convention.

7. La stipulation pour autrui est valable lorsqu'elle offre un intérêt réel au stipulant.

8. Quels sont les droits du stipulant et du tiers sur la chose promise? Distinction.

9. De l'adjoint *solutionis gratiâ*.

10. Quelle est la portée de la convention faite pour moi et pour un tiers?

11. Pour moi ou pour un tiers?

12. On ne peut plaider pour autrui, même en se portant fort pour lui.

COMMENTAIRE.

1. Comme tout contrat est essentiellement un acte de volonté de la part des contractants, leur consentement doit être tout personnel. Un tiers ne saurait donc m'engager par une convention à laquelle je suis étranger, puisqu'il n'appartient qu'à moi de disposer de ma volonté. Et comme, ne s'engageant pas en son nom, il n'a pas entendu s'engager lui-même, la convention est complètement illusoire; il n'y a ni intention, ni réalité d'engagement, pas plus pour lui que pour moi. Aussi, suivant l'article 1119, quand on promet en son nom, ne peut-on valablement engager que soi-même.

2. Remarquons que ce n'est pas engager un tiers que de promettre, en mon nom personnel, le fait de ce tiers, quand ce fait m'est dû par lui. Par exemple, si je promets le fait de mon domestique, d'un homme à mes gages, ce n'est pas lui que j'engage, c'est moi-même. Je m'oblige en mon nom et promets mon fait; car le domestique, le manœuvre n'est considéré dans la convention que comme un agent de travail à la disposition du promettant. Il est, dans le contrat, moins une personne qu'une chose.

3. Comme je suis régulièrement sans intérêt dans les affaires d'autrui, et que l'intérêt est la mesure de l'efficacité des contrats (1), je ne puis valablement stipuler (2), en mon propre nom, au profit d'un tiers. La stipulation doit être, comme l'intérêt qu'elle présente, toute personnelle au contractant. Si donc, stipulant en mon propre nom, je fais promettre par l'autre partie un fait exclusivement dans l'intérêt d'un tiers, ce tiers n'aura acquis aucun droit, parce qu'il est étranger à la convention; et moi-même je n'en aurai non plus acquis aucun, parce que j'y suis sans intérêt. La stipulation est inutile (3).

4. Ce n'est point engager des tiers, stipuler pour des tiers, faire par conséquent une convention illusoire, que de contracter en son nom pour ses héritiers éventuels ou seulement l'un d'eux (4). Nos héritiers sont en effet d'autres nous-mêmes. Mais il faut que dans la convention ils aient été considérés expressément ou tacitement en cette qualité d'héritiers (5).

5. Ce n'est pas non plus faire une convention inutile que de stipuler ou promettre, en son nom, mais comme portefort, ou comme mandataire. C'est en effet sur le tiers que l'obligation retombera en vertu de son mandat ou de sa ratification, et c'est là encore un hommage rendu au principe de la personnalité; car le tiers n'a la charge ou le bénéfice du contrat que parce qu'il se l'est approprié d'avance par son mandat, ou bien ultérieurement par sa ratification. Il en est de même

---

(1) L. 38, § 17, ff. De verb. oblig.

(2) Stipuler — c'est-à-dire se faire promettre, faire prendre envers soi un engagement par un autre. Stipulation, dans le droit romain, signifie la corrélation de l'interrogation et de la réponse, de la proposition et de l'acceptation verbalement conçues dans une formule solennelle. Voy. Instit., De verb. oblig., liv. 3, tit. 15. — Stipulatio — hoc nomine indè utitur quod stipulum apud veteres firmum appellabatur, forte ab stipite descendens. — Ibid., § 1. — L'emploi de ces formules fortifiait les obligations (firmabat) aux yeux du droit civil si minutieusement formaliste.

(3) Voy. Instit., De inut stip., liv. 3, tit. 19, § 19, 20.

(4) L. 10, ff. De pactis dot. — L. 33, ff. De pactis.

(5) Voy. 1122, n° 43.

au cas où l'on promet comme tuteur, comme mari, comme administrateur, en vertu des pouvoirs conférés par la loi. C'est alors promettre ou stipuler au nom du tiers représenté et personnifié dans celui qui lui sert d'organe et d'agent pour la formation du contrat.

6. Nous devons insister sur le caractère et les effets de la stipulation que nous faisons en notre propre nom au profit d'un tiers. Nous avons vu qu'elle était inutile, parce que le stipulant n'y a aucun intérêt. Mais s'il arrive, au contraire, qu'elle lui offre un intérêt réel, alors elle est valable. Or cet intérêt, le stipulant peut le créer lui-même ou le trouver déjà existant. Je stipule, par exemple, tel fait pour un tiers ; jusque là, stipulation inutile ; mais en même temps je fais engager le promettant à me donner tant, s'il n'exécute pas la stipulation première en faveur du tiers. Dès lors la convention est utile. Elle se résume en effet dans les termes d'une obligation contractée par le promettant vis-à-vis de moi, sous cette condition suspensive, s'il n'accomplit pas le fait promis envers le tiers.

Voyons ce qui se passe. Le tiers n'acquiert aucun droit, car la stipulation d'un fait en sa faveur n'a rien d'obligatoire contre le promettant. L'accomplissement de ce fait peut même ne présenter aucun intérêt au stipulant. Mais l'intérêt de celui-ci est ailleurs ; il est dans la promesse à lui personnellement faite sous cette condition, si le fait n'est pas exécuté envers le tiers. Or on peut apposer comme condition l'accomplissement de tel ou tel fait sans y avoir absolument aucun intérêt. D'autre part, le promettant n'est pas obligé, mais simplement invité, intéressé à accomplir le fait promis à l'égard du tiers. Et c'est là un des caractères essentiels des obligations conditionnelles, qu'elles ne donnent pas action pour contraindre à l'accomplissement de la condition convenue.

Cependant les lois romaines (1) donnent à cette convention le caractère d'une stipulation avec clause pénale. Nous pensons

_____

(1) Voy. Instit., *De inut. stip.*, l. 3, tit. 19, § 19. — Ducaurroy, nstit., n° 1008.

que, dans les principes du Code, elle ne contient qu'une obli-gation conditionnelle. En effet, dans les obligations avec clause pénale (1), la stipulation principale et la stipulation accessoire de la peine sont toutes deux *in obligatione;* elles constituent deux obligations également exigibles, dont l'une est principale et l'autre subsidiaire. Or, ici, il n'y a pas d'autre obligation exigible et principale que celle de payer telle chose condition-nellement. Si l'on y voyait une obligation avec clause pénale, où serait l'obligation principale? Dans la promesse d'accomplir tel fait en faveur du tiers? Mais cette promesse n'a rien d'o-bligatoire, à ce point qu'elle serait nulle et inutile sans le caractère conditionnel de la convention.

Toute clause pénale est sans doute un contrat particulier qui se forme subsidiairement et conditionnellement pour le cas où une promesse antérieure n'est pas exécutée. Mais il faut que cette promesse constitue un engagement à l'exécution duquel on puisse contraindre le promettant, et non un simple fait pour l'accomplissement duquel on n'aurait aucune action. Pour qu'il y ait obligation avec clause pénale, il faut, en un mot, que la condition de l'obligation subsidiaire se réalise par l'inexécution d'une autre obligation principalement exigible, et non par l'inaccomplissement d'un fait purement inexigible et volontaire. Dans ce dernier cas, il y a convention condition-nelle, pas autre chose. Quoi qu'il en soit, l'exécution de la convention sera toujours la même; mais nous avons dû en apprécier le caractère d'après les principes rigoureux du droit.

7. De ce que l'existence d'un intérêt réel rend efficaces les conventions faites au profit d'un tiers, il s'ensuit que je puis valablement stipuler que le promettant donnera tant à mon mandataire, à mon administrateur, à mon créancier. Je suis en effet intéressé à l'exécution de mon mandat, à l'adminis-tration de mes affaires, à l'acquittement de mes dettes (2).

_____

(1) Voy. 1226 et suiv.
(2) L. 38, § 21 et suiv., *ff. De verb. oblig.*

Par application de ce principe, on doit décider que le créancier hypothécaire qui, en cette qualité, fait assurer un immeuble de son débiteur pour sa valeur totale, stipule une assurance qui doit produire effet, non pas seulement jusqu'à concurrence du montant de sa créance, mais aussi, dans l'intérêt même du propriétaire, jusqu'à concurrence de la valeur entière de la chose (1). Ce n'est pas là stipuler pour autrui dans le sens de notre article.

8 Mais quels sont les droits du stipulant et du tiers sur la chose promise? Il faut distinguer : l'intérêt du stipulant est-il indirect et médiat, est-il, au contraire, direct et immédiat? Je stipule en mon nom une somme pour mon mandataire, parce que j'ai intérêt à la bonne exécution du mandat; pour mon locataire, mon fermier, parce que j'ai intérêt à ce qu'il garnisse la maison ou le domaine de meubles ou de bestiaux suffisants; dans tous ces cas, mon intérêt n'est qu'indirect. Mais le contrat n'en est pas moins valable; je pourrai donc contraindre le promettant à l'exécuter, et le tiers déclarant vouloir en profiter pourra l'y contraindre aussi. Mais si le tiers, usant de sa liberté, refusait de s'en prévaloir, je ne pourrais, pour mon compte, poursuivre l'exécution de la convention, afin de toucher moi-même ce que le tiers aurait refusé. Je n'ai pas en effet stipulé pour moi-même, mais pour un tiers, dans un intérêt qui me touche plus ou moins, sans m'être néanmoins absolument direct et personnel.

Alors, au contraire, que l'intérêt du contrat est immédiat et direct à l'égard du stipulant, celui-ci, en cas que le tiers refuse d'en profiter, peut le faire exécuter pour son compte, en poursuivre tout le bénéfice pour lui-même et lui seul. Ainsi, je stipule que vous payerez telle somme à un tiers envers lequel j'en suis débiteur. J'ai un intérêt direct au contrat, puisque son exécution tend à me libérer. Si donc le tiers, mon créancier, refuse de recevoir la chose stipulée pour lui,

(1) MERLIN, Quest., v^{is} *Stipul. pour autrui*, § 5. — Cass., 29 déc. 1824, SIREY. 25, 1, 173.

pourvu qu'en même temps il ne fasse pas remise de ma dette, je pourrai toujours, aussi longtemps que mon intérêt existera, poursuivre l'exécution de l'obligation en mes propres mains, parce que le contrat m'intéresse exclusivement. Il est bien entendu que l'exécution devra s'en faire de manière à ne point aggraver la position du promettant.

9. Il ne faut pas confondre avec la stipulation purement faite au profit d'un tiers, la convention par laquelle on désigne un tiers pour recevoir la chose promise. Nous venons d'en voir un exemple dans le cas précédent. Cette indication d'un tiers n'a pas pour but de le faire profiter de la stipulation, mais d'en rendre l'exécution plus facile ou plus prompte. Ce tiers est alors ce que les docteurs appellent *adjectus solutionis gratiá* (1). Le promettant peut valablement payer dans ses mains, malgré le stipulant (2). Mais l'obligation n'en appartient pas moins à ce dernier (3), qui a contre le tiers adjoint l'action de mandat, pour se faire rendre compte du payement.

Il n'est pas toujours facile de reconnaître si l'indication d'un tiers est une simple adjonction *solutionis gratiá*. Il faut alors interpréter le contrat, examiner par les clauses et les expressions de l'acte, quelle a été l'intention commune des parties, sans oublier surtout qu'on doit interpréter le contrat de préférence dans le sens qui peut lui faire produire quelque effet (1157).

10. Quelquefois le contractant se donne, dans une convention, un tiers pour conjoint, pour consort; je contracte pour Paul et pour moi. Il s'agit de savoir quelle sera, dans ce cas, la valeur de la convention. Il est bien évident que Paul n'est pas engagé, supposé qu'il n'y ait point mandat de sa part. Mais vis-à-vis de moi, il est clair que la convention produit effet; car si j'ai voulu inutilement engager un tiers, je me suis, en

(1) L. 95, § 5, *ff. De solut.*
(2) L. 12 et 106, *ff. De solut.*
(3) Instit., liv. 3, tit. 19, § 4. *De inut. stip.*

ce qui me concerne, utilement engagé. Pour combien? Sera-ce pour le tout? Sera-ce, au contraire, pour une quotité correspondante au nombre des costipulants ou copromettants?

Il faut avant tout voir si le tiers que je me suis adjoint figure dans la convention comme simplement *adjectus solutionis gratiâ*, ou si j'ai entendu me porter fort pour lui, ou stipuler en sa faveur, en faisant de cette stipulation à son profit la condition de la mienne; ou bien enfin stipuler ou promettre, en mon nom, officieusement pour lui, et faire conséquemment, en ce point, une stipulation inutile. Il se présente donc en première ligne une question d'interprétation. Mais admettons que la convention ait été faite purement d'office pour le tiers étranger; elle vaudra seulement pour moitié vis-à-vis de moi, suivant l'opinion des Proculéiens (1), adoptée par Justinien (2); pour le tout, suivant les Sabiniens, parce que l'adjonction du tiers doit être considérée comme non avenue (3).

Nous pensons qu'il serait dangereux d'appliquer d'une manière absolue l'une ou l'autre de ces opinions. La conjonction de plusieurs personnes dans le même contrat entraîne sans doute en général la division de l'engagement; chacun contracte pour une moitié, un tiers, un quart, c'est-à-dire pour sa part virile; mais cette division présuppose le contrat tout formé. Or nous en sommes ici justement à le former. Il faut donc se demander si le promettant a entendu borner son obligation à la moitié, au tiers, etc..., de l'objet total de la convention; si, d'autre part, le stipulant a entendu partager la stipulation avec ses conjoints et, à leur défaut, n'avoir encore que la moitié, le tiers. On conçoit cette division lorsqu'il s'agit d'une chose commodément divisible, telle qu'une somme d'argent. Mais lorsque la chose est indivisible, ou n'est divisible qu'avec difficultés et inconvénients, nous croyons qu'il est plus

---

(1) L. 100, *ff. De verb. oblig.*
(2) Instit., liv. 3, tit. 19, § 4. *De inut. stip.*,
(3) L. 64, *ff. De contrah. emp.* — L. 5, *ff. De comm. præd.*

conforme à la commune intention des parties de maintenir la stipulation tout entière au profit du stipulant : on la maintiendra pour le tout, parce qu'elle est incontestablement utile en partie, et que dès lors il ne peut s'agir d'une nullité ou inutilité totale.

Ce que fait l'indivisibilité de la chose, la solidarité du contrat peut le faire. La stipulation m'appartiendrait tout entière, sans aucun concours, si je m'étais joint un tiers par une costipulation solidaire. L'effet de la solidarité, si ce tiers restait partie au contrat, serait en effet de m'offrir tout seul pour tous à l'autre contractant. Peu importe donc qu'on fasse abstraction du tiers, puisque ma position n'en est point changée.

11. Il est évident que si, au lieu d'une conjonction, il y avait disjonction des personnes comprises dans la stipulation, le contrat vaudrait pour le tout à l'égard du stipulant qui s'est expressément séparé du tiers pour prendre à son compte personnel, à défaut de celui-ci, la totalité de la stipulation ; tel serait le cas où j'aurais dit, je stipule pour Paul ou pour moi.

12. De même qu'on ne peut en général s'engager, ni stipuler en son propre nom que pour soi-même, de même aussi on ne peut plaider en son propre nom que pour soi. Agir en justice, c'est provoquer un jugement, c'est demander une constatation judiciaire de ses droits, si l'on gagne, de ses obligations, si l'on perd. Or, si je plaide en mon propre nom pour un tiers, je poursuis un jugement inutile, puisque je suis d'une part sans intérêt à la constatation de son droit, et que d'autre part le tiers lui-même n'est pas engagé par la déclaration de ses obligations.

Je ne puis même régulièrement plaider pour un tiers en me portant fort pour lui. L'adversaire peut m'opposer un défaut de qualité ; et si, comme portefort, je lui promets une indemnité en cas de non ratification par le tiers, rien ne l'oblige à m'accepter, malgré lui, comme légitime contradicteur en justice, pas plus que comme partie contractante dans une convention. Tel nous paraît être le seul sens qu'on puisse donner à la maxime : nul ne plaide en France par procureur, si ce n'est le roi (1). Mais elle ne signifie point que l'on ne peut pas plaider par mandataire et au nom qualifié de ce dernier.

Au surplus, ce défaut de qualité n'est pas d'ordre public; il faut l'opposer, soit en première instance, soit en appel, sans que les juges puissent suppléer d'office la fin de non recevoir qui en résulte, et sans que les parties elles-mêmes puissent la proposer pour la première fois devant la Cour de cassation (2).

Article 1120.

Néanmoins on peut se porter fort pour un tiers en promettant le fait de celui-ci, sauf l'indemnité contre celui qui s'est porté fort ou qui a promis de faire ratifier, si le tiers refuse de tenir l'engagement.

Sommaire.

1. Se porter fort pour autrui, c'est s'obliger soi-même.
2. On peut admettre des équivalents à l'expression se porter fort.
3. Jusqu'à son acceptation le tiers est sans droit.
4. Les contractants sont engagés.
5. Le portefort doit une indemnité, si le tiers ne ratifie pas. Si les dommages et intérêts sont fixés d'avance, est-ce une clause pénale ?
6. Le portefort peut-il prendre à son compte, céder à un autre la convention, tant que le tiers n'a pas ratifié ?
7. Le portefort est quitte par l'acceptation du tiers.
8. *Quid* si la ratification est plus tard annulée ?
9. Suite.
10. Si l'on peut se porter fort pour les futurs absents dans un contrat de mariage.

COMMENTAIRE.

1. Je vous vend la maison de Paul, me portant fort pour lui, promettant qu'il ratifiera; la validité de cette convention

(1) Boncenne, *Théorie de la pr. civ.*, t. 2, pag. 127. — Cass., 8 nov. 1836. Sirey, 36, 1, 811.
(2) Cass., 14 déc. 1839. Sirey, 40, 1, 78.

n'est pas une exception au principe posé dans l'article 1119, qu'on ne peut s'engager en son propre nom que pour soi-même ; car le tiers, Paul, n'est pas immédiatement obligé par ce contrat de vente, et d'ailleurs c'est en son nom qu'elle a eu lieu. Il y a seulement, à son égard, dans l'attente de sa ratification, un contrat qui ne vaudra que par elle, et qui ne contient jusque-là que le germe d'un engagement en expectative vis-à-vis de lui.

Mais ce contrat qui, à l'égard de Paul, se réduit à une offre simple jusqu'à son acceptation, est valable pour les parties contractantes. Il nous oblige, vous et moi, parce que nous nous sommes tous deux personnellement engagés, vous à acheter la maison de Paul, si Paul ratifie ; moi à vous payer des dommages et intérêts, si Paul ne ratifie pas. Le vice du contrat ne pourrait venir que du côté et de la qualité du portefort ; mais se porter fort c'est promettre son fait personnel, pour le cas où le fait promis du tiers n'aura pas lieu.

2. Est-il nécessaire de prendre expressément dans le contrat la qualité de portefort ? Non, sans doute ; il suffit d'employer des équivalents ; de dire, par exemple, qu'on promet sous sa garantie personnelle, qu'on fait valoir, qu'on garantit valable le fait du tiers au nom du quel on contracte, que l'on fait, que l'on agit pour ce tiers, etc...

A la rigueur, simplement promettre le fait d'un tiers, n'est pas se porter fort ; c'est faire une stipulation inutile. Aussi doit-on facilement présumer qu'on s'est porté fort, en vertu de ce principe d'interprétation, qu'il faut entendre les contrats plutôt dans le sens qui leur fait produire quelque effet que dans celui où ils n'en produiraient aucun (1157) (1). Il n'est pas naturel en effet de ne convenir que pour faire un contrat inutile et illusoire. Mais les faits et les circonstances de la convention, les expressions de l'acte, les clauses particulières, les rapports du tiers avec la partie qui promet son fait,

---

(1) POTHIER, *oblig.*, n° 56. — TOULLIER, t. 6 n° 136.

dissiperont le plus souvent tous les doutes et révèleront la commune intention des contractants, comme si dans l'acte on a dit, je promets le fait de Paul, je promets aux termes de droit, etc..., et que Paul soit le fils, l'héritier présomptif du promettant, ou placé de toute autre manière sous son autorité et son influence.

3. Nous avons vu que le tiers ne contractait immédiatement aucune obligation; il n'acquiert également aucun droit. Jusqu'à sa ratification, le contrat est *res inter alios acta*. Le portefort et l'autre partie peuvent donc convenir de résoudre et d'anéantir la convention, sans se préoccuper des intérêts du tiers qui est absolument sans droit, tant qu'il n'a point ratifié et pris la convention à son compte personnel.

4. Mais le portefort et l'autre partie sont parfaitement liés et engagés l'un envers l'autre. Leurs engagements sont immédiatement exécutoires et exigibles dans les termes du contrat. Aussi, ils doivent réciproquement effectuer la délivrance de la chose, payer le prix, avant même la ratification du tiers, sauf réserves et clauses contraires. Ce n'est pas que le portefort doive personnellement en profiter; qu'en cas d'échange, par exemple, il devienne propriétaire de la chose qu'il reçoit en place de celle qu'il livre. Il est toujours portefort, mandataire hypothétique, possesseur pour autrui, pour le tiers dont il a promis la ratification, et devant lequel il doit s'effacer, aussitôt que cette ratification sera donnée. Mais jusque-là il est réputé mandataire, accepté comme tel, et pour la formation et pour l'exécution du contrat.

5. Si le tiers ne ratifie point dans les termes de la convention ou de sa mise en demeure, le portefort doit payer une indemnité à l'autre partie (1120). Il peut en effet y avoir pour elle préjudice à ce que la convention ne tienne point.

Quelquefois la somme des dommages et intérêts est arbitrée à l'avance. Me portant fort pour Paul, je vous vends sa maison; et s'il ne tient pas l'engagement, je vous paierai mille francs;

si Paul ne ratifie pas, en payant mille francs, tout est dit. Cette obligation de ma part de payer mille francs se résume ainsi en une obligation qui aurait été contractée sous cette condition, si Paul ne tient pas l'engagement. Mais on lui donne en outre un caractère de pénalité; on en fait une clause pénale proprement dite (1). Mon obligation principale est en effet de vous rapporter la ratification, et ce n'est que faute par moi de satisfaire à cet engagement, que je dois vous payer, à titre de peine, la somme de mille francs (2). Il convient même de remarquer sur ce point que le portefort ne contracte point une obligation soumise à cette condition suspensive, si le tiers refuse de tenir l'engagement : il s'oblige purement et personnellement, de telle sorte que, s'il est poursuivi en exécution de sa promesse, c'est à lui qu'incombe l'obligation de mettre le tiers en demeure de déclarer s'il refuse ou accepte de tenir l'engagement, sauf à lui à demander, s'il ne s'est en outre obligé dans tous les cas comme garant ou caution, qu'il soit mis hors de cause et entièrement déchargé, moyennant l'acceptation ou la ratification du tiers.

6. Le portefort peut prévenir le payement de l'indemnité due à l'autre partie, en cas de non ratification, en se chargeant personnellement d'exécuter le fait du tiers qui refuse de tenir l'engagement. Il substitue alors son fait à celui d'autrui. Mais alors ce fait doit être un de ces faits, pour ainsi dire fongibles, qui peuvent être accomplis indifféremment par le premier venu. Par exemple, me portant fort pour Pierre, j'achète pour lui votre maison. Pierre refuse de ratifier; je prends le marché à mon compte. Que vous importe en effet qui soit acquéreur de Pierre ou de moi, pourvu que le prix de vente soit payé? Autre chose serait si, me portant fort pour eux, je vous avais promis un tableau de Delaroche ou de Decamps.

Avant même que le tiers se soit expliqué, s'il refuse ou non

(1) Voy. 1226 et suiv.
(2) Voy. 1119, n° 6.

de ratifier, le portefort peut prévenir toute difficulté en déclarant prendre la convention pour lui-même. Le tiers est en effet, jusqu'à sa ratification, étranger à la convention et par conséquent sans droit aucun, et nous supposons que l'autre partie est sans intérêt à empêcher cette substitution de personnes. Aussi, a-t-on décidé (1) que le portefort pouvait revendre les objets par lui acquis en cette qualité, céder sa convention à un autre, tant que le tiers ne se l'était pas appropriée par sa ratification. C'est, encore une fois, que les contrats qu'il a passés en cette qualité sont obligatoires, pour et contre lui, jusqu'à l'acceptation du tiers.

7. Aussitôt que le tiers pour lequel on s'est porté fort a accepté ou ratifié le contrat, celui qui avait promis son fait s'efface et disparaît. Il est déchargé de toutes ses obligations de portefort, ou plutôt, il en est quitte; il les a accomplies. Il est censé n'avoir jamais joué dans le contrat qu'un rôle de mandataire, promettant ou stipulant pour son mandant, à moins qu'il n'ait promis en outre sa garantie ou son cautionnement personnel. Si le portefort rapportait dans le cours d'une instance engagée sur l'exécution de l'acte la ratification ou acceptation du tiers, il pourrait demander sa mise hors d'instance, et, si ce dernier était en cause, conclure contre lui à ce qu'il le relevât quitte et indemne, et prît son fait et cause, sauf quant aux frais exposés, qui pourraient être mis à sa charge, comme étant la suite de sa faute personnelle ou d'un mauvais système de défense.

La ratification ultérieure du tiers équivaut en effet à un mandat de sa part, *ratihabitio mandato æquiparatur* (2). Elle a un effet rétroactif, et la Cour de cassation (3) a même appliqué ce principe aux matières électorales, pour la régularité et l'ancienneté du cens. Mais cette fiction n'a lieu qu'entre les

---

(1) Toulouse, 27 juin 1839. SIREY, 40, 2, 110.
(2) L. 12, § 4, *ff. De solut.*
(3) 6 avril 1842. SIREY, 42, 1, 597.

parties contractantes, leurs héritiers ou ayants-cause, et non
à l'égard des tiers qui ont contracté dans l'intervalle. Ainsi,
la prescription ne courra au profit de la partie qui a ratifié que
du jour de sa ratification, parce que le contrat est soumis à
cette condition potestative, si elle ratifie (1).

Ainsi encore, lorsque dans un acte de société l'un des associés s'est porté fort pour des associés absents, la société n'a,
par rapport aux tiers, d'existence légale que du jour de leur
ratification et de la publicité qui lui a été donnée postérieurement. C'est qu'en effet la société n'est réellement constituée
d'une manière parfaite et obligatoire, que lorsque les autres
associés, pour lesquels on s'est porté fort, y ont adhéré et l'ont
ratifiée ; que, jusqu'à cette ratification, elle n'a qu'une existence incertaine et soumise à la condition que cette ratification
aura lieu ; qu'en conséquence toute publicité légale ne peut lui
être régulièrement donnée, qu'après que l'approbation et la
ratification des associés absents lui a imprimé un caractère
parfait et définitif, sans qu'aucune publicité antérieure puisse
être prise en considération (2).

Inutile d'observer que, si l'on s'est obligé tant en son nom
qu'au nom d'un tiers pour lequel on s'est porté fort, la ratification du tiers donne naissance à une obligation conjointe qui
se divise également, sauf le cas de solidarité.

8. Mais il peut arriver que la ratification donnée par le tiers
soit plus tard déclarée nulle et non avenue. Dans ce cas le
portefort recommencera-t-il à devoir une indemnité, comme
si aucune ratification n'avait été donnée? on peut dire, en ar-
gumentant des principes ordinaires du mandat, que le portefort, censé mandataire par la ratification du tiers, n'est pas plus
responsable de la nullité de cette ratification, que le mandataire ne l'est lui-même de la nullité de son mandat, vis-à-vis

(1) TROPLONG, *Prescript.*, n° 910. — POTHIER, *Prescript.*, n° 92.
(2) Cass., 4 août 1847, SIREY, 47, 1, 649.

de la personne avec laquelle il a contracté comme mandataire, lorsque cette nullité ne vient pas de son fait, et que personnellement il n'a rien promis.

Ce raisonnement ne saurait nous satisfaire. Que la ratification soit équipollente à un mandat; soit. Mais de quelle ratification la loi entend-elle parler? Voilà la question; et elle demeure entière. Se porter fort pour un tiers, c'est promettre le fait d'autrui (1120), c'est s'engager à fournir, à faire valoir ce fait, ou même mieux, c'est promettre une indemnité quelconque, arbitrée ou non par la convention, si ce fait d'autrui n'est pas fourni ou exécuté. Or il faut bien admettre que la loi entend parler d'une promesse sérieuse; et cette promesse ne peut être sérieuse que tout autant qu'elle porte sur une ratification ni nulle, ni rescindable. Les parties contractantes n'ont certainement pas voulu d'un fantôme, d'une apparence de ratification, sans consistance et sans réalité. Promettre la ratification d'un tiers, ou promettre une indemnité, si ce tiers ne ratifie pas, c'est donc s'obliger à rapporter une ratification telle qu'il s'ensuive un contrat valable et régulier. Si donc la ratification donnée par le tiers est plus tard annulée, le porte-fort redevient passible de l'indemnité envers l'autre partie, comme si aucune ratification n'avait été donnée. Toutes ses obligations reparaissent.

Ceci sera vrai surtout lorsqu'il aura promis le fait d'un mineur, d'une femme mariée, d'un incapable. Par cela même que, dans la convention, il aura présenté comme incapable le tiers pour lequel il se porte fort, on admettra plus facilement, d'après la commune intention des parties, que l'un a promis, et l'autre voulu une ratification qui fût donnée avec toutes les formes et conditions nécessaires pour habiliter l'incapable, ou même le plus souvent par l'incapable lui-même, lorsqu'il remplirait toutes les conditions d'une parfaite capacité.

Voilà ce qui nous paraît vrai en principe, en droit et en équité; vrai toutes les fois que le contrat ne révèle pas le contraire, n'indique pas que les parties ont entendu se con-

tenter d'une ratification telle quelle. Il peut en effet résulter
des clauses relatives à la ratification que cette ratification
doive suffire, n'importe son invalidité au fond ; si, par exemple, le portefort d'un tiers, déclaré mineur, s'oblige à rapporter
sa ratification dès le lendemain, il est bien évident que les
parties se sont contentées du fait d'un incapable. Le portefort
serait alors irrévocablement déchargé par la ratification du
mineur, fût-elle plus tard annulée par la justice.

Si, en principe, le portefort est responsable de la validité
de la ratification que le tiers doit donner, remarquons bien
qu'il ne doit que cela. Si, cette ratification une fois régulièrement donnée, le contrat était tout de même déclaré nul au
fond, comme infecté d'un vice de consentement, de cause, ou
d'objet, le portefort cesserait d'être responsable de cette nullité, du moins en sa qualité de portefort. Car, à ce titre seul,
il ne répond pas des vices intrinsèques du contrat, pas plus
au moins qu'un simple mandataire.

9. Il n'y aurait plus de recours à exercer contre le portefort, si, au moment de la ratification donnée par le tiers, il
avait stipulé lui-même sa décharge, ou si le tiers avait stipulé,
comme condition de sa ratification, la décharge du portefort,
et que celui-ci eût déclaré vouloir en profiter (1121). Il est
alors définitivement quitte et libéré, quoi qu'il arrive. Il avait
promis la ratification du tiers ; ce tiers la donne ; l'autre partie
l'accepte telle qu'elle est, et s'en déclare contente et satisfaite.
Le portefort a donc une quittance complète, sans réserves,
et il doit rester désormais aussi étranger à l'exécution
du contrat, qu'un mandataire dont le mandat est éteint, ou
qu'un simple entremetteur qui ne s'est pas personnellement
engagé.

Mais c'est à lui de prouver qu'il a été déchargé d'une manière absolue, à tout événement. Il doit le faire comme tout
débiteur qui se prétend quitte. S'il s'élevait quelque doute sur
la libération qu'il invoque, ce doute devrait s'interpréter

contre lui, parce que, tandis que son obligation est prouvée, sa libération ne l'est pas.

10. Par une pratique abusive, suite de l'ancien usage du contrat de fiançailles, les parents déclarent quelquefois dans un contrat de mariage se porter fort pour les futurs absents. Si ces derniers n'ont expressément et authentiquement ratifié le contrat, avant la célébration du mariage, il est nul, sans qu'il puisse plus tard être utilement confirmé ou ratifié. Il ne saurait en effet dépendre de leur pure volonté d'avoir ou de n'avoir pas de conventions matrimoniales (1). Le seul fait de la célébration du mariage ne suffit même pas comme ratification ou confirmation (2).

La nullité des conventions matrimoniales peut être opposée par toutes parties intéressées, même par les époux, qui se trouvent dès lors soumis au régime de la communauté (3). Enfin de la nullité du contrat, résulte la nullité des donations qui auraient été faites aux futurs (4).

ARTICLE 1121.

On peut pareillement stipuler au profit d'un tiers, lorsque

(1) Nîmes, 29 déc. 1841. SIREY, 49, 2, 129. — Toulouse, 15 juin 1844. SIREY, *ibid.* — Nîmes, 9 mars 1846. SIREY, *ibid.* — Limoges. 21 mars 1846. SIREY, *ibid.* — Nîmes, 3 mai 1847. SIREY, *ibid.* — Montpellier, 3 juillet 1847. SIREY, *ibid.* — Nîmes, 8 janvier 1850. SIREY, 50, 2, 91. — Toulouse, 11 juin 1850. SIREY, 50, 2, 505. — Grenoble, 7 juin 1851. — Nîmes, 6 août 1851. SIREY, 51, 2, 613. — Toulouse, 5 mars 1852. SIREY, 52, 2, 257. — Toulouse, 19 janvier 1853. — Pau, 1er mars 1853. — Montpellier, 9 déc. 1853. SIREY. 54, 2, 33. — Cass., 29 mai 1854. SIREY, 54, 1, 437. — Cass., 9 janvier 1855. SIREY, 55, 1, 125. — Nîmes, 12 novembre 1863. SIREY, 63, 2, 251.

(2) Mêmes arrêts que *suprà*.

(3) Limoges, 21 mars 1846. SIREY, 49, 2, 134. — Nîmes, 3 mai 1847. SIREY, 49, 2, 135. — Cass., 29 mai 1854. SIREY, 54, 1, 437. — Cass., 9 janvier 1855. SIREY, 55, 1, 125.

(4) Nîmes, 8 janvier 1850. SIREY, 50, 2, 91.

telle est la condition d'une stipulation que l'on fait pour soi-même, ou d'une donation que l'on fait à un autre. Celui qui a fait cette stipulation ne peut plus la révoquer, si le tiers a déclaré vouloir en profiter.

Sommaire.

1. La stipulation permise par l'art. 1121 peut être sans intérêt pour le stipulant.
2. Le mot condition est pris dans le sens de mode.
3. Subtilités du droit romain.
4. Distinction entre la stipulation accessoire autorisée par l'art. 1121 et la clause par laquelle on impose au promettant une obligation dont on est tenu soi-même envers un tiers.
5. La stipulation peut être révoquée tant que le tiers n'a pas accepté.
6. A qui en revient alors le bénéfice? Distinction.
7. L'acceptation du tiers peut être expresse ou tacite.
8. Le droit d'accepter passe à ses héritiers, même après la mort du stipulant.
9. L'acceptation donne un droit irrévocable et droit d'action.
10. Le stipulant ne peut exercer dès lors ses droits personnels qu'à la charge de respecter ceux du tiers.
11. Le stipulant peut-il poursuivre la résolution pour seule inexécution à l'égard du tiers? Distinction.
12. Du mode et de la condition. Différence.
13. Lorsque la stipulation accessoire est annulée, à qui en revient le bénéfice? Distinction.
14. Si elle est conditionnelle, et que la condition manque, qui en profite?

COMMENTAIRE.

1. Nous avons vu, sous l'article 1119, que l'on pouvait stipuler pour autrui lorsqu'on y avait un intérêt quelconque. Cette stipulation pour un tiers est alors tout le contrat. Mais, suivant l'article 1121, alors même que l'on est sans intérêt dans la stipulation que l'on fait au profit d'un tiers, on peut néanmoins stipuler au profit de ce tiers, lorsque telle est la condition d'une stipulation que l'on fait pour soi-même, ou d'une donation que l'on fait à un autre. Telle serait cette

stipulation : Je vous donne ou vends ma maison, à la condition que vous donnerez telle chose à Paul, que vous ferez telle chose en sa faveur. Et ces deux stipulations sont intimement liées dans leur existence, comme dans leur origine.

2. Le mot condition, dont se sert l'article 1121, ne doit pas être pris dans son acception étroite et rigoureuse. Il doit s'entendre ici dans le sens de mode, de charge obligatoire et exigible (1). Nous allons voir en effet le tiers acquérir, par son acceptation de la stipulation faite à son profit, le droit de poursuivre contre le promettant le payement de son obligation. Or, s'il s'agissait d'une simple condition et non d'un mode, comme l'accomplissement de la condition simple est tout volontaire, le tiers n'ayant rien à exiger, n'aurait non plus rien à accepter immédiatement. Il en serait réduit à attendre de la bonne volonté du promettant l'accomplissement de la condition comme un pur fait, dont l'inexécution suspend ou résout le contrat dans lequel il n'est point partie, et ne trouve qu'une expectative, sans pouvoir y puiser jamais le germe d'aucun droit, d'aucune action. Il n'y a donc réellement stipulation au profit d'un tiers, dans les termes de l'article 1121, que tout autant que cette stipulation est le mode, la charge, et non la simple condition de la stipulation principale que l'on fait pour soi-même.

3. A Rome, d'après la subtilité de l'ancien droit, comme les stipulations n'avaient effet qu'entre parties contractantes, le tiers ne pouvait jamais acquérir d'action pour contraindre le promettant à exécuter la charge stipulée par d'autres, à son profit, comme mode d'une stipulation faite pour eux-mêmes. Faute par le débiteur d'accomplir la charge, le stipulant répétait ce qu'il avait payé *condictione ob causam dati, causâ non secutâ*. Mais les constitutions impériales (2) accordèrent au

_____

(1) Voy. 1168, nos 3 et suiv.
(2) Voy. L. 3, *C. De donat. quœ sub modo*. — POTHIER, *Oblig.*, no 71.

tiers une action utile en payement de la charge stipulée à son profit. C'était une conquête de l'équité sur les rigueurs et les subtilités du droit; c'était une plus saine appréciation des principes de la causalité dans les conventions; c'était enfin le maintien dans toute sa force de la volonté des contractants.

4. Il ne faut pas confondre avec la stipulation accessoire faite au profit d'autrui la clause par laquelle l'un des contractants met à la charge de l'autre l'exécution d'un fait, la délivrance d'une chose, le service d'une prestation envers un tiers, dans le but unique de s'exonérer, par intermédiaire, d'une obligation préexistante qui lui incombe.

Par exemple, je vous vends ou donne ma propriété, à la charge par vous de payer telle rente que je dois à Paul, de souffrir l'exercice de telle servitude que l'un de mes héritages doit à tel héritage de Pierre. Sont-ce là des stipulations au profit de Paul, au profit de Pierre? Non; la clause est toute dans mon intérêt exclusif. Je stipule pour moi-même la décharge de mes obligations personnelles; je ne stipule rien en faveur d'autrui. D'où la conséquence que les tiers ne peuvent voir dans une pareille clause une stipulation qu'ils puissent accepter, comme faite dès lors irrévocablement à leur profit; qu'ils peuvent tout au plus l'invoquer, comme contenant une reconnaissance de leurs droits, capable d'en interrompre la prescription. Telle serait surtout une simple indication de payement, conçue en termes tels qu'elle ne contient ni délégation, ni cession au profit des tiers indiqués. Vainement accepteraient-ils cette simple indication; il n'en résulterait pas pour eux d'attribution exclusive, comme au cas de stipulation opérant cession et transport, sauf acceptation de leur part. Nous ne saurions, par exemple, considérer autrement que comme simple indication inefficace, la désignation faite par le stipulant de quelques-uns de ses créanciers nommément, avec l'adjonction de ces mots : *et autres*. Ces dernières expressions emportent un concours indéfini,

exclusif de tout droit spécial en faveur d'aucun des créanciers.

Mais il n'est pas toujours facile de faire cette distinction.
Dans le doute on interrogera l'esprit de la convention, le but
de la clause particulière, l'intention commune des parties,
surtout celle du stipulant. L'obligation est-elle spécialement
désignée? La personne du créancier est-elle indiquée? Cette
désignation n'a-t-elle d'autre but que de préciser et de déterminer la dette? Est-elle faite, au contraire, pour constituer
le tiers en droit de poursuivre le payement de sa créance, en
vertu d'une stipulation toute nouvelle faite en sa faveur?
Telles sont les questions que l'interprétation devra résoudre,
et sur ce point nous ne pouvons lui tracer aucunes règles
d'une application systématiquement invariable. Observons
d'ailleurs que si le tiers ne peut poursuivre le promettant, en
vertu d'une stipulation accessoire qui n'existe pas à son profit,
il le peut toujours, comme exerçant les droits de son débiteur
(1166). Mais alors il subit le concours des autres créanciers,
sauf les causes légitimes de préférence.

5. Comme il faut, pour acquérir un droit, faire essentiellement acte de volonté, le tiers demeure étranger à la stipulation accessoire faite en sa faveur, tant qu'il n'a pas déclaré
vouloir en profiter. Mais une fois qu'il se l'est appropriée par
son acceptation, elle devient irrévocable à son égard, de révocable qu'elle était auparavant.

Les parties contractantes ont en effet le droit incontestable
de révoquer, d'un commun accord, cette stipulation, tant que
le tiers n'a pas déclaré vouloir en profiter. Mais le stipulant
le pourrait-il par la force de sa volonté seule? Oui, sans doute;
et c'est ce qui résulte de l'article 1121 : « Celui qui a fait cette
stipulation, dit-il, ne peut plus la révoquer, etc... » Il ne parle
ainsi que du stipulant; il lui reconnaît donc le droit de révocation, tant que le tiers n'a pas accepté. Qui pourrait s'y
opposer? Le tiers? il est sans droit; le promettant? il est sans

intérêt, nous le supposons du moins; car s'il avait un intérêt
juridiquement appréciable à l'exécution de la stipulation
accessoire, il faudrait le concours de son consentement pour
la révoquer (1). Sous l'ancien droit, on avait douté de l'existence de ce droit de révocation (2). L'article 1121, a tranché
la question.

Les héritiers du stipulant peuvent eux-mêmes, s'il ne l'a pas
fait, révoquer la stipulation accessoire par lui faite au profit
d'un tiers. En effet, comme le contrat principal est indépendant de ces accidents de mort, et que la stipulation accessoire
qui s'y rattache participe à cette solidité, elle n'est pas, comme
une simple proposition non encore acceptée, susceptible de
s'évanouir par le décès du stipulant. Or, si les droits du tiers
ne sont pas altérés dans leur germe par la mort du stipulant;
s'il peut encore accepter, les héritiers de celui-là doivent avoir
le droit de révoquer, tant que le tiers n'a pas accepté. De part
et d'autre les choses demeurent dans le même état, parce que
la convention principale est là qui les y maintient (3).

Si le stipulant ou ses héritiers peuvent révoquer la stipulation faite au profit d'un tiers, tant que ce dernier ne l'a pas
acceptée, et sans qu'il soit besoin du concours de la volonté de
celui à la charge duquel cette stipulation a été faite, à plus
forte raison peuvent-ils la modifier, en renonçant à quelques-
unes des garanties qui étaient stipulées ou existaient de droit,
pour assurer l'exécution de la convention principale et de la
charge accessoire (4).

6. Mais il se présente ici une question plus délicate. Le
stipulant révoque la stipulation; peut-il en même temps se

(1) Grenoble, 6 avril 1881. Sirey, 1882, 2, 13.
(2) Voy. Pothier, *Oblig.*, n° 73. — Merlin, Quest., v^ls *Stipulation
pour autrui*, qui citent les autorités pour et contre.
(3) Duranton, t. 10, n° 248. — Cass., 22 juin 1859. Sirey, 61,
1, 151.
(4) Cass., 27 déc. 1853. Sirey, 54, 1, 81.

substituer, pour le bénéfice de cette stipulation, au tiers
dépossédé, et déplacer ainsi l'exécution du mode, en la reportant exclusivement sur lui-même? Supposons d'abord que
l'exécution puisse également s'en faire entre les mains du
stipulant, et qu'elle s'accomplisse sans dommage pour le
débiteur, sans aggravation de son engagement. Le débiteur
est dès lors sans intérêt à exécuter son obligation, plutôt
envers le tiers en faveur duquel elle avait été stipulée, qu'en
faveur du stipulant lui-même. Celui-ci peut donc, en même
temps qu'il la révoque à l'égard du tiers, s'approprier et
tourner à son avantage la stipulation qu'il avait faite d'abord
pour autrui.

Mais ceci n'est vrai qu'en thèse générale, et voici l'exception : supposez que la promesse n'ait été faite qu'en considération du tiers; dans ce cas, bien que le promettant y soit
sans intérêt appréciable pécuniairement, il pourra néanmoins
empêcher et faire considérer comme non avenue la substitution que prétend faire le stipulant de sa personne à celle du
tiers (1). Ce n'est pas que le stipulant ne puisse révoquer la
stipulation; mais alors le débiteur est placé dans cette alternative, ou de ne rien payer, par suite d'une révocation pure et
simple, ou de payer au tiers indiqué, en vertu de la convention; de telle sorte que le stipulant n'a qu'à choisir entre
l'exécution du contrat, contre son gré, et la révocation pure
et simple de la stipulation, sans avantage pour lui. Tel serait
le cas où je vous aurais vendu ma maison dix mille francs,
et encore à la charge par vous de payer à votre mère une
rente viagère de tant. Comme c'est peut-être exclusivement
en considération de la personne du tiers que vous vous êtes
chargé de servir cette rente, je ne puis, de ma seule autorité,
me porter crédi-rentier à la place de votre mère, bien que, en
tout cas, le service de la rente doive cesser à son décès.

Si le stipulant venait à persister dans la révocation de la

_____

(1) MERLIN, rép., v° *convention*, § 4. — DURANTON, t. 10, n° 246.

stipulation secondaire, dans un cas où il ne peut s'en appliquer le bénéfice, il ne pourrait évidemment pas, sous prétexte que la convention n'est pas exécutée, en poursuivre la résolution ou agir en répétition de l'indû. Si le contrat est inexécuté, ce n'est en effet que par suite de la révocation qu'il a faite volontairement de la stipulation secondaire; et il ne lui appartient pas de se prévaloir d'une inexécution qui vient de son propre fait.

7. L'adhésion donnée par le tiers à la stipulation faite à son profit n'est soumise à aucune condition de forme spéciale. Cette stipulation n'est en effet, jusqu'à son acceptation, que le premier terme, la proposition d'un contrat en expectative qui se réalise et s'achève entre le promettant et le tiers, comme tout autre contrat, par l'acceptation déclarée de celui-ci, n'importe dans quels termes elle se produise. Car la loi n'exige pour sa validité aucune forme particulière (1).

Elle n'a pas même besoin d'être expresse. Elle peut être tacite, résulter d'un fait qui établisse, de la part du tiers, l'intention de profiter de la stipulation faite en sa faveur (2).

Néanmoins si le promettant, dans l'ignorance de l'acceptation du tiers, avait payé entre les mains du stipulant ou de tout autre, par suite d'une révocation qui avait dû lui paraître fondée, ce payement fait de bonne foi devrait être maintenu à son égard.

8. Si le tiers meurt avant d'avoir accepté, le droit d'accepter passe à ses héritiers, à moins qu'il ne résulte du contrat, de ses expressions ou de sa nature, qu'il est propre et personnel

---

(1) Arg. de l'art. 1973. — TOULLIER, t. 5, n° 216. — GRENIER, *Donat.*, t. 1, n° 74. — DURANTON, t. 10, n° 240. — MERLIN, Quest., v^is *Stipulation pour autrui.* — Cass., 5 nov. 1818, 27 janvier 1819. SIREY, 19, 1, 250, 436. — Cass., 28 juin 1837. SIREY, 37, 1, 689.

(2) Cass., 5 nov. 1818. SIREY, 19, 1, 250. — Cass., 25 avril 1853. SIREY, 53, 1, 488.

à leur auteur (1). Ce droit n'est même pas seulement transmissible, il est également cessible, toutefois sous les mêmes réserves et les mêmes exceptions.

Peu importe même que le stipulant ou promettant soit prédécédé. Le tiers peut encore accepter, parce qu'il ne s'agit point d'une convention dans laquelle il soit réellement partie, et qu'il ne figure dans le contrat formé entre les seuls stipulant et promettant, que pour la détermination de la condition ou du mode dont il est simplement le sujet (2).

9. Le tiers, par son acceptation, acquiert un droit irrévocable et une action directe contre le promettant, en exécution de la stipulation secondaire faite à son profit. Il n'exerce pas simplement les droits du stipulant, et est fondé à agir de son chef personnel et en son nom propre (3). Mais, à moins de clauses particulières qui lui attribuent une autre nature, cette action contre le promettant est purement chirographaire. Elle ne participe point aux garanties spéciales qui assurent les droits du stipulant. Ainsi, s'agit-il d'une stipulation secondaire faite dans une vente? Le tiers n'aura ni le privilége du vendeur (2103), ni le droit de résolution (1654). S'agit-il d'une donation? Il n'aura pas le droit de révocation pour inexécution des charges (953); mais il profitera des garanties particulières stipulées dans le contrat pour son entière exécution, telles que l'hypothèque consentie, sans limitation, par l'acquéreur ou le donataire. Quant aux autres sûretés inhérentes à la stipulation principale, il ne peut s'en prévaloir qu'en exerçant, comme créancier, les droits du stipulant, et en agissant en son lieu et place, conformément à l'article 1166. Mais il faut alors remarquer que dans ses conséquences, l'action poursuivie

---

(1) Duranton, t. 10, n° 249.

(2) Troplong, *Donat.* n° 1107. — Duranton, t. 10, n° 248. — Cass. 22 juin 1859. Sirey, 61, 1, 151.

(3) Cass., 12 janvier 1857. Sirey, 57, 1, 350. — 13 juin 1877. Sirey, 77, 1, 307.

ainsi par le tiers, au nom et à la place du stipulant, est toute différente de celle qu'il exercerait en vertu de ses droits personnels, si, à ce titre, il pouvait agir. Nous renvoyons sur ce point à notre commentaire de l'article 1166.

On aurait tort d'objecter que la communauté de leur origine établit entre la stipulation principale et la stipulation secondaire une identité de nature; que les droits du tiers et du stipulant, en quelque sorte jumeaux, doivent être exactement les mêmes et jouir des mêmes et semblables garanties. En effet, pour être une charge, une condition de la stipulation principale, la stipulation secondaire n'en est pas une délibation. Elle a, soit dans la forme, soit au fond, une existence propre et indépendante, aussitôt qu'elle a été acceptée par le tiers. Celui-ci a une action particulière et directe contre le promettant, en vertu de la stipulation faite à son profit, stipulation qu'il s'est appropriée plus tard, par son acceptation, et a faite sienne séparément, comme s'il avait stipulé lui-même. Elle se rattache sans doute par son origine à la stipulation principale; mais elle ne saurait se confondre avec elle dans les droits et actions qu'elle confère au tiers. On ne saurait surtout l'assimiler à une délégation ou à un transport; car elle n'a jamais existé, d'une manière principale, au profit du stipulant. Comment pourrait-il donc exercer un privilége qui échappe à la stipulation faite en sa faveur? Comment surtout pourrait-il, par une action en résolution, reprendre ce qui ne vient pas de lui, puisqu'il n'a fait personnellement aucun contrat synallagmatique, et n'a aucun des droits qui dérivent d'un pareil contrat?

Mais si la stipulation secondaire n'était au fond qu'une délégation, qu'une cession, le tiers délégataire ou cessionnaire, ainsi mis en possession des droits du stipulant, pourrait les exercer, dans toute leur intégrité, comme son auteur lui-même, en se renfermant toutefois dans la mesure de la délégation ou de la cession.

10. La juxtaposition de la stipulation secondaire n'enlève

point au stipulant, en ce qui le concerne, le droit de poursuivre la résolution ou la révocation du contrat. Son existence
accessoire est elle-même subordonnée au maintien du contrat
principal sur lequel elle a germé, bien que le tiers l'ait accepté plus tard et ait acquis, par son acceptation, une action
directe contre le promettant. Elle n'est en effet irrévocable
que tout autant que la convention, dont elle est le mode, ne
sera elle-même ni résolue, ni révoquée. En cas de résolution
et de révocation, le tiers ne peut exiger le payement du mode,
et le promettant, s'il a payé, a la répétition de l'indû, parce
que, autrement, le payement aurait lieu ou a déjà eu lieu
sans cause.

Il y a mieux : le tiers destitué du bénéfice de la stipulation
secondaire, alors du moins qu'elle n'est qu'une libéralité pure
à son égard, n'a aucune action en dommages et intérêts contre
celui par le fait duquel la résolution s'est opérée. Car cette
action ferait obstacle à ce que les parties fussent remises au
même et semblable état qu'avant la convention; elle aurait
même pour résultat indirect de faire produire effet à la stipulation accessoire.

Le tiers a conséquemment intérêt à prévenir une résolution
qui entraîne avec elle la révocation de la stipulation secondaire. Il n'aura qu'à désintéresser le stipulant, et à écarter
ainsi les causes d'une action en résolution. Il aura également
à veiller à ce que la résolution ne s'opère point en fraude de
ses droits.

11. Le stipulant, désintéressé en ce qui le concerne, peut-
il poursuivre la résolution, la révocation pour inexécution de
la charge stipulée accessoirement, au profit d'un tiers ? Nous
croyons qu'il faut distinguer.

Si la stipulation secondaire intéresse directement et pécuniairement le stipulant principal, la résolution peut être poursuivie, parce que le mode a été imposé à son profit, aussi
bien qu'au profit du tiers, et qu'alors elle est fondée sur un

intérêt juridiquement appréciable. Tel est le mode qui consiste dans la stipulation d'un fait, d'une chose, d'une prestation dont le payement et l'exécution tendent à exonérer ou avantager le stipulant lui-même. Il a, en outre, l'action en payement avec toutes ses garanties légales ou convenues.

Mais s'il n'a aucun intérêt juridiquement appréciable à l'exécution de la charge envers le tiers, comme l'intérêt est la mesure des actions, il ne nous semble pas en droit de poursuivre, pour cette seule cause, la résolution du contrat. Destitué d'intérêt, il doit également être destitué d'action. Le tiers seul est fondé alors à agir contre le promettant. L'article 953, il est vrai, semble ne pas distinguer et accorder le droit de résolution au donateur indistinctement, soit que la charge intéresse le tiers ou le donateur seul. Mais au-dessus de ce texte, qui au surplus ne repousse pas notre distinction, il y a ce principe supérieur et dominant, qui n'a pas besoin d'être écrit; sans intérêt, point d'action. Le stipulant, quand il est désintéressé, ne peut demander l'exécution du mode ; l'action en résolution ne lui appartient donc pas, puisqu'il n'a pas l'action en payement. Que l'on ne dise pas que son intérêt est supposé par la stipulation même; car ce serait confondre deux choses distinctes, le motif d'une stipulation et son intérêt juridique. Il a pu avoir un motif pour stipuler, sans qu'il en résulte que plus tard il ait un intérêt réel à agir.

Nous ne voulons pas dire toutefois qu'il suffise que la charge ait été stipulée en faveur du tiers, pour que le stipulant, désintéressé quant à la stipulation principale qui le touche, ne puisse à défaut d'accomplissement du mode, poursuivre la résolution. Nous ne faisons qu'accorder aux tribunaux le droit d'apprécier son intérêt et l'intensité de cet intérêt, seule condition sous laquelle il puisse légalement agir. Mais s'il est intéressé, soit de près, soit de loin, à l'exécution de la charge, alors il a l'action résolutoire. L'intérêt du tiers est aussi le sien, et est devenu l'une des causes finales et déterminantes de la convention. C'est ainsi qu'en droit romain (1), le donateur qui avait stipulé qu'après un certain temps l'objet de la donation retournerait à un autre, avait, en cas d'inexécution, l'action personnelle, dite condiction, et que, sous le Code, il faut reconnaître en faveur du stipulant le droit de poursuivre la résolution du contrat, pour inexécution de la charge imposée au promettant, de faire ou de donner telle ou telle chose utile au public ou à des particuliers (2).

Quoi qu'il en soit, comme avant tout il faut consulter l'intérêt du tiers, si celui-ci avait fait remise du mode, cette remise équivalant à un payement, à une satisfaction quelconque, l'action résolutoire cesserait. Le tiers pourrait enfin intervenir dans la cause et s'opposer lui-même, dans la mesure de son intérêt, pourvu qu'il se confondît avec celui du stipulant, à une résolution du contrat qui emporterait, en même temps et à son préjudice, la résolution de la stipulation secondaire.

12. Si la clause n'était qu'une condition simple, le tiers n'aurait pas d'action; mais faute par le promettant d'accomplir la condition, le contrat s'évanouirait, comme tous les contrats conditionnels. Ainsi, je vous vends ma maison, si vous donnez telle chose à Pierre, et non pas à la charge de donner. Vous ne donnez pas la chose; le contrat s'évanouit parce que la condition vient à défaillir. Ai-je dit à la charge par vous de donner? C'est un mode. Il y a action au profit du tiers qui a déclaré accepter. Mais l'inexécution de cette charge ne me donne pas, à moi, sauf les exceptions que nous avons signalées, le droit de demander la résolution du contrat. Il y a ainsi entre les effets du mode et de la condition une sorte de compensation; la condition compense en force résolutoire ou suspensive, ce que le mode a de plus en force d'action.

(1) L. 3, C. *De donat. quæ sub modo.*
(2) TOULLIER, t. 6, n° 508.

13. Nous terminerons par l'examen de quelques questions. Le tiers au profit duquel la stipulation accessoire est faite doit être capable de recevoir, lorsqu'au fond cette stipulation contient en sa faveur une véritable libéralité. Je vous vends ou donne ma maison, à la charge par vous de payer six mille francs à Paul. Paul est incapable d'être mon donataire, et les six mille francs en sa faveur sont pour lui une donation nulle. Qu'arrivera-t-il ? Paul, tout incapable qu'il est, peut très bien vous poursuivre en payement de ces six mille francs. Vous êtes personnellement sans intérêt pour lui opposer son incapacité. Vous argumenteriez d'un droit qui appartient à d'autres qu'à vous. Mais il peut se faire que moi-même ou mes héritiers fassions juger l'incapacité de Paul et annuler la stipulation faite à son profit, soit avant, soit après le payement des six mille francs mis à votre charge. A qui reviendront-ils ? A vous ou à moi ? A vous ? Non, parce que si le contrat témoigne de mon intention libérale envers Paul, il prouve aussi que je n'ai pas voulu vous donner ces six mille francs que j'exceptais de la convention, pour leur assigner une destination spéciale. C'est à moi ou à mes héritiers qu'ils doivent revenir, parce qu'après tout c'est moi qui suis donateur, et qu'en faisant annuler la donation, je dois rentrer dans la chose illégalement donnée. Il est vrai que je vous ai adjoint à moi-même pour l'exécution de la libéralité ; mais je ne vous ai pris que comme intermédiaire, comme instrument de la donation. Dans le contrat, vous n'avez jamais fait figure de donataire. Loin de là, vous deviez payer pour moi, donateur, comme un tiers débiteur sur lequel j'aurais gratuitement cédé ma créance. Vous ne pouvez donc réclamer pour vous le bénéfice de la nullité de la stipulation faite au profit de Paul, à moins que le contraire ne résulte positivement des termes du contrat.

Observons toutefois que la position du débiteur ne peut être aggravée par la substitution d'un créancier à un autre, et que la convention doit s'exécuter d'ailleurs dans ses ter-

mes primitifs. Nous ajouterons encore que le débiteur pourrait demander la résolution du contrat, s'il était établi qu'il
n'avait contracté d'engagement envers le tiers jugé incapable
de recevoir qu'en sa considération personnelle et dans l'ignorance de son incapacité. Ce n'est plus en effet la convention
sur laquelle il avait compté.

Supposons maintenant que la stipulation, faite toujours
avec un caractère de libéralité, consiste dans la prestation
d'un fait à l'égard de Paul, *in faciendo*, et que l'exécution de
ce fait ne soit possible qu'envers lui seul. Par exemple, je stipule accessoirement à une vente que je vous consens, que
vous réparerez la maison de Paul. Il accepte la stipulation et
en poursuit contre vous l'exécution. Plus tard je fais déclarer l'incapacité de Paul. De vous à moi, tout est accompli.
Paul devra seulement me restituer en argent la valeur des
réparations dont sa maison a profité. Mais si j'avais fait déclarer l'incapacité de Paul avant l'exécution de votre engagement, je ne pourrais pas vous demander l'exécution de
votre promesse, puisqu'elle n'est d'une exécution possible
qu'envers Paul, et qu'en le faisant destituer de la libéralité
que je lui avais faite, je fais tomber votre engagement dans
un cas d'exécution impossible. Ce n'est pas que je vous en
fasse véritablement la remise, et que vous profitiez ainsi de
l'annulation de ma libéralité envers Paul. Si je ne puis en
effet faire exécuter vis-à-vis de moi votre promesse envers
Paul, j'ai du moins le droit de vous dire: si vous êtes quitte
envers le tiers, vous ne l'êtes pas envers moi. Vous aviez,
d'après le contrat, certaines obligations à exécuter; vous ne
l'avez point fait. Il est vrai que j'en suis cause; mais je n'ai
fait qu'exercer un droit légitime, et l'annulation de ma libéralité envers le tiers n'est pas susceptible d'assimilation à un
cas de force majeure qui puisse vous libérer. Payez-moi donc
en équivalent, ce que vous ne payez pas au tiers; autrement
j'agirai *condictione ob causam dati, causâ non secutâ;* je ré-
clamerai ce que je vous ai payé sans cause, ou mieux encore,
le contrat sera résolu pour le tout.

Ce que nous disons du cas où la libéralité faite à un tiers a été annulée pour cause d'incapacité de ce tiers, nous le disons des autres cas d'annulation pour toute autre cause. Les raisons de décider sont absolument les mêmes.

14. La stipulation accessoire faite au profit d'un tiers peut être conditionnelle. Je vous vends ma maison, à la charge par vous de payer tant à Paul, si telle chose arrive. La condition n'est pas accomplie, à qui doit revenir le bénéfice de la stipulation accessoire? A moi, si la condition porte sur la stipulation même, sur les droits stipulés en faveur de Paul; à vous, au contraire, si la condition porte sur votre engagement, en ce sens que vous deviez être dispensé de payer, si la condition vient à défaillir. Il ne sera pas toujours aisé de pénétrer le véritable sens de la condition. C'est à l'interprétation qu'il appartiendra d'en révéler le but et d'en mesurer la portée.

ARTICLE 1122.

On est censé avoir stipulé pour soi et pour ses héritiers et ayants-cause, à moins que le contraire ne soit exprimé ou ne résulte de la nature de la convention.

Sommaire.

1. L'article 1122 résume la loi des contrats, la loi des successions, la loi de la propriété.
2. Toutes choses conformes au droit naturel.
3. Il est mal placé. Pourquoi?
4. Sa rédaction est incomplète.
5. Double exception au principe qu'il pose.
6. Contrats personnels ou propres, réels ou communs et mixtes.
7. Les droits et les obligations propres dont parle l'article 1122 sont différents des droits personnels dont parle l'article 1166.
8. De l'intransmissibilité on conclut, en général, à l'incessibilité.
9. Double sens du mot personnel.
10. Usage, habitation, droits propres et personnels.
11. Touchant les obligations de faire, le droit romain diffère du Code civil. Celui-ci ne les a pas déclarées transmissibles.

12. Distinction entre le louage d'ouvrage et les autres obligations de faire.

13. Celui-là est dissous par la mort de l'entrepreneur ou de l'ouvrier.

14. Pour l'ouvrier comme pour le maître.

15. Peu importe en quoi consiste le salaire.

16. Quant aux autres obligations de faire mélangées ou non de louage, distinction.

17. Principe de cette distinction.

18. Conciliation des articles 1237 et 1795.

19. Exemples d'obligations de faire transmissibles.

20. Mélange de vente et de louage.

21. Élément de louage considéré comme mode d'un contrat principal. L'obligation de faire ne passe pas aux héritiers ; mais son inexécution résout le contrat, suivant les circonstances.

22. L'article 1795 ne s'applique pas aux voituriers, du moins en principe.

23. Les obligations de faire passent aux héritiers, si l'on n'a indiqué personne spécialement pour les accomplir.

24. *Secùs,* si un ouvrier a été indiqué.

25. Application de ces principes aux obligations de faire imposées par testament.

26. La mort peut même libérer l'héritier ou le légataire, sans lui enlever le bénéfice de la disposition.

27. Après mise en demeure, l'obligation passe aux héritiers.

28. L'inexécution de l'obligation ne leur est pas indifférente.

29. Des contrats synallagmatiques où l'obligation d'une partie suppose le concours de l'autre.

30. Quand l'obligation de faire résulte d'un contrat nommé, le Code l'a déclaré propre. — Mandat — Société — Bail.

31. L'article 1865, § 3 et 4, ne s'applique pas aux sociétés d'assurance mutuelle.

32. En principe, le bail à métairie est résolu par la mort du preneur.

33. S'il y a des héritiers mineurs, l'arbitrage volontaire cesse ;

34. Et non, l'arbitrage forcé.

35. Comment se résolvent les contrats successifs.

36. Droits propres cessibles à des tiers.

37. Droits propres incessibles, mais transmissibles.

38. Par convention, on peut rendre un contrat propre, mais en conservant son essence.

39. Un droit stipulé viager n'est pas toujours cessible.

40. Différence entre, si je demande, et, quand je demanderai, sous le rapport de la propriété du contrat.

41. La seule désignation de la personne ne rend pas le contrat propre.

42. Le contrat peut être plus ou moins propre.

43. Stipuler pour soi et tel, son héritier, c'est faire un contrat propre.

44. L'héritier en profite pour sa part héréditaire.

45. Dénommer un héritier n'est pas toujours exclure les autres.

46. On peut stipuler qu'un seul de ses héritiers aura toute la créance ou sera tenu de toute la dette.

47. Les parties peuvent convenir que l'obligation ne sera exigible qu'à la mort de l'une d'elles.

48. Les contrats peuvent être propres d'un côté, communs de l'autre.

49. Tel droit et telle obligation ne sont pas transmis, qui sont néanmoins communs. C'est l'effet du titre de la transmission.

COMMENTAIRE.

1. L'article 1122 règle la transmission des droits et des obligations résultant des contrats. Il en fixe les effets envers les héritiers et ayants-cause des contractants. Il est la loi de succession des contrats. On sent tout de suite l'importance du principe qu'il pose. Il semble même qu'il n'en est pas un dans nos Codes qui soit plus large, plus fécond, plus conservateur, plus social. Il résume à lui seul les trois grands principes sur lesquels repose la société civile tout entière : la loi de la propriété, la loi des contrats, la loi des successions.

2. Attachés aux doctrines de certaine école philosophique, plusieurs commentateurs du Code n'y voient que des institutions purement civiles ; c'est qu'alors ils font de la société humaine une association conventionnelle, et qu'ils croient à l'existence d'un contrat social. Il nous semble, au contraire, incontestable que la société est un fait nécessaire, soumis néanmoins, dans ses développements et dans ses progrès, au principe de la perfectibilité humaine ; nous pensons enfin que l'état de société est pour l'homme l'état de nature. Si donc la société est un fait nécessaire, les bases de cette même société sont des faits également nécessaires, et non des institutions civiles. Et que l'on se garde bien ici de prendre pour fonde-

ment de la chose elle-même, les règles secondaires que les lois civiles ont posées, quand elles se sont bornées, dans leur travail de perfectionnement, à édifier sur une base préexistante et tout établie.

Ainsi, la propriété, considérée en dehors des lois civiles qui l'ont réglementée, sans la fonder, c'est le travail de l'homme prenant un corps; c'est l'homme lui-même pénétrant dans la matière et lui communiquant sa personnalité d'une manière si intime, qu'il se l'assimile, se l'incorpore, la fait sienne, la fait soi. Et voilà comment la théorie de la propriété est aussi la théorie de la liberté.

La loi des contrats; comment prétendre que ce soit là une institution civile? Autrement que ferez-vous de la conscience? Que ferez-vous de la moralité humaine? Ce n'est pas une affaire de démonstration, mais de sentiment. Aussi bien, le sens moral élève la voix plus haut que les théories, et nous dit que toute promesse, que tout contrat est obligatoire de droit naturel, qu'il oblige nos personnes en tout ce qui les constitue, corps et biens. L'intervention de la loi civile n'a eu pour but que d'amender l'énergie violente du droit naturel, en substituant les voies de droit aux voies de fait; elle n'a fait que renforcer les obligations et les droits, en régularisant les moyens de contrainte et en les plaçant sous la garantie souveraine des forces sociales, au lieu de les abandonner à la discrétion anarchique des forces individuelles. Mais elle n'a pas créé le fond même des obligations; elle l'a trouvé tout préparé, tout disposé à recevoir l'application de ses règles.

La loi civile est aussi intervenue dans les successions; il n'y a même dans les Codes des nations aucune matière que le législateur ait aussi souvent et aussi profondément remuée et fouillée. C'est le terrain où se sont toujours faites les grandes révolutions des lois civiles. Est-ce à dire que la loi des successions soit une institution toute civile? C'est chose admirable qu'elle se retrouve partout, dans tous les temps, chez les peuples civilisés et chez les peuplades sauvages. Nous voulons nous survivre dans les générations futures, comme nous sentons que les générations passées survivent en nous. Il nous faut, représentation nous-mêmes, une représentation qui nous ravive et nous perpétue. Et la loi des successions est à la fois l'expression de ce sentiment religieux et la satisfaction de ce besoin infini de perpétuité que la nature a mis dans nos cœurs et qui nous poussent, dans notre horreur du néant, à rattacher nos existences éphémères à un passé sans commencement et à un avenir sans fin. Religieuse et touchante pensée, suivant laquelle nous ne pouvons consommer le moindre acte, sans faire en même temps acte d'immortalité!

3. Avec la portée que nous venons de lui donner, l'article 1122 ne nous paraît pas heureusement placé. Au lieu de le mettre à la section du consentement, le législateur aurait dû le placer au chapitre des effets des obligations, et de lui seul faire toute une section. Comment se fait-il donc qu'il l'ait mis là, comme couronnement d'une section qui traite des vices possibles et des qualités essentielles du consentement? Il venait de parler des stipulations faites et des obligations contractées par des tiers; il en avait signalé les vices, les cas de nullité et de validité. Une idée lui vient; c'est que les stipulations faites et les engagements contractés par une personne pour ses héritiers et ayants-cause ne sont pas des stipulations et des engagements pour des tiers. Telle est la pensée de transition entre l'article 1122 et ceux qui le précèdent. C'est ainsi d'ailleurs que fait Pothier (1), dont l'ordre a été littéralement suivi par le Code. Mais qui donc aurait pu considérer comme des tiers les héritiers et ayants-cause des contractants, lorsque la loi, réglant la transmission des obligations et des droits conventionnels, l'aurait fondée elle-même sur la fiction légale de représentation ?

4. Nous ferons une dernière observation sur la rédaction de l'article 1122, c'est qu'elle est incomplète. On est censé,

(1) *Oblig.*, nᵒˢ 57 et 63.

dit-il, avoir stipulé..... Il va de droit, *et avoir promis.* Car stipuler et promettre sont des termes corrélatifs et inséparables, et les droits ne sont pas autrement transmissibles que les obligations. Au lieu du mot *stipulé,* il faut donc lire *contracté,* qui embrasse tout, stipulation et promesse.

Passons maintenant au commentaire de notre article.

5. Quand on contracte, on est censé stipuler et promettre pour soi, ses héritiers et ayants-cause; telle est la disposition de l'article 1122. Mais ce n'est là qu'une présomption qui admet la preuve du contraire. On peut établir, à l'encontre de cette présomption, que la stipulation ou la promesse a été faite exclusivement pour soi, ou pour ses héritiers, ou pour ses ayants-cause. Mais cette preuve, toujours d'après l'article 1122, doit résulter soit des expressions, soit de la nature particulière du contrat.

6. Lorsque les droits et les obligations résultant d'un contrat appartiennent exclusivement à une ou plusieurs personnes particulièrement déterminées, sans qu'ils puissent être transmis ou cédés à d'autres, on dit que c'est un contrat personnel. Alors au contraire que le contrat fait naître des droits et des obligations dont l'exercice et l'accomplissement sont indépendants des personnes et appartiennent à tel ou tel indifféremment, on dit que c'est un contrat réel. *Pactorum quædam in rem sunt, quædam in personam* (1).

On conçoit que le contrat peut être personnel d'un côté et réel de l'autre. Ainsi dans le contrat de rente viagère, les droits du rentier sont personnels, et les obligations du débiteur réelles, *ex altera parte in rem, ex altera in personam* (2). Par exemple encore, je conviens de ne pas vous poursuivre, vous, *ne a te petatur;* vos héritiers seuls seront poursuivis; mais les miens auront le droit de les poursuivre. Ainsi le con-

---

(1) L. 7, § 8, *ff. De pactis.*
(2) L. 57, § 1, et 17, § 3, *ff. De pactis.*

trat est réel de mon côté et personnel du vôtre; il est mixte. C'est le nom que lui donnent les auteurs.

A ces expressions de contrats réels, de contrats personnels, nous pouvons en substituer d'autres, et appeler, suivant une dénomination empruntée à la grammaire, les contrats personnels, *propres,* et les contrats réels, *communs* (1). Ces mots, réels et personnels, sont en effet capables de jeter quelque confusion dans une matière fort délicate, et dont l'intelligence serait rendue peut-être plus difficile par le sens équivoque des mots. On dit ailleurs, mais dans un sens bien différent, des droits réels et des droits personnels, *jus in re, jus in personam,* ce qui n'est pas la même chose que *pactum in rem, pactum in personam* (2). On dit encore des droits personnels (3), par opposition à ceux que les créanciers peuvent exercer du chef de leur débiteur, et pour exprimer ceux qu'ils ne peuvent pas exercer, parce qu'ils sont exclusivement attachés à sa personne.

7. L'article 1166, en parlant de droits exclusivement attachés à la personne, ne les considère qu'au point de vue de leur exercice; celui-là seul peut les exercer, à la personne duquel ils sont attachés. L'article 1122 a plus de compréhension, quand il suppose l'existence de contrats personnels, ou, suivant notre expression, de contrats propres. Il s'occupe à la fois des droits et des obligations qui en naissent sous le rapport de leur exercice, et surtout sous le rapport de leur transmissibilité par voie de succession, ou de leur cessibilité par actes entre vifs. L'article 1166 répond à cette question unique : quels sont les droits qui peuvent être exercés par d'autres que les contractants? L'article 1122 répond à cette autre question plus large, plus compréhensive : quand on contracte, le fait-on pour

---

(1) Voy. la glose, L. 7, § 8, *ff. De pactis.*

(2) Voy. ce que nous disons du *jus in re et du jus in personam,* art. 1136, nos 6 et suiv.

(3) Voy. ce que nous disons des droits personnels, art. 1166.

soi exclusivement, ou en même temps pour soi et pour ses héritiers et pour ses ayants-cause ?

8. C'est une règle posée par les auteurs que les droits et les obligations non transmissibles ne sont pas cessibles, et réciproquement; et de même, que les obligations et les droits transmissibles sont cessibles, et encore réciproquement (1). Mais cette règle a ses exceptions, comme toutes les règles. Ainsi tel droit est cessible, qui n'est pas transmissible; par exemple, un usufruit, une rente viagère. Bien qu'il ne puisse pas le transmettre à ses héritiers, l'usufruitier, le rentier peut céder son droit à des tiers.

Tel autre droit n'est pas cessible, qui néanmoins est transmissible; par exemple, la faculté d'exercer le retrait successoral (841). La cession qui serait faite de ce droit à un étranger est le meilleur moyen de le détruire. En effet, quand l'héritier a cédé son droit, son privilége, désormais deux étrangers sont en présence; égaux en position, ils le sont en droits. Mais l'héritier de l'héritier peut exercer le retrait, car il n'est pas un étranger dans le sens de la loi, puisqu'il arrive en vertu d'une vocation légale et par droit d'hérédité. D'autres droits enfin ne sont ni transmissibles, ni cessibles; tels sont les droits d'usage (631), d'habitation (634). Fondés exclusivement sur les besoins et la considération de la personne à laquelle ils ont été concédés, ils rentrent dans les termes de la règle que nous avons posée.

9. Sans insister plus longtemps sur la différence qui sépare les droits personnels des contrats propres, nous n'ajouterons qu'un mot : c'est que, si les contrats propres produisent toujours des droits et des obligations personnels, en ce sens qu'ils sont attachés et imposés à certaines personnes qui peuvent les céder sans pouvoir les transmettre, ou les transmettre sans pouvoir les céder, ils ne produisent pas nécessairement des

_____

(1) TROPLONG, *Vente,* n° 224. — MERLIN, Quest., v° *Hypothèque.*

droits personnels, en ce sens qu'ils sont incessibles et ne peuvent jamais être exercés que par les contractants. Les droits et les obligations sont en effet personnels dans ces deux sens ; et il sera facile de le comprendre, d'après notre commentaire de l'article 1166, où nous parlons exclusivement de la personnalité des droits, quant à leur exercice, et d'après les explications qui vont suivre, où nous traitons de la propriété des contrats, quant à la transmission des droits et des obligations qui en naissent.

10. On est censé contracter pour soi, ses héritiers et ayants-cause (1122). Voilà la règle ; il nous suffira de signaler les exceptions.

On peut d'abord ne contracter que pour soi, par exemple, lorsqu'on stipule un droit d'usage ou d'habitation. Les droits d'usage et d'habitation sont personnels dans toute la force du mot, personnels dans les deux sens, intransmissibles et incessibles (631, 634). Ceci tient à la nature du contrat.

11. C'est principalement parmi les contrats qui emportent obligation de faire qu'on rencontre des contrats propres ou personnels.

Tranchant une controverse fameuse qui avait divisé l'ancienne école des jurisconsultes romains, Justinien décida que les obligations de faire étaient transmissibles pour et contre les héritiers des contractants ; *omnem stipulationem sive in dando, sive in faciendo, sive mixta ex dando et faciendo inveniatur et ad hæredes et contra hæredes transmitti, sive specialis hæredum sit mentio, sive non* (1). Et cette obligation de faire, qu'elle qu'elle fût, s'exécutait à la lettre, ou son inexécution se réduisait en dommages et intérêts.

Le Code civil n'a pas rappelé la constitution de Justinien ; il n'a pas érigé en principe la transmissibilité des obligations

_____

(1) L. 13, C. *De contr. et committ. stipul.*

de faire ; il n'en a pas non plus déclaré l'intransmissibilité absolue. Il nous faut donc interpréter son silence à cet égard.

12. Nous ferons une distinction importante entre les obligations de faire qui se résument dans un contrat de louage de travail et d'industrie, et celles qui se réduisent à la simple prestation d'un fait, sans constituer de contrat de louage, bien qu'elles en contiennent quelques éléments. C'est en effet sur les obligations de cette nature que le Code ne s'est pas positivement expliqué.

13. Le contrat de louage d'ouvrage est dissous par la mort de l'ouvrier, de l'architecte ou entrepreneur (1795). Les anciens auteurs faisaient une distinction : l'ouvrage exigeait-il un talent particulier, une industrie spéciale, la mort de l'ouvrier entraînait la dissolution du contrat. S'agissait-il au contraire d'un de ces ouvrages communs qui peuvent être exécutés indifféremment et aussi bien par le premier venu, la mort de l'ouvrier n'entraînait pas la dissolution du contrat: il passait à ses héritiers (1). L'article 1795 repousse cette distinction. Il considère le contrat de louage d'ouvrage comme toujours fondé, plus ou moins il est vrai, sur la confiance qu'inspire le locateur par sa probité, son aptitude, son intelligence, son industrie. Ses héritiers ne sauraient le remplacer dans un travail de confiance: le contrat est dissous (2).

14. Le maître n'est pas le seul qui puisse invoquer l'article 1795. Les héritiers de l'ouvrier, de l'architecte, de l'entrepreneur le peuvent également. La loi ne s'est pas en effet exclusivement préoccupée des intérêts du locataire, elle a songé aussi aux intérêts des héritiers. Il serait injuste qu'une partie pût être contrainte à exécuter le contrat et que l'autre ne le fût point; cette inégalité de position serait arbitraire.

(1) POTHIER, *Louage*, nos 453 ct suiv.
(2) TOULLIER, t. 6. n° 408, — TROPLONG, *Louage,* n° 1034.

Le Code dit donc que le contrat est dissous, sans distinction, à l'égard de toutes parties (1).

15. L'article 1795 ne s'applique pas seulement au cas où le travail loué est payé en argent, mais encore à tous les cas où le travail est payé en dation d'autre chose, ou en prestation de faits. Je vous donne un héritage, un cheval, je m'oblige à tel fait, à la charge par vous de me bâtir une maison, de me construire un mur, de me creuser un fossé, de faire mon portrait. Votre mort dissout le contrat. Si ce n'est pas un louage, dans la sincérité légale du mot, parce que le prix ne consiste pas en argent ou en denrées en nature (2), il n'est pas moins vrai de dire que ce contrat sans nom présente une très grande affinité avec le louage. Il n'a en effet d'autre cause vis-à-vis de moi, et d'autre objet vis-à-vis de vous, que votre travail personnel, sans mélange d'aucune autre cause, d'aucun autre objet. Si le contrat de louage d'ouvrage pur est dissous par la mort de l'ouvrier, de l'entrepreneur, qu'on veuille bien s'en pénétrer, c'est moins à cause du nom du contrat, à cause de la nature du salaire, du prix, qu'à raison de son objet et de ses éléments constitutifs; il est dissous, parce qu'il a sa cause dans la prestation d'un travail personnel, salarié, rémunéré d'une manière ou d'une autre, ce qui n'altère en rien la personnalité de l'obligation et la propriété du contrat.

16. Si dans le contrat de louage d'ouvrage, avec l'extension que nous lui avons donnée, la loi, par une présomption *juris et de jure*, c'est-à-dire n'admettant pas la preuve contraire prise en dehors des expressions de l'acte, si, disons-nous, la

---

(1) TOULLIER, *ibid.* — TROPLONG, *ibid.*, n° 1035. — DUVERGIER, *Louage*, t. 2, n° 377. — DURANTON, t. 17, n° 258.

(2) Voy. M. TROPLONG, *Louage*, n° 3, qui pense que le prix dans le louage, à la différence de la vente, peut consister en denrées et non pas en argent exclusivement, contre l'opinion d'anciens auteurs qu'il cite et qu'à suivis M. Duvergier, *Louage*, t. 1er, n° 95.

loi suppose alors que le contrat n'a eu lieu qu'en considération du travail personnel du locateur exclusivement, elle n'établit plus la même présomption alors qu'il s'agit d'une simple obligation de faire, ou que, si le contrat contient quelques éléments de louage, ces éléments se trouvent mêlés à ceux d'autres contrats. Aucun texte ne pose en effet pour ce cas le principe de l'intransmissibilité de l'obligation, et le silence du Code nous fait rentrer dans le droit commun, suivant lequel on est censé avoir stipulé pour soi, ses héritiers et ayants-cause, jusqu'à preuve du contraire.

Mais il faut faire une distinction, celle précisément que faisait l'ancienne jurisprudence dans le contrat de louage (1), et que l'article 1795 a proscrite, il faut distinguer entre les faits que peut accomplir indifféremment et tout aussi bien la première personne venue, les faits, pour ainsi dire communs et fongibles, et les faits pour l'exécution desquels il faut un travail particulier, une industrie spéciale. S'agit-il des faits de la première espèce? L'obligation de faire passe aux héritiers. S'agit-il de ceux de la seconde espèce? Elle ne passe pas aux héritiers de celui qui devait personnellement les accomplir. Ainsi, c'est une fosse à creuser, une haie à planter, un pré à rigoler, une terre à labourer, etc... Autant de travaux communs qui peuvent être exécutés par tel ou tel, et dont l'obligation passe conséquemment aux héritiers du promettant, alors qu'il ne s'agit pas d'un contrat de louage d'ouvrage. Mais c'est une maison à construire, un tableau à faire, etc... Voilà autant de travaux qui exigent un talent et un art particuliers, et dont l'obligation est éteinte par la mort du débiteur.

17. Le principe de cette distinction, nous le trouvons dans l'article 1237, ainsi conçu : « L'obligation de faire ne peut être acquittée par un tiers contre le gré du créancier, lorsque

_____

(1) Voy., *suprà*, n° 13.

ce dernier a intérêt qu'elle soit remplie par le débiteur lui-même. » A défaut de cet intérêt, l'obligation est donc cessible ; cessible, elle est transmissible ; car peu importe que le tiers soit un créancier exerçant les droits de son débiteur, ou un tiers payant officieusement en son acquit, ou enfin l'héritier du promettant. C'est donc seulement dans le cas où le stipulant a intérêt que l'obligation soit remplie par le débiteur lui-même, que cette obligation de faire ne passe point aux héritiers. Et ce cas d'intransmissibilité se présentera souvent, car, ainsi que le dit Ulpien (1), *inter artifices longa differentia est ingenii, et naturæ, et doctrinæ, et institutionis.*

18. Ainsi se concilie l'article 1795 avec l'article 1237. Nous pourrions ajouter, pour leur conciliation, que si l'article 1237 donne à l'ouvrier, à l'architecte, à l'entrepreneur, dans le contrat de louage d'ouvrage, le droit de se substituer des remplaçants ou de s'adjoindre des collaborateurs, c'est que leur responsabilité demeure tout entière, et que d'ailleurs ils sont toujours là pour recommencer et refaire l'ouvrage s'il n'est pas bien fait (2).

19. Je vous vends le bois de ma forêt, à la charge par vous de la receper vous-même, car vous êtes expert dans ce genre de travail. Vous mourez ; le contrat n'est pas dissous. Il présente en première ligne les éléments d'une vente. L'élément du travail personnel n'est que secondaire. D'ailleurs ce n'est pas un louage ; car il n'y a pas louage d'un homme travaillant pour soi. J'ai voulu sans doute que l'acheteur coupât lui-même, mais je n'ai pas fait de l'inexécution de cette clause accessoire une cause expresse de résolution de plein droit. Du moins, si elle peut m'autoriser à poursuivre la résolution de la vente dans mon intérêt, il n'y a pas pour l'acheteur réciprocité à cet égard. Le contrat passe donc à ses héritiers,

(1) L. 31, ff. *De solution.*
(2) TROPLONG, *Louage,* n° 820.

T. I.   10 obligés eux-mêmes, sous leur responsabilité personnelle, à faire receper ma forêt, aussi bien qu'aurait pu le faire leur auteur.

Je stipule que vous abattrez votre maison, que vous couperez votre bois, parce qu'ils masquent ma vue. Après vous, vos héritiers seront obligés; je pourrai les contraindre à exécuter votre obligation, ou me faire autoriser par justice à le faire à leurs frais (1).

20. Certains contrats présentent un mélange d'éléments divers, de vente et de louage, parce qu'il y a à la fois dation d'une chose et prestation de travail personnel. Par exemple, je demande un habit à un marchand tailleur, je commande une parure à un bijoutier, etc... L'obligation passera aux héritiers ou ne leur passera pas, suivant que le travail personnel de l'obligé ne sera pas pris ou pris au contraire en considération exclusive. L'on sent en effet de quelle importance est la façon, le travail de l'ouvrier dans la confection de certains objets, et combien peu ils importent pour d'autres.

21. L'élément de louage peut être le mode d'un autre contrat principal. J'achète deux chevaux non dressés d'un habile écuyer, à la charge par lui de me les dresser pour la selle et la voiture; je vends ma maison à tel peintre, moyennant dix mille francs, à la charge par lui de faire les portraits de ma femme et de mes enfants; je vends tel héritage à un maçon, mille francs, et encore à la charge par lui de construire un mur, de faire un plafond. Ils doivent tous un travail personnel. Ils meurent sans l'avoir accompli; le contrat ne sera résolu que dans les cas où j'aurai pris le travail personnel du promettant en considération telle que je n'aurais pas contracté si j'avais pu prévoir l'inexécution de son engagement. Mais si le travail personnel n'a été pris qu'en considération secondaire, bien qu'aucun autre ne puisse remplacer le promettant dans

_____

(1) TOULLIER, t. 6, n° 409.

son exécution, le contrat n'en subsistera pas moins, sauf indemnité pour l'inexécution partielle des engagements de l'autre partie. La résolution ne peut ainsi en être demandée ni obtenue. Mais s'il s'agit d'une obligation de faire pour l'exécution de laquelle l'obligé peut être remplacé par un autre, sans dommage pour le créancier, dans ce cas, les héritiers étant personnellement tenus de l'obligation de faire, faute par eux de l'exécuter, la résolution du contrat pourra être demandée (1184).

Il n'est pas toujours aisé de reconnaître si l'obligation accessoire de faire a été prise, dans la formation du contrat, en telle considération que son inexécution doive le dissoudre. Ce sont là des questions abandonnées à l'appréciation souveraine des tribunaux.

22. Alors même que la convention présente exclusivement les caractères d'un louage de personnes, il n'est pas vrai qu'elle soit dissoute dans tous les cas par la mort du locateur. Tels sont les contrats pour transport de personnes et de marchandises. La mort de celui qui devait faire le transport ne dissout pas la convention, parce que c'est le fait de transport, et non l'industrie de la personne, qui le plus souvent a été pris en considération. Par sa position, l'article 1795 ne s'applique pas d'ailleurs aux voituriers par terre et par eau (1). Le contrat n'est pas résolu, en ce sens que les héritiers peuvent et doivent effectuer le transport par eux ou des tiers, et que si le locataire ne peut leur demander de dommages et intérêts, à cause de la force majeure qui a empêché l'exécution du contrat (1148), il le pourra plus tard, après mise en demeure des héritiers eux-mêmes.

Il peut se présenter néanmoins telles circonstances où la mort du locateur, du voiturier, dissoudra la convention; par exemple, lorsqu'il s'agira du transport de marchandises pré-

_____

(1) TROPLONG, *Louage,* n° 1038. — DURANTON, t. 17, n° 258.

cieuses, délicates, fragiles, qui exigent de la probité, de la surveillance, des soins particuliers, ou bien encore lorsque la convention ne comprendra pas seulement un fait unique de transport, mais encore des transports successifs de denrées ou autres objets, par chaque semaine, par chaque mois. Les tribunaux apprécieront (1).

23. Nous avons dit que les simples obligations de faire, alors même qu'elles impliquent le fait personnel du promettant, passent en général aux héritiers; il en est de même, *a fortiori*, quand elles ne l'impliquent point, et qu'elles sont d'un fait à accomplir n'importe par qui. Je vous vends tel domaine, à la charge par vous de me faire construire une maison; l'obligation passe à vos héritiers. Vous ne devez pas construire vous-même, mais faire construire une maison. Il est même indifférent que j'aie désigné, dans ce cas, l'ouvrier qui doit accomplir le fait; votre mort ne résout pas la convention. Car vous avez promis de faire faire, et non de faire par vous-même (2).

24. Cependant si, en vous imposant l'obligation de faire construire cette maison, ou accomplir tout autre fait par un tiers, j'avais pris soin d'indiquer l'architecte, l'ouvrier, l'artiste par lequel j'entends que l'ouvrage soit fait, la mort de cet architecte, de cet artiste, de cet ouvrier, dissoudrait la convention. Qu'ai-je voulu? Une chose faite par tel, et non par un autre. Vous ne me devez pas votre fait personnel, vous me devez le fait d'un tiers désigné, c'est vrai; mais ce tiers est en définitive plus mon ouvrier que le vôtre, puisque, s'il doit exécuter le fait promis par vous, il doit, aux termes de la même convention, faire la chose stipulée par moi. Si donc cet ouvrier meurt, vous êtes dispensé de l'accomplissement de votre promesse, *interitu rei*, par la perte de la chose, ou quoi-

---

(1) Voy. *Infrà*, n° 35.
(2) Duranton, t. 17, n° 258. — Duvergier, *Louage*, t. 2, n° 378. — Troplong, *Louage*, n° 1037. — Toullier, t. 6, n° 409.

que ce soit, par la mort de celui qui devait la faire. La convention renferme en effet une sorte d'assignat limitatif; c'est comme si j'avais stipulé que vous me fourniriez tels produits de telle manufacture, de telle fabrique, de tel héritage, et que l'incendie ou la grêle vînt à y passer.

Toutes les fois donc qu'on charge une personne de faire faire par un tiers indiqué un travail quelconque, et que le contrat se résume dans un contrat de louage d'ouvrage par intermédiaire, le stipulant prend à son compte les cas de décès, comme ceux de force majeure, qui empêchent le tiers d'exécuter la promesse. Le contrat se résout entre le stipulant et le promettant, comme le contrat de louage se dissout lui-même entre le promettant et l'architecte, l'ouvrier ou l'entrepreneur. Mais si la convention ne se réduit pas à un louage pour la formation duquel le promettant doit servir d'intermédiaire, et que le fait promis soit de telle nature que, malgré la désignation de celui qui doit l'accomplir, il est évident que, dans l'intention des contractants, il peut être également exécuté par tout autre, comme un fossé à creuser, un simple mur à construire, alors la convention n'est pas dissoute par la mort de l'ouvrier désigné. Il est susceptible de remplaçant; et la promesse passe aux héritiers, puisqu'elle est encore susceptible d'exécution.

25. Quant aux obligations de faire résultant d'actes testamentaires, nous leur appliquerons exactement les mêmes principes et ferons entre elles la même distinction. S'agit-il d'un fait qui ne peut être exécuté que par celui à qui l'obligation en a été imposée ? Cette obligation de faire ne passe pas à ses héritiers. S'agit-il, au contraire, d'un fait qui, dans l'intention du testateur, peut être indifféremment accompli par un autre ? Alors l'obligation passe aux héritiers du légataire qui en a été chargé. Telles étaient les dispositions de la loi romaine (1), que nous devons suivre aujourd'hui comme

---

(1) C. *De caduc. toll.*

raison écrite, en l'absence de dispositions particulières dans le Code civil (1).

26. La loi romaine allait plus loin. Lorsqu'il s'agissait d'un fait qui devait être exécuté par le légataire en personne et non par un autre, si le légataire mourait avant d'avoir exécuté son obligation, non-seulement cette obligation ne passait pas à ses héritiers, mais encore les choses léguées ne lui en appar- tenaient pas moins, parce que le testateur était censé ne point lui avoir légué ces choses, sans avoir prévu la possibilité d'événements de force majeure, comme un cas de décès, qui devaient rendre l'exécution de l'obligation impossible, et par conséquent en décharger le débiteur. Aujourd'hui encore il faut suivre en ce point la loi romaine. L'inaccomplissement du fait personnel qui lui était imposé n'enlèvera pas au lé- gataire le bénéfice du legs, à moins que le testateur n'en ait fait la condition *sine quà non* de sa disposition, ou que les choses léguées ne soient la rémunération du fait qui forme le sujet de la clause modale.

27. Quoi qu'il en soit, l'obligation de faire passe toujours aux héritiers, lorsque leur auteur a été mis en demeure de l'accomplir. Ce n'est plus en effet qu'une obligation de faire, convertie en une obligation de dommages et intérêts. De pro- pre qu'il était dans le principe, le contrat est devenu commun, transmissible à ce titre, comme toute obligation de donner. Ce que les héritiers doivent, ce n'est plus un fait, mais des dom- mages et intérêts ; et quant au créancier, il ne fait lui-même qu'exercer une action en indemnité.

28. Lorsqu'une obligation de faire ne passe pas aux héri- tiers du débiteur, il ne s'ensuit pas que l'inexécution de cette obligation doive être sans conséquence pour eux. S'ils ne sont pas obligés à faire eux-mêmes, ils sont obligés pour ce que leur auteur n'a point fait. L'inexécution de son engagement

(1) TOULLIER, t. 6, nos 406 et 411.

les oblige, suivant les circonstances, avec ou sans dommages et intérêts, soit à restituer ce qu'ils ont reçu, soit à ne pas réclamer ce qui a été promis, soit à indemniser l'autre partie de ce qu'elle a fait elle-même, ou pour ce que leur auteur n'a pas fait à son égard. En ce sens, les obligations de faire passent aux héritiers du débiteur; et si, dans l'intention des contractants ou du testateur, la mort du débiteur doit constituer un cas de libération absolue et équivaloir à une remise de son obligation personnelle, sans lui rien enlever du bénéfice du contrat ou de la disposition, ce ne sera là qu'une exception bien rare, qui devra se fonder sur une preuve évidente (1).

29. Dans les contrats synallagmatiques, où chaque partie est à la fois créancière et débitrice, l'obligation de faire est aussi le droit de faire. Peintre, je m'oblige à faire votre portrait moyennant cent francs; ma mort ou la vôtre rend l'accomplissement du fait impossible. J'ai comme vous une obligation et un droit tout personnels. Vous mourez; je suis quitte de mon portrait, vous l'êtes de vos cent francs. Si vous m'avez mis en demeure, mes héritiers, ainsi que nous l'avons dit, sont alors tenus de l'action en dommages et intérêts. *Vice versà*, si c'est moi qui vous ai mis en demeure, mes héritiers ou moi-même pourrons vous demander, à vous ou à vos héritiers, des dommages et intérêts; car il y a dans ma succession ou la vôtre une action commencée, action en indemnité, essentiellement transmissible. Et ainsi de toutes les obligations de faire qui, personnelles au débiteur, impliquent en même temps le concours du créancier, et le rendent ainsi lui-même débiteur à son tour d'une obligation personnelle. Dès l'instant qu'elles sont converties en une simple action en dommages et intérêts, elles passent aux héritiers de toutes parties.

30. Il y a cela de remarquable dans le Code civil, c'est que, s'il a gardé le silence sur la transmissibilité des obligations

(1) Voy. *Suprà*, n° 26.

de faire, lorsqu'elles résultent de contrats sans nom, il s'est, au contraire, toujours expliqué sur leur transmissibilité, lorsque les obligations de faire constituent ou supposent l'existence d'un contrat nommé. Nous avons en effet déjà vu que l'article 1795 déclare le louage d'ouvrage dissous par la mort de l'ouvrier. D'un autre côté, l'article 1865 prononce la dissolution du contrat de société par la mort de l'un des associés, et l'article 2003, la cessation du mandat par la mort du mandataire. Car la société et le mandat sont des conventions fondées sur la confiance qu'inspire la personne des contractants.

31. En contractant avec une compagnie d'assurance mutuelle, on entre sans doute dans une véritable association, où prenant sa quote-part dans les risques communs, chacun est à la fois assureur et assuré. Mais ce n'est pas un contrat d'association auquel on puisse appliquer les cas de dissolution prévus par l'article 1865, § 3 et 4, c'est-à-dire la mort civile ou naturelle de l'un des associés. Ces sociétés s'éloignent en effet des caractères généraux des associations ordinaires. Elles n'ont pas pour objet la réalisation d'un bénéfice, mais la diminution du dommage souffert personnellement par chacun des associés, au moyen du concours et de la contribution de tous à le réparer. D'autre part, la mise sociale de chaque associé n'est rien autre chose que son obligation de contribuer, en proportion de la valeur et des risques de sa chose assurée, aux frais d'administration et au payement des sinistres, dans les termes et les limites des statuts sociaux. Il est vrai que la personne de chaque associé n'est pas absolument indifférente; qu'il importe de ne pas admettre, sans examen, le premier venu dans l'association. Il faut qu'il présente des garanties non seulement de solvabilité, mais encore de moralité; et son admission n'a lieu en général qu'avec certaines formalités de présentation et d'agrément. Mais ce qui importe le plus, c'est l'existence et la prospérité de l'association. Or *il arriverait,* par une contradiction singulière, que le grand nombre des associés serait d'abord un élément de prospérité, par la propagation des assurances, et ensuite un élément de ruine, par la fréquence des mutations. Aussi, la considération des personnes n'est-elle que secondaire; elle n'est pas le motif déterminant. La cause de l'association consiste dans le payement des cotisations annuelles, comme son but est dans l'obligation d'indemnités réciproques. La société continue donc de droit pour l'héritier ou ayant-cause, à moins que les statuts n'aient prévu ce cas de mutation, et n'aient fait de cette substitution de personnes une cause expresse de dissolution, ou bien enfin qu'ils n'aient posé cette dissolution comme sanction de l'obligation imposée à chaque associé de faire connaître les changements survenus dans le personnel, par décès, vente ou autrement (1).

32. Le bail à colonage partiaire est fondé sur la considération de la personne du métayer. Son exécution et son maintien impliquent la nécessité d'un travail personnel qui ne peut se remplacer par aucun autre. Aussi, est-il non cessible (1763). Il contient même un élément d'association entre le maître et le métayer (2). Il ne passe donc pas aux héritiers du colon qui a contracté exclusivement pour lui seul.

Cependant comme l'élément de société n'est pas dominant, ni la considération de la personne toujours exclusive, le bail sera transmissible, lorsque le propriétaire, en contractant, aura pris en égale considération le travail et l'aptitude des enfants ou autres héritiers présomptifs, auxiliaires déjà et collaborateurs du père de famille, au moment de la convention (3). Cette opinion nous paraît préférable et plus con-

---

(1) Cass., 12 janvier 1842. SIREY, 42, 1, 14.
(2) L. 25, § 6, ff. Loc. conduct. — L. 52, § 3, ff. Pro socio.
(3) Voy. COQUILLE, Cout. du Nivernais, p. 191, et Quest., p. 261. — TROPLONG, Louage, nos 638 à 647. — DELVINCOURT, t. 3, p. 433. — DURANTON, t. 17, n° 178. — Contrà, DUVERGIER, Louage, t. 2, n° 91. — ZACHARIÆ, t. 3, p. 33, n¹º 13 et t. 4, p. 511, au texte et n¹º 20, 4e édit. — Paris, 21 juin 1856. SIREY, 56, 2, 560,

forme à l'esprit de la loi et du colonage partiaire. Coquille
et M. Duranton posent en principe la transmission du contrat,
à moins que le métayer ne laisse des enfants en bas-âge, incapables de continuer l'exploitation. Quant à nous, nous
disons d'abord avec MM. Troplong et Delvincourt : le contrat
est intransmissible ; mais nous ajoutons, à moins que..., vient
notre exception, que nous croyons fondée d'ailleurs sur une
saine appréciation de la théorie et de la pratique des baux à
colonage partiaire. On comprend en quoi notre opinion diffère
des autres ; c'est que celle-ci pose un principe qui nous semble
trop absolu, et celle-là, un principe qui nous paraît inexact,
quoique tempéré par une restriction.

33. Lorsque des parties ont soumis volontairement ou sont
convenues de soumettre une contestation à des arbitres, si
l'une d'elles vient à mourir laissant des héritiers mineurs,
l'arbitrage et la clause compromissoire cessent et se résolvent.
Si en effet les héritiers mineurs étaient eux-mêmes engagés,
il s'ensuivrait que, procédant devant une juridiction arbitrale,
ils n'auraient plus aucune des garanties que la loi a entendu
leur assurer (1). La nature de la convention en fait ainsi un
contrat propre.

34. Mais il en est autrement en matière d'arbitrage
forcé (2). L'arbitrage et la clause compromissoire, quelle
qu'elle soit, obligent toujours les héritiers mineurs des parties. Les arbitres sont en effet dans ce cas des juges publics,
imposés par la loi même, et non des juges privés que les parties se sont volontairement donnés. Ils continuent la juridiction consulaire ; ils en sont l'émanation et le complément. Ils
doivent donc demeurer saisis de la contestation, par l'arbitrage ou la clause compromissoire, absolument comme le

(1) Art. 1004, 1013, C. pr. — Cass. 28 janv. 1839. SIREY, 39,
1, 113.
(2) Aujourd'hui supprimé par la loi du 17 juillet 1856.

serait le tribunal de commerce lui-même, par un ajournement ou une déclaration que le jugement à intervenir sera sans appel et en dernier ressort (1).

35. Les contrats successifs, tels que le louage, la société, *qui tempus habent successivum,* se résolvent, en général, lorsque les choses tombent, par rapport à leur exécution, dans un cas où elles n'auraient pas pu commencer, *et maximè secundum illorum opinionem qui etiam ea quæ recte constite-runt resolvi putant, cum in eum casum reciderunt a quo non potuissent consistere* (2). Les contrats de cette nature se renou-vellent en effet successivement, ils vivent au jour la journée ; ils se décomposent dans leur durée de manière à présenter autant de contrats différents que d'obligations successives et quotidiennes. Si donc il arrive, au cours de l'une de ces obli-gations, un événement tel qu'il aurait empêché de contracter, s'il avait existé au moment de la convention originaire, cette obligation se résout sans dommages et intérêts ; le contrat

(1) Paris, 1er mai 1828. Sirey, 28, 2, 233. — Paris, 10 nov. 1835. Sirey, 36, 2, 169. — Cass., 9 mai 1837. Sirey, 37, 1, 369. — Paris, 7 avril 1840, Sirey, 40, 2, 301. — *Contrà,* Pardessus, t. 4, n° 1002. — Mongalvy, t. 2, n° 518.

(2) L. 98, *ff. De verb. oblig.* Toutefois cette règle, prise dans sa généralité, n'est pas sans exception. La loi 140, *ff. De verb. oblig.,* cite le cas où une servitude a été stipulée par une personne qui laisse ensuite deux héritiers. La servitude n'en subsiste pas moins *per partem dominii,* bien que son indivisibilité naturelle empêche de la stipuler par partie. Et la loi 85 *ff. De reg. juris,* pose en principe : *non est novum, ut quæ semel utiliter constituta sunt durent, licet ille casus extiterit a quo initium capere non pote-runt.* Sous l'empire du Code civil, nous pourrions citer, comme exceptions conformes à la règle posée dans la loi romaine, les baux consentis légalement par un tuteur, un usufruitier, un mari, un héritier apparent ; les actes faits par le mandataire dans l'ignorance de la cessation de son mandat. Le bail, le mandat conservent toute leur efficacité, bien que des événements soient survenus qui en auraient empêché la réalisation dans le principe, de la façon dont elle s'est opérée, s'ils avaient alors existé.

cesse purement et simplement. Tels sont les cas où la chose possédée à titre de louage ou d'usufruit vient à périr. Le bail et l'usufruit s'éteignent; *inciderunt in eum casum a quo incipere non potuissent.*

Nous ne voulons pas dire que les changements survenus dans la chose, et les divers accidents qui l'atteignent rendent le contrat propre. Ils l'annulent pour l'avenir; ils en consomment la dissolution, sans lui imprimer aucun caractère de propriété ou de personnalité. Les accidents de la chose ne soulèvent qu'une question de cessation, et non pas une question de transmissibilité des contrats. Mais il en est autrement des accidents qui atteignent la personne, des changements survenus dans les qualités de l'individu; si ces événements se réalisent à son décès, et même plus tôt, sa vie durant, et qu'ils soient tels que l'obligation originaire, suivant les prévisions des parties, n'aurait pas été contractée s'ils avaient existé à ce moment, cette obligation a dès lors un caractère de propriété, qui en empêche la transmission aux héritiers et ayants-cause. Elle prend fin immédiatement.

36. Jusque-là, nous nous sommes principalement occupé des obligations et des droits exclusivement propres à la personne sur la tête de laquelle ils ont pris naissance, à ce point qu'ils ne peuvent être ni cédés, ni transmis. Mais il en est qui étant intransmissibles de leur nature ne sont pas également incessibles; qui, sans pouvoir être transmis aux héritiers, peuvent néanmoins être exercés par des ayants-cause, les tiers créanciers ou cessionnaires. Il nous suffira de les indiquer; tels sont l'usufruit (595), que l'usufruitier peut vendre et céder; le louage d'ouvrage (1795, 1237), qui se dissout par la mort de l'entrepreneur, bien que celui-ci puisse céder son entreprise à des tiers (1).

37. Tels autres droits passent aux héritiers, qui ne passent

(1) Voy. *suprà,* n° 8.

pas aux simples ayants-cause. Nous avons déjà indiqué le retrait successoral (1).

38. Nous avons examiné la première exception à la règle qu'on est censé contracter pour soi, ses héritiers et ayants-cause, à savoir celle qui résulte de la nature de la convention. Examinons maintenant la seconde, celle qui résulte des expressions du contrat.

D'un contrat commun de sa nature, les parties peuvent en faire un contrat propre. Ainsi je loue votre maison, ma vie durant, avec interdiction de sous-louer. Je ne puis ni céder, ni transmettre.

Mais le caractère de propriété imprimé au contrat doit toujours se concilier avec son essence. En achetant, par exemple, je ne puis convenir que je n'achète que pour moi; une pareille clause répugne à l'essence de la vente; et, dans ce cas, ou je fais un tout autre contrat qu'une vente; ou en achetant j'introduis dans la convention une cause de résolution, qui n'imprime à l'acte aucun caractère de propriété ni de personnalité, mais qui tout simplement le détruit et le résout.

Je conviens avec vous de me laisser passer, ma vie durant, sur votre propriété pour aller à tel endroit; j'y puis passer, moi et ma famille (2), tant que je vis. Mes héritiers ne passeront point.

39. Je possède un de vos héritages : nous convenons que vous ne me le demanderez pas pendant ma vie; le contrat m'est propre; vous pouvez agir contre mes héritiers. Mais le pourrez-vous également contre mon cessionnaire, mon donataire? Non, pendant que je vivrai, disent les jurisconsultes romains (3), et M. Toullier (4), qui cite Accurse et Cujas.

(1) Voy. *suprà*, n° 8, *et infrà*, n° dernier.
(2) Instit., *De stipul. serv.*, § 2.
(3) L. 17, § 5, *De pactis*.
(4) T. 6, n° 425.

Quant à nous, nous croyons nécessaire d'apporter un tempérament à cette opinion, que nous tenons pour vraie, mais aussi pour trop absolue. Il nous semble équitable et juste de tenir compte des circonstances, et d'examiner si la concession faite par le propriétaire au possesseur, ne l'a pas été exclusivement en faveur de sa personne, en considération des soins qu'il prenait de la chose, et de la discrétion avec laquelle il exerçait sa jouissance. Alors le pacte n'est pas *in rem*.

Nous ferons la même observation sur une autre hypothèse posée par M. Toullier au même endroit. J'ai stipulé, dit-il, de mon voisin le droit de passer sur son champ, pendant ma vie, pour la commodité de ma maison. Je la vends, l'acquéreur pourra passer; car, ajoute-t-il, en bornant le droit de passage à ma vie, la convention n'en borne point l'exercice à ma personne. Ceci est vrai ; mais à la condition qu'effectivement la considération de la personne ne sera entrée pour rien dans la concession du droit de passage. Or il nous semble bien difficile de ne pas voir que le plus souvent la concession est faite plutôt à la personne qui exerce le passage, qu'à la chose à l'occasion de laquelle le passage est exercé ; en un mot, que la convention, en accordant un passage viager, n'accorde qu'un droit personnel, dont l'exercice est attaché à la personne, comme sa durée est limitée à l'existence du concessionnaire.

40. Je vous prête mille francs, que vous me payerez, si je vous les demande ; faute par moi de vous les avoir demandés, mes héritiers ne pourront point les réclamer. Vous et les vôtres êtes libérés, si j'ai gardé le silence jusqu'à mon décès. La condition n'aurait aucun sens, si on ne la considérait pas comme établissant une stipulation toute personnelle à mon égard. Autre chose, si j'avais dit que vous me payerez quand je demanderai. Dans ce cas le contrat est commun, car il n'y a dans la clause qu'une question de temps et non

de personne, de terme de payement et non de remise de
dette (1)

41. Mais pour que le contrat devienne propre, de commun
qu'il est naturellement, il faut que les expressions soient
claires et précises. Il ne suffirait pas de me nommer, moi un
tel, ou de vous nommer, vous un tel ; *plerumque persona
pacto inseritur, non ut personale pactum fiat, sed ut demons-
tretur cum quo pactum est* (2). Souvent dans un pacte la personne est désignée, non pour rendre le contrat personnel,
mais pour désigner la personne du contractant.

42. L'on conçoit que le pacte peut-être rendu propre plus
ou moins, avec tel ou tel caractère, à l'égard de tel ou tel.
L'article 1514 nous en donne un exemple. La clause de reprise d'apport franc et quitte peut être stipulée pour la
femme seule, ou en même temps pour elle et ses enfants, ou
bien enfin pour elle et ses héritiers, quels qu'ils soient ; et la
clause est toujours de rigueur.

43. Stipuler pour un tiers déterminé, c'est faire une stipulation nulle ; et la nullité persiste alors même que ce tiers
serait ultérieurement devenu héritier du stipulant (3). Rien
n'indique en effet dans le contrat que la stipulation faite pour
ce tiers a été faite en considération de sa qualité éventuelle
d'héritier, de représentant du stipulant. Il est tiers et pris
comme tel, dans toute la force du mot. Mais s'il résulte des
expressions du contrat que le contractant a stipulé pour ce
tiers en tant qu'il sera un jour son héritier, la stipulation est
valable. Ainsi, je stipule de mon créancier qu'il n'exigera ni
de moi, ni de tel, mon fils. Evidemment je stipule en faveur
de ce dernier, en le considérant comme mon héritier, puis-

---

(1) POTHIER, *Oblig.*, n° 108. — TOULLIER, t. 6, n° 594.
(2) L. 7, § 8, *ff. De pactis.*
(3) L. 17, § 4, *ff. De pactis.* — POTHIER, *Oblig.*, n° 62.

que je le prends pour débiteur. Je fais donc une stipulation valable, propre à mon égard et à celui de mon fils (1).

44. Mais en le prenant pour héritier dans la stipulation que je fais en sa faveur, je ne lui en assure le bénéfice qu'au prorata de sa part virile dans la dette. La stipulation ne lui profite que pour sa part d'obligation héréditaire, de telle sorte que si je laissais d'autres héritiers, le créancier pourrait poursuivre, contre ceux-ci et pour leur part, le payement de sa créance. *Non obstat uni tantum ex hæredibus providere, si hæres factus sit; cœteris autem non consuli* (2).

45. Par cela même qu'on a stipulé pour un tel, en sa qualité de présomptif héritier, on ne manifeste pas toujours l'intention de restreindre à lui seul le bénéfice de la stipulation. L'indication de l'un des héritiers n'est pas toujours l'exclusion des autres. Ainsi, après avoir stipulé pour mon fils, mon héritier, en tant qu'héritier, il me survient d'autres enfants; les excluera-t-on du bénéfice de la stipulation? Nullement; car d'un côté, le stipulant a eu en vue bien moins l'un de ses représentants, que son représentant alors unique et le plus naturel, son fils, héritier présomptif pour le tout. D'un autre côté, le promettant s'est engagé dans les mêmes termes; il s'est engagé non pas envers tel ou tel des représentants du stipulant, mais envers la masse, l'unité de la représentation personnifiée dans un seul (3). Aussi Cujas (4) dit-il avec beaucoup de raison que les héritiers institués, même étrangers, doivent également profiter de cette stipulation. Inutile de faire observer que nous supposons toujours que la promesse a été faite non pas à tel, parce qu'il est Pierre, Paul ou Jacques, mais à tel, parce qu'il est héritier, représentant du dé-

(1) Pothier, *Oblig.*, nº 62.
(2) L. 33, *ff. De pactis.*
(3) L. 40, § 3, *ff. De pactis.* — Pothier, *Oblig.*, nº 64. — Toullier, t. 6, nº 415.
(4) Sur cette loi.

funt.; non pas en considération de la personne, mais de la qualité.

46. Nous venons de voir que le droit romain autorisait le débiteur à stipuler de son créancier qu'il n'exerçât aucune poursuite ni contre lui, ni contre ses héritiers, ou seulement contre quelques-uns de ses héritiers. S'agissait-il au contraire de faire passer à un seul des héritiers la totalité d'une créance divisible, la division de droit qui, d'après la loi des Douze-Tables, s'opérait de cette créance entre tous les héritiers, empêchait la stipulation qui avait pour objet d'en faire profiter un seul exclusivement (1). Mais le code civil, en autorisant les stipulations pour autrui comme condition d'une stipulation faite pour soi-même, et en autorisant d'ailleurs les avantages indirects, permet par cela même de stipuler de son débiteur qu'il payera la totalité de sa dette, divisible ou non, entre les mains d'un seul de ses héritiers, qui seul en profitera (2), sauf les droits des réservataires, s'il y a lieu.

Conséquent avec lui-même, le droit romain (3) ne voulait pas non plus qu'un seul des héritiers fût chargé de toute la dette, et Pothier (4) le dit aussi. Mais le n° 4 de l'art. 1221 indique lui-même que la dette peut être mise tout entière à la charge d'un seul des héritiers du débiteur.

Remarquons toutefois que la désignation d'un tel, héritier, pour acquitter la dette ne suffira pas toujours pour l'en grever à l'exclusion des autres. La division ne s'en opérera pas moins entre tous, toutes les fois qu'il apparaîtra que l'héritier, seul désigné, a été indiqué dans la pensée qu'en fait il

---

(1) L. 137, § ult., *ff. De verb. oblig.* — POTHIER, *Oblig.,* n°ˢ 64 et 65. Ce qui du reste n'empêchait pas le créancier de convenir avec son débiteur qu'il ne payerait sur sa dette que la part revenant à tel de ses héritiers. — Voy. POTHIER, *ibid.,* en note.

(2) TOULLIER, t. 6, n°ˢ 416, 417.

(3) L. 56, § 1, *ff. De verb. oblig.* — Voy. cep., l. 20, § 5, *ff. Fam. ercis.*

(4) *Oblig.,* n° 66.

est ou doit être seul et unique héritier, chargé, à ce titre, par la force même de la loi, d'acquitter l'intégralité de la dette. La dérogation au principe de la divisibilité doit être claire et précise ; en pareil cas elle ne l'est point, et même l'indication de la personne a un sens tout différent.

47. Avant Justinien, les contractants ne pouvaient différer l'exécution de l'obligation jusqu'après la mort de l'un d'eux. Les héritiers ne succédaient qu'aux obligations qui pouvaient être intentées par ou contre leur auteur, de son vivant (1). Mais ce n'était là qu'une pure subtilité contraire à la raison, les obligations à terme n'en existant pas moins, indépendamment de leur exigibilité. On peut donc très valablement stipuler et promettre, de manière à ne pouvoir agir ou être poursuivi qu'après son décès. Le contrat est alors propre, puisque les héritiers du promettant sont seuls poursuivis, et ceux du stipulant seuls appelés à poursuivre.

48. Nous rappellerons enfin que tel contrat, par sa nature ou ses expressions, est propre d'un côté, commun de l'autre ; que tel contrat est propre avec tel caractère de propriété, d'un côté, et tel autre caractère de propriété, de l'autre. C'est une observation purement théorique, qu'il est aisé de vérifier sur les exemples que nous avons cités.

49. Il ne faut pas confondre avec les contrats propres, des contrats naturellement communs, qui produisent des obligations et des droits diversement transmissibles ; et les confondre ainsi, par cela seul que les principes relatifs à leur transmission les font passer à tel successeur et non pas à tel autre. Si, en effet, ces obligations et ces droits ne se transmettent pas à tous d'une manière semblable et uniforme, ce résultat tient moins à leur nature qu'au mode de leur transmission. Ce n'est pas que le premier venu ne puisse en être grevé ou en profiter

---

(1) Voy. Instit., *De inut. stipul.*, § 16. — DUCAURROY. *Instit. expl.*, t. 3, pag. 92.

lui-même; mais c'est qu'il n'en subit la charge ou n'en reçoit le bénéfice qu'en vertu de tel acte particulier de transmission.

Nous ne voulons pas traiter ici la thèse de la transmission des obligations et des droits. S'agit-il d'une transmission à titre héréditaire et universel? C'est une question à discuter à propos des testaments et des successions. S'agit-il d'une transmission à titre singulier? C'est une question dont la discussion vient toute seule, quand on fait la théorie de l'acte ou du contrat qui sert de titre à cette transmission.

Mais si tout n'est pas à dire ici, tout n'est pas non plus à taire. Une personne meurt; elle laisse toujours des héritiers, quels qu'ils soient, des successeurs universels ou à titre universel qui la représentent, la perpétuent, en jouent le rôle, *personam sustinent*. Quels que soient ses obligations et ses droits, ils doivent acquitter les unes, ils peuvent exercer les autres, à moins qu'il ne s'agisse d'obligations et de droits propres à leur auteur. Mais nous les supposons communs.

A la place d'un héritier, d'un successeur à titre universel, mettons un successeur à titre singulier, un simple ayant-cause, un légataire, un acquéreur, un échangiste, un locataire, un preneur. Les effets de la transmission changent avec son titre et sa cause. Tels droits, telles obligations, transmissibles par titre universel, ne le sont plus par titre singulier, à moins qu'il n'y soit spécial; et pour n'en citer que quelques exemples, supposons le droit à une réparation civile, ou l'obligation de réparer civilement un délit ou un quasi-délit, soit une créance ou dette d'argent; tout cela passe au successeur à titre universel, et ne passe pas à l'ayant-cause, au successeur à titre singulier, à un légataire, à un acquéreur, à un donataire.

La raison de cette différence est que celui-là représente son auteur tout entier, à lui seul, ou avec le concours de ses consorts, *personam sustinet, succedit in omnem causam;* qu'il succède à l'universalité ou à une quote-part des obligations et des droits du défunt. Celui-ci, au contraire, ne représente son auteur que jusqu'à concurrence de l'objet et de la cause de son titre; il succède bien *in omnem causam*, mais seulement en tant qu'ayant-cause pour un objet singulier.

Or quelles sont les obligations, quels sont les droits transmis à l'ayant-cause? Ce sont les obligations et les droits inhérents à la chose qui lui est transmise à un titre quelconque, les obligations et les droits réels, dont nous nous occupons sous l'article 1138. Les obligations et les droits personnels de son auteur ne lui sont pas transmis de droit par la seule force de son titre; et, encore une fois, ceci tient au titre de la transmission et non à la nature des obligations et des droits non transmis, puisqu'à l'aide d'un acte ou convention spéciale, on peut toujours mettre à la charge de son successeur singulier, de son ayant-cause, le payement d'une réparation civile, d'une dette dont on est tenu, ou le faire profiter d'une créance, d'un droit personnel que l'on a. Ce qui imprime à une obligation ou à un droit son vrai caractère de propriété, ce n'est donc pas sa non-transmission, mais sa non-transmissibilité.

SECTION II.

DE LA CAPACITÉ DES PARTIES CONTRACTANTES.

ARTICLE 1123.

Toute personne peut contracter, si elle n'en est pas déclarée incapable par la loi.

Sommaire.

1. La liberté et la capacité sont de droit commun.
2. Incapacités légales et naturelles.

COMMENTAIRE.

1. La liberté et la capacité sont de droit commun. La règle générale est donc que toute personne peut contracter; mais

voici l'exception : si elle n'en est pas déclarée incapable par la loi.

2. Des termes de l'article 1123 il semble résulter que les incapacités doivent être prononcées par la loi elle-même ; qu'il n'y a pas d'incapacité, si la loi ne l'a point expressément déclarée.Mais on aurait tort d'entendre ainsi notre article. S'il y a des incapacités civiles, il y a aussi des incapacités naturelles, résultant de la nature même des choses, écrites, pour ainsi dire, en faits pratiques, et qui par conséquent n'avaient pas besoin d'être proclamées dans des dispositions législatives. Nous aurons à les signaler dans le commentaire des articles suivants.

ARTICLE 1124.

Les incapables de contracter sont : — les mineurs ; — les interdits ; — les femmes mariées dans les cas exprimés par la loi ; — et généralement tous ceux à qui la loi interdit certains contrats.

Sommaire.

1. L'article 1124 contient une désignation spéciale des incapacités les plus saillantes, et une indication générale des autres.
2. Des incapacités, les unes sont générales, les autres spéciales,
3. Les unes pour, les autres contre l'incapable.
4. L'incapacité des mandataires légaux tient aux conditions de leur institution.
5. Ce que la loi définit une incapacité n'est souvent qu'une prohibition.
6. Quelques incapacités supposent un vice de consentement, tantôt d'un côté, tantôt de l'autre. Sur quoi elles sont fondées.
7. Incapacités pénales.
8. La mort civile n'est pas une incapacité.
9. En résumé, il y a les incapacités de faveur, de prohibition, d'indignité.
10. Incapacités naturelles.
11. Incapacité de l'enfant. Le Code civil s'est écarté des principes du droit romain.
12. Incapacité de l'insensé.

COMMENTAIRE.

1. L'article 1124 commence la nomenclature des incapacités par la désignation des incapacités les plus saillantes, celles des mineurs, des interdits, des femmes mariées. Mais il ne la pousse pas plus loin; il s'arrête à la pensée qu'une revue de toutes les incapacités, sans en omettre une seule, est chose, sinon impossible, du moins fort difficile et périlleuse dans tous les cas, parce que son caractère limitatif en apparence pourrait faire prendre une simple omission pour l'exclusion d'une incapacité réelle et ailleurs reconnue. Aussi se termine-t-il par des expressions générales, dont l'élasticité se prête à l'indication de toutes les autres incapacités, quelles qu'elles soient. Sont incapables, dit-il..., généralement tous ceux à qui la loi a interdit certains contrats. C'est donc une nomenclature finissant par une définition, comme la plupart de celles que tente le législateur.

2. Les incapacités n'ont pas toutes le même caractère, ni les mêmes effets. Les unes sont générales, les autres spéciales. Sont générales, celles qui affectent, sauf exceptions particulières, la personne dans tous ses actes, dans l'exercice de tous ses droits civils, alors qu'il s'agit de contracter. Telle est l'incapacité de la femme mariée, du mineur, de l'interdit.

Sont, au contraire, spéciales, les incapacités qui n'affectent la personne que pour certains actes, certains contrats. Ainsi, le mari ne peut acheter de sa femme, et réciproquement, hors les cas prévus par l'article 1595; les personnes désignées aux articles 1596 et 1597 ne peuvent se rendre adjudicataires de certaines choses, ni cessionnaires de certains procès. Nous pouvons citer encore ceux que la loi déclare incapables de recevoir (909). Incapables dans quelques cas particuliers et à raison d'une qualité particulière, ils sont capables pour tout le reste.

3. Les incapacités sont encore plus différentes dans leur principe et leur fin. Les unes sont pour, les autres contre l'incapable. Le mineur, l'interdit, la femme mariée sont protégés par leur incapacité même, tandis que le tuteur qui ne peut acheter de son pupille, le médecin qui ne peut recevoir de son malade, le juge qui ne peut se rendre cessionnaire d'un procès, loin de trouver dans leur incapacité une mesure de protection, n'y trouvent, au contraire, qu'une interdiction fondée sur une pensée de réprobation. C'est ainsi que la loi fait souvent de l'incapacité de l'incapable, soit une inhibition d'acte, soit une indignité personnelle. Alors elle a pour but de prévenir le dol, les surprises, les captations, les fraudes, les préjudices envers les tiers; et en déclarant telle personne incapable, elle déclare plutôt tel acte, tel contrat légalement impossible.

Alors aussi le prétendu vice d'incapacité se confond soit avec un vice de consentement, soit avec un vice d'objet ou de cause. Ce sont des prohibitions d'actes, plutôt que des incapacités de personnes. Si, en effet, la loi déclare incapables de recevoir certaines personnes désignées dans l'article 909, c'est qu'elle a posé comme présomption *juris et de jure*, que le consentement du donateur a dû être surpris à force de captation, d'obsession, d'autorité, d'intimidation. Quand elle défend de donner à l'enfant naturel, incestueux ou adultérin, au delà de la quotité qu'elle détermine, c'est qu'elle considère comme un scandale contraire à l'ordre public et aux bonnes mœurs l'égalité héréditaire que la mère ou le père voudraient établir entre tous leurs enfants, sans distinction d'origine. C'est la cause de la donation, c'est l'esprit de scandaleuse et immorale libéralité que la loi prohibe. Si le failli ne peut vendre lui-même les biens de sa faillite; s'il arrive un moment où le saisi ne peut plus vendre les objets saisis; ce n'est pas à cause d'une véritable incapacité qui aurait frappé leurs personnes; c'est plutôt à cause de l'indisponibilité qui pèse sur la chose quant à eux. Si les époux ne peuvent acheter l'un de l'autre, si le tuteur ne peut acheter de son pupille, ce n'est pas non plus que leur capacité personnelle soit véritablement affectée; c'est uniquement parce que la loi, à raison des rapports qui existent entre les parties, considère toujours de pareils contrats comme viciés de dol et de fraude.

4. Si les personnes chargées d'en représenter, autoriser et suppléer une autre n'ont pas toute liberté, toute capacité pour contracter en son nom, c'est que la loi leur impose l'obligation de respecter les conditions originelles de leur institution, dans l'intérêt de ceux-là mêmes qu'elles représentent, autorisent ou suppléent. Tels sont les tuteurs, les maris, les administrateurs d'un corps moral, les syndics d'une faillite, les curateurs d'une succession vacante, les héritiers bénéficiaires; en tant qu'ils contractent en cette qualité, ils n'ont qu'une capacité restreinte; car la loi a fait les conditions de leurs pouvoirs. Ils doivent les respecter, puisqu'elles sont la garantie des tiers. Mais ces personnes qualifiées, en contractant pour des intérêts étrangers et sur des choses étrangères, rencontrent, comme obstacles à leurs engagements, moins un vice d'incapacité dans leurs personnes qu'un vice d'indisponibilité dans la chose; ou bien il y a en elles moins un défaut de capacité qu'un défaut de qualité et de droit.

5 De toutes les incapacités que l'article 1124 énumère ou définit, il n'en est aucune qui ne suppose un état et une qualité auxquels la loi a attaché l'interdiction de tous ou de certains contrats. Et c'est sans doute cette circonstance qui a fait ranger parmi les incapacités véritables les simples prohibitions prononcées envers certaines personnes de faire certaines conventions. Comme cette prohibition était édictée en considération d'une qualité inhérente à la personne, on en a

fait de même, dans le contrat, un vice inhérent à la personne, c'est-à-dire un vice d'incapacité. Mais l'analyse reconnaît au fond de toute convention spécialement prohibée, de la part de certaines personnes, un vice autre et plus réel que celui-ci.

6. Ce n'est pas au surplus que quelques incapacités générales ne supposent un vice de consentement, et ne soient fondées sur une présomption *juris et de jure* de l'existence de ce vice. Pourquoi le mineur, pourquoi l'interdit pour démence, pourquoi le prodigue sont-ils généralement incapables? C'est que la loi présume, d'après leur âge ou l'état de leur intelligence, que leur raison n'est pas assez mûre ou est trop affaiblie pour donner un consentement éclairé et réfléchi. Mais il y a cela de particulièrement remarquable : lorsqu'il s'agit d'une incapacité générale, le vice du consentement est du côté de l'incapable, tandis que, lorsqu'il s'agit d'une incapacité spéciale fondée sur le même vice, ce vice présumé de consentement vient précisément d'un autre côté que du soi-disant incapable.

Si le mineur est incapable, ce n'est pas qu'en fait il soit toujours et complètement incapable de discernement et de raison; de même pour l'interdit qui a des intervalles lucides; de même enfin pour le prodigue dont les goûts dissipateurs peuvent faire place, par moments, à l'esprit d'ordre et de conduite. Mais la loi a voulu prévenir une foule de procès, en fondant une présomption d'inintelligence sur l'âge et l'état constaté des personnes, et elle a bien fait.

Si la femme mariée est incapable, ce n'est pas faute de discernement et de raison, c'est par l'effet de la puissance maritale (1).

Les communes, les établissements public, les corporations, êtres moraux et fictifs, sans organes et sans activité, n'ont, à proprement parler, ni capacité ni incapacité. Il y a en effet

_____

(1) Voy. ZACHARIÆ, t. 3, pag. 323, nte 5 et t. 5, p. 138, nte 5, 4e édit.

plus qu'une incapacité, puisqu'il y a pour eux impossibilité de contracter par eux-mêmes. Leur incapacité n'est que celle de leurs représentants et administrateurs ; et si ces derniers sont incapables, ce n'est pas qu'ils soient dépourvus de raison ; mais la loi, ainsi que nous l'avons déjà dit, a fait des conditions et tracé les limites de leurs pouvoirs, dans l'intérêt des corps qu'ils représentent et administrent. Lors donc que l'on dit de leurs actes qu'il y a vice d'incapacité, on devrait plutôt dire qu'il y a défaut ou excès de pouvoirs. Or nous avons déjà dit que ce vice se confondait avec un vice de l'objet du contrat, le vice de son indisponibilité quant aux contractants.

7. Nous n'avons entendu parler jusque-là que des incapacités créées ou reconnues par les lois civiles. Mais il en est d'autres, créées par les lois pénales. Quiconque aura été condamné à la peine des travaux forcés à temps, de la détention ou de la réclusion, sera, de plus, pendant la durée de sa peine, en état d'interdiction légale ; il lui sera nommé un tuteur et un subrogé tuteur, pour gérer et administrer ses biens, dans les formes prescrites pour les nominations des tuteurs et subrogés-tuteurs aux interdits (29. C. pén.).

Comme nous n'avons à nous occuper que des incapacités de contracter, nous n'avons rien à dire de la dégradation civique (34, C. pén.), ni de l'interdiction de certains droits civiques, civils et de famille que les tribunaux correctionnels peuvent prononcer dans certains cas (42, C. pén.).

8. Nous ne devons pas ranger la mort civile parmi les incapacités (18, C. pén. ; 22 et suiv., C. civ.). L'incapable jouit en effet des droits civils ; seulement il ne peut les exercer, et a besoin d'être habilité pour leur exercice. Le mort civil au contraire n'en a ni l'exercice, ni la jouissance ; par suite de la fiction légale, il est civilement comme s'il n'existait pas. Il n'y a donc pas pour lui d'incapacité ; car pour être incapable il faut être. Cependant, comme la réalité est plus forte que la fiction et que la vie matérielle triomphe de la mort civile, il

peut, comme individu toujours subsistant, faire tous les actes qui rentrent dans le droit naturel, à l'exception de ceux que les lois lui ont expressément interdits. *Emit, vendit, locat, conducit* (1). C'est un point constant, démontré par tous les auteurs qui se sont occupés des effets de la mort civile. Mais c'est là moins une question de capacité qu'un pur fait d'existence matérielle.

Nous devons d'ailleurs rappeler, à l'honneur de notre époque, que la mort civile a été abolie, pour la déportation, par la loi du 8 juin 1850, art. 3, et d'une manière générale par la loi du 31 mai 1854. Aujourd'hui, d'après cette dernière loi, art. 2, les condamnations à des peines afflictives perpétuelles emportent seulement la dégradation civique et l'interdiction légale établies par les articles 28, 29 et 31 du Code pénal.

9. En résumé, en se reportant à leurs principes, on peut classer ainsi les incapacités, par rapport à l'exercice de la faculté de contracter : incapacités de faveur ou de protection, celles des mineurs, des femmes mariées, des interdits pour démence ou prodigalité; incapacités de prohibition, celles qui résultent de l'interdiction prononcée par la loi, contre certaines personnes, de faire certains contrats; incapacités d'indignité, celles qui sont prononcées par les lois pénales, contre certains condamnés, comme conséquences de leurs peines.

10. Toutes ces incapacités, quelle que soit l'étendue que les lois leur ont assignée, constituent ainsi des incapacités que nous appellerons de droit ou légales, par opposition aux incapacités de fait ou naturelles. Elles sont constitutives d'un état légal qui est simple et un. C'est ce qui les distingue particulièrement des autres.

Les incapacités naturelles sont celles qui résultent d'un défaut de discernement et d'intelligence, accidentel ou permanent.

----

(1) L. 17, § 1, *ff. De interd. et releg.*

La loi ne s'est occupée que d'une seule incapacité naturelle, de la démence (503, 504). Elle devait en effet s'expliquer sur le sort des actes faits par une personne en démence, soit qu'elle ait été ou non plus tard interdite. Quant au mineur, elle a cru avoir fait assez, en déclarant la minorité incapable. Mais ces incapacités naturelles ne sont pas les seules, et nous aurons à en signaler plusieurs autres.

11. Commençons par l'incapacité de l'enfance, qui occupe le premier rang dans l'ordre de la nature.

Le droit romain distinguait : 1° le mineur, *infans;* 2° celui qui, sorti de l'enfance, en est encore très près, *infantiæ proximus;* 3° enfin celui qui s'éloigne de l'enfance et approche de la puberté, *pubertati proximus* (1).

Il entendait par *infans* celui qui ne peut pas encore parler, *qui fari non potest* (2), ou plutôt qui ne comprend pas ce qu'il dit. Etait enfant, *infans,* tout impubère au-dessous de sept ans (3). Mais jusqu'à quel âge était-on *infantiæ proximus?* A quelle époque commençait-on à être *pubertati proximus?* Le silence des textes à cet égard a été la source de vives discussions entre les interprètes. Mais de toutes les opinions, la plus vraisemblable nous paraît être celle qui divise en deux périodes égales le temps qui reste à courir entre l'enfance et la puberté, savoir entre sept ans d'une part, et de l'autre quatorze pour les garçons et douze pour les filles.

Quant à la capacité de contracter, on ne faisait autrefois à Rome aucune distinction entre l'*infans* et l'*infantiæ proximus.* Ils étaient également incapables. Plus tard on assimila celui qui était *infantiæ proximus* à celui qui était *pubertati proximus.* Ils furent également capables de contracter, bien entendu autant que pouvait l'être un impubère (4). Cette in-

---

(1) Instit., *De inut. stip.,* § 10.
(2) ULPIEN, l. 70, *ff. De verb. oblig.*
(3) L. 18, C. *De jure delib.* — L. 1, § 2, *ff. De adm. et pericul.*
(4) Instit., *De inut. stipul.,* § 10,

terprétation du droit, Justinien la fonde sur la faveur et l'intérêt des pupilles; *propter utilitatem eorum benignior juris interpretatio facta est.* Désormais il n'y eut donc de radicalement incapable que l'enfant, *infans*; et telle était son incapacité qu'il ne pouvait même valablement obliger envers lui-même. Dépourvu d'intelligence, mis en parallèle avec le fou (1), il ne pouvait former aucun contrat qui pût raisonnablement être pris au sérieux.

Le Code civil n'a pas, comme le droit romain, tracé, pour ainsi dire, l'échelle d'intelligence des mineurs. Il n'a pas marqué des phases diverses à la minorité; il ne l'a pas divisée par périodes, l'une de l'enfance, l'autre voisine de l'enfance, et la dernière voisine de la majorité. D'un autre côté, le droit romain, raison écrite, n'est plus loi. Les juges n'ont donc d'autres règles, à cet égard, que la raison et l'équité. Ils ont à apprécier, dans chaque espèce, le degré de discernement et d'intelligence du mineur. Comme, au même âge, ils ne sont pas les mêmes chez tous, qu'il y a des intelligences précoces et d'autres tardives, suivant les combinaisons de la nature et de l'instruction, il arrivera nécessairement qu'aux yeux de la justice, tel sera plus longtemps enfant que tel autre. Mais ne sachons pas mauvais gré au législateur du silence qu'il a gardé, ni du pouvoir discrétionnaire qu'il a abandonné aux tribunaux, puisque, dégagée des entraves d'une règle absolue, la justice est mieux à même de suivre la nature dans ses variétés infinies, et de la saisir dans ses plus imperceptibles mouvements. Lors donc qu'il se présentera une convention formée par un mineur, et que l'autre partie prétendra qu'à raison de son intelligence cette convention n'est pas sérieuse, il faudra, abstraction faite de l'âge de l'incapable, examiner si réellement il n'a pas' eu assez d'intelligence et de discernement, non pas pour s'obliger, mais pour obliger sérieusement son adversaire envers lui.

_____

(1) Instit., *De inut. stipul.*, § 10.

12. En dehors de tout état d'interdiction, le fou, l'insensé est absolument et naturellement incapable de contracter; *furiosus nullum negotium gerere potest, quia non intelligit quod agit* (1). Mais si la folie est intermittente, les conventions faites dans les intervalles lucides sont valables. La capacité revient avec la raison (2). Celui-là donc dont les facultés intellectuelles sont éteintes et frappées de démence ne s'oblige et n'oblige les autres que dans les cas où les obligations contractées par lui ou envers lui, au lieu de résulter d'une convention, naissent *ex re* (3), d'un fait, et sont ainsi indépendantes de la volonté des contractants.

Nous constatons ici l'incapacité des personnes en démence, et, quant à la validité des actes consentis par elles, nous posons cette triple distinction : 1° un insensé a fait une convention; la nullité en est poursuivie de son vivant; peu importe que l'interdiction ait été plus tard prononcée ou non; les juges peuvent en prononcer la nullité, à moins qu'elle n'ait eu lieu dans des intervalles lucides et de réapparition d'intelligence; 2° si l'interdiction a été plus tard prononcée, les actes antérieurs à l'interdiction pourront être annulés, si la cause de l'interdiction existait notoirement à l'époque où ces actes ont été faits (503); 3° mais après la mort de l'individu, les actes par lui faits ne pourront être attaqués, pour cause de démence, qu'autant que son interdiction aurait été prononcée ou provoquée avant son décès, à moins que la preuve de la démence ne résulte de l'acte même qui est attaqué (504), ou que cet acte n'ait été consenti par lui pendant qu'il était placé et retenu dans un établissement d'aliénés (4).

13. Il est une autre classe d'incapables, je dirai presque d'insensés; ce sont les prodigues. Il peut leur être défendu

---

(1) Instit., *De inut. stip.*, § 8.
(2) L. 1, § 12, *ff. De oblig. et act.* — L. 2, C. *De contr. emp.*
(3) L. 46, *ff. De oblig. et act.*
(4) Voy. art. 39, loi du 30 juin 1838. — 1304, n° 25.

de plaider, de transiger, d'emprunter, de recevoir un capital mobilier et d'en donner décharge, d'aliéner et de grever leurs biens d'hypothèques, sans l'assistance d'un conseil qui leur est nommé par le tribunal (513). Ce n'est pas que les lumières de leur intelligence soient absolument éteintes; ils ont toute leur raison et ne manquent que de prudence, d'esprit d'ordre et de conduite. L'incapacité dont ils sont atteints les protége contre les égarements de leur propre faiblesse et les entraînements d'une excessive prodigalité.

Mais nous devons signaler cette première différence entre l'insensé, interdit ou non, et le prodigue assisté d'un conseil judiciaire; c'est que celui-ci contractant sans l'assistance de son conseil, s'il ne s'oblige pas valablement, oblige du moins l'autre contractant euvers lui; tandis que l'insensé, contractant par lui-même, au milieu de sa démence, ne fait rien du tout, ne s'oblige pas et n'oblige pas non plus, ou du moins n'oblige envers lui que tout autant qu'il a eu, au moment de l'acte, conscience du droit qu'il stipulait en sa faveur.

Il y a ensuite cette autre différence entre l'interdit et le prodigue déclaré : les contrats faits par l'interdit, même avant son interdiction, peuvent être annulés, si l'on justifie de sa démence au moment où ils ont été consentis. Son incapacité tient en effet à sa démence, et sa démence est indépendante d'un jugement d'interdiction qui la constate, et en déduit, pour l'avenir, un état légal d'incapacité, tout en maintenant, pour le passé, l'incapacité naturelle qui a vicié les actes accomplis. Sont au contraire valables les actes faits par un prodigue, avant qu'il lui ait été nommé un conseil, alors même que sa prodigalité existât déjà, et que l'autre partie connût ou présumât l'emploi malheureux qu'il devait faire de l'objet de la convention (1). La loi civile respecte et maintient de semblables contrats. La morale publique peut les flétrir, et réprouver ces honteuses complaisances pour la débauche, la

(1) POTHIER, *Oblig.*, n° 51.

dissipation et la prodigalité; mais ce n'en est pas moins, les cas de dol exceptés (1), un contrat valable et fondé sur un consentement suffisamment intelligent et raisonnable. Le prodigue n'est incapable que par suite du jugement qui lui donne un conseil; c'est le jugement qui crée son incapacité; et elle n'a d'effet que pour l'avenir, sans aucun effet rétroactif pour le passé.

14. Le délire momentané de l'ivresse, de la maladie, de la colère, lorsqu'il va jusqu'à enlever l'usage de la raison, peut créer une incapacité naturelle, comme l'état habituel de démence. Mais par cela même que ces causes d'incapacité n'ont pas été prévues par la loi, et que d'ailleurs elles n'ont qu'une très courte durée, le vice du contrat, pour être purgé, n'a pas besoin d'une prescription de dix ans. Les juges ont sur ce point un très large pouvoir d'appréciation (2).

Nous observons même, quant à l'ivresse, qu'elle ne constitue par elle-même une incapacité naturelle, que dans le cas où elle enlève complètement l'usage de la raison. Hors de cette condition, elle ne peut être prise comme cause de nullité, que si elle a été provoquée ou exploitée par des manœuvres frauduleuses. Mais alors elle se confond avec le dol proprement dit (3). On comprend du reste qu'en cette matière tout est subordonné à l'appréciation des circonstances (4).

15. Le sourd-muet ou l'aveugle n'est pas pour cela incapable; car l'incapacité ne tient pas à un vice des organes, mais

---

(1) Paris, 10 mars 1854; Sirey, 54, 2, 597. — Paris, 16 décembre 1859; Sirey, 60, 2, 307.

(2) Toullier, t. 6, n° 112

(3) Pothier, *Oblig.*, n° 49. — Toullier, t. 6. n° 112. — Duranton, t. 10, n° 103. — Rennes, 14 juillet 1849. Sirey, 50, 2, 6.

(4) Voy. Colmar, 27 août 1819. Sirey, 20, 2, 79. — Angers, 12 déc. 1823. Sirey, 24, 2, 140. — Rouen, 1er mars 1825. Sirey, 25, 2, 215. — Rouen, 17 juin 1845. Sirey, 46, 2, 555. — Toulouse, 25 juillet 1863. Sirey, 64, 2, 138. — Rennes, 6 juin 1881. Sirey, 82, 2, 23. — Dijon, 29 juin 1881. Sirey, 82, 2, 192, et 9 mars 1881. Sirey, 82, 2, 220.

à un défaut d'intelligence. Il pourra donc valablement contracter, pourvu qu'il n'ait pas été empêché, par la privation des sens qui lui manquent, de comprendre ce qu'il fait. Ainsi un sourd-muet, même illettré, peut valablement faire une donation (1). La surdité, le mutisme, la cécité, ne constituant par eux-mêmes aucune incapacité naturelle, ne font obstacle qu'aux contrats et actes dont la formation exige précisément la mise en action des sens dont ils supposent la privation. Telle était, chez les Romains, la stipulation qui se formait par une interrogation qu'il fallait entendre et une réponse qu'il fallait articuler (2).

16. Les incapacités naturelles, telles que la démence, l'ivresse, la colère, la maladie, l'enfance, cette première période de la minorité, et qu'il ne faut pas confondre avec elle, ne produisent pas les mêmes effets que les incapacités proprement légales. Nous verrons en effet, sous l'article suivant, que le droit d'opposer l'incapacité de l'une des parties, n'appartient pas indistinctement à tous ; qu'il n'appartient qu'à celui-là seul en faveur duquel la loi a prononcé l'incapacité, et, en première ligne, à l'incapable lui-même.

Alors, au contraire, que l'on contracte avec un fou, un homme ivre, un enfant, on peut opposer soi-même l'incapacité de l'autre contractant, quand il est manifeste qu'il n'y a rien eu de sérieux dans la convention formée avec cette autre personne, qui se trouvait alors soit dans le délire de la folie, de la maladie ou de la colère, soit dans la stupidité de l'ivresse, ou dans l'imbécillité de l'enfance. Mais il faut pour cela que les caractères de l'incapacité naturelle aient été, au moment de l'acte, si saisissants et si palpables qu'il soit impossible de supposer que la partie capable ait entendu contracter autrement que *jocandi causâ,* par forme de dérision et de plaisan-

---

(1) TROPLONG, *Donat.*, nᵒˢ 538, 539 et 1137. — Cass., 10 janv. 1844. SIREY, 44, 1, 102. — Bordeaux, 29 déc. 1856. SIREY, 57, 2, 440.

(2) Instit., *De inut. stip.*, § 7 et 12.

terie ; ce qui implique en elle la conscience de l'incapacité naturelle de son adversaire. C'est seulement alors qu'elle peut établir qu'elle ne s'est pas sérieusement engagée, et que l'incapable ne l'a pas plus obligée qu'il ne s'est obligé lui-même.

Il ne s'agit même plus du défaut de capacité légale pour contracter, laquelle n'est exigée que pour la validité de la convention, mais bien du défaut de faculté pour consentir un engagement, ou mieux encore, d'intention de s'obliger, laquelle est essentielle pour l'existence même du contrat. Il s'ensuit que le contrat entaché d'un pareil vice d'incapacité n'est pas seulement soumis à une action de rescision ou de nullité, et qu'il est réputé inexistant (1). Mais, hors ce cas, lorsqu'il apparaît de l'intention de s'obliger de la part des parties contractantes, et quelle que soit la nature de leur incapacité, pourvu qu'elle ne témoigne pas elle-même de l'absence de cette intention, il y a contrat ; et la loi, loin de le réputer frappé d'inexistence, le soumet à une action de rescision ou de nullité.

Enfin, quand nous disons de la démence avec ou sans intervalles lucides, de l'ivresse suivant son intensité, du délire momentané et accidentel, qu'ils constituent une incapacité naturelle de fait, nous donnons suffisamment à entendre que nous ne les considérons point comme établissant une incapacité proprement dite et de droit. Ils ne fondent pas en effet un état légal, suivant lequel la personne soit atteinte d'une incapacité générale, comme le sont les interdits, les mineurs, les femmes mariées. Ils ne constituent, au contraire, qu'une inaptitude, une inhabilité habituelle ou accidentelle dans l'exercice de ses droits, dans l'usage de ses facultés, sans altérer autrement sa capacité légale. Aussi, chacun de ses actes est-il soumis à une appréciation distincte et séparée, de telle sorte que l'un est maintenu ou peut l'être, quand l'autre est annulé. C'est en ce sens seulement que nous employons ici et ailleurs

_____

(1) Voy. MARCADÉ, art. 1108, n° 3. — ZACHARIÆ, t. 2, p. 467, et t. 4, p. 289, 4° éd.

le mot d'incapacité. A ce point de vue, le seul exact, l'inaptitude naturelle dont nous nous occupons se confond en réalité avec un vice de consentement, erreur ou défaut de volonté, eu égard à chaque acte individuellement envisagé. Cette observation n'a sans doute que fort peu d'importance pratique, lorsqu'il s'agit seulement de l'annulation des actes attaqués; mais il en est autrement, lorsqu'il est question de vérifier, par rapport à la chose jugée, la diversité ou l'identité des causes d'action. Car autre chose les vices de capacité, autre chose les vices de consentement.

ARTICLE. 1125.

Le mineur, l'interdit et la femme mariée ne peuvent attaquer, pour cause d'incapacité, leurs engagements que dans les cas prévus par la loi. — Les personnes capables de s'engager ne peuvent opposer l'incapacité du mineur, de l'interdit ou de la femme mariée avec qui elles ont contracté.

Sommaire.

1. Transition.
2. Renvoi.
3. L'incapacité du mineur, de l'interdit, de la femme mariée ne peut être opposée que par eux.
4. Cette inégalité du lien n'est pas contraire au droit.
5. La nullité est toute relative, même pour l'acceptation d'une donation;
6. La passation d'un compromis, d'un contrat de mariage;
7. La confection d'un partage; néanmoins il faut distinguer dans ce cas.
8. L'incapacité des mandataires légaux produit une nullité relative;
9. Pourvu qu'ils contractent expressément en cette qualité.
10. L'article 1125 s'applique aux jugements obtenus et aux actions intentées contre les incapables.
11. Quant aux incapacités de prohibition, elles produisent une nullité absolue, ou une nullité relative seulement à la personne en faveur de laquelle elles ont été introduites.
12. *Quid* après jugement qui a reconnu la nullité? L'incapable peut-il renoncer à la chose jugée?

COMMENTAIRE.

1. Nous avons vu plus haut quelles sont les personnes incapables, quelle est la nature de leurs diverses incapacités. Le
législateur complète ici son œuvre en résolvant d'autres questions qui se présentent naturellement.

2. Dans quel cas les incapables, et spécialement les mineurs, les interdits, les femmes mariées, peuvent-ils attaquer,
pour cause d'incapacité, les engagements contractés par eux?
Première question posée et en même temps réservée par
l'article 1125. Nous y répondrons sous les articles 1305 et
suivants.

3. Lorsque dans une convention il figure une partie incapable, chaque contractant, même le capable, peut-il opposer
le vice d'incapacité? Seconde question posée et résolue par
notre article. Les personnes capables de s'engager ne peuvent
opposer l'incapacité du mineur, de l'interdit ou de la femme
mariée avec qui elles ont contracté.

C'était un point constant dans le droit romain (1) et dans
notre ancienne jurisprudence, que le mineur pouvait obliger
envers lui-même, sans qu'il fût valablement obligé, faire sa
condition meilleure, *suam conditionem meliorem facere*, faire
maintenir le contrat, s'il contenait une stipulation qui lui fût
avantageuse, le faire annuler s'il contenait une obligation qui
lui fût préjudiciable. Seul incapable, il était ainsi le maître de
la nullité de la convention.

Quant à la femme mariée, c'était une question vivement
controversée dans notre ancien droit que celle de savoir si
les contrats qu'elle avait passés sans l'autorisation maritale
étaient, à la différence de ceux consentis par les mineurs,
frappés d'une nullité absolue, de telle sorte que l'autre partie

---

(1) L. 3, § 5, *ff. De carb. edict.* — L. 13, § 29, *ff. De act. emp.* —
L. 16, *ff. De minor.* — Instit., *De auct. tutor.*

pût elle-même opposer à la femme son incapacité. Pothier (1) pensait que « le besoin qu'elle a de requérir l'autorisation de son mari pour contracter, n'étant pas requis dans l'intérêt de la femme, mais comme une déférence qu'elle doit à son mari, elle ne pouvait contracter, en aucune manière, soit à son avantage, soit à son désavantage, sans l'autorité de son mari ». Mais d'autres auteurs assimilaient la femme au mineur, parce que suivant eux, l'autorisation maritale n'étant requise que pour conserver les droits du mari et pour empêcher la femme de s'engager témérairement, la loi qui a été introduite à leur avantage ne saurait être interprétée à leur préjudice. Ce n'était donc que du côté de la femme mariée que son incapacité était opposable (2). Elle pouvait enfin, suivant les expressions de Valin (3), tirer exécution des contrats qui lui étaient avantageux, sans que les parties avec lesquelles elle avait contracté pussent s'en défendre. C'est donc à tort que quelques commentateurs du Code civil prétendent que la femme mariée ne pouvait, sous notre ancien droit, s'obliger seule ni obliger les autres.

Quoi qu'il en soit, le législateur moderne a assimilé la femme mariée au mineur; en contractant seule, si elle ne s'oblige pas, elle oblige les autres, et elle est seule admise à opposer son incapacité.

Les interdits civils et criminels, assimilés d'une part les uns aux autres, le sont d'autre part aux mineurs pour leur personne et pour leurs biens (509). Le contrat est obligatoire du côté de la partie capable; sa validité est unilatérale, *ex uno latere constat contractus*. Cela ne veut pas dire toutefois que lorsque l'incapable a fait, en ce qui le concerne, annuler son

---

(1) *Oblig.*, n° 50.
(2) Argou, *Instit.*, t. 2, liv. 3, ch. 19. — Ricard, art. 223, Paris. — Ferrière, sur le même article, glose 2, n° 52. — Lecamus, *ibid.*, n° 3. — Chopin, Paris, liv. 2, ch. 1, sect. 5, n° 2. — Boucheul, Poitou, art. 223, n° 25.
(3) Valin, La Rochelle, *De l'état de la femme*, art. 23, n° 38.

obligation, la partie capable ne puisse elle-même faire annuler et résoudre le contrat, envers une autre partie qui se serait conjointement ou solidairement engagée avec l'incapable. Elle peut en effet avoir alors intérêt à une annulation pour le tout et à l'égard de toutes parties, soit parce qu'une révocation partielle est contraire à son intention, soit parce qu'elle la prive de garanties sur lesquelles elle avait compté. Mais nous ne nous occupons ici que des droits de l'incapable.

4. Cette inégalité dans le lien de la convention ne présente au surplus rien qui blesse les principes du droit et de l'équité. Nous pourrions citer une foule de contrats résolubles par la volonté de l'une des parties, tandis que vis-à-vis de l'autre ils sont purement et simplement obligatoires. Il est vrai qu'alors cette résolution facultative est toute conventionnelle, que les contractants l'ont eux-mêmes stipulée ; mais peu importe à la pureté des principes que ce soit la loi, au lieu de la convention, qui virtuellement et d'office introduise dans le contrat une cause de rescision unilatérale, *ab uno latere*, tirée d'un vice d'incapacité également toute personnelle. Nulle part d'ailleurs la réciprocité du lien n'a été sacrifiée à des motifs plus puissants d'équité ; et ces motifs se font assez vivement sentir pour que nous n'ayons pas besoin d'y insister.

5. Il est vrai de tous les contrats, même des contrats de donation, que le mineur, l'interdit et la femme mariée obligent les autres, sans s'obliger eux-mêmes. La question divise néanmoins les auteurs ; les uns pensent que les articles 934 et suivants, relatifs à l'acceptation des donations par les femmes mariées et les mineurs, contiennent une exception au principe posé par l'article 1125 (1) et la juris-

---

(1) Voy. GRENIER, t. 1, n° 61 *bis*. — PROUDHON, *Cours de Droit français*, t. 1, pag. 275. — MERLIN, Rép., v° *Donation* et v° *Mineur*, § 7. — DELVINCOURT, t. 2, pag. 472. — ZACHARIÆ, t. 5, pag. 46, n^te 9, et t. 7, p. 60, 4° éd. — COIN-DELISLE, art. 935, n°s 20 et suiv. — TROPLONG, *Don*, n°s 1117 et suiv., 1125 et suiv. — Toulouse, 27

prudence (1) a étendu cette exception même au cas où la donation a été déguisée sous la forme d'un contrat à titre onéreux. D'autres pensent, au contraire, que ce dernier article est général, sans exception, et que la femme mariée et le mineur, après avoir irrégulièrement accepté une donation, sont seuls admissibles à opposer leur incapacité (2). Cette dernière opinion nous paraît préférable. Nous croyons que la nullité de l'acceptation n'est pas absolue. mais simplement relative, opposable par le donataire incapable seul, et non par le donateur, ses héritiers et ayants-cause.

L'article 217 auquel renvoie l'article 934 suffirait seul pour trancher la question ; car il place sur la même ligne les acquisitions faites par la femme seule à titre gratuit ou onéreux. La femme, dit-il, ne peut acquérir à titre gratuit ou onéreux sans le concours du mari dans l'acte ou son consentement par écrit. Or, s'il est incontestable que la femme, en acquérant à titre onéreux, oblige son vendeur sans s'obliger elle-même, n'est-il pas évident que la parité établie par la loi entre les acquisitions à titre onéreux et celles à titre gratuit conduit à cette irrésistible conséquence, qu'en acceptant seule une donation, elle oblige son donateur sans s'obliger elle-même, et qu'elle seule peut opposer une nullité qui lui est toute relative ?

La loi n'a donc pas fait, pour la validité de l'acceptation

---

janvier 1830. Sirey, 30, 2, 242. — Limoges, 15 avril 1836. Sirey, 36, 2, 241. — Riom, 14 août 1829. Sirey, 30, 2, 300. — Grenoble, 14 juillet 1836. Sirey, 39, 2, 259. — Caen, 8 mai 1854. Sirey, 54, 2, 625. — Cass., 14 juillet 1856. Sirey, 56, 1, 641. Casse l'arrêt d'Alger du 31 juillet 1854. — Aix, 19 nov. 1857. Sirey, 58, 2, 437, sur renvoi de la Cour de cassation. — Dijon, 12 juillet 1865. Sirey, 66, 2, 173.

(1) Aix, 10 mars 1880. Sirey, 81, 2, 49.

(2) Toullier, t. 5, n° 193. — Duranton, t. 8, n°s 435 et 437. — Marcadé, art. 934 et 935, n° 5. — Douai, 6 août 1823. Sirey, 27, 1, 266. — Metz, 27 avril 1824. Sirey, 26, 2, 119. — Nancy, 4 février 1839. Sirey, 39, 2, 459. — Alger, 31 juillet 1854. Sirey, 54, 2, 748.

d'une donation faite à une femme mariée, des conditions de capacité et d'habilité plus rigoureuses que pour les autres contrats. Qu'on y prenne bien garde : c'est une question de fond et non de forme, une question de capacité, d'habilité personnelle. Or le droit commun des vices d'incapacité, c'est qu'ils ne produisent qu'une nullité relative. Il faudrait donc trouver dans la loi une dérogation formelle. Pourquoi cette dérogation? L'irrévocabilité, la fixité des donations? Mais cette raison ne prouve rien, en prouvant trop; car les ventes, les transactions, tous les contrats ont également besoin de fixité, d'irrévocabilité. Quand le législateur en a fait une condition essentielle aux donations, il n'a fait qu'une chose : il a proscrit les révocations facultatives, conventionnelles. Et encore, en posant ce principe de l'irrévocabilité des donations entre vifs, il l'a fait bien moins en ce qui concerne le donataire que le donateur. Mais il n'a point touché aux causes ordinaires de nullité ou de rescision, dérivant du défaut de l'une des quatre conditions essentielles à tout contrat, c'est-à-dire d'un vice de consentement, d'objet, de cause ou de capacité. Ces vices et leurs effets sont restés dans le droit commun; ils n'ont été soumis à aucune exception à l'égard des donations, et la raison dit qu'ils ne devaient pas l'être. Comme ils sont partout les mêmes, ils doivent partout produire les mêmes effets, et nous ne voyons pas ce que le principe de l'irrévocabilité peut gagner à ce que la nullité qui en résulte soit absolue au lieu d'être relative.

Ce qu'il y a de singulier, c'est que la plupart des auteurs qui tiennent pour la nullité absolue reconnaissent que le principe de cette nullité se déduit de l'intérêt du mari. Mais n'est-ce pas là leur réfutation même, puisque, s'il est vrai que l'intérêt du mari soit la mesure de son action, il est également vrai que cet intérêt, relatif et personnel, ne peut fonder qu'une nullité relative, *ab uno latere?*

Cependant on argumente du texte de la loi : l'article 938, dit-on, porte que la donation dûment acceptée sera parfaite par le seul consentement des parties. Donc elle n'est pas parfaite, si elle n'a pas été dûment acceptée ; et si elle n'est pas parfaite, le donateur peut, aussi bien que le donataire, en poursuivre l'annulation. Or elle n'est pas dûment acceptée, si elle ne l'a été par le mineur ou la femme mariée, conformément aux articles 934 et 935. C'est, ajoute-t-on, que dans les principes du Code civil, les conditions relatives à la perfection de l'acceptation ont été prescrites avec une rigueur exceptionnelle, et que, comme le disait M. Jaubert dans son rapport au tribunat (1), l'acceptation qui ne lierait pas le donataire ne saurait engager le donateur.

Remarquons d'abord que ces paroles, malgré leur caractère officiel, ne peuvent l'emporter sur le texte de la loi, ni suppléer une exception aux règles ordinaires du droit, qui n'en résulterait pas clairement. Qu'on en presse d'ailleurs un peu les conséquences, on arrive à cette conclusion, que, si l'acceptation de la donation est entachée, de la part du donataire, d'un vice quelconque, tel que le dol, l'erreur ou la violence, elle ne lie pas plus le donateur que le donataire. L'exagération d'une pareille proposition ne suffit-elle pas pour en démontrer l'inexactitude ?

Quant au texte de l'article 938, il nous semble qu'à l'aide de l'argument *à contrario*, on en exprime plus qu'il ne contient. Quand il dit que la donation dûment acceptée est parfaite par le seul consentement des parties, il ne fait qu'appliquer aux donations le principe général consacré par l'article 1138 ; et il l'explique lui-même, en ajoutant que la propriété des objets donnés est transférée au donataire, sans qu'il soit besoin d'autre tradition. Ne serait-il pas étrange, que par cette même disposition qui consacre le droit commun des contrats, le législateur y eût établi une exception? N'y a-t-il pas là une contradiction qu'on ne saurait admettre sans une preuve bien manifeste, et que l'ambiguité du texte, s'il y avait lieu, suffirait

_____

(1) Voy. Fenet, t. 12, pag. 596. — Locré, t. 11, pag. 206, 207, 456,

seule, dans tous les cas, pour faire rejeter? Il est enfin tout simple que l'efficacité de la donation dépende de son acceptation, puisqu'elle n'est, comme les autres contrats, parfaite que par cette acceptation. Mais quand l'article 938 parle de donation dûment acceptée, il ne s'occupe que des conditions de forme proprement dites, telles que la déclaration en termes exprès, l'authenticité de l'acte séparé par lequel elle a lieu, sa notification au donateur, la procuration authentique et annexée à la donation. Quant aux vices dont l'acte peut être entaché au fond, il ne s'en occupe pas, et ce n'est que par un effort d'interprétation, qu'on induit de son texte une exception aux règles ordinaires.

L'opinion que nous combattons a ses racines dans le passé. Voilà pourquoi nous la voyons apparaître sous le Code civil, comme une opinion maintenue et consacrée. Sous l'ancien droit, à tort ou à raison, la majorité des auteurs pensaient que l'article 9 de l'ordonnance de 1731 prononçait la nullité absolue de l'acceptation donnée irrégulièrement à une donation par la femme mariée (1). Il avait, suivant eux, coupé court aux difficultés que reconnaissait Ricard (2), qui, après avoir discuté le pour et le contre, avouait naïvement, avant l'ordonnance, que la question, tant pour le mineur que pour la femme, était encore problématique au palais. Nous disons qu'aujourd'hui le Code l'a tranchée, mais dans le sens d'une nullité simplement relative.

Les raisons que nous venons de présenter, touchant la femme mariée, s'appliquent également au mineur, et les articles 463 et 935 ne contiennent aucune dérogation au principe général posé dans l'article 1125. J'aime enfin l'unité dans la loi, et ne veux d'exceptions que celles qui se fondent sur la lettre positive du texte, ou se justifient par les nécessités de l'équité et du bon sens. Or toutes ces choses manquent ici à

(1) Voy. POTHIER, *Oblig.*, n° 50. — FURGOLE, sur l'art. 9 de l'ordonn. de 1731, pag. 36, col. 2.

(2) Part. 1, chap. 4, sect. 1, n° 849.

l'opinion qui prétend frapper d'une nullité absolue l'acceptation faite par le mineur seul d'un contrat de donation.

Elle aussi tire sa filiation des traditions du passé. Dans sa
lettre du 30 juin 1731, d'Aguesseau, auteur de l'ordonnance
sur les donations, répondant aux remontrances posthumes du
parlement de Toulouse, n'avait-il pas dit qu'il valait mieux
prévenir le mal que d'attendre qu'il fût fait pour y apporter
remède? Aussitôt les commentateurs s'emparant de ces paroles, prétendirent, à l'envi, que l'article 7 de l'ordonnance
frappait de nullité absolue l'acceptation donnée par le mineur
seul (1). Quelque imposante que soit l'autorité de l'illustre
chancelier, comme après tout le commentaire de l'auteur
même de la loi n'est pas la loi même, Pothier (2) n'en pensait pas moins que l'article 7 de l'ordonnance n'était nullement contraire au droit commun, et que les mineurs pouvaient
accepter une donation par eux-mêmes, lorsqu'ils avaient
l'usage de leur raison.

6. Comme les parties peuvent par des conventions privées
changer et proroger les juridictions, sans toutefois blesser
l'ordre public, il suit que le compromis souscrit par un mineur
oblige l'autre partie, bien que le mineur ne soit pas lui-même
obligé. Le compromis n'est en effet qu'un contrat d'une espèce
particulière, contenant obligation de soumettre un point litigieux à une juridiction privée du choix des compromettants.
Si donc c'est un contrat, pourquoi l'article 1125 ne lui serait-
il pas applicable? Nous avouons franchement que nous ne
comprenons point les raisons par lesquelles on a essayé, mais
sans succès, de frapper d'une nullité absolue le compromis
consenti par un incapable. Cette espèce de convention doit
demeurer dans le droit commun (3).

---

(1) BOUTARIC — SALLÉ — FURGOLE, ordonn. de 1731, art. 7.
(2) *Oblig.*, n° 50.
(3) Cass., 14 févr. 1849. SIREY, 49, 1, 367. — 3 mars 1863. SIREY,
63, 1, 119.

Nous en disons autant de la nullité du contrat de mariage passé par un mineur non régulièrement assisté, conformément à l'article 1398. Elle est toute relative à l'incapable qui seul peut l'invoquer, sans que l'autre partie ou les tiers puissent s'en prévaloir (1). La Cour de cassation, il est vrai, a décidé le contraire et a admis les tiers intéressés à poursuivre la nullité du contrat de mariage, dans ce cas, bien que l'époux incapable en demandât formellement le maintien. Elle a fondé (2) cette exception au principe posé par l'article 1125 sur ce que la solennité et l'immutabilité du pacte matrimonial intéressent tout à la fois les époux, les deux familles, les enfants à naître et les tiers eux-mêmes ; que s'il dépendait de l'époux, du chef duquel existe la nullité, de poursuivre ou non l'annulation de son contrat de mariage, la condition des tiers demeurerait perpétuellement incertaine, et le pacte matrimonial perdrait à leur égard le caractère d'immutabilité que la loi a voulu y attacher. Mais n'est-ce pas là exagérer le principe de l'irrévocabilité et de l'immutabilité du contrat de mariage ? N'est-ce pas en tirer des conséquences excessives ?

La règle générale est que le vice de minorité et d'incapacité ne produit qu'une nullité relative. La loi n'y fait nulle part exception, à l'égard du contrat de mariage. Quant à l'immutabilité qui est essentiellement inhérente à ce pacte, elle s'oppose sans doute à ce que les époux, par le seul fait de leur pure volonté, modifient, annulent, détruisent leurs conventions matrimoniales ; mais bien loin de nous paraître incompatible avec l'exercice unilatéral d'une nullité simplement relative, elle nous semble se concilier avec lui, tout aussi bien que s'il s'agissait d'une nullité absolue. Quelque incertaine que soit en effet l'espèce de régime conjugal, puisqu'elle dépend de l'exercice éventuel et de l'issue de l'action en nullité, ce régime, une

---

(1) Troplong, *Contr. de mar.*, n° 288. — Zacharie, t. 3, pag. 395, et t. 5, p. 245, 4ᵉ éd. — Marcadé, art. 1398, n° 2.

(2) 5 mars 1855. Sirey, 55, 1, 348.

fois déterminé et considéré en soi, ne laisse pas d'être incommutable. Que si la condition des tiers demeure incertaine, ils n'ont qu'à se l'imputer à eux-mêmes, pour avoir imprudemment et sans examen contracté dans de semblables circonstances. S'il en était autrement, le principe de l'immutabilité des conventions matrimoniales, entendu comme il l'a été par la Cour suprême, conduirait à cette conséquence nécessaire : c'est qu'il n'y aurait, en fait de contrat de mariage, que des nullités absolues, quelles qu'en fussent les causes, et que, dans les cas où une action de nullité serait ouverte pour dol ou violence, elle pourrait être exercée même par les tiers qui ont intérêt à exciper de cette nullité. Nous ne saurions donc accepter une semblable exception aux principes ordinaires du droit.

7. Lorsqu'un partage intéresse des mineurs, il n'est que provisionnel, si les formalités prescrites n'ont pas été observées (840). Dans ce cas, chacun des copartageants, capable ou incapable, peut-il, pour sortir de cet état provisoire, provoquer un nouveau partage définitif?

Nous devons faire une distinction indiquée par quelques auteurs et pleinement fondée en raison.

Des majeurs et des mineurs sont en état d'indivision. Par un arrangement amiable dont l'intérêt se comprend, quant à la commodité de la jouissance et quant à l'économie des frais, toutes parties font un partage, mais avec l'intention formellement exprimée de ne lui donner qu'un caractère provisionnel, transitoire, en attendant. Les lots sont faits, chacun est envoyé en possession, jouit et administre. Dans son caractère comme dans l'intention des copartageants, ce partage est moins une division de la propriété qu'une division de la jouissance. Les parties ne sont engagées qu'à se laisser réciproquement jouir. Chacune d'elles, majeure ou mineure, capable ou incapable, a le droit de sortir du provisoire et de demander un partage définitif et parfait dans les règles voulues. Comme tout est amiable, provisoire, potestatif à l'égard de tous, l'article 1125 cesse d'être applicable (1); et ce partage portant exclusivement sur la jouissance, ne nous paraît même pas susceptible d'acquérir, par le temps de la prescription, la force de diviser réellement la propriété.

Quand nous disons que toutes parties peuvent demander un partage définitif, dans le cas d'un semblable partage provisionnel, nous supposons qu'aucun terme n'a été fixé pour l'exercice de la jouissance ainsi divisée. Si, par exemple, on est convenu que les effets du partage dureront jusqu'à la majorité du mineur ou l'échéance de tout autre terme, pourvu qu'il n'excède pas cinq ans (815), dans ce cas il y a un véritable engagement, quant à la durée du provisoire, et si le mineur peut incessamment provoquer un partage définitif, les majeurs ne le peuvent point. L'article 1125 reprend contre eux toute sa force.

Mais si les parties n'ont pas entendu faire de partage provisionnel; si elles ont, au contraire, voulu en faire un définitif et sortir irrévocablement de leur état d'indivision, malgré l'absence des formalités prescrites dont elles se sont affranchies en connaissance de cause, soit par principe d'économie ou tout autre motif, soit dans l'espérance d'une ratification ou exécution ultérieure, alors l'article 1125 est applicable (2). Le mineur a sans doute fait un acte nul, ou le tuteur excédé ses pouvoirs. Mais les parties capables ont contracté sciemment avec eux, et elles n'ont qu'à s'en prendre à elles-mêmes du défaut de réci-

---

(1) DURANTON, t. 7, n° 179. — VAZEILLE, art. 840, n° 6. — TROPLONG, Rapp. sur l'arrêt du 24 juin 1839. — ZACHARIÆ, t. 4, pag. 381. et t. 6, p. 540, 4° éd. — Cass., 24 juin 1839. SIREY, 39, 1, 615. — 9 mars 1846. SIREY, 46, 1, 451.

(2) Voy. auteurs cités, *suprà*, et CHABOT, art. 840, n° 7. — MERLIN, Rép., vⁱˢ *Partage provisionnel*. — FAVARD, t. 4, pag. 114. — MALPEL, *Des successions*, n° 318. — Lyon, 12 mars 1868. SIREY, 68, 2, 276. — Cass., 15 juillet 1868. SIREY, 68, 1, 428. — Chambéry, 9 février 1870. SIREY, 70, 2, 123. — *Contrà*, DELVINCOURT, t. 2, pag. 356, nᵗᵉ 4.

procité dans le lien. Le partage n'est, à tout prendre, qu'une convention spéciale. Il a des rapports si intimes avec la vente et l'échange, que le droit romain n'en faisait pas autre chose. Pourquoi donc l'article 1125 cesserait-il d'être applicable? Pourquoi le mineur ne serait-il pas seul admis à opposer la nullité? Est-ce que le vice tout personnel de son incapacité change de nature, pour se rencontrer dans un acte de partage?

Il est vrai que cette distinction ne se trouve pas expressément écrite dans la loi. Mais elle ressort de la nature des choses, puisque d'une part les parties pouvant diversifier à l'infini leurs conventions, il ne s'agit plus que de les interpréter, et que d'autre part chaque fois qu'entre capable et incapable il est intervenu un engagement définitif et sérieux, il est de droit commun que l'incapable puisse seul opposer la nullité de la convention. Ainsi, cette distinction ménage à la fois les questions d'interprétation et l'application des principes rigoureux du droit.

Toute autre opinion qui, dans les partages faits avec un incapable, ne voit que des partages provisionnels, rescindables à la demande de toutes parties ou seulement de l'incapable, cette opinion, disons-nous, nous paraît trop exclusive et trop absolue, puisqu'elle jette dans un moule uniforme des actes de partage auxquels la volonté des parties a pu imprimer des caractères différents.

Nous avons cru devoir insister sur ce point, pour montrer que l'article 1125 est d'une application générale, universelle, et que s'il est des cas où il cesse de l'être, c'est uniquement parce que la volonté des parties a soustrait, en fait, leur convention à l'application des principes ordinaires du droit.

8. Ce n'est pas seulement aux mineurs, aux interdits, aux femmes mariées que s'applique l'article 1125. Nous avons déjà dit un mot sur la nature de l'incapacité dont sont frappés les communes, les fabriques, les hospices, les corporations publi-

ques, l'Etat même, les faillites, les successions vacantes, enfin les corps moraux quelconques, qui réduits, à défaut d'organes, à l'impossibilité d'agir par eux-mêmes, n'agissent que par leurs administrateurs et représentants. La loi a placé ces personnes morales sous la tutelle administrative ou judiciaire, et tracé les limites des pouvoirs conférés par elle aux agents qui doivent les représenter. Supposons un de ces administrateurs contractant en cette qualité pour le corps moral dont il est l'organe et l'agent, mais en dehors des limites de ses pouvoirs et en l'absence des formalités prescrites : des parties contractantes, celle-là seule pourra opposer la nullité du contrat, qui est frappée d'une incapacité légale. Elle ne sera pas obligée, l'autre le sera. Elle pourra poursuivre l'exécution ou l'annulation du contrat, à son choix, sans que l'autre partie puisse s'y opposer. Le vice est tout relatif et ne produit par conséquent qu'une nullité relative. Le contrat est, pour ainsi dire, boîteux (1).

9. Que l'on fasse attention à quelle condition essentielle nous attachons l'existence de la nullité simplement relative dont parle l'article 1125. Nous voulons que ce soit l'incapable qui contracte lui-même, ou le représentant de l'incapable qui contracte en cette qualité. Si un tuteur, un mari, ou tout autre représentant d'un incapable, vendait la chose de son pupille, de sa femme, de la corporation qu'il administre, sans qu'il apparût dans le contrat que c'est en qualité d'agent d'un incapable qu'il contracte et s'oblige, on retomberait alors en plein dans les principes relatifs aux conventions sur les choses d'autrui (1599). L'autre partie, si elle avait été de bonne foi, pourrait elle-même demander la nullité du contrat. Il n'est plus question de nullité pour incapacité, mais de résolution, pour inexécution des engagements.

---

(1) Cass., 16 mars 1836. Sɪʀᴇʏ, 36, 1, 609. — 3 mai 1841. Sɪʀᴇʏ, 41, 1, 391. — Angers, 27 février 1867. Sɪʀᴇʏ, 67, 2, 251.

Alors, au contraire, que le représentant d'un incapable contracte irrégulièrement en cette qualité, il n'est pas précisément un tiers contractant sur la chose d'autrui, du moins vis-à-vis de son adversaire, puisqu'il existe dans ses mains un pouvoir légal dont son excès même démontre l'existence, et dans l'exercice duquel l'autre partie doit se reprocher à elle-même de ne pas avoir exigé une plus grande régularité. Elle ne peut donc lui opposer son incapacité, du moment qu'elle l'a accepté, en connaissance de cause, comme partie contractante.

10. L'article 1125 ne s'applique pas seulement aux contrats; *judiciis contrahimus*, disent les interprètes du droit. Les décisions judiciaires nous imposent, en les constatant, des obligations, comme font les contrats eux-mêmes. J'intente une action contre un mineur, un interdit, une femme mariée. Ils agissent par eux-mêmes, sans être représentés ou autorisés par leur tuteur ou mari. Un jugement est rendu; eux seuls pourront en opposer l'irrégularité.

De même une action est intentée contre un corps moral quelconque. Aucune des formalités prescrites n'a été observée; par exemple, une commune a été poursuivie sans autorisation préalable du conseil de préfecture; on poursuit un corps moral dans une personne qui ne le représente pas régulièrement. Le jugement rendu dans ces circonstances ne peut être attaqué que par l'incapable; car il ne doit jamais souffrir des lois faites en sa faveur, et la partie adverse ne peut lui opposer son incapacité, pour faire annuler après coup une procédure dont le résultat est à son avantage. Elle demeure donc irrévocablement condamnée; et telle est la nature de la nullité relative dont l'incapable est autorisé à se prévaloir, qu'il peut, pour la première fois, l'opposer devant la Cour de cassation, parce que le moyen tiré de l'inobservation des formalités prescrites est d'ordre public, et peut conséquemment être opposé par la partie en tout état de cause, ou même suppléé d'office par le juge. Ainsi d'une femme mariée (1), d'une commune (2) qui n'ont pas été régulièrement autorisées à ester en jugement.

Intervertissons maintenant les rôles. Nous venons de voir l'incapable défendeur; supposons-le demandeur. Il intente une action sans les formalités prescrites; c'est une femme mariée ou un mineur plaidant seul; un tuteur sans autorisation, dans un cas où elle est nécessaire; un corps moral, sans être légalement représenté. Le défendeur a certainement intérêt à trouver devant lui un contradicteur légitime, tel que le procès puisse régulièrement se vider avec lui. Il est intéressé à obtenir un jugement définitif, irréfragable, et que l'autre partie ne puisse pas faire annuler ou maintenir, suivant qu'elle aura perdu ou gagné son procès (3). Irrégulièrement poursuivi par un incapable, il pourra donc, et même en tout état de cause, tant que la contestation n'est pas définitivement jugée, lui opposer un défaut de droit, de qualité, de capacité.

Mais s'il avait laissé rendre un jugement sur le fond, il ne serait plus recevable à proposer l'exception pour la première fois en instance d'appel, soit qu'il fût appelant (4) ou intimé, parce qu'il est alors censé avoir accepté la poursuite comme régulière, et que d'ailleurs le moyen de nullité contre la décision intervenue est exclusivement personnel à son

---

(1) Cass., 5 août 1840. Sirey, 40, 1, 768. — 13 nov. 1844. Sirey, 45, 1, 45. — 4 mars 1845. Sirey, 45, 1, 356. — 20 mai 1846. Sirey, 46, 1, 550. — 4 avril 1853. Sirey, 53, 1, 480. — 18 août 1857. Sirey, 59, 1, 253. — 9 mai 1865. Sirey, 65, 1, 452. — 18 juin 1866. Sirey, 67, 1, 8. — 20 janvier 1868. Sirey, 68, 1, 8. — 7 novembre 1876. — 30 janvier 1877. Sirey, 77, 1, 64 et 73. — 31 juillet 1878. Sirey, 80, 1, 359.

(2) Cass., 24 juin 1829. Sirey, 29, 1, 363. — 26 avril 1853. Sirey, 53, 1, 493. — 3 déc. 1855. Sirey, 56, 1, 347. — 30 juillet 1861. Sirey, 61, 1, 688.

(3) Cass., 5 janvier 1859. Sirey, 59, 1, 335.

(4) Grenoble, 21 juillet 1836. Sirey, 37, 2, 471. — Cass., 19 janvier 1841. Sirey, 41, 1, 426. — 8 juin 1869. Sirey, 69, 1, 425.

adversaire, sans qu'il puisse fonder contre ce dernier aucun grief d'appel.

Quand la loi dit que l'incapacité des femmes, des mineurs produit une nullité relative, elle suppose, en effet, l'engagement contracté. Lorsqu'au contraire l'engagement est à former, on peut toujours opposer leur incapacité, et refuser de les reconnaître pour parties ou adversaires légitimes, tant qu'ils ne se sont pas fait régulièrement habiliter, et qu'ils n'en rapportent point la justification. Mais au lieu de faire déclarer l'action du demandeur irrecevable, le défendeur l'accepte comme régulièrement intentée; il prend son adversaire pour son légitime contradicteur; le débat s'engage au fond, et un jugement définitif est rendu, contre lequel il ne reste plus que le pourvoi en cassation ou tout autre recours extraordinaire. La partie capable est-elle condamnée? Elle le sera irrémissiblement; a-t-elle triomphé? L'autre partie pourra faire annuler le jugement par les voies de droit, sur pourvoi ou requête civile. La nullité en est relative à son égard, parce que l'incapacité est de son côté seulement, comme dans un contrat, sans que son adversaire soit admis à s'en prévaloir (1).

Cette nullité serait même toute relative envers le mari, à l'égard de sa femme, avec laquelle il aurait plaidé, sans qu'elle eût obtenu l'autorisation de la justice, la seule qu'elle puisse obtenir dans ce cas; car le mari ne peut être *auctor in rem suam*.

11. Quant aux incapables que l'article 1124 se contente de désigner par ces expressions générales : ceux à qui la loi a interdit certains contrats; nous avons dit plus haut qu'il y avait par rapport à eux moins des incapacités de personne

(1) Voy. MERLIN, Quest., vº *Commune,* § 5, nº 1.—ZACHARIÆ, t. 3, p. 343, et t 5, p. 163, 4º édit. — DURANTON, t. 2, nº 468. — Cass., 30 mai 1837. SIREY, 37, 1, 1003. — 26 juin 1836. SIREY, 36, 1, 683. — 7 janvier 1845. SIREY, 45, 1, 734. — 18 décembre 1866. SIREY, 67, 1, 119.

que des prohibitions de contrats. Comme ces prohibitions sont fondées sur l'utilité publique, et que l'utilité publique elle-même, dans chaque cas particulier, devient particulière aussi, la nullité des contrats faits à l'encontre de ces prohibitions est toute relative, et appartient exclusivement à celle des parties en faveur de laquelle la loi les a prononcées.

Quelques-unes de ces prohibitions sont cependant fondées sur l'ordre public. La nullité est absolue dans ce cas, et toutes parties peuvent s'en prévaloir, à moins que l'ordre public ne soit satisfait par la satisfaction donnée à une seule des parties. Ainsi, la nullité de la vente faite aux personnes désignées dans les articles 1596 et 1597 ne concerne pas l'acquéreur, parce que l'ordre public est désintéressé aussitôt qu'il est accordé satisfaction aux seules parties lésées, et que si ces dernières ne se plaignent point, l'acquéreur est mal venu lui-même à tirer action de sa fraude et de son délit, pour se faire décharger des obligations qu'il s'est imposées (1).

12. Lorsqu'un jugement a prononcé l'annulation, la rescision des engagements contractés par un incapable, celui-ci peut-il renoncer au bénéfice du jugement rendu, et opter pour le maintien de la convention annulée? Il peut arriver en effet qu'il y ait un intérêt plus ou moins considérable, à raison des restitutions qu'il doit faire à son adversaire, en conséquence de la nullité ou de la rescision prononcée, soit parce que la chose qu'il reçoit ne vaut pas ce qu'il doit restituer; soit parce que cette chose a péri depuis par cas fortuit ou a été détériorée; soit enfin parce que, d'une manière ou d'une autre, il a été mal inspiré d'intenter une action qui tourne en définitive à son désavantage.

De ce que la nullité est purement relative et que la partie capable ne peut s'en prévaloir, on serait tout d'abord tenté de conclure que, même après le jugement rendu, la partie qui

(1) TROPLONG, *Vente*, n°s 194, 196.

a obtenu l'annulation de ses engagements peut se raviser, et opter encore pour le maintien de la convention. Le droit romain en a une disposition expresse, en cas de minorité (1) : « Un jugement prononce la rescision pour lésion d'un contrat de vente, et ordonne, en conséquence, que le vendeur rendra le prix, en reprenant la chose. Si le mineur se ravisant ne veut plus profiter de cette restitution en entier, il pourra opposer une exception utile à l'acquéreur réclamant le prix en conséquence du jugement ; c'est que chacun peut renoncer au droit introduit en sa faveur, et l'acquéreur ne sera pas fondé à se plaindre, parce qu'il est remis dans la position qu'il s'est faite lui-même et qu'il n'aurait pu changer, si le mineur n'avait agi en rescision. »

Mais nous ne pensons point que cette décision doive être suivie sous le Code civil. Du moment en effet qu'un jugement a acquis l'autorité de la chose jugée, il lie irrévocablement toutes parties, et appartient aussi bien à celle contre qui il a été rendu qu'à celle qui l'a obtenu. Il a entre elles toute la force d'un contrat judiciaire, de telle sorte que, si la partie en faveur de laquelle il a été prononcé prétendait renoncer au bénéfice de son obtention et le faire considérer comme non avenu, l'autre partie pourrait s'en prévaloir et en poursuivre l'exécution. Pour qu'il pût être mis à l'écart, il faudrait leur consentement mutuel (2). Quant à la faculté que chacun a de renoncer au droit introduit en sa faveur, l'exercice n'en est plein et entier que tant que les choses sont entières ; or elles ne le sont plus, dès qu'un jugement, passé en force de chose jugée, a prononcé la rescision du contrat, sur les poursuites de l'incapable. Pouvant user ou ne pas user de son droit, c'était à lui, avant d'opter, de consulter ses intérêts ; mais après en avoir usé, il ne saurait légitimement répudier les conséquences de l'exercice plus ou moins imprudent qu'il en

---

(1) L. 41, *ff. De minor.*
(2) Cass., 11 mai 1846. SIREY, 46, 1, 691..

a fait. Ajoutons que, sous notre ancien droit, lorsqu'une partie majeure avait obtenu et fait entériner des lettres de rescision, elle ne pouvait changer de sentiment et s'en départir, malgré sa partie adverse (1).

SECTION III.

DE L'OBJET ET DE LA MATIÈRE DES CONTRATS.

ARTICLE 1126.

Tout contrat a pour objet une chose qu'une partie s'oblige à donner, ou qu'une partie s'oblige à faire ou à ne pas faire.

Sommaire.

1. La définition du contrat implique la nécessité d'un objet.
2. C'est la troisième et la plus saillante condition.
3. Rapports entre l'objet et la cause.

COMMENTAIRE.

1. L'article 1101 définit le contrat une convention par laquelle une ou plusieurs personnes s'obligent envers une ou plusieurs autres à donner, à faire, ou à ne pas faire quelque chose. Cette définition du contrat implique elle-même la nécessité d'un objet, c'est-à-dire d'une chose à donner, à faire ou à ne pas faire. Aussi l'article 1126 dit-il que tout contrat a pour objet une chose qu'une partie s'oblige à donner, à faire, ou à ne pas faire.

2. L'existence d'un objet est la troisième condition essentielle à la formation de tout contrat. Elle en est même la plus saillante de toutes, la première en vue, à ce point que, sans objet, le contrat est inconcevable. Supprimez en effet l'objet,

---

(1) ARGOU, t. 2, p. 409.

la matière du contrat, vous n'aurez rien, puisque l'obligation n'a aucune chose sur laquelle elle puisse se fixer, et par laquelle elle puisse se caractériser et se définir.

3. Si l'objet est le sur quoi l'on contracte, ce à quoi l'on s'oblige, la cause est le pourquoi l'on contracte, le pourquoi l'on s'oblige. Aussi, dans tout contrat, l'objet est-il tour à tour cause et objet, suivant le point de vue auquel on le considère. Je vous vends ma maison dix mille francs; la maison, voilà l'objet du contrat de la part du vendeur, qui s'oblige d'ailleurs à cause des dix mille francs; les dix mille francs, voilà l'objet du contrat de la part de l'acquéreur, qui contracte de son côté à cause de la maison : et c'est pour cela que la théorie de l'objet des contrats a bien des points communs avec celle de leur cause.

ARTICLE 1127.

Le simple usage ou la simple possession d'une chose peut être, comme la chose même, l'objet du contrat.

Sommaire.

1. En principe, tout peut être objet de contrat.
2. Du droit de propriété et de ses démembrements.
3. De l'homme et de ses services.
4. Des productions de l'intelligence.

COMMENTAIRE.

1. En principe, toute chose peut être l'objet d'un contrat; et par ce mot, chose, nous comprenons tout ce qui peut procurer quelque utilité aux personnes. Peu importe que ce soit une chose corporelle ou incorporelle, une chose à donner, à faire, ou à ne pas faire. Il suffit que l'obligation puisse, par cette chose, prendre une assiette et un corps, et pour l'a-

vantage qu'elle doit produire, et pour l'exécution qu'elle doit recevoir.

2. L'article 544 définit la propriété le droit de jouir et de disposer des choses de la manière la plus absolue, pourvu qu'on n'en fasse pas un usage prohibé par les lois ou par les règlements. Ce droit est absolu, exclusif; il comprend tout, l'usage et l'abus, c'est-à-dire la disposition la plus large. Il n'a pour limites que les prohibitions légales, ou les modifications conventionnelles.

Les prohibitions de la loi n'altèrent point l'essence du droit de propriété. Loin de là, elles le définissent, en le prenant de prime abord à son origine. Quant aux modifications que les conventions apportent au droit de propriété, elles résultent toujours d'une translation faite à des tiers, ou d'une abdication faite par le propriétaire lui-même de quelques-uns des éléments dans lesquels le droit de propriété peut se décomposer. Cette décomposition s'opère par l'admission d'un tiers au partage du droit de propriété, ou au bénéfice de la renonciation à l'un de ses éléments constitutifs, et, dans tous les cas, par l'exercice du domaine en concurrence et en participation avec d'autres. Ce démembrement du droit suppose essentiellement l'admission des tiers; car le droit de propriété comprenant tout absorbe dans sa plénitude et dans son essence les éléments divers dont il se compose. Nous ne voulons point parler, on le conçoit, d'une propriété commune et indivise. Le droit est alors entier dans chaque main qui le possède. Il y a des communistes, des copropriétaires à l'état d'indivision; et s'il y a partage, ce n'est pas du droit, c'est de la chose.

Mais si les éléments du domaine demeurent confondus et incorporés dans le droit de propriété, tant qu'ils n'en sont pas détachés et démembrés, il n'en est pas moins vrai qu'ils peuvent s'en détacher un à un. Alors ils sont autant d'objets de contrats particuliers. Ainsi, le propriétaire cède l'usufruit ou l'usage de sa chose ; il la loue à un tiers ; il la grève d'une servitude, d'une hypothèque ; il la met en commodat, en dépôt, en prêt, en cheptel, en gage, en antichrèse. Le simple usage ou la simple possession d'une chose peut en effet, comme la chose même, être l'objet d'un contrat (1127). Ce sont autant de droits distincts qu'il concède sur sa chose, sans cesser néanmoins d'en être propriétaire ; car il conserve sur elle le droit le plus éminent, le droit de disposer, d'abuser, pourvu qu'il ne porte aucune atteinte aux concessions qu'il a faites.

Chacun de ces droits divers concédés une première fois peut encore, entre les mains de ceux qui les ont acquis, constituer l'objet d'un contrat nouveau. L'usufruitier, le fermier, etc., peuvent céder leurs droits à d'autres, à moins de clause contraire. Quelquefois cependant ils ne peuvent être cédés à cause de leur personnalité et de la propriété du contrat. Ainsi, l'usager, le colon partiaire, le cheptelier, le commodataire, ne peuvent céder à d'autres l'exercice de leurs droits, à moins de clause qui les y autorise.

D'autres fois, la chose qui a fait, dans le principe, la matière d'un contrat, ne peut seule dorénavant faire l'objet d'un contrat ultérieur. Ainsi, une servitude ne peut servir d'objet principal à un contrat, en tant qu'il ne s'agit plus de la créer. Elle est un simple accessoire, qui doit suivre essentiellement le fonds dominant, comme service, et le fonds servant, comme charge. Le droit d'usager et de communiste ne peut de même s'aliéner qu'accessoirement à la chose à laquelle il est attaché. Mais c'est ici empiéter sur ce que nous avons à dire sur les qualités essentielles de l'objet des contrats.

3. Il n'y a pas que des obligations de donner ; il y a aussi des obligations de faire ou de ne pas faire. La prestation et l'abstention d'un fait peuvent donc être l'objet d'un contrat. Ce n'est plus alors sur ses biens, sur les choses tombées dans le domaine de propriété que la personne contracte ; c'est sur

sa personne, sur ses services, sur ses actes qu'elle s'oblige. C'est ainsi que l'homme sert tout entier de matière aux contrats.

Hâtons-nous d'en relever la dignité. L'homme est à ses yeux une si prodigieuse chose qu'il n'a pas voulu de maître, ce maître ne fût-il que lui-même. Il n'a pas voulu se constituer en chose susceptible de propriété, dût cette propriété ne résider que sur sa tête. Il a compris que du droit absolu qu'on prend sur soi-même, il n'y a qu'un pas au droit absolu concédé à un tiers, et que celui qui aurait le malheur de se croire un instant propriétaire de sa personne, ne tarderait pas à se faire lui-même, par l'abus, *jure utendi et abutendi*, la propriété d'un autre. Religieux sentiment de la dignité et de la liberté de l'homme !...

Mais si l'homme ne peut être pris au fond et dans sa personnalité comme objet d'un contrat, il peut l'être dans ses actes, dans ses faits, dans tout ce que ses organes peuvent produire, comme agents de travail. C'est ainsi qu'il s'oblige à faire ou à ne pas faire ; et encore ne peut-il obliger ses faits, ses services que dans une certaine étendue, pour un temps ou un travail déterminé, et non à vie, à perpétuité (1780).

4. Ce n'est pas seulement la perpétration ou l'abstention de faits matériels de sa part qui peut être l'objet d'un contrat. Il peut également contracter sur les productions immatérielles de son intelligence et de son génie ; par exemple, sur un brevet d'invention, d'importation ou de perfectionnement dont il cède en totalité ou en partie l'exploitation et la jouissance ; sur une composition littéraire ou musicale qu'un autre acquiert le droit de reproduire par la voie de la presse ; sur une œuvre dramatique, lyrique ou chorégraphique dont il permet la représentation théâtrale ; sur des œuvres de dessin, de peinture, de sculpture, qu'il aliène totalement ou qu'il cède seulement le droit de reproduire, soit par les procédés de la gravure ou de la typographie, soit par le moulage en matière quelconque et dans telles ou telles proportions.

Lorsque ces productions de la pensée sont prises comme objet d'un contrat, avant leur réalisation et leur consommation par les procédés matériels dont l'emploi est indispensable pour leur perception et leur jouissance, il n'y a qu'une obligation de faire. Alors au contraire que la pensée a pris un corps et s'est rendue visible par sa réalisation matérielle, il y a obligation de donner. Qu'on y fasse attention cependant : la propriété des œuvres de l'intelligence n'est pas de même nature pour toutes. La propriété d'une œuvre littéraire ou musicale est incorporelle; car elle repose sur la pensée, et non sur le manuscrit; sur l'idée immatérielle et impalpable, et non sur le signe visible qui la représente et la peint. La propriété d'une œuvre de dessin, de peinture, de sculpture est au contraire toute corporelle; car elle porte sur la matière au moyen de laquelle les conceptions du génie se sont réalisées. On en jouit par le spectacle et la vue, tandis qu'on ne jouit pas d'une propriété littéraire, par la seule perception des signes typographiques. Quant aux brevets d'invention et autres, ils ne constituent en réalité d'autre propriété que le droit d'exploitation exclusive en faveur du concessionnaire, ou d'imitation en faveur du cessionnaire subséquent, dans les limites du contrat.

Quoi qu'il en soit, et ce point est commun à toutes les productions de l'intelligence, leur propriété ne consiste, à vrai dire, que dans le droit accordé à l'auteur ou à l'inventeur, d'en disposer suivant les lois et à l'abri de la contrefaçon et du plagiat.

ARTICLE 1128.

Il n'y a que les choses qui sont dans le commerce qui puissent être l'objet des conventions.

Sommaire.

1. Il faut changer l'article 1128.
2. Quelles sont les choses hors du commerce ?

3. Principes de leur exclusion du commerce.

4. Choses impossibles.

5. Il n'y a que les choses absolument impossibles qui ne puissent être l'objet d'un contrat.

6. Peu importe qu'il s'agisse de faire ou de ne pas faire l'impossible.

7. Choses ineptes et dérisoires.

8. Choses qui ont cessé d'exister.

9. Suite. Distinctions.

10. Exception en matière d'assurances.

11. Choses hors du commerce par leur nature.

12. Ces choses peuvent quelquefois être occupées partiellement. *Res nullius.*

13. Choses hors du commerce par leur destination.

14. Parties de la mer sont susceptibles d'une appropriation nationale.

15. Ces choses rentrent dans le commerce quand leur destination cesse.

16. Elles sont toujours la propriété de quelqu'un, malgré leur destination. Conséquences.

17. Choses contraires aux bonnes mœurs, à l'ordre public, à la loi.

18. Des droits inhérents à la souveraineté. Vénalité des offices désignés dans l'article 91 de la loi du 28 avril 1816,

19. Et des autres fonctions publiques.

20. Si le prix a été payé, renvoi.

21. Des brevets de maître de poste.

22. Des brevets d'imprimeur.

23. Choses retirées du commerce par suite de prohibitions civiles et pénales.

24. Restrictions apportées au commerce de certaines choses.

25. Vente de grains en vert.

26. Des choses retirées du commerce à cause de l'état, de la qualité de la personne qui les a.

27. Des droits propres et incessibles.

28. Des choses d'autrui. Différences entre le Code civil et le droit romain. Leurs motifs.

29. Quand le stipulant peut-il agir en nullité?

30. L'action en nullité est plutôt une action en résolution.

31. Le promettant ne peut jamais la poursuivre,

32. Quand même il serait aux droits du vrai propriétaire.

33. Le stipulant ne le peut plus lui-même, quand il est devenu certain qu'il ne sera pas troublé, même après ses premières poursuites.

34. Les choses sur lesquelles on a un droit conditionnel peuvent être prises comme objet d'un contrat.

35. On peut promettre une chose *in genere,* sans l'avoir.
36. L'article 1599 est inapplicable au commerce.
37. Des choses inutiles. Inutilité des contrats faits suivant l'article 1119.
38. Inutilité de l'objet du contrat. Exemples.
39. Elle masque souvent une libéralité.
40. Une chose inutile peut être prise comme condition.
41. Inutilité du mode. Renvoi.

COMMENTAIRE.

1. Nous devons maintenant examiner à quelles conditions une chose peut être prise valablement comme objet d'un contrat.

Il n'y a que les choses qui sont dans le commerce qui puissent être l'objet des conventions (1128). J'aimerais mieux que le législateur eût dit : il n'y a que les choses qui ne sont pas dans le commerce qui ne puissent pas être l'objet des conventions. Car, en principe, toute chose peut l'être, et si elle ne l'est pas, ce n'est que par exception. Il s'est mieux expliqué dans la rédaction de l'article 1598 en disant : tout ce qui est dans le commerce peut être vendu, lorsque des lois particulières n'en ont pas prohibé l'aliénation.

2. Mais quelles sont les choses hors du commerce ? La loi ne le dit point. C'est au commentaire à suppléer son silence. Parlant des choses qui peuvent être l'objet d'un contrat de vente, le jurisconsulte Paul dit (1) : *Omnium rerum quas quis habere, vel possidere, vel persequi potest, venditio rectè fit : quas vero natura, vel gentium jus, vel mores civitatis commercio exemerunt, earum nulla venditio est.* A la place de *venditio* mettez *obligatio,* et nous avons une théorie complète de l'objet des conventions. Les choses hors du commerce sont donc celles dont on ne peut avoir ni la propriété, ni la possession, ni la poursuite, *habere, possidere, vel persequi.* Telle est l'o-

(1) L. 34, § 1, *ff. De contr. emp.*

pinion de Paul, puisqu'il met les choses susceptibles de propriété, de possession, de poursuite en opposition avec celles hors du commerce, *quas natura, vel gentium jus, vel mores civitatis commercio exemerunt*. Et on ne saurait mieux définir les unes et les autres.

Mais ce n'est encore qu'un premier pas fait vers la difficulté. Quelles sont en effet les choses non susceptibles de propriété, de possession, de poursuite? Il faut entrer ici dans les détails du commentaire, détails souvent fastidieux, mais excusables par cette considération que la science du jurisconsulte n'est pas seulement la science des principes, mais encore la science de l'application.

3. Puisque, en règle générale, toute chose peut être l'objet d'un contrat, il nous suffira d'indiquer les exceptions. Nous aurons ainsi à nous occuper des choses impossibles, ineptes et dérisoires; de celles qui ont cessé d'exister, qui, par leur nature ou leur destination, ne sont pas susceptibles d'une appropriation privée, qui sont retirées du commerce dans l'intérêt des bonnes mœurs, de l'ordre public, de l'utilité générale; des choses exclusivement personnelles; des choses d'autrui; enfin des choses inutiles. Sous les articles suivants, nous parlerons des choses indéterminées et des choses futures.

4. Les choses impossibles ne sauraient être l'objet d'une convention. *Nulla impossibilium obligatio est* (1). A l'impossible nul n'est tenu; car l'un est aussi fou d'accepter la promesse que l'autre de la faire. Ils ne se redoivent rien en fait de sottise et de témérité.

5. Mais il faut que l'impossibilité soit absolue, que la chose soit impossible pour tous et toujours. Telle serait, par exemple, l'obligation de faire en un jour le tour de la France, de

(1) L. 185, *ff. De reg. juris.*

toucher le ciel du doigt, de me livrer un hippogriffe, un centaure ou une chimère. Voilà des choses absolument impossibles, *quas natura fieri non concedit* (1).

Si l'impossibilité n'était que relative, c'est-à-dire si elle n'existait que pour quelques individus seulement, l'obligation serait néanmoins valable. Car il importe peu qu'elle soit au-dessus des forces personnelles du débiteur. Tant pis pour lui s'il a contracté sérieusement un engagement téméraire ; *si ab eo stipulatus sim qui efficere non possit, cum alii possibile sit, jure factam obligationem Sabinus scribit* (2). D'ailleurs l'impossibilité relative n'est pas une véritable impossibilité ; elle ne constitue qu'une impuissance, qu'une incapacité de la personne, et non une impossibilité réelle : *recedit ab impedimento naturali et respicit ad facultatem* (3).

Cependant si tel était le caractère de l'impossibilité que l'obligation fût évidemment non sérieuse, inepte et dérisoire, il faudrait la déclarer nulle, quoique la chose ne fût impossible que relativement : par exemple, je stipule d'un manchot qu'il jouera du violon; d'un paralytique qu'il ira à pied à Paris, etc..., une pareille convention, faite en connaissance de cause, ne peut passer pour sérieuse. Elle est ridicule et réputée faite *jocandi causá*.

Si l'impossibilité n'était que momentanée, et qu'elle dût cesser dans un délai quelconque, la convention serait encore valable. Elle se réduirait à une obligation à terme, exigible aussitôt que l'impossibilité aurait disparu. L'objet de la convention serait dans la réalité une chose future (1130). Ainsi un notaire peut valablement s'obliger envers un jeune homme de vingt-quatre ans à le présenter comme son successeur à l'agrément de l'autorité, bien que pour être notaire il faille avoir vingt-cinq ans. L'impossibilité n'est que temporaire et

(1) L. 35, *ff. De verb oblig.*
(2) L. 137, § 5, *ff. De verb. oblig.*
(3) L. 137, § 4, *ff. De verb. oblig.*

cessera aussitôt que le candidat aura atteint l'âge requis. Nous
supposons, bien entendu, que le titulaire n'a pas été trompé
sur l'âge ; autrement il pourrait demander avec dommages et
intérêts la résolution du contrat, et, qu'on y prenne garde,
non pas à défaut d'objet, mais à défaut d'exécution. De son
côté le candidat, soit qu'il eût fait connaître ou laissé ignorer
son âge, ne pourrait prétendre que le traité est nul.

6. L'obligation de ne pas faire l'impossible est aussi bien
sans objet que celle de faire l'impossible. De plus elle est
inutile et dérisoire, puisqu'elle stipule du promettant une
abstention et une inaction absurdes, vu que d'ailleurs elles
sont forcées. Nous disons donc de la convention de ne pas
faire l'impossible ce que nous venons de dire de la convention
de faire l'impossible relatif ou absolu.

C'est là une différence entre l'obligation et la condition.
En effet, la condition de ne pas faire l'impossible n'annule
pas l'obligation (1173), qui devient pure et simple, puisqu'il
est d'ores et déjà certain que la condition ne se réalisera pas.

Nous en signalerons encore une autre : si l'obligation de
faire une chose relativement impossible est valable, la condition de faire la même chose ne l'est pas, du moment qu'il est
aussi certain qu'elle ne se réalisera pas que s'il s'agissait de
faire une chose absolument impossible. La condition manque
également de son élément essentiel, de l'incertitude (1).

7. Les choses ineptes, dérisoires et absurdes ne peuvent
être prises comme objet d'une convention (2). Tout, en effet,
doit être sérieux dans un contrat.

8. Une chose a cessé d'exister au moment où l'on contracte
sur elle, elle a péri en totalité ; le contrat manque alors de
base, en même temps que d'objet. N'a-t-elle au contraire péri

(1) Voy. *infra*, 1172, 1173, nos 1 et suiv.
(2) L. 14, *ff. De condit. instit.*

qu'en partie, le droit romain fait une distinction (1). Si la perte est de plus de moitié, l'acheteur, supposé qu'il s'agisse d'une vente, n'est pas tenu de garder le contrat; si la perte est de moins de moitié, il est tenu d'entretenir le marché, sauf indemnité.

Mais le Code civil s'est écarté des principes du droit romain, et l'article 1601 a spécialement prévu le cas où la chose vendue serait, au moment du contrat, périe en totalité ou en partie. « Si, au moment de la vente, la chose vendue était périe en totalité, la vente serait nulle; si une partie seulement de la chose est périe, il est au choix de l'acquéreur d'abandonner la vente ou de demander la partie conservée, en faisant déterminer le prix par ventilation. »

Nous pensons qu'il faut tempérer la rigueur de la lettre, en ce sens que la perte doit être d'une partie notable et telle qu'il soit évident que l'acheteur n'aurait pas acquis, s'il l'avait connue. Autrement, il ne pourrait pas abandonner la vente; il tiendrait le contrat, sauf diminution du prix. L'article 1636 fournit un puissant argument en faveur de cette opinion. Peu importe en effet que l'acquéreur soit privé d'une partie de la chose par perte naturelle ou par éviction. N'est-ce pas pour lui la même chose?

Avec ce tempérament, nous appliquons l'article 1601 à toutes les conventions qui auraient pour objet une chose périe en totalité ou en partie, au moment du contrat. Le principe est le même.

9. Nous supposons jusque-là que les contractants ont ignoré la perte de la chose. Mais si le vendeur seul l'a connue, il devra des dommages et intérêts. Si l'acheteur seul l'a connue, il devra néanmoins payer le prix, et s'il l'a payé il ne pourra le répéter. Contractant en connaissance de cause, il est censé gratifier le vendeur ou acheter quand même. Toutes ces décisions sont expresses dans le droit romain (2). Mais il faut une

(1) L. 57, *ff. De contr. emp.*
(2) L. 57, § 1, 2, *ff. De contr. emp.*

preuve bien manifeste que l'acheteur a connu la perte en contractant; car nul n'est aisément présumé donner.

La loi 57, *ff. De contr. emp.*, ajoute, § 3, que si l'acheteur et le vendeur ont connu l'un et l'autre la perte de la chose, compensation faite du dol, il ne reste point de contrat, *nihil actum fuisse*, il n'y a rien de fait, l'action pour vente étant de bonne foi et ne permettant pas, à cause de la réciprocité du dol, d'entretenir la convention. M. Toullier dit aussi que le contrat est nul (1). Nous pensons au contraire que le contrat existe et doit être exécuté, à moins qu'il n'ait été fait d'une manière dérisoire, *jocandi causâ*. Que reste-t-il, en effet, compensation faite du dol? La convention, toute la convention. Si le contrat est annulé avec dommages et intérêts, lorsque le vendeur seul a connu la perte de la chose, c'est sans doute parce que la convention manque d'objet; mais c'est en même temps moins en haine de la mauvaise foi du vendeur, qu'en faveur de la bonne foi de l'acheteur, et parce que le contrat ne peut s'appuyer sur aucune autre cause. Si d'un autre côté le contrat est maintenu lorsque l'acheteur seul a connu la perte de la chose, c'est, ainsi que nous l'avons dit, parce qu'il est censé vouloir être donateur ou acquéreur quand même. Or cette présomption, cette autre cause de ses obligations, fondée qu'elle est sur sa connaissance personnelle de la perte de la chose, est indépendante de la bonne ou de la mauvaise foi, de l'ignorance ou de la connaissance de l'autre partie. Il faut donc ne pas y faire attention et maintenir le contrat, par cela seul que l'acquéreur a connu la perte de la chose, soit que le vendeur l'ait ignoré ou connue lui-même. L'acquéreur enfin, loin d'avoir droit à des dommages et intérêts, devrait payer le prix, et s'il l'avait payé, il n'aurait aucun droit de répétition (2).

10. Il semble cependant qu'il y ait une exception, en faveur

_____

(1) T. 6, n° 124.
(2) Duranton, t. 16, n° 183. — Troplong, *Vente,* n° 253.

des assurances maritimes, au principe qui veut que la chose existe au moment de la formation du contrat. L'assurance est valable s'il n'y a pas présomption que, avant la signature du contrat, l'assuré a pu être informé de la perte, et l'assureur de l'arrivée des objets assurés (365, C. com.); ou si l'assurance étant faite sur bonnes ou mauvaises nouvelles, il n'est pas prouvé que l'assuré savait la perte, ou l'assureur l'arrivée du navire, avant la signature du contrat (367, C. com.). Mais, à la rigueur, ce n'est pas une exception; car la loi exige seulement pour la validité de l'assurance qu'il y ait encore, au moment de la convention, incertitude et possibilité de risques qui puisse fournir matière à assurance. Si la perte ou l'heureuse arrivée du bâtiment fait qu'il n'y a plus dans la réalité de risques à courir, il n'en est pas moins vrai que l'incertitude fait qu'il reste encore des risques possibles, des risques putatifs à assurer : et c'est là tout l'objet du contrat.

Aussi, a-t-on été amené à penser que l'on devait également appliquer les articles 365 et suivants du Code de commerce aux assurances terrestres (1). Mais cette opinion, résultat d'une pure illusion, est évidemment insoutenable. Ce n'est pas que l'ignorance mutuelle sur l'évènement du sinistre contre lequel il s'agit d'avoir une assurance ne puisse suffire par elle-même pour autoriser et valider le contrat; mais la véritable raison pour laquelle l'assurance est nulle, c'est qu'elle ne rétroagit point, qu'elle ne se reporte pas à des risques antérieurs, et que conséquemment elle ne comprend pas les risques réalisés. Au contraire, dans les assurances maritimes, comme il s'agit des risques éventuels et incertains de tout ou partie d'un voyage de mer, risques que l'éloignement plus ou moins considérable et le mouvement continuel des objets assurés ne permettent pas de vérifier, le contrat d'assurance, si les effets n'en sont point limités à sa date actuelle, se reporte nécessairement dans le passé et embrasse avec les ris-

(1) Persil, n° 28.

ques à venir ceux qui sont arrivés déjà, pourvu qu'ils soient
ignorés des parties. Voilà pourquoi l'assurance maritime faite
de bonne foi est valable, quoique faite après le sinistre ou
l'arrivée des objets assurés (1). Nous sommes ainsi conduit à
penser que si le contrat d'assurance terrestre comprenait les
risques rétroactivement à partir de telle époque, il serait valable, pourvu qu'il eût été passé de bonne foi, même pour les
risques arrivés dans le temps prévu par l'assurance, quoique
antérieurement à la formation du contrat.

11. Il y a des choses retirées du commerce par leur nature
et leur destination; ce sont celles qui ne sont pas susceptibles
d'une appropriation privée. Par leur nature, la mer qui baigne
les continents, l'air que les hommes respirent, la lumière qui
les éclaire, sont absolument soustraites du commerce. On ne
peut les réduire à l'état de propriété privée; car le travail de
l'homme ne peut y laisser aucune trace, ni s'y fixer d'aucune
manière permanente. Le premier venu a le droit de parcou-
rir la mer, de prendre place au soleil, de respirer l'air des
cieux; mais il n'a pas d'autres droits que ceux qui résultent
de son occupation actuelle. Il se retire et ne laisse rien après
lui. Un autre arrive, prend sa place, au droit de premier oc-
cupant, sans rien demander à une convention qui serait sans
objet et en tout cas sans avantage, puisqu'elle ne lui donnerait
que ce que la nature même lui a assuré.

12. Il ne faut pas confondre avec les choses que la nature a
mises hors du commerce, les choses qui, dans leur état naturel,
n'appartiennent à personne, *res nullius*, mais qui, par l'occupation, peuvent devenir propriété privée; par exemple, les
eaux pluviales, les animaux sauvages, les poissons des rivières et de la mer. Comme ces choses n'ont rien d'infini et
d'insaisissable, qu'elles se prêtent au contraire à l'accession
du travail de l'homme et subissent partiellement la supériorité

(1) GRÜN, n° 131. — QUENAULT, n° 20.

de sa puissance, elles sont susceptibles d'une appropriation privée et peuvent faire l'objet d'un contrat, dans la mesure de leur occupation restreinte.

Il en est de même de toutes les choses que l'homme peut prendre et s'approprier dans une mesure finie et limitée, sur leur masse infinie et par cela même naturellement soustraite du commerce. Tel serait un tonneau d'eau puisé à la mer.

13. Parmi les choses que leur destination a soustraites du commerce, nous comptons les chemins, routes et rues à la charge de l'État; les fleuves et rivières navigables ou flottables, les rivages, lais et relais de la mer, les ports, les hâvres, les rades, les portes, murs, fossés, remparts des places de guerre et des forteresses (538, 540), et généralement toutes les parties du territoire qui ne sont pas susceptibles d'une propriété privée. Ces choses sont considérées comme des dépendances du domaine public. Nous y ajouterons les canaux navigables ou flottables concédés ou non aux particuliers par l'État; les voies publiques, places, rues, chemins vicinaux à la charge des communes; les fontaines, cours d'eau, abreuvoirs servant au public; les édifices, terrains et objets mobiliers consacrés au culte; en un mot, toutes les choses qu'une appropriation particulière enlèverait à leur destination. On conçoit en effet combien il importe à l'intérêt général de les y soustraire.

14. La mer, la mer elle-même n'est pas complètement soustraite à l'appropriation. Elle en est susceptible dans toutes les parties qui peuvent recevoir et subir le travail et la possession permanente de l'homme : tels sont les ports, les hâvres, les rades. C'est une conquête tombée dans le domaine public de chaque État. Tels sont encore les golfes, les bras de mer qui, resserrés entre les terres, avancent dans le territoire d'une nation et semblent constituer moins une partie de la mer que des lacs, des étangs, des eaux intérieures. Chaque état enfin a marqué sur la mer, le long de son territoire, une zône pour

l'étendue de sa domination, l'exercice de sa police et la surveillance de la contrebande. Ce sont là, il est vrai, des questions de droit international. Toujours est-il cependant que,
de nation à nation, la mer elle-même peut être l'objet de certaines conventions, et que ces contrats, pour être formés par
les voies diplomatiques, n'en sont pas pour cela étrangers
aux principes du droit civil, surtout à celui qui impose la
nécessité d'un objet.

15. Mais nous avons à présenter plusieurs observations.
La première, c'est que lorsque les choses soustraites du commerce, à cause de leur destination, viennent à perdre légalement cette même destination, l'obstacle disparaissant, elles
rentrent dans le commerce. Mais nous n'examinerons point
à quelles conditions leur destination peut cesser (1).

16. Nous observerons encore, et c'est notre remarque la
plus importante, qu'il n'est pas absolument exact de dire que
ces choses ont une destination qui les soustrait du commerce
et les empêche de pouvoir être prises comme objets de conventions. Nous voyons en effet qu'elles sont la propriété du
public, en définitive la propriété de quelqu'un, État, départe-
tement, commune, etc..., peu importe; toujours est-il qu'elles
sont une propriété. Or, de la part de ceux à qui elles appartiennent, elles peuvent très bien faire l'objet de certains
contrats. On conçoit que l'État, les départements, les communes peuvent, par l'organe de leurs représentants légaux,
avec l'observation des formes prescrites, contracter sur toutes
ces choses avec un simple particulier. Leur destination ne les
empêche pas de pouvoir être la matière de certains contrats
compatibles avec son maintien. Aussi, disons-nous que parmi
les choses soustraites du commerce, à cause de leur destination, il n'en est aucune qui ne puisse pas, d'une manière ou
d'une autre, entre les mains de tel ou tel, être l'objet d'une

----

(1) Voy. sur ce point M. TROPLONG, *Prescript.*, n° 163.

convention, sous la réserve de sa destination particulière. Lors donc que de simples particuliers contractent entre eux sur ces choses, comme leur destination publique leur ôte le plus souvent tout prétexte d'ignorance, c'est-à-dire de bonne foi, ils ne font, dans la réalité, que contracter sciemment sur les choses d'autrui, du public.

Quand nous disons qu'ils contractent sciemment, nous supposons que l'objet du contrat se signale lui-même, par le caractère visible et palpable de sa destination, comme étant soustrait du commerce. Il suffit alors de connaître l'objet pour connaître les prohibitions de la loi. Mais il y a bien des choses retirées du commerce par leur destination, qui n'en portent pas la preuve avec elles-mêmes. Dans ce cas il y a place pour la bonne foi de celui qui s'est fait promettre ; et s'il n'a pas su d'ailleurs que la chose qu'il stipulait était retirée du commerce, il aura droit, pour inexécution du contrat, à des dommages et intérêts. Ainsi, une chose sacrée est achetée de bonne foi, dans l'ignorance qu'elle est une chose sacrée ; la vente est nulle ; mais si l'acquéreur ne peut s'en faire transférer la propriété, il a droit, à cause de sa bonne foi, à la réparation du préjudice causé (1). Le contrat vaut en ce sens, *emptio intelligitur, si ab ignorante emitur* (2).

Enfin, de ce que les choses retirées du commerce, par suite de leur destination, ont toujours un maître, il suit qu'en dernière analyse les conventions qui les ont pour objet subissent tout simplement l'application des principes relatifs aux contrats ayant pour objet les choses appartenant à autrui, soit qu'ils aient été consentis de bonne ou de mauvaise foi (3).

17. Quant aux choses contraires aux bonnes mœurs et à l'ordre public, nous renvoyons au commentaire de l'article 1133. Cependant nous devons examiner ici quelques questions.

---

(1) L. 8, § 1, *ff. De relig. et impen. funer.*
(2) L. 4, *ff. De contr. emp.*
(3) Voy. Grenoble, 11 janvier 1865. SIREY. 65, 2, 140.

18. Les droits inhérents à la souveraineté sont imprescriptibles et inaliénables. Ils ne peuvent faire l'objet d'aucune convention privée. Ainsi, les fonctions publiques, à la nomination du gouvernement, sont incessibles, comme la souveraineté même dont elles sont une émanation.

Sans remonter aux anciennes ordonnances de nos rois, qui défendaient la vénalité des offices royaux et punissaient le scandale de ce misérable trafic, nous nous bornerons à rappeler les lois du 4 août 1789 et du 6 octobre 1791, qui ont définitivement aboli la vénalité des offices et fonctions publics.

Cependant, en compensation d'un supplément de cautionnement qui leur était demandé, l'article 91 de la loi du 28 avril 1816 a permis à certains fonctionnaires, notaires, avoués, greffiers, huissiers, etc..., de présenter leur successeur à l'agrément de Sa Majesté. De cette simple résignation *in favorem*, à force d'abus d'interprétation et de pratique, on a fini par en faire une véritable vente d'offices. Voici comme on a raisonné : Un notaire a le droit de présenter son successeur ; il peut intéresser cette présentation moyennant de l'argent ; de l'argent, c'est un prix de sa démission ; payer sa démission, c'est, en résumé, payer son office. Donc les offices dont les titulaires peuvent présenter leurs successeurs sont bien et dûment vénaux, une propriété, un fonds exploitable par vente... et autrement ; on a presque été jusque-là.

Je ne sais si le législateur de 1816 a bien su ce qu'il faisait, s'il a compris toutes les conséquences de son article 91 ; mais s'il l'a su, je sais bien que sa rédaction a été profondément hypocrite, et s'il l'a ignoré, sa loi a été malheureusement imprudente. Nous en sommes en effet venus à ce point que les abus ont reçu la consécration de faits accomplis et de positions faites. Plus on a vendu, plus on s'est rapproché du droit de vendre. La succession des ventes, en créant, par le fait, le principe de la vénalité, l'a consolidé de jour en jour. Complice elle-même, par l'ambiguïté de ses termes, de l'interprétation et de l'exécution abusives qu'elle a reçues, la loi de 1816 a donné aux acquéreurs d'offices prétexte de sécurité et de bonne foi. Aussi, retranchés dans l'inviolabilité d'une prétendue propriété, les titulaires crient-ils, quand on fait même semblant d'y toucher, à la spoliation, à l'éviction ; à peine sont-ils assez généreux pour ne pas dénier à l'État le droit d'une expropriation pour utilité publique.

Le mal de la vénalité n'est cependant pas sans remède qui puisse du moins le pallier. Les offices soi-disant vénaux ne constituent pas une véritable propriété. Un notaire n'a pas qu'à présenter son successeur, pour qu'il soit immédiatement nommé. La main du gouvernement ne saurait être forcée. C'est lui qui nomme et institue, et avant de donner son agrément, il a le droit de vérifier si le candidat remplit toutes les conditions désirables d'aptitude et de moralité. C'est là en effet un acte de souveraineté imprescriptible et inaliénable.

Sous d'autres rapports, les offices compris dans l'article 91 de la loi de 1816 ne sont pas une véritable propriété. Le caractère dominant de toute véritable propriété est dans le droit de disposition, *jus utendi et abutendi*. On ne peut sans doute disposer de sa propriété que conformément aux lois ; mais pour en faire un usage prohibé, le propriétaire ne perd jamais sa chose et n'encourt pas de confiscation, à moins de délit dont la chose ait été l'instrument. Les titulaires d'offices sont au contraire soumis à la surveillance du gouvernement ; ils sont exposés à la destitution, au retrait de l'office, s'ils s'en acquittent mal. Quelle est donc cette propriété, si peu solide, si peu inviolable ? Non, ce n'est pas une vraie propriété, puisqu'elle ne comporte pas *jus utendi et abutendi*, que le titulaire n'a que le droit d'exercer ses fonctions et non d'en disposer.

Quelque caractère qu'on veuille au surplus donner au droit de présentation, il sera toujours incontestable que le gouvernement a le droit d'examiner si le candidat se présente dans des conditions telles qu'on puisse espérer qu'il remplira ses fonctions à la satisfaction publique. Et ce ne sont pas seulement les conditions personnelles, la moralité, la capacité, l'aptitude que le gouvernement a le droit de vérifier : il examine aussi les conditions du traité, la stipulation du prix. Voilà ce que comprend l'agrément du gouvernement; et il est en droit (qui oserait le nier?) de refuser la nomination demandée, quand l'énormité du prix de cession donne lieu de craindre que le futur titulaire n'apportera pas dans l'exercice de sa charge toute la délicatesse, toute la probité, tout le désintéressement nécessaires, et que, pour se récupérer de déboursés qui absorbent toute sa fortune et souvent davantage, il cherchera des bénéfices illicites et immoraux dans une source impure de spéculations, d'agences, d'intrigues, d'exactions et de concussions.

Par une étrange singularité, ce qui semble en apparence justifier la loi de 1816 est au fond ce qui la condamne. Elle paraît en effet n'avoir accordé le privilége de la vénalité à certains offices, que parce que l'industrie du titulaire y entre pour beaucoup, dans la plupart des cas. Or n'est-il pas évident que la vénalité n'en est par cela même que plus dangereuse, puisque les malversations et les abus peuvent prendre toute la place que la nature de la charge laisse ouverte à l'industrie du fonctionnaire?

Mais le gouvereement a son droit, comme le titulaire a le sien. Il n'est pas simplement réduit à enregistrer le traité des parties et à passer nomination, quelques stipulations qu'il contienne. Il a ses conditions à poser; je ne nomme qu'à tel prix : il a enfin, et en dernier ressort, droit souverain de réduction. Voilà ce qui corrige un peu le mal de la vénalité.

De ce que le gouvernement a le droit d'examiner les stipulations du traité, et de demander que le prix convenu soit en harmonie avec les produits naturels et légaux de l'office, il suit que le supplément de prix stipulé par contre-lettre, en dehors de l'acte officiellement soumis à l'agrément de l'autorité, est nul, comme contraire à l'ordre public. Le chef de l'Etat est en effet partie au traité, puisqu'il doit l'agréer, l'apprécier au point de vue de l'ordre et de l'intérêt publics, et qu'en l'acceptant tel qu'il lui est présenté, il en fait la condition irréfragable de l'ordonnance d'institution (1).

Quel que soit au surplus le droit du titulaire ou de ses héritiers de traiter, moyennant un prix, de la transmission de l'un des offices désignés dans la loi de 1816, il ne peuvent néanmoins céder soit la totalité, soit une quote-part des bénéfices de la fonction. Ils doivent, s'ils traitent de la transmission de l'office, le céder tout entier. Tout autre traité aurait pour résultat d'établir une sorte de société en participation qu'aucune loi n'autorise, et contre laquelle l'ordre public réclame incessamment (2).

19. Quant aux fonctions publiques autres que celles comprises dans la loi de 1816, et pour lesquelles le droit de présentation n'a pas été concédé, nous ne pensons pas, quelque divergence qu'il y ait d'ailleurs entre les auteurs et les arrêts sur cette question, qu'on puisse légalement faire de leur résignation l'objet d'un contrat. Ce serait un trafic contraire à l'ordre public, le triomphe d'une scandaleuse ambition et d'une dangereuse cupidité. Le gouvernement ne saurait tolérer ni la justice reconnaître de pareils traités (3).

Il ne faut pas se dissimuler que la vénalité des offices, en portant atteinte au principe de la souveraineté, affaiblit les ressorts de la discipline et l'autorité du gouvernement. Le titulaire qui a acheté est bien disposé à croire et à agir dans

---

(1) Cass., 7 juillet 1841. SIREY, 41, 1, 572. 693. — 7 mars 1842. SIREY, 42, 1, 196, etc... Voy. 1235, n° 11.

(2) Cass., 26 février 1851. SIREY, 51, 1, 327. — Voy. TROPLONG, *Société*, n°ˢ 88 et suiv.

(3) TROPLONG, *Vente*, n° 220. — TOULLIER, t. 6, n° 161. — Rennes, 13 juillet 1840. SIREY, 40, 2, 414.—Montpellier, 17 déc. 1849. SIREY, 50, 2, 216. — Lyon, 21 juillet 1856. —Paris, 30 janvier 1857. SIREY, 57, 2, 108. — *Contrà*, DELVINCOURT, t. 2, p. 688. — Cass., 2 mars 1825. SIREY, 25, 1, 361. — Bordeaux, 5 déc. 1845. SIREY, 46, 2. 328,

là croyance qu'il ne tient rien du gouvernement, qu'il tient tout de son vendeur, c'est-à-dire de lui-même, puisqu'il a payé. Ayant le droit de vendre, il est encouragé à malverser, puisque par une vente faite à propos, il peut toujours prévenir la seule peine qui soit à la disposition du gouvernement, la destitution. En vendant sa démission, il ne fait que réaliser en argent ses fonctions publiques; au lieu du titre, il en a la valeur. Que risque-t-il donc, puisqu'il a pour pis-aller le droit de vendre?

Nous répéterons encore que la vénalité des offices, en rendant les malversations plus faciles par l'impunité, les rend en même temps presque nécessaires par la cupidité. Celui qui a fait des déboursés considérables pour avoir une fonction, ressemble plus à un spéculateur qu'à un fonctionnaire. Il n'est donc pas étonnant qu'après avoir commencé par la spéculation, il finisse par elle.

C'est en vain qu'on veut déguiser une véritable vente de l'office, sous l'expression atténuante de vente de démission. Au fond, n'est-ce donc pas la même chose? et la non vénalité de l'office ne doit-elle pas avoir pour corollaire la non vénalité de la démission? Le titulaire n'a en effet d'autre moyen de vendre un office non vénal que de vendre sa résignation, puisque c'est le gouvernement qui nomme et institue.

Voici d'ailleurs ce qui se passe : dans ce trafic de démissions vendues tout bas, les démarches se font clandestinement; les plus capables et les plus dignes sont mis par la force des choses hors de concours; le gouvernement a la main forcée, par la restriction ou complaisante ou malhabile des présentations officielles. L'égalité des citoyens disparaît. Cependant la constitution les déclare également admissibles aux fonctions publiques. Mais elles ne sont plus que le prix de la course, de la dissimulation, de la cupidité. Pour être apte à les exercer, il suffit d'être assez riche pour les payer et couvrir les enchères. N'y a-t-il donc rien à craindre pour l'ordre public de l'impatience de ces ambitieux qui, sans plus de ca-

pacité, ont souvent plus de succès, et de la cupidité de ces in-
trigants qui, sans plus de mérite, ont souvent plus de protec-
tions?

Ce qu'il y a ici de plus dangereux, ce sont les séductions
d'une apparence d'équité et de bonne foi. Vains prétextes, qui
ne sauraient prévaloir néanmoins sur les considérations plus
puissantes d'ordre public. Hors de la légalité, il n'y a plus
qu'arbitraire et abus.

Aussi, n'y a-t-il pas jusqu'à ces ventes d'offices faites en
famille, n'importe à quel prix et dans quel but, que nous ne
proscrivions également. Les abus ont le triste privilége d'avoir
de beaux commencements et d'exercer une sorte de séduction.
Quand on y a fait un pas, il n'y a plus moyen de s'arrêter.
C'est pour cela qu'en revêtant les couleurs de la moralité et
de la bonne foi, ils n'en sont que plus dangereux comme précédents et comme exemples. En cette matière surtout, les
faits tirent à conséquence; les considérations d'équité augmentent avec eux. Une première vente autorise une succession de ventes, et l'habitude des faits tend à créer le principe
du droit.

Qu'un père vende donc sa démission à son fils, à la charge
par lui de rapporter tant à sa succession, pour qu'il partage
avec ses frères et sœurs les bénéfices que sa résignation lui a
procurés. S'il fut un cas favorable, c'est celui-ci; cependant
nous déclarons le traité contraire à l'ordre public. Maintenez-
le, et voilà la porte ouverte à tous les abus. Si le fils a pu
acheter de son père, on ne lui refusera pas, par équité, le
droit de vendre, et ainsi, à tous les acquéreurs successifs, à
l'infini. Chacun aura le droit de faire envers les autres ce
qu'on aura toléré envers lui. La pratique aura abrogé le
principe de la non vénalité des offices. La multiplicité des
faits aura donné plus de force aux prétendues considérations de justice, et il ne faudra pas grand temps pour que la
vénalité des offices, devenue point de jurisprudence, à force
d'habitude, ne passe en même temps dans nos mœurs pu-

bliques. Que la justice et le gouvernement se montrent donc inflexibles contre un trafic aussi dangereux, aussi contraire à la loi.

20. Si le prix de la démission avait été payé, pourrait-il être répété comme payé sans cause? Pourrait-on dire, au contraire, qu'il l'a été en vertu d'une obligation naturelle qui en empêche la répétition? Nous examinerons ces questions sous l'article 1235.

21. Le brevet de maître de poste ressemble, sous certains rapports, aux offices publics vénaux, et sous d'autres il en diffère. La loi du 28 avril 1816 ne demande aux maîtres de poste ni finance ni supplément de cautionnement. Or elle n'a accordé le droit de présentation, la vénalité de leurs offices, qu'aux seuls fonctionnaires auxquels un supplément de cautionnement était demandé. Et de là cette conséquence : c'est que l'administration n'ayant rien reçu n'a rien garanti aux maîtres de poste, et qu'elle peut toujours et sans indemnité aucune, retirer son brevet à un maître de poste, pour cause de mauvais service, ou le supprimer pour cause d'inutilité; tandis, au contraire, que les titulaires des offices indiqués en l'article 91 de la loi de 1816 ont droit à une indemnité, lorsque leurs charges se trouvent supprimées par le seul fait du gouvernement.

Ce n'est pas que les maîtres de poste n'aient le droit de présenter un successeur. L'article 69 de la loi du 24 juillet 1793 porte qu'ils pourront disposer de leur établissement en faveur d'un autre, en prévenant de leur intention l'administration qui fera expédier, si elle le juge convenable, une nouvelle commission au citoyen désigné pour le remplacement. L'arrêté du 1er prairial an VII reconnaît encore ce droit de présenter un successeur; et, dans la pratique, l'administration des postes le considère comme une véritable valeur, telle qu'en peuvent constituer les offices déclarés vénaux. Mais comme ce droit de présentation n'a été concédé aux maîtres de poste que par

pure faveur, en considération des frais d'établissement auxquels ils sont obligés pour l'exploitation de leur brevet, il ne
constitue pour eux de profit et de propriété qu'à l'égard de
toute autre personne que le gouvernement lui-même. Ce dernier reste absolument le maître de révoquer, de supprimer le
brevet et de le concéder à qui bon lui semble. Mais pour être
subordonné aux convenances ou aux volontés de l'autorité
supérieure, le droit de présentation n'en existe pas moins
comme chose *in bonis,* et sur laquelle on peut valablement
contracter.

22. Un brevet d'imprimeur ou de libraire peut de même
faire l'objet d'un contrat. Il peut être cédé en ce sens que le
breveté s'oblige à donner sa démission, le plus souvent en
même temps qu'il cède son matériel d'imprimerie. Bien qu'ils
soient soumis à l'agrément de l'autorité, les imprimeurs ne
sont pas des agents publics du gouvernement, mais plutôt
des entrepreneurs d'industrie. La délivrance de la commission, la concession du brevet est un acte de haute police, nécessité par des considérations d'intérêt public dont tout le
monde sent l'importance. Lors donc qu'un imprimeur s'oblige
à donner sa démission, toutes réserves étant faites des droits
du gouvernement, il n'y a rien d'illicite dans la stipulation
d'un prix qui représente moins la délivrance du brevet que
l'exploitation d'une industrie. Aussi, de pareils traités sont-ils
censés faits sous la condition que le gouvernement agréera les
cessionnaires, à moins que les termes particuliers de la convention n'établissent clairement que les acquéreurs se sont
chargés de poursuivre, à leurs risques et périls, la délivrance
du brevet, sauf à eux, en cas de refus du gouvernement, de
présenter, pour leur compte et à leur place, d'autres cessionnaires qui puissent être agréés (1).

_____

(1) Voy. Poitiers, 27 juin 1832, SIREY, 32, 2, 415. — Nancy, 29 juin
1859. SIREY, 60, 2, 131.

23. Il est une foule de choses qui tombent naturellement dans le commerce, mais que le législateur en a soustraites d'autorité et dans un intérêt public. Ce sont alors exclusivement les prohibitions civiles ou pénales de la loi qui les empêchent de pouvoir être prises comme objets de conventions.

Ainsi, les lois prohibent la vente illimitée de substances vénéneuses, et en soumettent le débit à certaines restrictions (1); de même pour la fabrication, le débit et la vente d'armes prohibées (2), d'armes et de munitions de guerre et de poudre à tirer (3), de boissons falsifiées contenant des mixtions nuisibles à la santé (4), de comestibles corrompus et gâtés, de livres condamnés et supprimés, de produits étrangers prohibés et dont l'introduction en France ne peut se faire que par contrebande, etc...

24. Mais il ne faut pas confondre avec le retrait absolu du commerce les simples restrictions dont sont frappés le commerce et la fabrication de certaines choses. Bien que la fabrication des poudres à tirer, du tabac, du sel soit constituée en monopole entre les mains du gouvernement, ces choses ne sont pas absolument retirées du commerce, de simples restrictions sont seulement apposées, dans un intérêt public, à leur exploitation commerciale, qui se fait, à ces conditions, d'une manière très légitime. Nous en disons autant des boissons, vins, eaux-de-vie, vinaigres, cidres, bière, dont la fabrication, le débit et le mouvement sont soumis à certaines mesures de fiscalité; autant enfin des produits étrangers dont l'introduction en France n'est autorisée qu'à la condition d'acquitter certains droits de douanes (5).

(1) Loi du 19 juillet 1845. — Décret du 8 juillet 1850.
(2) Déclaration du 23 mars 1728. — Décret du 12 mars 1806. — Art. 314, C. pén. — Ordonn. du 23 février 1837.
(3) Loi du 24 mai 1834.
(4) Lois des 27 mars 1851 et 5 mai 1855.
(5) Voy. 1133, nos 34 et suiv.

25. Renouvelant d'anciennes prohibitions, une loi du 6 messidor an III défend de vendre les grains en vert pendants par racines. L'article 1er porte que toutes les ventes de grains en vert et pendants par racines sont prohibées, sous peine de confiscation des grains et fruits vendus; casse et annule toutes celles qui auraient été faites jusqu'à présent; en défend l'exécution sous la même peine de confiscation, dans le cas où elles seraient exécutées postérieurement à la promulgation de la présente loi. Et l'article 2 ajoute que la confiscation encourue sera supportée moitié par le vendeur, moitié par l'acheteur. Elle sera appliquée, un tiers aux dénonciateurs, un tiers à la commune du lieu où les fonds qui ont produit les grains se trouvent situés. Ce tiers sera distribué à la classe indigente : le troisième tiers au trésor public.

Une autre loi du 23 du même mois excepte au surplus de ces prohibitions les ventes de grains en vert et pendants par racines, qui ont lieu par suite de tutelle, curatelle, changements de fermiers, saisie de fruits, baux judiciaires et autres actes de cette nature. Ces lois ont pour but d'empêcher, soit les cultivateurs d'escompter à vil prix leurs récoltes futures, soit les spéculateurs d'accaparer d'avance les substances alimentaires et de créer ainsi une famine factice. Cette dernière considération fut même le grand motif du renouvellement de ces défenses, et par un revirement des opinions économiques, c'en est aujourd'hui le plus faible et le plus critiqué. Quoiqu'il en soit, si les lois de messidor an III ne sont guère exécutées aujourd'hui, elles n'en sont pas moins toujours obligatoires. Le Code civil ne les a pas abrogées (1).

La vente des blés en vert serait même frappée de nullité, quoique la récolte eût été vendue ou donnée en payement, dans

---

(1) TOULLIER, t. 6, n° 118. — MERLIN, Rép., v° *Vente,* pag. 489. — DURANTON, t. 16, n° 161. — TROPLONG, *Vente,* n° 223. — DUVERGIER, *Vente,* t. 1, n° 233. — ZACHARIÆ, t. 2. pag. 500, n^te 17, et t. 4, p. 353, n^to 35, 4° édit. — FAVARD, Rép., v° *Vente,* sect. 3, n° 3. — Cass., 12 mai 1848. SIREY, 48, 1, 416.

un temps voisin de sa maturité, à un moment où elle pouvait être saisie-brandonnée. Les dangers que le législateur a voulu prévenir sont sans doute moindres dans ce cas ; néanmoins ils subsistent. La prohibition étant d'ordre public, on ne peut y apporter d'autres exceptions que celles spécialement posées par la loi. Or elle fait si peu exception pour ce cas, qu'elle a excepté formellement la saisie qui cependant, au moment où elle a été rendue, c'est-à-dire sous notre ancienne jurisprudence, ne pouvait être pratiquée que peu de temps avant la maturité des fruits, suivant les usages des lieux. Ces mots, blé en vert, sont enfin synonymes de ceux-ci, blé sur pied et avant la récolte, ainsi qu'il résulte de la déclaration du 22 juin 1694, dont la loi de messidor an III ne fait que renouveler les dispositions prohibitives (1).

26. Comme il nous serait impossible de donner une nomenclature complète des choses que des prohibitions civiles ou pénales ont soustraites du commerce et empêchent de prendre comme objet des contrats, sans insister davantage, nous ferons une observation que nous ne croyons pas sans quelque importance : c'est qu'il ne faut pas confondre avec les choses que les prohibitions de la loi ont mises absolument et pour elles-mêmes hors du commerce, celles dont le commerce n'a été frappé de prohibitions et de restrictions qu'en considération de la personne qui les possède, à cause de sa qualité, de son état.

Si, par exemple, les biens dotaux des femmes mariées, ceux des mineurs, des interdits, de l'État, de la couronne, des communes, des établissements publics, sont inaliénables, ou plutôt ne sont aliénables qu'en certains cas de nécessité et sous l'accomplissement de certaines conditions, ce n'est pas à cause de leur caractère naturel, mais en considération de la personne qui les a. Et de là cette première conséquence : comme les prohibitions et les restrictions dont leur commerce est frappé

(1) Montpellier, 4 mai 1842. SIREY, 42, 2, 349.

ne tiennent pas à leur nature même, elles ne sont ni permanentes, ni indélébiles; elles sont temporaires, momentanées et ne durent pas plus que leur cause. Quand l'état et la capacité du possesseur viennent à changer, ces biens redeviennent de libre disposition, de libre commerce.

Autre conséquence : comme le commerce de ces choses n'est prohibé ou restreint qu'en considération de la personne, si celle-ci ne peut en faire l'objet d'un contrat en dehors des conditions prescrites, il n'en est pas moins vrai que des tiers peuvent prendre comme objets de leurs conventions ces mêmes choses naturellement commerciales. Et si ces conventions sont nulles, ce n'est qu'à titre de contrats faits sur choses appartenant à autrui.

Alors au contraire que les choses sont en elles-mêmes et pour elles-mêmes mises hors du commerce, comme il suffit de les connaître pour être censé connaître les prohibitions qui les frappent, on fait toujours un contrat nul, sans objet licite, puisqu'on contracte sur elles de mauvaise foi, c'est-à-dire avec la conscience des prohibitions de la loi.

27. Il existe encore certaines prohibitions d'intérêt privé, qui défendent de prendre comme objets de conventions dés obligations et des droits qui ne peuvent incomber ou appartenir qu'à certaines personnes. Nous voulons parler des choses incessibles. Ainsi, mon colon ne peut céder son bail, mon fermier ne le peut non plus si la convention le lui défend; Ingres s'est obligé à faire mon portrait, il ne peut se substituer un autre peintre; l'usager, l'habitant ne peut céder à un autre son droit d'usage, d'habitation; celui qui a droit à des aliments, *ex jure sanguinis,* ne peut céder son droit abstrait, etc... (1). Pourquoi toutes ces choses sont-elles incessibles? C'est que la substitution d'un tiers, soit pour l'exercice du droit, soit pour l'acquittement de l'obligation, porte préjudice au débiteur ou

(1) Voy. sur les choses propres et incessibles, 1122 et 1166.

au créancier, sans qu'il y ait consentement de leur part. Ainsi, quand l'usager cède son droit d'usage, le propriétaire peut être lésé ; le cessionnaire peut user avec plus d'abus et moins de discrétion. En aggravant ainsi la position du propriétaire, l'usager contracte réellement sur la chose d'autrui. Quand un fils cède son droit abstrait à des aliments, le père de famille est encore lésé ; car si d'une part la cession l'oblige envers le cessionnaire, d'autre part la nature l'oblige envers son fils, de telle sorte que ses obligations sont doublées. C'est donc encore de la part du fils contracter sur la chose d'autrui.

En un mot, toutes les fois que par la cession d'une obligation ou d'un droit faite à un tiers, on altère cette obligation dans son payement, ou qu'on aggrave ce droit dans son exercice, d'une manière préjudiciable à un tiers, comme on contracte alors sur une chose qui intéresse ce tiers, on contracte, en réalité, sur la chose d'autrui. Aussi, de pareilles conventions ne sont-elles pas toujours sans effet entre les contractants ; par exemple, si le cessionnaire, à raison des circonstances, a ignoré de bonne foi le vice d'incessibilité. Aussi, peuvent-elles produire tous leurs effets, lorsque le tiers intervient pour y donner son adhésion et purger par son concours le vice de l'objet ; par exemple, lorsque le propriétaire ou le père de famille adhère à la cession du droit d'usage ou du droit abstrait aux aliments.

28. Occupons-nous donc maintenant de la chose d'autrui, prise comme objet d'un contrat. Ce ne sera pas l'une des moindres questions que soulève l'article 1128.

On ne peut, en général, s'engager ni stipuler en son propre nom que pour soi-même (1119). Néanmoins on peut se porter fort pour un tiers, en promettant le fait de celui-ci (1120). Tel est le principe, et de là cette conséquence que si, en contractant sur la chose d'autrui, l'on ne se porte pas fort pour le tiers, ou si l'on ne promet pas son fait ou sa chose, on fait une convention inutile, nulle, dont chaque partie peut indistinctement demander la nullité. Sans me porter fort et sans rien promettre personnellement, je conviens avec vous que Pierre, un tiers étranger, vous affermera, vous donnera en antichrèse, etc..., sa maison ou toute autre chose à lui appartenant; voilà une convention inutile, *nihil actum est,* il n'y a rien de fait. Car je n'ai contracté moi-même aucune obligation personnelle, ni pu engager un tiers étranger. Mais pourquoi notre convention est-elle nulle? Ce n'est pas faute d'objet, mais faute de consentement; c'est parce que le consentement doit être personnel de la part des contractants, et non pas parce que je ne puis m'obliger moi-même sur la chose d'autrui. Il ne s'agit même pas alors d'une annulation proprement dite, mais d'une véritable non existence, de telle sorte que toutes parties peuvent indistinctement proposer la nullité du contrat, sans que l'une puisse opposer à celle qui la poursuit que le vice de l'acte a été purgé, soit par la ratification du tiers véritable propriétaire, soit par l'acquisition ultérieure de la part du promettant du droit de disposer de la chose qui fait le sujet de la convention, si celui contre lequel on se prévaut de cette consolidation de l'acte n'y a donné son consentement d'une manière expresse ou tacite. On rentre ainsi dans les dispositions de l'article 1119, concernant la personnalité du consentement, c'est-à-dire la première des conditions substantielles à l'existence même des contrats.

C'est donc exclusivement du point de vue de l'objet que nous devons examiner ici la valeur des obligations contractées, des promesses faites sur les choses d'autrui.

L'article 1599 porte spécialement que la vente de la chose d'autrui est nulle. Mais cette disposition est applicable à tous les autres contrats ayant pour objet une chose appartenant à autrui. Voyons au surplus en quoi consiste cette nullité; ce point important mérite de très sérieuses explications.

D'après le droit romain, on pouvait valablement vendre la chose d'autrui. *Rem alienam distrahere quem posse nulla du-*

bitatio est (1). Et ce principe était passé tout entier dans notre ancien droit (2). Celui qui avait vendu la chose d'autrui était tenu de la racheter lui-même du vrai propriétaire pour la donner à celui à qui il l'avait promise ; et comme, à défaut de cette délivrance, il ne contractait que l'obligation de garantir et de défendre l'acquéreur contre toute éviction, l'inexécution devait se résoudre contre lui en la restitution du prix, avec ou sans dommages et intérêts, suivant les circonstances.

Le droit romain voulait ainsi que l'acquéreur attendît son vendeur à la délivrance, à la tradition, au premier acte d'exécution du contrat ; ou bien, si la tradition avait été faite, qu'il l'attendît au trouble et à l'éviction dont il serait menacé. Tant qu'il n'était pas certain que la convention ne serait pas complètement exécutée, le stipulant n'avait rien à dire, il n'avait qu'à attendre. Le promettant pouvait lui dire : « Il n'y a rien encore d'urgent ; si je n'ai pas fait délivrance, je suis encore dans les délais de la convention pour la faire ; maintenons donc le contrat : et, si la délivrance avait été faite , — vous êtes en possession, attendez encore ; vous craignez, dites-vous, un trouble, une éviction. Ne puis-je pas les prévenir ou les faire cesser ? Ne vous suffit-il pas de ma garantie ? Entretenons donc le contrat. » Et voilà comment la vente était valable, comment l'acquéreur de bonne foi ou non était obligé de payer le prix convenu. A l'exception même du cas où il pouvait prouver que son vendeur l'avait trompé en lui vendant sciemment la chose d'autrui, jamais il n'était admis à exercer l'action en garantie, sous le prétexte qu'il était menacé d'une éviction plus ou moins prochaine, tant qu'il n'était pas effectivement troublé dans sa possession par une demande judiciaire (3).

---

(1) L. 28, *ff. De contr. emp.*
(2) POTHIER, *Vente*, n° 7, *Oblig.*, n° 133.
(3) L. 34, § 3, *ff. De contr. emp.* — L. 3, C. *De evict.* — L. 30, § 1, *ff. De act. empt.*

Telle était l'équité du droit romain et de notre ancienne jurisprudence. Elle pouvait être suffisante dans certains cas, par exemple dans le cas où le stipulant avait su, en contractant, que la chose était à autrui. Car sa témérité est alors égale à celle du promettant. Mais devait-elle suffire et satisfaire à la bonne foi du contrat, lorsque l'acquéreur avait ignoré qu'il achetât la chose d'autrui ? Etait-ce assez pour lui d'attendre, sur la foi d'une garantie que le temps pouvait rendre illusoire, le moment où l'inexécution du contrat serait imminente et certaine ? J'achète de bonne foi la chose d'autrui : je viens ensuite, mais trop tard, à reconnaître mon erreur ; n'est-il pas conforme à la plus scrupuleuse équité que je puisse d'ores et déjà, sans plus attendre, poursuivre la nullité d'une convention dont le vice flagrant me tient dans une fâcheuse incertitude et m'expose, dans un avenir plus ou moins prochain, à un préjudice réel ? Comment ne pourrais-je pas me dégager des liens d'un contrat dont ma bonne foi d'une part et mon intérêt de l'autre m'autorisent et m'invitent à sortir ? Le Code civil me l'a permis ; et, il faut le reconnaître, en déclarant nulle la vente de la chose d'autrui, il a été plus logique et plus équitable que le droit romain et notre ancien droit.

Nous rattachons ainsi cette innovation du Code sur les principes relatifs à la vente de la chose d'autrui, à une simple question d'équité et de bonne foi ; et c'est à tort, suivant nous, que M. Troplong (1) veut la rattacher aux principes actuels de la vente. Il rappelle les paroles de Grenier, organe du tribunat : « Le but unique de la vente doit être la transmission d'une propriété. Or la vente d'une chose qui n'appartient pas au vendeur ne peut être le germe d'une transmission de propriété. » Telle est donc l'opinion de M. Troplong ; si l'article 1599 déclare nulle la vente de la chose d'autrui, c'est parce que l'article 1583 déclare la propriété acquise de droit

(1) *Vente,* n° 231.

à l'acquéreur, à l'égard du vendeur, dès qu'il y a contrat; tandis que dans les principes du droit romain et de notre ancienne jurisprudence, le but de la vente n'était pas de rendre l'acheteur propriétaire, mais seulement de le mettre et maintenir en possession, avec garantie contre tous troubles et évictions. Or nous pensons que cette différence de principes sur la nature des obligations du vendeur et des effets essentiels de la vente, n'est pas la raison déterminante de l'innovation faite par l'article 1599.

S'il était vrai, en effet, que cet article ne déclarât nulle la vente de la chose d'autrui que parce que les articles 1583 et 1138 déclarent l'acquéreur immédiatement propriétaire par la seule vertu du contrat, il en résulterait que, pour prononcer la nullité de la vente, il suffirait de constater que la chose vendue est la chose d'autrui, sans s'inquiéter de la bonne ou de la mauvaise foi des contractants; ce qui n'est pas vrai, ainsi que M. Troplong le démontre et que nous l'expliquerons plus bas. Il en résulterait encore que toutes parties pourraient également et toujours demander la nullité du contrat, puisque la vente de la chose d'autrui est, indépendamment de toute autre circonstance et par cela seul, impuissante à réaliser aucune transmission de propriété ; ce qui est encore souverainement faux. Il en résulterait enfin que là où il n'y aurait pas de contrat essentiellement transmissif de propriété, il n'y aurait pas non plus nullité, bien qu'on eût pris pour objet la chose d'autrui.

Ainsi, j'afferme, je donne en antichrèse la chose d'autrui; je concède un droit d'usufruit, d'usage, d'habitation sur la chose d'autrui. Est-ce que le principe spécialement posé pour la vente dans l'article 1599 n'est pas également applicable ici ? La convention n'est-elle pas nulle? La nullité ne peut-elle pas en être poursuivie suivant les distinctions que nous poserons plus loin ? Est-ce qu'enfin celui qui a stipulé de bonne foi, dans l'ignorance que la chose fût à autrui, n'a pas toujours le même intérêt à se dégager immédiatement d'une convention dont la réalisation incertaine et l'exécution problématique l'exposent à des désagréments, à des troubles, à des poursuites, contre lesquels un recours en garantie peut n'être qu'un remède impuissant, surtout s'il est longtemps différé ?

Il n'est donc pas vrai que la vente de la chose d'autrui soit nulle aujourd'hui par cela seul qu'elle doit transmettre immédiatement la propriété, tout de même qu'autrefois elle était valable, parce qu'elle n'avait pas pour effet essentiel une transmission de propriété. L'innovation des principes tient, non pas à la différence des effets de la vente, mais à la différence de leur appréciation ; si aujourd'hui la vente de la chose d'autrui est nulle, c'est que dans l'appréciation des obligations du vendeur on a fait une plus large part à l'équité. Je le demande en effet : de bonne foi, y a-t-il donc une bien grande différence pratique, du moins au point de vue où nous nous plaçons, entre l'obligation de mettre en possession l'acquéreur, de l'y maintenir et de le défendre contre toute éviction, et l'obligation de mettre l'acquéreur en possession, de l'y maintenir et de le garantir contre toute éviction, *comme propriétaire ?* car c'est là tout.

Cet aperçu théorique sur les raisons qui ont déterminé l'innovation introduite par le Code civil ne servira qu'à rendre plus saillante la légalité de certaines solutions. En les fondant toutes sur l'équité, nous les aurons ainsi fondées sur le principe même de la loi. N'oublions donc pas que si les promesses faites de la chose d'autrui (nous ne disons pas seulement la vente) sont nulles, c'est seulement par raison d'équité, parce que le contrat court risque de ne pas recevoir l'exécution sur laquelle le stipulant a eu droit de compter.

29. Si le stipulant a su, lors du contrat, d'une manière ou d'une autre, que la chose était à autrui, comme alors il est allé au-devant du péril, n'ayant pas à s'en plaindre, il ne peut poursuivre la nullité du contrat. Nous supposons que la délivrance a été faite ; car le défaut de délivrance serait, à lui seul,

une inexécution et une cause de résolution du contrat. Nous ne croyons pas en effet, contrairement à l'opinion de quelques auteurs, que le vendeur, même de bonne foi, de la chose d'autrui puisse, par voie d'exception, opposer la prétendue nullité de la vente pour se soustraire à l'action en délivrance (1). En nous plaçant au seul point de vue du vice de l'objet, dans l'examen de cette question de nullité, nous arrivons forcément à n'y reconnaître qu'une nullité relative en faveur du stipulant, de l'acquéreur seul (2) (1184, 1603).

Si l'acquéreur de mauvaise foi est plus tard évincé, il n'a droit qu'à la restitution du prix, sans dommages et intérêts, à moins qu'il n'ait formellement stipulé une clause de garantie de la part du promettant, celui-là seul ayant droit à des dommages et intérêts qui a ignoré que la chose fût à autrui. Or la mauvaise foi équivaut à une clause de non garantie; et si le stipulant veut être pleinement garanti dans ce cas, il doit en faire l'objet d'une clause expresse. Mais cette clause de garantie ne lui donnerait pas le droit de demander la nullité de la convention, avant même qu'il fût poursuivi par le tiers propriétaire. Il serait forcé d'attendre l'événement de l'éviction, qui est essentiellement dans les prévisions de la clause de garantie. Sa bonne foi n'a pas, en effet, été surprise, et en se faisant garantir, en connaissance de cause, il s'est obligé à attendre le trouble et l'éviction. C'est seulement alors qu'il sera en droit d'agir.

Si le promettant avait contracté en se portant fort pour autrui, ou en promettant sa ratification, le stipulant ne pourrait non plus agir que lorsqu'il serait devenu certain que le tiers refuse de tenir l'engagement. Sachant, lorsqu'il a contracté, que la chose était à autrui, il est obligé d'attendre l'événement

---

(1) Voy. DUVERGIER, *Vente*, t. 1, n° 220. — ZACHARIÆ, t. 2, p. 501, et t. 4, p. 354, 4e édit. — MARCADÉ, art. 1599, n° 2.

(2) MERLIN, *Quest.*, v° *Hypoth.*, § 4 *bis*, n° 6.

qu'il a prévu lui-même, puisqu'il s'en est fait garantir. Il ne peut agir, en un mot, que d'après l'article 1120 (1).

Le stipulant a-t-il ignoré que la chose fût à autrui, il peut demander immédiatement la nullité du contrat avec dommages et intérêts (1599). Ce n'est même que pour ce cas que la loi nous semble déclarer la vente nulle. Alors même que le promettant aurait stipulé une clause de non-garantie, l'acquéreur n'en serait pas moins en droit de poursuivre la nullité de la vente. Car sa bonne foi n'en a pas moins été trompée, et le promettant n'est pas quitte envers lui de toutes obligations, puisque, s'il ne doit pas de dommages et intérêts, il doit toujours restituer le prix reçu (1629). Mais il en serait autrement si la convention, vente ou autre, avait eu lieu aux risques et périls du stipulant; il aurait alors pris sur lui toutes les chances du contrat (1629).

Peu importe, au surplus, que le promettant ait été de bonne ou de mauvaise foi, en traitant sur la chose d'autrui. La nullité de la convention n'est pas prononcée en haine de sa mauvaise foi, mais en faveur de la bonne foi du stipulant. C'est donc la seule qu'il faille considérer; car c'est de son côté que militent l'équité et la justice, tandis que du côté du promettant il n'y a que témérité et imprudence.

30. A bien considérer la cause et les effets de la nullité des conventions qui ont pour objet la chose d'autrui, on voit que cette nullité est plutôt une résolution, puisqu'elle tient moins à un vice d'objet, qu'à un défaut d'exécution. Et en effet voici ce qui se passe : prenons un cas de vente; je vous vends et vous achetez de bonne foi une chose appartenant à autrui. Comme notre convention ne peut nuire au vrai propriétaire de cette chose, et que je me suis obligé à vous en rendre propriétaire, j'ai contracté un engagement au-dessus de mes forces, je n'exécute pas mon obligation. Vous êtes donc en droit d'en demander la résolution (1184). C'est ce que l'article

(1) Voy. Cass., 8 janvier 1866. SIREY, 66, 1, 99.

1599 appelle improprement, suivant nous, une nullité. Et cette résolution, vous pouvez la poursuivre immédiatement (1), sans plus attendre, parce que moi, vendeur, je vous ai présenté, en vous la vendant, cette chose comme mienne; que je vous ai donné comme sûreté principale et éminente la promesse de ma prétendue propriété; que je vous ai trompé en vous faisant cette promesse illusoire et fausse, et qu'enfin ayant diminué par mon fait les sûretés promises par le contrat, je suis déchu du bénéfice du terme qu'implique naturellement toute obligation de garantie (1188). Voilà comment la vente de la chose d'autrui est nulle, ou plutôt immédiatement résoluble sur la demande de l'acquéreur de bonne foi. Nous croyons ainsi être dans le vrai, en rattachant les dispositions de l'article 1599 aux principes relatifs à la résolution des contrats pour cause d'inexécution, sauf que la résolution qu'il qualifie de nullité n'a pas besoin d'être prononcée en justice, s'il n'y a contestation judiciaire.

31. De là nous déduisons les conséquences suivantes : le promettant ne peut, soit qu'il ait été, en contractant, de bonne ou de mauvaise foi, demander la nullité de sa promesse, sous prétexte qu'il s'est obligé sur une chose appartenant à autrui; car la loi ne la prononce qu'en faveur du stipulant, et donne à la convention, contre le débiteur, les mêmes effets obligatoires que s'il était propriétaire. Autrement, il pourrait se faire un titre de libération d'une inexécution qui vient de son fait et qui aggrave même son engagement (2).

A plus forte raison, ne peut-il provoquer l'annulation de la vente qu'il aurait consentie d'une chose indivise entre lui et d'autres, puisque, par le résultat du partage, la vente peut

---

(1) TROPLONG, *Vente*, n° 238. — DUVERGIER, *Vente*, t. 1 n° 220. — MERLIN, Quest., v° *Vente*, § 11, n° 1. — DURANTON, t. 10, n° 437, et t. 16, n°ˢ 177 et 178. — ZACHARIÆ, t. 2, p. 501, et t. 4, p. 354, 4° édit.

(2) TROPLONG, *Vente*, n° 238. — MERLIN, Quest., suppl., v° *Hypothèque*, § 4 *bis*, n° 6. — *Contrà*, ZACHARIÆ, t. 2, p. 501, et t. 4, p. 354, 4° édit. — DUVERGIER, *Vente*, t. 1, n° 220.

porter sur une chose qui sera censée lui avoir toujours appartenu, sauf le droit du stipulant d'agir en garantie, pour cause d'éviction, ou en résolution, à défaut de l'exécution du contrat telle qu'il a dû légitimement l'espérer (1).

32. Il ne pourrait pas non plus faire annuler la convention, comme étant aux droits du vrai propriétaire, par hérédité ou autrement, parce que devant garantir il ne peut évincer, devant exécuter il ne peut détruire (2).

33. Le stipulant lui-même, copermutant ou acquéreur, ne peut poursuivre la nullité de la convention, lorsque, avant que l'annulation en soit prononcée, il acquiert la certitude qu'il n'est exposé désormais à aucun trouble, soit parce que le promettant est devenu propriétaire, soit parce que le vrai propriétaire de la chose a accédé au contrat en le ratifiant, ou en renonçant à se prévaloir de ses droits. Toute crainte d'éviction cessant, la résolution du contrat cesse d'être un remède utile. Elle est dorénavant sans intérêt (3).

Nous pensons même que le tiers est toujours à temps de ratifier, et le promettant de devenir incommutable propriétaire, avant que l'annulation du contrat soit définitivement prononcée, fût-ce même postérieurement aux premières poursuites. Car la résolution, et c'en est bien une, ne se prononce qu'à défaut d'exécution ; or, au moment où elle serait prononcée, l'exécution du contrat serait assurée, en supposant les choses encore entières. Elle serait dès lors sans objet (4),

(1) Cass., 18 novembre 1879. SIREY, 81, 1, 355. — *Contrà*, Bastia, 28 avril 1855. SIREY, 55, 2, 352. — 3 mars 1858. SIREY, 58, 2, 241.

(2) TROPLONG, *Vente*, n° 236, *Hypothèques*, n°s 521 et suiv. — DURANTON, t. 16, n° 179. — MERLIN, Quest. suppl., v° *Hypothèque*, § 4 *bis*, n° 6.

(3) Cass., 23 juillet 1835. SIREY, 36, 1, 70. — Agen, 17 déc. 1851. SIREY, 52, 2, 392. — Cass., 20 février 1855. SIREY, 55, 1, 590.

(4) Voy. TROPLONG, *Vente*, n° 237. — MERLIN, Quest. suppl., v° *Hypothèque*, § 4 *bis*, n° 6. — DUVERGIER, t. 1, n° 219. — Cass., 16 janvier 1810. SIREY, 10, 1, 204. — *Contrà*, ZACHARIÆ, t. 2, p. 502, et t. 4, p. 355, 4° édit. — TOULLIER, t. 6, n° 132.

sauf la question des dépens exposés dans la poursuite. Quelques auteurs (1) veulent cependant, mais avec plus de rigueur que de justice, que la ratification du tiers ou la propriété du promettant soient antérieures à la demande, soit même à la simple signification de volonté de la part du stipulant.

Quant aux ventes de choses mobilières appartenant à autrui, il va sans dire que ces objets n'ayant point de suite, et leur possession valant titre (2279), l'acquéreur ne peut agir en nullité que dans les cas exceptionnels de perte ou de vol, où il peut être exposé à une action en revendication de la part du légitime propriétaire (2).

34. Ce n'est pas contracter sur la chose d'autrui, que de prendre pour objet d'une convention une chose sur laquelle le promettant a un droit suspendu ou résoluble. Il faut alors attendre l'événement de la condition qui suspend ou résout, pour savoir si le promettant a contracté sur sa chose ou sur celle d'autrui, et si en conséquence il en a valablemement ou non disposé.

35. Ce n'est pas non plus contracter sur la chose d'autrui, que de promettre une chose *in genere*. Je vous vends tant d'hectolitres de blé, je m'oblige à vous prêter tel jour un cheval ; je n'ai cependant à moi ni blé, ni cheval. Ce sera donc forcément avec la chose d'autrui que je m'acquitterai. Cependant, comme je n'ai déterminé la chose que par sa quantité et son espèce, que je n'ai pas dit tel blé, tel cheval, on ne peut dire que je me sois engagé sur une chose appartenant à autrui. M'engageant sur une chose prise *in genere*, je ne me suis engagé déterminément sur le bien de personne. Mon obligation s'exécutera donc, comme celle de vous prêter mille francs que

---

(1) Voy. Duranton, t. 10, nᵒˢ 438, 439, et t. 16, nᵒ 179. — Agen, 1866. Sirey, 66, 2, 339. — Pau, 8 juillet 1874. Sirey, 81, 1, 355. — Dijon, 9 mars 1881. Sirey, 82, 2, 220.

(2) Duranton, t. 10, nᵒ 440. — Zachariæ, t. 2, p. 503, nᵗᵒ 31, et t. 4, p. 357, nᵗᵉ 56, 4ᵉ édit.

je n'ai pas actuellement, mais que je dois prendre dans la bourse de mes voisins (1).

36. Le principe posé dans l'article 1599 est également inapplicable aux matières de commerce (2). Je vous vends une partie de marchandises de tel magasin, de telle fabrique, de telle provenance ; le contrat est valable. L'acheteur s'en est reposé sur moi de l'exécution de mon engagement. Il a compté que je me mettrais à même de le remplir en achetant du détenteur les marchandises vendues, si je ne les avais pas en ma possession. Telles sont en effet les habitudes commerciales qu'on vend très souvent ce qu'on n'a pas, parce qu'on espère se le procurer à temps. C'est même là le principe des grandes spéculations du commerce.

37. Un mot maintenant sur les choses inutiles. Nous avons déjà parlé, sous l'article 1119, de certaines conventions inutiles, celles par lesquelles, en contractant en son nom, l'on s'est engagé ou l'on a stipulé pour des tiers. Nous avons exposé comment de pareils contrats étaient frappés d'inutilité, lorsqu'ils ne présentent pas pour les contractants cet intérêt personnel et appréciable, but essentiel de toute convention (3). Mais l'inutilité des conventions de cette nature ne tient pas à un vice quelconque de leur objet ; elle tient exclusivement à la manière dont elles ont été conçues sous le rapport du bénéfice que leur exécution est destiné à procurer; car c'est de là seulement que vient l'absence de toute utilité pour les contractants.

38. Nous devons ici nous occuper des conventions inutiles par la nature même de leur objet. Lorsqu'on stipule une chose qu'on a déjà, on fait une convention inutile, puisqu'elle est sans objet. Je deviens acquéreur, fermier, usager, usufruitier d'une chose sur laquelle j'ai déjà un droit de propriété qui implique tous les autres, ou le droit spécial qui est l'objet de

---

(1) TROPLONG, *Vente,* n° 234. — DURANTON, t. 16, n° 181.

(2) PARDESSUS, t. 2, p. 287. — TOULLIER, t. 6, n° 131. — TROPLONG, *Vente,* n° 232.

(3) Instit., *De inut. stipul,* § 19.

la convention ; je fais un contrat évidemment nul, puisqu'il ne me donne que ce que j'ai déjà et sans son aide (1).

Peu importerait même que la chose cessât plus tard de m'appartenir, et que l'exécution du contrat devînt ainsi possible et utile. Comme cette chose n'a pu cesser de m'appartenir que par mon fait ou ma négligence, je n'ai pas été en droit de raviver un contrat mort-né, en ménageant moi-même des circonstances qui lui donnent plus tard quelque intérêt et quelque utilité juridique.

Mais rien n'empêche de prévoir le cas où la chose ne sera plus à moi et de stipuler, pour cette éventualité, un droit que je n'aurais pas autrement. Par exemple, je puis valablement stipuler de Paul qu'il me promet bail de ma maison, en cas que je la vende, n'importe à qui. On rentre alors dans le cas de convention faite sur la chose d'autrui.

Ce ne serait pas non plus faire une convention inutile, si, n'ayant qu'un droit imparfait, je stipule ce qui manque à sa plénitude et à sa perfection. Par exemple, si, étant usufruitier, j'achète la nue-propriété ; fermier, la propriété pleine ; propriétaire sous condition suspensive ou résolutoire, un droit pur et simple ; je fais dans tous ces cas un contrat utile jusqu'à concurrence du droit nouveau que j'acquiers et qui me manquait auparavant. Ce serait seulement pour l'excédant qu'il y aurait défaut d'utilité, puisqu'il y aurait en ceci double emploi entre mon titre ancien et mon titre nouveau. Mais le contrat n'en serait pas moins maintenu, sauf réduction dans mon engagement, à raison de la diminution de l'objet qui lui sert de cause. Ainsi, étant usufruitier déjà, j'achète la propriété pleine, quand il me suffit de la nue-propriété ; le contrat est sans objet jusqu'à concurrence de l'usufruit. Sur mon prix, il faudra donc déduire ce qui excède la valeur de la nue-propriété, la seule chose qu'en réalité j'aie acquise.

Si mon droit était litigieux et contesté, même sans apparence

---

(1) Instit., *De inut. stipul.*, § 2.

de raison, la convention que je ferais avec mon adversaire pour le rendre irrévocable et définitif, aurait certainement l'intérêt et la valeur d'une transaction.

39. Au surplus, les conventions par lesquelles on cherche à acquérir ce qu'on a déjà peuvent masquer des libéralités véritables envers l'autre partie, dont les obligations sont nulles ou acquittées d'avance, et pour laquelle le contrat est un bénéfice tout pur. Dans ce cas, pourvu que la cause en soit clairement établie, la convention doit valoir comme donation déguisée. Ce sera là quelquefois une voie de salut ouverte aux contrats viciés en apparence dans leur objet.

40. Une chose, un fait quelconque peut être pris par les contractants comme condition de leur contrat, bien que son accomplissement ne leur présente aucun intérêt appréciable. Cette différence entre la condition et l'objet d'un contrat tient précisément à leur nature ; c'est que la condition n'étant qu'une clause modale indépendante de la cause et de l'objet, on ne cherche pas, quand on la stipule, quelle peut être l'utilité ou l'intérêt de l'événement qui la constitue. Il suffit que l'utilité et l'intérêt se trouvent dans la convention qui lui est subordonnée (1).

41. Quant au mode, constitutif lui-même d'une obligation accessoire, pour le payement de laquelle les voies de poursuite et de contrainte sont ouvertes, à la différence de la condition, à l'exécution de laquelle on ne peut jamais être contraint, quant au mode, disons-nous, il doit, comme toute obligation, avoir un objet utile. Si un fait indifférent peut être pris comme condition, un pareil fait ne peut être pris comme objet d'un mode. Il faut absolument qu'il y ait un intérêt juridiquement appréciable, pour celui au profit duquel il a été stipulé et doit être exécuté, soit qu'il s'agisse des con-

(1) TOULLIER, t. 6, n° 817. — POTHIER, *Oblig.*, n° 139.

tractants, soit qu'il s'agisse d'un tiers, en faveur duquel il aurait été stipulé par les contractants, accessoirement à une convention faite pour eux-mêmes (1121). Ainsi, serait nulle, comme sans objet, la charge imposée à l'une des parties de payer à un tiers ce qui déjà appartient à ce tiers ; ainsi encore, serait considérée comme non avenue toute clause qui contiendrait, à titre de simple démonstration, une indication d'emploi, de destination indifférente aux stipulants et aux tiers étrangers (1).

ARTICLE 1129.

Il faut que l'obligation ait pour objet une chose au moins déterminée quant à son espèce. — La quotité de la chose peut être incertaine, pourvu qu'elle puisse être déterminée.

Sommaire.

1. L'objet doit être déterminé.
2. Il suffit qu'il le soit dans sa quantité et son espèce.
3. Mais la chose doit l'être dans son individualité, s'il s'agit de choses non fongibles.
4. Suite.
5. La quantité peut être incertaine, pourvu qu'elle puisse être déterminée.
6. Un seul mot peut tout déterminer. Exemple : aliments.
7. Une obligation alternative devient pure et simple, en général, si l'une des deux choses est indéterminée.
8. En général, l'adjonction de ces mots, *plus ou moins,* ne signifie rien.
9. Il ne faut pas confondre la validité du contrat avec la perfection de ses effets, quant à la détermination de la chose.

COMMENTAIRE.

1. Une chose ne peut être prise comme objet d'une convention que tout autant qu'elle a des limites et une détermination

(1) Voy. 1168, n° 18.

certaines; autrement elle ne peut lui servir d'objet, puisqu'elle n'est rien, en étant l'indéfini. Toute obligation doit donc porter sur une chose déterminée; or une chose n'est déterminée que lorsqu'on peut savoir *quid, quale, quantumque sit* (1). Telles sont les indications qui doivent spécifier un objet.

Je vous promets du blé, de l'argent, un animal, mon travail, mes services, sans dire quelle quantité de blé et d'argent, quelle espèce d'animal, quel genre de travail, de services. Je promets donc une chose indéterminée; je ne promets rien du tout, et mon obligation est nulle à défaut d'objet précis. Comment en effet l'exécuter d'une manière sérieuse, quand je suis obligé au *minimum* et que je puis m'acquitter avec la moindre chose, ce qui équivaut à rien?

2. Il n'est pas nécessaire cependant, bien que toute obligation doive en définitive s'exécuter sur une chose individuelle, d'en préciser l'objet de manière à en faire un individu immédiatement certain et déterminé dans le genre où plus tard il doit être pris.

Je vous promets un bœuf, un cheval; mon obligation n'en est pas moins valable, et je n'ai pas besoin de dire tel bœuf, tel cheval, pas plus qu'en promettant cent hectolitres de blé, de dire de tel blé. Il suffit en effet que l'obligation ait une chose déterminée quant à son espèce (1129). Il n'y a plus alors qu'un pas à faire pour déterminer l'individu et spécifier l'objet de la convention. La loi a pris soin de régler elle-même dans ce cas les conditions du payement; le débiteur n'est pas obligé de donner une chose de la meilleure qualité, et il ne pourra l'offrir de la plus mauvaise (1022). Il suffit qu'elle soit de qualité commune, bonne et marchande.

3. C'est à peine si nous osons prévoir les hypothèses suivantes, tant elles sont rares dans la pratique. Je m'oblige envers vous à bâtir une maison, à creuser un fossé, à vous

---

(1) L. 74, *ff. De verb. oblig.*

vendre un domaine, un pré, une terre, sans déterminer quelle maison, quel fossé, quel domaine, quel pré, quelle terre. Nous regardons comme nulle une pareille convention. En effet, l'indétermination de son objet ne la rend pas plus susceptible d'exécution sérieuse, que l'obligation de livrer du blé, un animal. La chose y est sans doute déterminée quant à son espèce : c'est une maison à construire, un fossé à creuser, etc.....; c'est une chose d'une certaine espèce à faire ou à donner. Mais remarquons bien que ces choses ne sont point fongibles de leur nature, ni dans l'intention des contractants. Elles n'ont d'existence que dans leur individualité propre. Il faut donc absolument qu'on les désigne de manière à leur imprimer un caractère individuel qui fixe leur identité.

Lorsque je stipule un bœuf, un cheval, j'admets à concourir pour le payement tous les bœufs, tous les chevaux, par cela seul que je n'en exclus et n'en admets aucun spécialement. Ce n'est pas que l'obligation embrasse le genre tout entier, ou alternativement chaque individu du genre; elle ne comprend qu'une chose à prendre dans ce genre, une chose qui doit se déterminer par le payement. Quant au caractère alternatif d'une semblable obligation, en ce sens que tous les individus sont dus, l'un à défaut de l'autre, l'un ou l'autre, au choix du débiteur, bien qu'il y ait quelque chose qui y ressemble dans la pratique, cependant elle est pure et simple dans son principe; et si mon débiteur a un choix à faire, ce n'est point en ce qui concerne l'obligation elle-même, mais seulement en ce qui touche le payement (1). Je considère donc comme choses fongibles et se remplaçant les uns par les autres, tous les individus de la même espèce, pourvu qu'ils soient de qualité commune, loyale et marchande, tels enfin que je suis présumé les vouloir. La convention est ainsi valable, parce que les rapports sous lesquels j'ai considéré l'es-

(1) Voy. DUMOULIN, *De div. et indiv.*, p. 2, nᵒˢ 95, 116, 117, 123.

pèce, seule déterminée dans la convention, permettent d'y prendre un individu pour l'acquittement de l'obligation ; ce qui ne peut avoir lieu, lorsque les choses n'étant déterminées que par l'indication de leur espèce ne sont point d'ailleurs fongibles, ni de leur nature, ni dans l'intention des parties.

Comme ce n'est après tout qu'une question de fait, les juges sont toujours en droit, à l'aide de l'interprétation, de préciser dans son identité l'objet du contrat. Ce qui manque à la désignation de la chose dans le contrat même, se supplée alors par l'appréciation de la commune intention des parties, de leurs rapports, de leur position, des diverses circonstances de l'acte, de son but, de sa destination, de tout ce qui peut enfin révéler la pensée des contractants et fixer l'objet de leur convention. Il ne faut pas, en effet, croire légèrement qu'ils ont voulu faire un contrat nul et non sérieux.

4. Si, pour les choses non fongibles, il faut une détermination qui les précise dans leur stricte individualité, il suffit, pour les choses fongibles de leur nature, ou considérées comme telles dans le contrat, outre la désignation de l'espèce, de la détermination de la quantité. Ces choses n'ont en effet d'existence individuelle que dans leur poids, leur mesure, leur nombre, en un mot, dans leur quantité. Toute leur identité est là, ou plutôt elles n'en ont pas, puisqu'elles peuvent se remplacer exactement par toutes les choses de même espèce. Je vous vends cinquante kilogrammes de sucre, deux cents litres de vin, dix chevaux. Nous avons ainsi l'espèce et la quantité ; l'objet est donc suffisamment déterminé, tandis qu'il ne le serait pas si l'on supprimait la désignation de l'espèce ou de la quantité. On n'aurait plus alors qu'une chose *in genere*, à défaut de quantité précise, ou inconnue, à défaut d'espèce indiquée.

5. Mais la quantité peut être incertaine, pourvu qu'elle puisse être déterminée (1129). Je vous promets tout le vin nécessaire à votre consommation annuelle, les chevaux néces-

saires pour les relais de telle route, le blé nécessaire pour votre boulangerie. La quantité n'est pas d'ores et déjà fixée; elle est incertaine; mais le contrat, en indiquant la destination et l'emploi de la chose, contient des éléments suffisants pour la déterminer.

6. Un seul mot peut même contenir une désignation suffisante de l'objet du contrat, lorsqu'il implique à la fois l'espèce et la quantité des choses promises. Ainsi, je vous promets des aliments; ce mot, *aliments*, suffit pour déterminer l'objet de la convention, bien que, dans son acception légale, il signifie, sans les préciser, des choses d'espèce et de quantité différentes. Mais ces choses n'en sont pas moins indiquées d'une manière générale et implicite; et si leur quantité est incertaine, elle est déterminable.

7. Une obligation alternative peut contenir dans l'un de ses membres une chose indéterminée, et dans l'autre, une chose déterminée. Par exemple, je vous promets un cheval ou du blé. Une pareille convention n'est pas nulle à défaut d'objet précis. L'obligation alternative est en effet pure et simple, si l'une des deux choses promises ne peut être le sujet de l'obligation (1192), parce que les deux choses sont dues, l'une à défaut de l'autre; d'où il suit que, la chose indéterminée ne pouvant faire la matière de l'obligation, le débiteur n'a plus à choisir et doit forcément prendre la chose déterminée.

Il n'y aurait enfin aucune difficulté, si le choix appartenait au créancier. Dans ce cas, il reste toujours un objet certain sur lequel porte l'obligation. L'autre chose indéterminée n'est pas plus comptée que si elle n'était jamais entrée dans la convention; car le créancier, maître de choisir, est également maître de l'exclure. Aussi l'obligation devient-elle pure et simple.

Remarquons cependant que la chose indéterminée contenue dans l'un des membres de l'alternative, peut, suivant les circonstances dont l'interprétation est toujours autorisée, se préciser et se déterminer par le rapprochement de l'autre membre de l'alternative. On peut quelquefois considérer la détermination de l'une comme la fixation de l'autre, par équivalent. Je vous promets cent francs ou du blé, un cheval ou du vin, etc... On interprétera le plus souvent une pareille convention en ce sens que je vous promets cent francs, ou du blé jusqu'à la valeur de cent francs ; que je vous promets un cheval ou du vin jusqu'à la valeur d'un cheval.

8. Si, après avoir déterminé la chose prise pour objet du contrat, on ajoute plus ou moins ; par exemple, si je vous vends cent hectolitres de blé, *plus ou moins;* si je vous promets mille francs, *plus ou moins;* ces dernières expressions ne changent rien à la détermination de la chose. Suivant Ulpien (1) *ou plus, plurisve,* se réduit *ad minutulam summam ;* c'est-à-dire, suivant Accurse, à deux dixièmes ou un cinquième; suivant d'autres, à deux dixièmes et demi ou un quart, et enfin, suivant Cujas (2), *ad minimum quadrantem.* Or, par la raison des contraires, ces mots, *ou moins,* se réduisent de même ; ce qui fait dire à Patru (3) que, à bien parler, *plus ou moins* n'est rien.

Ces expressions peuvent cependant, suivant les circonstances dont l'appréciation est abandonnée aux tribunaux, n'être pas complètement inutiles et contenir le germe d'une réduction ou d'une augmentation dans la quantité de la chose. Par exemple, croyant que ma récolte donnera cent hectolitres de blé ou environ; que j'ai dans mon étang cinq cents kilogrammes de poisson ou environ; dans ma forêt, mille baliveaux ou à peu près, je vends cent hectolitres de blé, cinq cents kilogrammes de poisson, mille baliveaux, et j'ajoute *plus ou moins.* Cette addition change véritablement la détermination de la chose dans sa quantité. Je me suis obligé par là

(1) L. 192, *ff. De verb. signif.*
(2) Sur la loi, 192, *ff., ibid.*
(3) 3° *Plaid.,* t. 1, pag. 24.

à livrer, et l'acquéreur à prendre tout le blé de ma récolte, tout le poisson de mon étang, tous les baliveaux de ma forêt. *Plus ou moins* donnent, dans ce cas, à la détermination de la chose un caractère approximatif qui la rend susceptible d'augmentation ou de diminution, dans les limites de sa provenance particulière indiquée au contrat. De même, si je m'étais obligé à fournir pour l'exploitation de votre boulangerie tant d'hectolitres de blé, *plus ou moins,* je devrais pousser mes fournitures jusqu'à concurrence de votre consommation industrielle.

Ces mêmes termes auront enfin une valeur de simple approximation, lorsqu'ils se réfèreront, par exemple, au reliquat d'un compte ou d'une liquidation qu'il s'agit de fixer.

9. Telle chose peut être suffisamment déterminée pour la validité de la convention, sans l'être cependant assez pour la perfection de ses effets. Je vous vends cent hectolitres de blé à prendre dans mon grenier ; la chose est déterminée, le contrat est valable. La vente néanmoins n'est pas parfaite, en ce sens que la propriété n'est pas encore transmise et que la chose demeure aux risques du vendeur, jusqu'au mesurage (1585). La transmission de la propriété n'a lieu en effet que lorsque l'objet du contrat est devenu corps certain, individu déterminé, par tous les éléments qui peuvent fixer son identité.

ARTICLE 1130.

Les choses futures peuvent être l'objet d'une obligation. — On ne peut cependant renoncer à une succession non ouverte, ni faire aucune stipulation sur une pareille succession, même avec le consentement de celui de la succession duquel il s'agit.

Sommaire.

1. Les choses futures peuvent être l'objet d'un contrat.
2. L'obligation a alors un caractère conditionnel,

3. Ou aléatoire. Renvoi.

4. On ne peut renoncer à une succession non ouverte,

5. Ni stipuler sur elle.

6. Motifs des prohibitions de la loi.

7. Il importe peu qu'il s'agisse d'une succession déterminée ou indéterminée.

8. On ne peut stipuler sur sa propre succession, sauf en faveur de mariage.

9. Mais on peut stipuler sur tous ses biens présents, en bloc ou en détail, ne dût-on rien laisser à son décès.

10. On peut contracter une obligation soumise à l'éventualité d'un décès.

11. Contracter sur sa part éventuelle dans une société,

12. Même une société conjugale.

13. Peu importe que la stipulation sur succession non ouverte porte sur l'universalité, une quotité, ou un objet singulier.

14. Trois conditions sont essentielles pour constituer le pacte prohibé.

15. Contracter simplement dans la prévision d'un décès ne suffit pas.

16. *Quid* si l'on s'oblige à payer tant au décès et sur la succession de telle personne ?

17. Il n'y a pas pacte prohibé, si l'objet ne dépend pas de la succession non ouverte sur laquelle il est stipulé.

18. S'il en dépend, il doit y être pris par le contractant à titre successif. Exemple : Gains de survie. — Préciput conventionnel. — Exceptions.

19. Le retour légal est un titre successif.

20. Si l'on peut traiter sur les gains de survie, c'est à la condition qu'ils ne portent que sur des biens présents.

21. On peut stipuler sur les biens présents compris dans une donation faite dans les termes de l'article 1086.

22. On peut stipuler sur les biens grevés de substitution.

23. On ne peut traiter sur la succession d'un absent qu'après l'envoi en possession définitif.

24. Différences entre la vente de la chose d'autrui et la vente d'une succession future. Ce qui les constitue.

25. Conséquences.

26. Suite.

27. Il n'y a pas pacte prohibé, si par erreur on a supposé le décès. Il n'y a que nullité faute d'objet.

28. Conséquences.

29. Mais en essayant de faire ratifier par la personne vivante, on fait alors le contrat prohibé par l'article 1130.

30. Exception pour les cas de fraude.
31. Il y a le pacte prohibé si, même par erreur, on a considéré la succession comme non ouverte.
32. Division des stipulations.
33. La nullité des conventions sur succession future est absolue.
34. Renvoi.
35. On ne peut, dans une société universelle, stipuler, quant à la jouissance, sur une succession future déterminée.
36. De même, pour la propriété ou la jouissance, dans une société conjugale.
37. On ne peut renoncer à une donation de biens à venir, du vivant du donateur, ni en faire l'objet spécial d'une donation de biens à venir.
38. La femme ne peut se constituer en dot les biens qu'elle recueillera dans une succession future déterminée.

COMMENTAIRE.

1. Ce ne sont pas seulement les choses existantes actuellement qui peuvent servir de matière aux contrats. Les choses futures peuvent aussi être l'objet d'une obligation (1130).

2. L'obligation prend alors un caractère conditionnel; car son exécution est subordonnée à l'existence de la chose. Or l'existence de cette chose est future d'abord, et incertaine ensuite, n'y eût-il même pour cela que la force majeure qui domine tout.

Je vous vends le poulain qui naîtra de ma jument, c'est comme si j'avais ajouté, s'il naît un poulain. Je vous vends, à tant l'hectolitre, les grains de ma prochaine récolte. La vente est encore soumise à cette condition, si des grains sont récoltés.

3. Mais au lieu d'être implicitement soumise à une condition, la convention peut être pure et simple. Je vous vends le part de ma jument, je vous vends ma prochaine récolte; l'objet de la convention est alors une éventualité, une chose future et incertaine, dont vous prenez en bloc, *per aversionem*, toutes les chances à vos risques et périls. Le contrat est alors aléatoire.

Il est donc fort important, s'il n'est pas toujours facile, de distinguer quelle a été l'intention des contractants. Ont-ils voulu s'engager sous la condition virtuelle que la chose existera? Ont-ils, au contraire, voulu prendre pour sujet de leur convention une éventualité, une espérance, un *alea?* C'est le fait de l'interprétation. Mais il ne faut pas oublier que dans le doute elle doit se faire en faveur de l'obligé (1).

Nous renvoyons au surplus à ce que nous disons des assignats limitatifs et démonstratifs (2).

4. Si, en principe, les choses futures peuvent être l'objet d'une obligation, ce n'est pas une règle sans exception. Ainsi, on ne peut d'avance renoncer à une prescription non acquise (2220), ni à une succession non ouverte (791,1130). La loi a en effet considéré comme contraire à l'intérêt public toute renonciation anticipée à une prescription non acquise. Moyen d'acquérir ou de se libérer, la prescription fixe la propriété, éteint les procès et les contestations. Aussi, l'a-t-on appelée la patronne du genre humain. La société est trop intéressée à ces heureux résultats, pour que le législateur ait permis d'y renoncer d'avance, par une de ces clauses qui, devenue bientôt de pur style, n'aurait laissé de place à la prescription que dans les cas où il eût été impossible d'y renoncer.

Quant aux renonciations aux successions non ouvertes, la loi a eu d'excellentes raisons pour les proscrire. Elles sont aussi d'intérêt public. On ne peut en effet se dissimuler qu'attachant en général peu de prix aux droits purement éventuels, à raison de leur incertitude même, nous ne soyons généralement disposés à en faire bon marché et à les abandonner pour un vil escompte. Le plus souvent lésionnaires, de pareilles con-

(1) TROPLONG, *Vente*, n° 204.
(2) Voy. 1168, n° 16.

ventions devaient être déclarées illicites. D'autre part, si l'on
songe que dans la plupart des cas ces renonciations seraient
faites par des enfants, qui cèderaient à l'influence de la puissance paternelle ou à la séduction d'un modique intérêt présent, on reconnaîtra la moralité autant que la nécessité d'une
semblable prohibition. Enfin, comme ces renonciations faites
en famille devraient toujours profiter à quelqu'un, la loi des
partages serait violée et l'égalité rompue, contre l'intention
manifeste du législateur.

D'un point de vue plus restreint, le droit romain se con-
tentait d'annuler les renonciations à successions futures faites
par le fils, la fille, ou autres descendants légitimes (1). Il les
considérait comme arrachées par la crainte révérentielle. Mais
ce n'était là qu'une exception à la règle du droit commun qui,
suivant Dumoulin (2), admettait la validité du pacte négatif,
c'est-à-dire de l'absolue renonciation à une succession future.

Se plaçant enfin à un point de vue tout différent, notre ancienne jurisprudence admit en général et sous certaines conditions les renonciations faites par les enfants aux successions
futures de leurs auteurs. Telle fut même la faveur de ces renonciations, qu'une foule de coutumes posèrent le principe des
exclusions de droit. C'était dans le but unique et avoué de
faire arriver toute l'hérédité sur la tête d'un seul enfant, afin
de maintenir et de perpétuer l'éclat des nobles familles. Ainsi
que les mœurs, les lois ont aujourd'hui bien changé.

Sous le Code donc, règle générale et sans exception : nul,
quel qu'il soit, quelque contrat qu'il fasse, ne peut valablment
renoncer à une succession non encore ouverte.

5. Mais la loi n'a pas prohibé seulement les renonciations;
elle déclare encore qu'on ne peut faire aucune stipulation sur

---

(1) L. 3, C. *De collat.* — L. 25, § 1, C. *De inoff. testam.*
(2) *Consil.* 15, n° 5.

une succession future (1), même avec le consentement de celui de la succession duquel il s'agit (791, 1130, 1600). Et c'est là une innovation du Code civil; car, suivant le droit romain, la convention faite sur la succession future d'un tiers était valable, pourvu que le tiers y eût donné son consentement et eût persévéré dans cette intention jusqu'au moment de sa mort (2).

6. Insistons d'abord sur les motifs de ces dispositions. Quand on stipule sur une succession future, sur les droits éventuels qu'on prétend dans une hérédité non ouverte, on contracte dans la prévision de l'ouverture de cette succession, dans l'attente de la mort d'un homme. Une pareille convention est véritablement barbare, elle contient un vœu homicide, *votum alicujus mortis;* c'est le *pactum corvinum,* un pacte d'oiseaux de proie. La loi a dû le prohiber comme contraire à l'honnêteté et à la décence publiques (3).

Peu convaincu de l'excellence de ces considérations, M. Toullier (4) les répète, sans se les approprier, et déclare même qu'il ne voit rien de contraire aux bonnes mœurs dans certaines clauses qu'à ce titre cependant l'article 1130 lui paraît frapper de nullité.

Exposons à notre tour quels nous semblent être les motifs de la loi. Les stipulations sur successions futures ne sont-elles donc réellement prohibées que parce qu'elles sont indécentes et contraires à l'honnêteté publique, parce qu'elles contiennent *votum alicujus mortis* et qu'elles constituent un pacte odieux, *pactum corvinum?* Nous ne le pensons point.

S'il était vrai que l'on dût considérer comme contraires aux bonnes mœurs toutes les conventions faites dans la prévision

(1) Voy. Cass., 11 décembre 1867. Sirey, 68. 1, 87.

(2) L. 30, C. *De pactis.* — Pothier, *Oblig.,* n° 132.

(3) L. 30, C. *De pactis.* — Pothier, *Oblig.,* n° 132. — Troplong, *Vente,* n° 245. — Portalis, *Exposé des motifs.*

(4) T. 6, n° 115, — Voy. Troplong, *Donat.,* n° 2344.

et dans l'attente du décès de quelqu'un, il y aurait beaucoup
à annuler dans les transactions civiles. Pourquoi le Code a-t-il
permis le contrat de rente viagère, qui renferme au suprême
degré le vœu homicide? Je vous emprunte dix mille francs,
que je vous payerai à mon décès; je vous vends ma maison
trente mille francs dans tous les cas, et soixante mille francs,
si je vous survis; je constitue en dot à ma fille cinquante mille
francs, dont trente mille francs payables au décès de mon
oncle, dont j'attends la succession, ou tout crûment, si je suis
héritier de mon oncle. Nous pensons ne pas avoir à démontrer
la validité de pareilles conventions; et cependant il en résulte
que vous avez intérêt à ma mort pour toucher les dix mille
francs que je vous dois; que j'ai intérêt à votre prédécès pour
avoir soixante mille francs, au lieu de trente mille francs,
prix de ma maison; que ma fille et mon gendre ont enfin intérêt au décès de mon oncle pour toucher trente mille francs,
à titre de dot. C'est en effet une fatalité de nos institutions ou
plutôt de la société humaine, que jamais il ne meure un
homme, sans que son décès ne procure à un autre plus ou
moins de profit pécuniaire. Telle est la loi des successions. On
dira qu'ici les sentiments d'affection présumée font, dans le
cœur des héritiers, équilibre avec les tentations de la cupidité;
c'est vrai. Mais alors pourquoi les stipulations sur successions
futures ne cessent-elles pas d'être frappées de nullité, dans le
cas où elles n'ont lieu qu'entre cohéritiers dont l'affection présumée envers la personne vivante combat l'intérêt de sa mort
et en exclut le vœu? Cependant l'article 1130 ne fait aucune
distinction. Il prohibe toutes stipulations, et entre toutes personnes, sur la succession d'une personne vivante.

Si le Code civil enfin ne les avait prohibées que comme
contenant un vœu homicide, il aurait dû faire comme le droit
romain, c'est-à-dire poser une exception en faveur des stipulations auxquelles la personne vivante, sur la succession future
de laquelle on aurait traité, aurait donné son consentement,
en y persistant jusqu'au moment de son décès. Alors, en effet,

l'adhésion de cette personne est à la fois une attestation de la moralité du contrat, et un démenti donné aux chimériques terreurs de la loi. Or le Code civil n'y a attaché aucune importance ; il annule toujours ; il a donc cédé à d'autres préoccupations et à d'autres craintes.

Sans prétendre néanmoins que le législateur moderne soit demeuré indifférent aux considérations de moralité et de décence publiques, nous croyons qu'il les a fait venir plutôt comme pathétique péroraison des autres motifs de la loi.

Nous l'avons déjà dit : l'expérience nous apprend qu'on attache d'autant moins de prix à certaines choses qu'elles sont soumises à une éventualité plus incertaine et plus éloignée. Tels sont les droits que, à titre d'héritier présomptif, on peut prétendre dans une succession future. Tout y est incertain, le titre et l'émolument. L'impatience, la cupidité, le besoin peuvent d'autant plus aisément entraîner les héritiers présomptifs à réaliser en argent comptant leurs prétentions sur une hérédité future. S'ils n'aliènent pas absolument leurs droits, ils peuvent leur faire préjudice par des engagements d'une autre nature. Ce n'est pas que dans la pratique la lésion doive toujours exister dans ces conventions. Mais là où elle aurait existé, il aurait été impossible de s'en faire relever, d'après les principes du droit commun qui excluent l'action en lésion contre les conventions aléatoires présentant des éventualités bonnes et mauvaises. Tel serait précisément le caractère des stipulations faites sur successions futures. Dans ces circonstances, la loi, présumant toujours la lésion, a déclaré ces conventions nulles de droit. N'oublions pas enfin que de semblables pactes le plus souvent surpris à la faiblesse, ou arrachés à la crainte révérentielle, seraient une cause de désordre dans les familles et produiraient, par leurs abus, la subversion même de la loi des successions. L'article 1130 annule donc les traités faits sur successions futures, soit comme lésionnaires, soit comme contraires à l'ordre et à la morale publique.

7. Il importe peu d'abord que la succession sur laquelle on contracte soit déterminée ou indéterminée. L'article 1130 ne fait aucune distinction. Nous ne devons donc pas distinguer non plus. L'article 1837 vient d'ailleurs à l'appui de notre opinion; car il prohibe toute stipulation tendant à faire entrer dans une société la propriété de biens qui pourraient advenir aux associés par successions ou legs; et il va sans dire qu'il est indifférent dans ce cas que les successions et legs soient déterminés ou indéterminés. Ce n'en est pas moins une convention sur droits successifs non ouverts, et prohibée à ce seul titre.

Ici se présente une réflexion toute naturelle : s'il était vrai que ces stipulations ne fussent prohibées que parce qu'elles contiennent le vœu impie de la mort de quelqu'un, *odiosæ esse videntur et plenæ tristissimi et periculosi eventûs* (1), il eût fallu faire une exception en faveur des stipulations faites sur successions indéterminées, qui ne désignant spécialement personne aux tentations de la cupidité, n'offrent certainement ni la même immoralité, ni les mêmes dangers.

Aussi, le droit romain, plus logique quand il fondait expressément sur la décence et l'honnêteté publiques les prohibitions dont il frappait les pactes sur successions futures, reconnaissait qu'on pouvait valablement contracter sur une succession future indéterminée. La loi 30, C. *De pactis*, donne en effet suffisamment à entendre que dans l'espèce prévue par elle, le pacte sur la succession future porte sur une succession future déterminée, puisqu'elle n'en prononce la nullité que dans le cas où la personne de la succession de laquelle il s'agit, n'y a pas donné son adhésion, *nisi ipse forte de cujus hæreditate pactum est voluntatem suam eis (pactionibus) accommodaverit et in eâ, usque ad extremum vitæ spatium, perseveraverit.* Alors au contraire qu'il s'agissait d'une succession quelconque indéterminée, le pacte était valable sans le consentement de personne. Ainsi, était valable cette convention :

(1) L. 30, C. *De pactis.*

ut si qua justa hæreditas alterutri obvenerit, communis sit (1);
et Cujas (2) en donne pour raison, *quia non est hæc conventio de
successione hominis certi, sed incerti.* Godefroi (3) pose enfin
en principe, *pacisci de hæreditate viventis generaliter licet, at
non specialiter.* La validité d'une pareille convention n'était au
surplus que la conséquence du principe qui faisait entrer les
successions futures dans la société *universorum bonorum* (4).
Dans notre ancien droit, les sociétés universelles pouvaient
également comprendre les biens advenant aux associés par
successions ou legs (5). Mais aujourd'hui une pareille stipulation est prohibée.

Quant à ces dispositions irritantes de l'article 1837, qui ne
sont elles-mêmes que le corollaire des dispositions de l'article
1130, il faut bien que le législateur du Code civil, ne pouvant
fonder ici ses prohibitions sur des considérations de décence
et de moralité, les ait fondées sur d'autres motifs. Autrement,
avec les mêmes principes, il serait arrivé nécessairement aux
mêmes conséquences. C'est, encore une fois, que ces stipulations sur successions déterminées ou indéterminées lui ont
paru, avant tout et principalement, constituer pour les obligés
un préjudice, une lésion, un abandon à vil prix de droits
éventuels et incertains. Voilà, suivant nous, à quel titre surtout il les a prohibées.

8. Ce n'est pas seulement sur les successions futures d'autrui qu'il est défendu de contracter. Il est également prohibé
de stipuler sur sa propre succession. Ainsi, je ne puis m'obliger par convention ni à vous déshériter, ni à vous laisser soit

(1) L. 3, § 2, *ff. Pro socio.*
(2) *Recit. solemn. in dig.*, tit. 1, lib. 19.
(3) Note sur la loi 3, *ff. Pro socio.*
(4) Instit., *De societ.*, § 4. — VOET, *ad Pand.*, lib. 2, tit. 14,
n° 17.
(5) Voy. ARGOU, *Instit.*, t. 2, pag. 264.

l'universalité, soit une quote-part, soit même un objet singulier de ma future succession (1).

Mais la prohibition de conventions pareilles sur sa propre succession non encore ouverte tient à d'autres principes que celle des stipulations faites sur la succession future d'autrui. La loi les prohibe, parce qu'on ne peut disposer de sa succession que par testament, et qu'on ne peut aliéner la liberté de tester. Supposez en effet une convention par laquelle vous vous soyez obligé à laisser à un tiers telle quotité ou tel objet de votre future succession; si un pareil contrat était valable et obligatoire, il équivaudrait à une disposition testamentaire souverainement irrévocable : or le testament est essentiellement révocable (895). Comme il n'a de valeur que par la certitude de la volonté spontanée et persévérante du défunt, il faut que le testateur conserve une liberté entière, une indépendance complète. Et c'est précisément la faculté de révocation qui seule peut les lui assurer, en lui donnant, à toute minute, le droit de revenir sur une volonté antérieure. Les obligations contractées sur sa future succession sont donc, à cause de leur irrévocabilité, contraires à l'essence des testaments et destructives de la faculté inaliénable de tester. Voilà pourquoi elles sont prohibées et frappées d'une nullité absolue.

Le droit romain poussait si loin la rigueur du principe qui consacrait la liberté de tester, qu'il frappait de nullité la clause par laquelle un père de famille aurait promis, même par contrat de mariage, l'égalité à sa fille dans sa future succession (2). Aussi était-ce une question controversée, que de savoir si le droit romain admettait les donations de biens à venir (3). Mais la faveur des mariages a fait admettre dans

---

(1) Cass., 25 janvier 1853. SIREY, 53, 1, 172. — Paris, 12 novembre 1858. SIREY, 59, 2, 307.

(2) L. 15, C. De pactis.

(3) CUJAS pense qu'elles étaient permises, Ad. L. 35, C. De donat. — L. 15, C. De pactis. — L. 26, ff. De verb. oblig. — Novelle 19. — Voy. DE LAURIÈRE, Institut., ch. 1, nos 7 et 8.

notre droit français les dispositions de biens présents et à venir ou même de biens à venir seulement, en faveur des époux et de leur postérité (1082-1084). Cependant l'irrévocabilité de pareilles dispositions, connues sous le nom d'institutions contractuelles, altère évidemment plus ou moins, suivant leur étendue, la faculté de tester dans la personne du donateur (1085).

9. Au surplus, il ne faut pas voir une altération de l'inaliénable faculté de tester dans les conventions par lesquelles une personne dispose de tous ses biens présents et actuels, soit partiellement en détail, soit en bloc. Si, par le fait, il ne lui reste rien dont elle puisse disposer à son décès, elle n'en a pas moins conservé pleine et entière la faculté de tester. Seulement le titre héréditaire sera une non-valeur. Mais il est clair que nous exceptons les cas de simulation et de fraude (1).

Par exemple, deux sœurs vendent à un tiers, sous réserve d'usufruit, une maison et un jardin, avec tous les meubles et objets mobiliers quelconques qui s'y trouveront au décès de la survivante, en expliquant qu'elles se réservent même la libre disposition de tout ce qui est mobilier jusqu'au décès de celle d'entre elles qui mourra la dernière. Il est évident que si un pareil acte est valable quant à la vente de la maison et du jardin, il est au contraire nul, quant aux effets mobiliers, comme contenant à cet égard vente de la succession d'une personne vivante (1600), car il constitue en ce point un véritable titre successif prohibé par la loi, sans préjudice des autres vices de nullité dont il est atteint comme donation déguisée, en ce que, contrairement à l'essence des donations, il comprend des biens à venir et est soumis à une condition potestative de la part des donatrices (943, 944) (2).

Mais si le vendeur s'était seulement réservé la faculté de

(1) Voy. Cass., 14 nov. 1843. Sirey, 44, 1, 229.
(2) Cass., 30 juin 1857. Sirey, 59, 1, 836.

changer et même de diminuer le mobilier compris dans la vente, le contrat ne saurait être annulé, ni comme étant soumis à une condition purement potestative de la part du vendeur (1174), puisqu'il doit dans tous les cas livrer un mobilier dont la consistance est sans doute incertaine, mais doit être fixée suivant l'intention commune des parties; ni comme établissant un pacte sur succession future, puisque l'acquéreur a dès l'instant de la vente un droit actuel et certain sur le mobilier qui a fait l'objet du contrat et a cessé dès lors de faire partie de la future hérédité du vendeur (1).

10. Ce n'est pas non plus aliéner la faculté de faire un testament, que de contracter une obligation soumise à un terme ou à une condition dont l'échéance ou l'événement coïncide avec l'ouverture de la succession de l'obligé. Il n'y a eu après tout, dans le principe, qu'une obligation sur choses présentes, modifiée toutefois dans son exécution.

11. Il n'y a pas enfin pacte prohibé dans la convention faite par un associé et qui aurait pour objet son émolument éventuel dans une société non dissoute. Il peut très valablement l'aliéner, le céder, l'engager. Ce n'est là contracter ni sur la succession future d'autrui, ni sur sa propre succession. Nous disons que ce n'est pas contracter sur la future succession d'autrui; car bien que la société se dissolve (nous le supposons), par la mort de l'un des associés, ce ne sera pas dans la succession de celui-ci que devra se prendre l'objet de la convention. Nous disons encore que ce n'est pas obliger sa future succession; en effet, en supposant même que la société se dissolve par la mort de l'associé qui a contracté sur son émolument social, celui-ci n'a en réalité obligé que des biens présents et actuels. Contenus en germe dans le contrat de société, les droits par lui cédés datent de l'association même. Pour n'être liquidés et certains qu'à sa mort, il n'en est pas

____

(1) Cass., 4 juillet 1859. Sirey, 59, 1, 758.

moins vrai qu'ils ont une existence antérieure, et que la convention qui s'en est emparée, à titre de biens présents, les a empêchés de faire partie de l'hérédité du cédant. Nous posons donc en principe qu'il n'y a point pacte prohibé sur sa future succession, pacte emportant en tout ou en partie aliénation de la liberté de tester, dans la convention ayant pour objet des droits dont la liquidation ne se fait qu'après le décès du promettant, lorsque ces mêmes droits ont une existence antérieure et sont considérés dans l'engagement comme biens présents et actuels.

12. Aussi regardons-nous comme très licite et très valable la cession que la femme ou le mari ferait par anticipation de ses droits éventuels dans la communauté non dissoute, bien que ni l'un ni l'autre ne puissent opérer entre eux le partage des biens composant leur communauté encore existante, et disposer des objets qu'ils auraient compris dans leur lot particulier (1). Il n'y a là, en définitive, qu'une société dont l'émolument peut être cédé par l'un ou l'autre des conjoints, comme l'émolument de toute autre société peut l'être par l'un des associés.

13. Revenons aux stipulations faites sur les successions futures d'autrui. Il importe peu que la convention comprenne, soit l'universalité, soit une quotité, soit même un objet singulier de la succession non ouverte (2). L'article 791 est ici le commentaire naturel de l'article 1130; et si celui-ci parle de succession, l'autre parle de droits éventuels, c'est-à-dire des membres particuliers du corps héréditaire. D'ailleurs, s'il suffisait pour contracter valablement de faire porter l'obligation sur un objet individuel, il serait trop facile d'éluder les dispositions de la loi, puisqu'on pourrait épuiser toutes les choses

(1) Cass., 13 nov. 1849. SIREY, 49, 1, 753.
(2) TROPLONG, *Vente,* n° 246. — Cass., 11 nov. 1845. SIREY, 45, 1, 785. — *Contrà,* Cass., 23 janvier 1832. SIREY, 32, 1, 660.

de la succession non ouverte, en les prenant une à une comme objets d'autant de contrats particuliers. Ce serait certainement aller contre les intentions du législateur.

14. Trois conditions sont essentielles pour constituer le pacte sur succession future. Il faut 1° que le pacte soit fait dans la prévision de l'ouverture d'une succession; 2° que la chose, objet de ce contrat, doive se trouver dans cette succession; 3° qu'elle soit considérée comme devant appartenir au promettant à titre successif.

Etablissons la nécessité de ces trois conditions.

15. Toutes les fois qu'on stipule sur une succession future, évidemment on stipule dans la prévision de l'ouverture de cette succession. Mais l'on conçoit très bien que contracter dans la prévision de l'ouverture d'une succession, n'est pas toujours contracter sur une succession future, faire le pacte prohibé par l'article 1130. Je vous vends ma maison, si vous survivez à tel; nous contractons bien dans la prévision d'un décès, puisque notre convention renferme une condition de survie; mais nous ne faisons pas de pacte sur une succession future; car notre convention n'a pour objet aucune des choses qui peuvent se trouver dans cette succession. Ce qui prouve bien évidemment (et nous revenons encore sur l'esprit et le but de la loi), qu'une convention sur succession non ouverte n'est pas prohibée par le seul motif qu'elle donne aux contractants un intérêt plus ou moins direct à la mort de quelqu'un.

15. Je m'oblige, soit comme caution (1), soit comme obligé principal (2) à vous payer tant au décès de telle personne, mais avec explication que je ne pourrai être poursuivi que sur les biens que j'aurai recueillis dans sa succession. Je fais le pacte

---

(1) Rennes, 2 déc. 1837. SIREY, 38, 2, 480. — Bordeaux, 16 août 1852. SIREY, 53, 2, 52.

(2) Cass., 2 janv. 1874. SIREY, 74, 1, 350.

prohibé sur succession future. Je contracte en effet dans la prévision de l'ouverture d'une succession, et sous la double condition que je serai héritier d'abord, et qu'ensuite je trouverai dans l'hérédité de quoi payer, sans rien débourser du mien. Or l'analyse d'une pareille convention présente les éléments du pacte illicite. Rien ne m'empêche sans doute de prendre pour terme de mon engagement le décès de telle ou telle personne; mais ici mon engagement ne m'est pas en réalité personnel, puisqu'il dépend, et de l'ouverture de la succession à mon profit, et du bénéfice que je puis être appelé à y recueillir. Je ne fais qu'obliger la succession éventuelle dont l'émolument seul est engagé, de telle sorte que, n'y recueillant rien, je ne suis exposé à aucune action. C'est donc de ma part une véritable stipulation sur une hérédité future, laquelle contient une aliénation anticipée de mes droits successifs.

Mais pour constituer le pacte prohibé, il ne suffirait pas qu'on s'engageât en prenant simplement pour terme l'ouverture d'une future succession, ou que les héritiers présomptifs de l'obligé déclarassent garantir ses obligations en termes généraux et indéfinis.

17. Si la chose prise comme objet du contrat ne devait pas se trouver dans la future succession, il n'y aurait pas non plus pacte prohibé sur succession future. Dans ce cas, en effet, il n'y a point aliénation de droits successifs non ouverts. Leur ouverture est prise tout au plus comme terme ou comme condition, ce que les lois ne prohibent point. Par exemple, je vous vends ma maison, sous la condition que telle personne m'aura pour son héritier. L'objet du contrat dépendant de mon patrimoine est tout simplement aliéné sous une condition parfaitement licite.

Il n'y a de même rien qui ressemble au pacte prohibé dans l'hypothèse suivante : un père de famille lègue certains objets à l'un de ses enfants pour lui tenir lieu de ses droits dans sa succession et dans la succession éventuelle de sa femme,

mère du légataire, en expliquant que le legs sera caduc ou réductible si ce dernier exerce ses droits dans la succession ma-
ternelle. Comme une semblable disposition n'emporte point
interdiction de la part du légataire d'exercer, quand ils seront
ouverts, ses droits héréditaires, et qu'elle lui laisse la libre
faculté d'option entre l'exercice de ces droits et l'acceptation
du legs, le testament ne saurait être considéré comme contraire
aux dispositions de l'art. 1130 (1). Ainsi, traiter ou disposer
de sa chose simplement dans l'éventualité d'une future succession, pour le cas où elle serait ou non recueillie par une
personne indiquée, ce n'est faire aucun acte illicite (2).

18. Il ne suffit pas encore pour constituer la convention
prohibée par l'article 1130, que les parties aient prévu le décès
d'une personne vivante et que l'objet du contrat doive se trouver dans sa succession ; il faut de plus que le promettant
doive y prendre cette chose à titre successif. Ainsi, les héritiers présomptifs d'une personne vivante s'entendent, de son
vivant, sur un certain mode de partage de sa future succession ;
voilà le pacte prohibé. Il est fait dans la prévision de l'ouverture d'une succession ; son objet doit s'y prendre, et s'y prendre à titre successif. C'est d'ailleurs l'espèce de la loi 30, C. *De
pactis.*

Serait nul aussi, comme contenant un pacte sur succession
future, l'engagement contracté par un fils, du vivant de son
père, de faire participer ses frères au legs à lui fait, par l'auteur commun, de la quotité disponible (3).

L'article 1130 est clair sur ce point. En prohibant les stipulations sur une succession non ouverte, il entend évidemment
par là une stipulation qui ait pour objet certains droits qu'on

---

(1) Cass., 25 nov. 1857. Sirey, 58, 1, 209.
(2) Voy. Cass., 31 mars 1868. Sirey, 68, 1, 282. — Grenoble,
7 janvier 1873. Sirey, 73, 2, 129. — Voy. cep. Montpellier, 2 déc.
1869, Sirey, 70, 2, 171.
(3) Grenoble, 13 déc. 1828. Sirey, 29, 2, 278.

a à prétendre dans une succession éventuelle, certaines choses qui font partie de cette succession, et qu'on doit y prendre à un titre héréditaire, quel qu'il soit.

Si donc la chose sur laquelle porte la convention ne doit se prendre dans la succession future qu'à titre de propriétaire ou de créancier, abstraction faite de toute qualité de légataire ou d'héritier, il n'y a pas le pacte prohibé par l'article 1130, alors même que le droit de propriété ou de créance ne doit s'ouvrir ou se liquider qu'à l'ouverture de la succession. Ainsi, le traité par lequel une femme abandonne à un tiers, du vivant même de son mari, moyennant une somme de..., le gain de survie qui lui a été promis par son mari, ne constitue pas un pacte sur succession future. « En effet, dit la Cour de cassation (1), les gains de survie stipulés en faveur d'une femme par son contrat de mariage sont pour elle un droit qui s'ouvre au décès du mari et qui s'exerce sur sa succession, mais qui n'en fait pas partie, puisque la femme ne l'exerce pas comme héritière, mais comme créancière, en vertu de son contrat. »

Tels sont les traités faits par un époux sur son émolument éventuel dans la communauté non dissoute, ou sur un préciput conventionnel (1515). Dans tous ces cas, en effet, le cédant a des droits dont l'exercice et la liquidation peuvent être subordonnés à un décès, sans que ces droits de propriété ou de créance fassent partie de la succession contre laquelle ils sont poursuivis.

Tel est encore le cas où un mari cède, du vivant des constituants, tout ou partie de la dot mobilière constituée à sa femme, exigible seulement à leur décès. C'est uniquement stipuler sur une créance à terme et non sur une succession future (2).

Tel est enfin le cas où les enfants cèdent, du vivant de leur

_____

(1) Arrêt du 22 février 1831. SIREY, 31, 1, 107. — Agen, 12 mai 1848. SIREY, 48, 2, 301. — Cass., 16 juillet 1849. SIREY, 50, 1, 380.

(2) Cass., 12 août 1846. SIREY, 46, 1, 602.

père, le douaire constitué à leur profit. Comme ils y ont droit, non en qualité d'héritiers, mais en qualité de créanciers, suivant l'article 255 de la coutume de Paris, on ne peut dire qu'ils aient traité sur une succession non ouverte (1).

19. Mais le retour légal, prévu par l'article 747, dans les mains des ascendants donateurs, des choses données à leurs descendants prédécédés sans postérité, constitue un droit successif et non un droit de créance ou de propriété. Il est si vrai que ce retour légal est un titre héréditaire que le donataire peut disposer des objets compris dans la donation, et que le donateur ne lui succède que par la vocation légale, à défaut de dispositions contraires de la part du *de cujus.* Tout traité sur ce droit de retour constitue donc un pacte sur succession future (2).

Mais il en est autrement du droit de retour conventionnel stipulé dans les termes de l'article 951. Si la condition de ce droit de retour se réalise par le décès du donataire ou de ses descendants, le donateur n'en recueille pas le bénéfice par suite d'une vocation successorale, mais seulement en vertu de la convention. Ce droit ne porte pas d'ailleurs sur une chose qui soit comprise dans l'hérédité. Le donateur ne fait donc que renoncer au bénéfice d'une stipulation conventionnelle; et s'il est d'autre part ascendant du donataire, il aura seulement droit, après sa renonciation, au retour légal ou successoral établi, à ce titre, en sa faveur, par l'article 747. La renonciation expresse ou tacite au droit de retour conventionnel est donc valable (3).

20. Quand nous avons dit que les époux pouvaient valablement traiter sur leurs gains de survie, nous avons supposé

---

(1) Cass., 15 juin 1852. Sirey, 52, 1, 743.
(2) Chabot, art. 747, n° 7. — Troplong *Vente,* n° 250.
(3) Zachariæ, t. 5, pag. 314, et t. 7, p. 373, 4° édit. — Cass., 19 janv. 1836. Sirey, 36, 1, 518.

qu'ils consistaient dans une donation conditionnelle de biens présents. Si, en effet, ces gains de survie dérivaient d'une donation de biens présents et à venir ou de biens à venir seulement, les traités faits sur eux constitueraient le pacte prohibé par l'article 1130. Une donation faite dans les termes des articles 1082, 1084, 1093 est véritablement un titre successif, puisqu'elle est une institution, avec la circonstance caractéristique d'irrévocabilité. Le donataire n'a ainsi que des droits héréditaires, incertains dans leur émolument par la nature des objets donnés, incertains dans leur réalisation par la condition de survie. Traiter sur eux, y renoncer, c'est donc traiter sur une succession future.

Si la donation de biens présents et à venir cumulativement peut se réduire, par l'option du donataire, à une simple donation de biens présents, il faut remarquer que, aux termes de l'article 1084, cette renonciation au surplus des biens du donateur, et cette option pour les biens présents par le donataire ne peuvent utilement se faire qu'au décès du donateur, et que, tant qu'il existe, la donation conserve son caractère indivisible de donation de biens présents et à venir, d'institution contractuelle, de titre héréditaire, en un mot.

Cette distinction entre les donations de biens présents et les institutions contractuelles, concilie les arrêts par lesquels la Cour de cassation a jugé que l'époux donataire pouvait valablement traiter sur un gain de survie, avec les autres arrêts (1) par lesquels elle a décidé que l'époux donataire ne pouvait traiter sur un semblable gain, lorsqu'il résultait d'une donation de biens à venir; et cette distinction est rigoureusement fondée en raison et en droit. C'est qu'en effet le terme succession qu'emploie l'article 1130, signifie toute hérédité à

(1) TROPLONG, *Don.*, nᵒˢ 2355, 2431, 2546. — Cass., 10 août 1840. SIREY, 40, 1, 757. — 16 août 1841. SIREY, 41, 1, 684. — Orléans, 4 août et 28 déc. 1849. SIREY, 50, 2, 199. — Cass., 11 et 12 janv. 1853. SIREY, 53, 1, 65.

laquelle on arrive en vertu d'un titre successif quelconque, en
vertu d'une vocation, soit légale, soit testamentaire, soit contractuelle. Les prohibitions de la loi sont dans tous ces cas
fondées sur les mêmes raisons.

Après avoir parlé des gains de survie, c'est-à-dire des donations faites par les époux entre eux, inutile d'observer qu'il
en est absolument de même des donations faites par les étrangers aux époux, en faveur du mariage.

21 Le donataire de biens présents et à venir ne peut donc
valablement prendre, comme objets de contrats particuliers,
même les biens présents compris dans la donation, sous le prétexte qu'il a sur eux un droit actuel et certain, sauf la condition résolutoire de son prédécès. Il peut néanmoins contracter sur les biens donnés actuellement, aux termes de l'article 1086, c'est-à-dire sous condition potestative de la part du
donateur, ou sous réserve de disposer d'un objet déterminé
ou d'une somme à prendre. Il est entendu que le contrat fait
par le donataire est alors soumis lui-même à la caducité de la
donation faite sous ces conditions (1089). Mais nous devons
remarquer que cette caducité, provenant du prédécès du donataire et de sa postérité, ne va pas, malgré les termes généraux de l'article 1089, au delà des réserves faites par le donateur. Elle embrasse toute la donation, si la donation entière
est soumise à une condition potestative qui la domine. Elle
n'en embrasse qu'une partie, si, par exemple, le donateur ne
s'est réservé qu'un objet déterminé. Pour le surplus il y a,
dans ce cas, donation irrévocable de biens présents, faute par
le donateur d'avoir usé de ses réserves (1).

22. Comme dans une substitution le substitué reçoit de l'ins-
tituant et non du grevé, il peut, du vivant de ce dernier, *in
tractu temporis,* traiter sur les biens compris dans la substitu-

---

(1) GRENIER, t. 2, n° 459. — TOULLIER, t. 5, n° 827. — DURANTON,
t. 9, n° 741. — TROPLONG, *Donat.,* n° 2486.

tion, soit avec lui, soit avec les étrangers, soit avec ses co-substitués. Ce n'est pas en effet contracter sur succession future; c'est tout simplement traiter sur des biens auxquels le grevé d'une part a des droits soumis à la condition résolutoire de son prédécès, et le substitué d'autre part des droits soumis à la condition suspensive de sa survie. Les biens grevés de substitution sont donc des biens présents, sur lesquels il est licite de traiter, sauf l'accomplissement de la condition qui fait tous les risques du contrat (1).

23. La prohibition de traiter sur une succession non ouverte s'applique-t-elle aux traités faits sur les biens d'un absent? Cette question mérite examen.

Dans l'absence il y a trois périodes bien distinctes : d'abord la présomption d'absence, qui commence à la disparition ou à à la réception des dernières nouvelles de l'absent; toutes les mesures alors ordonnées par la loi (112, 113, 114) sont exclusivement dans l'intérêt de l'absent, dont l'absence seule et par conséquent l'existence sont présumées.

Cinq années s'écoulent; l'absence est déclarée : c'est la seconde période (115, 119). Les héritiers présomptifs de l'absent, lors de sa disparition ou de ses dernières nouvelles sont envoyés en possession provisoire de ses biens, ou bien la femme commune en conserve l'administration légale (120, 128). La présomption de vie s'affaiblit; néanmoins les mesures prescrites par la loi sont encore dans l'intérêt de l'absent. Ainsi, l'envoyé en possession provisoire doit donner caution. Il ne peut ni vendre, ni hypothéquer. Il n'est, en un mot, qu'un dépositaire. Seulement la loi intéresse son administration, en ne l'obligeant à rendre à l'absent, en cas qu'il reparaisse, qu'une certaine quotité des fruits. Dans cette seconde période, la présomption de mort ne prévaut pas encore sur celle de

---

(1) Cujas, *ad* L. 1, C. *De pactis.* — Pothier, *Oblig.*, n° 132. — Ricard, *Substitutions*, P. 1, ch. 9, sect. 3, n°⁸ 693 et suiv.

vie. Les dispositions de la loi sont toutes combinées dans la pensée que l'absent vit encore et peut revenir. Il n'y a donc pas encore de succession ouverte, ou du moins présumée ouverte, ce qui est tout un.

Arrive enfin la troisième période. L'absence a duré trente ans depuis l'envoi en possession provisoire, ou l'absent a atteint sa centième année. Les ayants-droit peuvent demander alors l'envoi en possession définitive (129); ils peuvent vendre, aliéner (132); ils disposent des biens de l'absent. Ils ne sont plus de simples dépositaires, ils sont propriétaires et maîtres plus que ne semble l'autoriser le caractère de leur possession qui a commencé par un titre précaire. C'est que la loi finit par présumer le décès.

Alors seulement il y a une succession ouverte sur laquelle on peut valablement stipuler. Stipuler plus tôt, ce serait traiter sur les biens d'un individu présumé vivant, ou, ce qui est la même chose, d'un individu non présumé mort.

Qu'on ne croie pas en effet que la loi présume la mort de l'absent au moment de sa disparition ou de ses dernières nouvelles, par cela seul qu'elle appelle à l'envoi en possession les héritiers présomptifs à cette époque. Comme l'absence devait à force de temps, constituer une ouverture de succession et qu'il fallait avoir des héritiers, la loi a pris, au milieu de l'incertitude des faits accomplis durant l'absence, un fait certain, connu, la disparition ou les dernières nouvelles, afin de déterminer quels étaient les héritiers présomptifs. Et en ce point la loi a respecté le principe que tout demandeur doit faire sa preuve; car si quelqu'un se prétend héritier présomptif en dehors d'un fait positif et connu, c'est à lui de justifier sa qualité, en prouvant un fait d'une autre date qui l'établisse héritier.

Par son arrêt du 21 décembre 1841 (1), du reste très bref

_____

(1) SIREY, 42, 1, 167.

de motifs, la Cour de cassation, en annulant un traité fait sur les biens d'un absent, n'établit positivement aucune distinction entre les trois périodes de l'absence. Dans l'espèce, il s'agissait d'une vente faite des biens de l'absent, avant la déclaration d'absence. Or la Cour de cassation a decidé, le 3 août 1829 (1), que l'article 1130 ne s'applique pas aux successions des personnes dont l'absence a été déclarée. A-t-elle donc voulu décider en 1841 ce qu'elle avait décidé en 1829 ? Il est mal aisé de le savoir.

Quant à nous, nous pensons qu'il faut attendre l'envoi définitif; et nous ajoutons cette dernière raison : c'est que l'envoyé en possession provisoire est un dépositaire (125) qui ne peut se substituer personne pour l'accomplissement de ses obligations; ce qui arriverait cependant, si, la cession étant valable des droits qu'il peut avoir dans la succession prétendue de l'absent, un tiers pouvait se mettre à sa place en possession provisoire. L'absent perdrait par là les garanties que la loi a voulu lui donner dans la qualité des personnes appelées par elle à l'administration de ses biens.

Si cette dernière considération ne peut s'appliquer au cas où la cession serait faite à un cohéritier présomptif, investi déjà, à ce titre, de la confiance de la loi, reste toujours cette raison péremptoire, que le traité porte sur une succession non présumée ouverte; et cela suffit (2).

24. Jusque-là nous avons apprécié, en thèse générale, la nullité des pactes sur succession future. Spécial à la vente, l'article 1600 dispose qu'on ne peut vendre la succession d'une personne vivante, même de son consentement. Peu importe qu'il s'agisse de la vente de l'universalité, ou d'une quote-part, ou d'un objet singulier de la succession (3).

---

(1) SIREY, 29, 1, 339.
(2) DALLOZ, v° *Absence*, n°s 462 et suiv. — Voy. cep. DEMOLOMBE, t. 2, n°s 130 et 131.
(3) Voy. *suprà*, n° 13.

Mais nous n'avons pas besoin de revenir sur les principes généraux que nous avons posés. Nous nous bornerons ici à examiner en quoi la vente d'une hérédité non ouverte ressemble à la vente de la chose d'autrui, et en quoi elle en diffère.

Traiter sur une succession future, c'est sans doute traiter sur la chose d'autrui. Mais ce qui constitue essentiellement le pacte sur succession future, c'est la manifestation dans l'acte de prétentions héréditaires. Il faut que le sujet de la convention y soit considéré comme objet dépendant de la succession non ouverte et sur laquelle le promettant signale ses droits présomptifs. Si donc en traitant sur une chose dépendante d'une succession future, je ne contracte pas expressément dans la prévision de l'ouverture de cette succession, ni en même temps dans la présomption de mes droits successifs, je ne fais pas le pacte prohibé par l'article 1130, ni la vente prohibée par l'article 1600. Mon silence sur l'éventualité de la succession et sur le sentiment de mes prétentions héréditaires prouve que je n'ai voulu considérer la chose que comme chose d'autrui, si même je ne l'ai pas regardée de bonne foi comme étant ma propriété.

De là plusieurs conséquences.

25. Lorsqu'il y a pacte exprès sur succession future, vente explicite d'objets dépendants d'une succession non ouverte, toutes parties ont contracté de mauvaise foi, puisqu'elles ont fait une convention contraire aux prohibitions de la loi que tout le monde est censé connaître. L'acquéreur ne peut donc invoquer contre qui que ce soit, ni contre son vendeur, ni contre les tiers, les priviléges attachés à la bonne foi, soit pour faire les fruits siens, soit pour obtenir des dommages et intérêts, soit pour prescrire par dix ou vingt ans. Son titre est injuste et manifestement vicieux.

Alors, au contraire, que l'acte ne présente aucune des apparences, aucun des caractères visibles du pacte prohibé par les articles 1130 et 1600, comme il y a place pour la bonne foi de l'acquéreur, il peut poursuivre la nullité de la vente contre son vendeur, obtenir contre lui des dommages et intérêts, faire les fruits siens, prescrire contre le véritable propriétaire par dix ou vingt ans, stipuler enfin dans le contrat une clause pénale pour le cas où il serait évincé ou troublé (1).

Il en résulte encore que le contrat peut être valablement ratifié par le vrai propriétaire; que le stipulant seul a droit d'en poursuivre la nullité, s'il a été de bonne foi; mais qu'il ne peut plus la demander lorsque le promettant a acquis sur la chose, par hérédité ou autrement, des droits qui assurent dans ses mains l'exécution de l'engagement. En un mot, tout se comporte comme dans un contrat dont l'objet consisterait purement et simplement dans la chose d'autrui.

Que si la convention est véritablement un pacte sur succession future, il n'y a point de ratification possible de la part de la personne vivante, puisque le contrat ne vaut rien, même de son consentement. L'adition de l'hérédité par le promettant ne le valide pas non plus; autrement la nullité ne serait qu'une question de temps. Or la loi ne la subordonne pas à la question de savoir si le promettant, dans un temps ou dans un autre, plus tôt ou plus tard, sera héritier ou non. Il importe peu aussi que le promettant acquière ensuite sur la chose des droits qui le mettent à même d'exécuter la convention. Nulle dans le principe, elle ne peut valoir par cela seul que la chose a fini par lui appartenir et est ainsi devenue dans ses mains de disposition licite, sauf ce que nous disons plus loin (2) de la ratification et de l'exécution volontaire.

Nous verrons enfin (3) qu'à la différence des contrats ayant pour objet la chose d'autrui, la nullité du pacte sur succession future peut être opposée par toutes parties contractantes.

(1) Cass., 17 mars 1825. SIREY, 26, 1, 15.
(2) Voy. 1338, n° 20.
(3) Voy. infrà, n° 33.

26. Quand des contrats sont aussi différents dans leurs résultats, il est fort important de ne pas les confondre. Que l'on se rappelle donc les trois conditions nécessaires pour constituer le pacte sur succession future, et que l'on examine si ces trois conditions existent ou n'existent pas dans le contrat qu'il s'agit d'apprécier.

Par exemple, il n'y a pas vente d'un objet dépendant d'une succession future, dans la vente faite par des enfants, créanciers de leur père, d'un immeuble sur lequel ils ont pris inscription, alors surtout que la valeur de cet immeuble est inférieure au montant de leur créance (1). Rien, en effet, dans ce cas, n'établit que les enfants aient vendu dans la prévision de l'ouverture de la succession de leur père, ni que l'objet du contrat y ait été considéré en même temps comme devant se trouver dans cette succession et appartenir aux vendeurs à titre successif. Ce sont simplement des créanciers, vendant à ce titre la chose de leur débiteur.

27. Dans la fausse croyance qu'une personne est décédée, je contracte sur sa succession, ou sur un objet dépendant de sa succession, que par erreur je considère ainsi comme ouverte. Dans une pareille convention il n'y a pas pacte sur succession future, par la raison bien simple que je ne contracte point dans la prévision de l'ouverture éventuelle d'une succession, puisque je la crois d'ores et déjà ouverte. Il y a uniquement contrat sur une chose, sur une hérédité qui n'existe pas; car il n'y a pas de succession d'une personne vivante. La vente, si c'est une vente, périt donc à défaut d'objet, et l'acquéreur seul est en droit d'en demander la nullité avec dommages et intérêts, s'il a été de bonne foi (2).

M. Troplong, dans son commentaire sur la vente (3), ne nous paraît pas avoir parfaitement saisi le sens des lois 1 et 7,

---

(1) Cass., 23 janvier 1832, SIREY, 32, 1, 666.
(2) L. 1, 7, 8 et 9. *ff. De hœred, vend.* — POTHIER, *Vente,* n° 525.
(3) N° 245.

ff. De hæred. vend. Suivant lui, elles prévoient le cas d'une
vente d'une succession future, et considérée comme telle.
C'est une erreur. Elles prévoient, au contraire, le cas où l'on
a vendu, la croyant ouverte, la succession d'une personne
vivante ; et les jurisconsultes Paul et Pomponius disent qu'alors
il n'y a pas de vente, à défaut d'objet. Paul dit (1) : *quum hære-*
ditatem aliquis vendidit, esse debet hæreditas ut sit emptio. Nec
enim alea emitur ut in venatione et similibus, sed res, quæ si
non est, non contrahitur emptio, et ideò pretium condicetur. Et
Pomponius avait déjà dit (2) : *si hæreditas vænierit ejus qui vivit,*
aut nullus sit, nihil esse acti, quia in rerum naturá non sit
quod vænierit. M. Troplong supprime, en rapportant le texte
de cette dernière loi, ces mots : *aut nullus sit;* et ce sont
précisément ces trois mots qui en indiquent le véritable sens.
Ils prouvent que dans la vente, la succession a été considérée,
par erreur, comme ouverte, et non comme future; car il
serait déraisonnable de mettre la succession d'une personne
vivante et considérée comme telle, en parallèle avec la succession d'une personne qui n'a jamais existé. Mais au point
de vue du défaut d'objet, c'est exactement la même chose de
vendre comme ouverte la succession d'une personne encore
vivante, ou la succession d'une personne qui n'a jamais existé.
Dans l'un et l'autre cas, il n'y a pas plus de succession, pas
plus d'objet.

28. On comprend très bien que, dans ce cas, la convention
ne portant pas avec elle-même la preuve du défaut d'un objet
licite, le stipulant peut être de très bonne foi. Il jouit alors de
tous les priviléges qui y sont attachés, et les choses se passent
d'ailleurs absolument comme s'il s'agissait d'un contrat fait
sur une chose appartenant à autrui ou n'existant pas.

29. Observons toutefois que les parties essayeraient en vain

----

(1) L. 7. *ff. De hæred. vend.*
(2) L. 1, *ff. De hæred. vend.*

de donner à leur convention une solidité qu'elle ne comporte
pas actuellement, par l'accession de la personne de la succession de laquelle il s'agit, et qui aurait été par erreur considérée
dans l'acte comme décédée. C'est bien alors qu'au moyen de
son intervention, elles feraient réellement un pacte sur succession future, toujours également prohibé, alors même qu'il a
lieu avec le consentement de celui sur la succession duquel on
contracte. La convention des parties refaite ainsi en connaissance de cause et portant désormais sur une succession future, tomberait sous l'application des articles 1130 et 1600.
Ce ne serait en effet ni la ratification, ni l'exécution du premier contrat.

30. Mais la fraude est ingénieuse; et il peut se faire que les
contractants, pour échapper aux prohibitions de la loi, aient
affecté les apparences d'un contrat sur une succession considérée comme ouverte, alors qu'ils savaient très bien qu'elle
ne l'était pas. Dans ce cas, les tribunaux pourront toujours
reconnaître et déjouer la fraude, et ramener la convention à
sa réalité, à l'état de pacte sur succession future.

31. Nous avons supposé une convention sur la succession
d'une personne que par erreur on avait considérée comme
décédée, et nous avons dit qu'une pareille convention ne ren-
fermait pas les caractères du pacte prohibé sur succession
future. Faisons une supposition inverse. On traite sur la succession d'une personne décédée, en la considérant faussement
dans l'acte comme encore vivante. Un pareil contrat est nul.
Les apparences le tuent, comme tout à l'heure elles sauvaient
l'autre. Il est vrai sans doute que dans la réalité il n'y a pas
contrat sur succession future, puisque la succession est ouverte, que les parties l'aient ignoré ou non. Cependant qu'ont-
elles voulu et entendu faire? Traiter sur la succession d'une
personne vivante, faire une convention prohibée. Le vice qui
l'infecte vient donc des contractants eux-mêmes, et il est aussi

réel que si la personne de la succession de laquelle il s'agit vivait effectivement.

Si leur pacte était validé par cela seul que cette personne est décédée, autant vaudrait dire que tout pacte sur succession future est validé d'emblée à l'ouverture de cette succession, sous le prétexte que désormais il n'y a plus convention sur l'hérédité d'une personne vivante. En effet, la croyance, toute fausse qu'elle est, que l'on contracte sur une succession future, fait pénétrer jusqu'au fond du contrat le vice qui l'atteint dans son principe. L'erreur des parties produit ici les mêmes effets que la réalité ; que la succession soit ouverte ou non, du moment qu'elle est considérée comme non ouverte, les prohibitions de la loi n'en sont pas moins violées par la stipulation d'une chose illicite. Egalement vicieux, le pacte doit donc être pareillement déclaré nul.

32 Lorsque le même acte contient une stipulation sur succession future, et une autre stipulation sur succession ouverte ou sur d'autres objets licites, si les deux chefs de convention sont distincts et séparés, il n'est pas douteux qu'il n'y ait de nul que le traité sur succession future, l'acte recevant d'ailleurs son plein et entier effet. Au contraire, si le traité sur les choses licites était tellement lié au traité sur succession future que ces deux pactes ne fissent qu'un tout indivisible, une seule convention moyennant un prix unique, l'acte devrait être déclaré nul pour le tout (1).

Cependant, si la division des stipulations pouvait être facilement opérée au moyen de l'offre faite par le stipulant de faire porter le prix entier sur les choses autres que la sucession future, alors même que le prix stipulé fût unique et que le contrat ne formât qu'une seule et même opération, dans ce

---

(1) Limoges, 13 février 1828. Dalloz, 29, 2, 61. — Riom, 13 déc. 1828. Sirey. 29, 2, 278. — Montpellier, 4 août 1832. Sirey, 32, 2, 481. — Cass., 14 nov. 1843. Sirey, 44, 1, 229. — Orléans, 24 mai 1849. Sirey, 49, 2, 600. — *Contrà* Duvergier, *Vente*, t. 1, n° 231.

cas néanmoins, il n'y aurait à annuler que le pacte portant sur la succession future (1). Le promettant n'est plus en droit de se plaindre, du moment que la lésion présumée s'efface par une restitution complète. Le vice qui affectait le contrat étant ainsi purgé, il y aurait plus de rigueur que de justice à prétendre que, nul dès le principe, il ne peut être validé par le fait d'une seule partie, malgré la volonté contraire de l'autre.

Mais si le pacte sur succession future était intimement lié au surplus de la convention ; si, par exemple, il se rattachait à une donation dont il avait pour objet d'assurer les effets dans l'avenir, le juge devrait prononcer indistinctement la nullité du tout, à raison de l'indivisibilité du contrat dans toutes ses parties (2). Car telle est la règle générale.

33. La nullité des conventions sur succession future est radicale et d'ordre public ; toutes parties peuvent l'opposer indistinctement. Ceux qui rattachent exclusivement les dispositions de l'article 1130 à des principes de moralité et de décence publiques doivent sans doute ne faire aucune difficulté d'admettre comme absolue la nullité de ces conventions. Mais pour nous qui avons motivé la loi sur d'autres raisons, qui pensons que l'article 1130 est également fondé sur une présomption de lésion, et qu'il prohibe les pactes, sur succession non ouverte aussi à raison de leur caractère présumé lésionnaire, nous n'hésitons pas non plus à repousser l'opinion suivant laquelle elle serait simplement relative et personnelle à celui-là seul qui aurait aliéné ses droits éventuels et incertains. Il suffit qu'avec le vice de lésion concoure le vice de cause ou d'objet illicite.

Du reste, si toutes parties avaient également aliéné des droits dans la succession future, elles auraient un droit égal

---

(1) Cass., 17 janv. 1837. SIREY, 37, 1, 247. — Grenoble, 8 août 1832. SIREY, 33, 2, 176. — *Contrà*, Orléans, 24 mai 1849. SIREY, 49, 2, 600.

(2) Cass., 14 mai 1855. SIREY, 55, 1, 800.

à opposer la nullité du contrat. Tel serait le cas où des cohéritiers présomptifs auraient stipulé entre eux un certain mode de partage, une certaine composition de lots. Tel serait encore le cas où des tiers auraient fait entre eux échange de leurs droits respectifs dans des successions non ouvertes.

34. La nullité du pacte prohibé par l'article 1130 peut-elle être couverte par une ratification, par une exécution volontaire? Quand peut-elle l'être valablement? Nous examinerons ces questions sous l'article 1338 (1). Peut-elle se prescrire? Quand commence la prescription? Quelle en est la durée? Nous renvoyons l'examen de ces questions à notre commentaire de l'article 1304 (2), où nous présentons une théorie complète des nullités.

35. Après avoir exposé les principes de la nullité dont l'article 1130 frappe, en règle générale, les stipulations faites sur succession future, nous devons passer aux exceptions. Il y a en effet certains contrats où de pareilles stipulations sont permises.

L'article 1837 prohibe formellement toute stipulation tendant à faire entrer dans une société universelle la propriété des biens qui peuvent advenir aux associés par succession et legs. Ces biens ne peuvent entrer dans la société que pour la jouissance.

Voilà une première exception. Et si les parties peuvent faire entrer dans leur société les biens qui peuvent leur arriver par succession, mais pour la jouissance seulement, elles peuvent aussi les en exclure en totalité ou en partie, dire conséquemment que les biens de cette nature ne tomberont dans la société que pour un tiers ou un quart, par exemple. Mais elles ne peuvent, spécifiant davantage la convention, déclarer que les biens à provenir de telle succession non ouverte tomberont

---

(1) N° 20.
(2) N° 56.

seuls dans la société, ou bien que ceux de telle autre succession future en seront seuls exclus. Si, en effet, la loi a établi
en faveur des sociétés universelles une exception aux principes du droit commun, cette exception doit être rigoureusement restreinte à ses termes. Or la loi suppose qu'il s'agit
ici d'une succession en général, de l'hérédité d'une personne
incertaine, et non de celle d'une personne déterminée.
On retombe donc, dans ce dernier cas, sous l'application de
l'article 1130, qui prohibe tout pacte sur succession future.
Il existe enfin une sensible différence entre les deux hypothèses (1).

36. L'article 1837 réserve en même temps les principes qui
régissent les sociétés conjugales. Les époux peuvent en effet
stipuler un régime matrimonial tel qu'il fasse tomber dans
leur communauté les biens qui peuvent leur advenir par legs
ou succession. La plus grande latitude leur est abandonnée
sur ce point. Ainsi, leur communauté peut comprendre, soit
seulement la jouissance de ces biens, soit la propriété pleine,
soit encore la propriété des biens mobiliers, soit celle des biens
immobiliers, soit de tous, quelle qu'en soit la nature.

Mais les époux, au milieu de la liberté que la loi leur donne
pour la rédaction de leurs conventions matrimoniales, ne
pourraient pas stipuler que les biens à provenir de telle succession éventuelle seront exclus de leur communauté, ou que
tels autres y seront admis. Leurs stipulations sur successions
futures ne sont valables qu'à la condition de n'en désigner
aucune spécialement. Elles ne peuvent donc poser dans leur
contrat de mariage qu'un principe général qui régisse les successions futures indéterminées, sur lesquelles elles n'ont pas le
droit de traiter d'une manière spéciale et directe (2).

(1) FAVRE, sur la loi 3, § 2, *ff. Pro socio.* — TROPLONG, *Société*,
n° 109.

(2) Voy. *infrà*, n° 38.

37. Il est encore une troisième exception, introduite également en faveur du mariage.

Les articles 1082 et 1093 du Code civil autorisent les donations de biens à venir, faites par des étrangers aux époux ou par les époux entre eux. Ces donations peuvent comprendre l'universalité ou une quotité seulement des biens que le donateur laissera à son décès. Cette institution contractuelle, convention faite sur sa propre succession future, équivaut pour le donateur à l'interdiction formelle de tester, jusqu'à concurrence de ce qu'il a donné ; et nous avons vu déjà que c'était là une dérogation aux principes posées par l'article 1130.

Sous un autre rapport, cette faculté de disposer contractuellement de ses biens contient une seconde exception aux prohibitions de l'article 1130. En effet, comme je puis disposer de mes biens à venir en tout ou en partie, je puis faire entre eux une distinction, soit d'après leur nature mobilière ou immobilière, soit d'après leur provenance par voie d'acquisition ou de succession. Ainsi, je puis dire : je vous donne tous les meubles ou tous les immeubles que je laisserai à mon décès ; ou bien encore, les biens qui me seront échus par succession. Mais je ne pourrai pas dire : qui me seront échus dans telle ou telle succession, soit que j'y arrive par la vocation légale, testamentaire ou contractuelle. Je ne puis pas limiter ma donation à tel objet spécial, bien que cet objet puisse y être compris d'une manière incontestable, lorsque ma disposition est générale et indéterminée. L'article 1130 s'oppose à une stipulation aussi précise. Si le donateur peut ainsi stipuler sur sa propre succession éventuelle, il ne peut de même traiter sur l'hérédité future d'une personne désignée.

Posons un exemple : Par son contrat de mariage, Paul fait à sa femme donation du quart de ses biens à venir. Le voilà, s'il a trois enfants, dans l'impossibilité d'avantager qui que ce soit ; car il a épuisé en faveur de sa femme la quotité disponible ordinaire. Que la femme donc, afin de faciliter un avantage fait par le père au profit de l'un de ses enfants, veuille, de son vivant, fût-ce même par contrat et en faveur de mariage, renoncer à son institution ; cette renonciation sera nulle, soit qu'elle soit purement abdicative, soit qu'elle soit translative, c'est-à-dire *in favorem certæ personæ* (1).

Cette renonciation est-elle abdicative ? Elle est nulle, parce que les articles 791 et 1130 prohibent toute renonciation à une succession future. Est-elle translative ? Elle est nulle encore, parce qu'étant faite dans les termes de biens présents, elle ne peut comprendre des biens à venir (1084, 943), puisqu'elle constitue une véritable donation au profit de la personne en faveur de laquelle elle a été faite. C'est comme si l'on donnait actuellement une quote-part ou la totalité d'une succession future étrangère, pour le donataire en jouir au décès de la personne indiquée (2).

Mais ne sera-t-il pas possible à la femme de Paul, sa donataire contractuelle, de disposer des biens compris dans la donation, en disant dans le contrat de mariage de la personne à qui elle entend donner, qu'elle lui fait donation, à titre de biens à venir, des biens qui lui ont été déjà donnés par son mari ? Telle serait, si elle était valable, l'exécution de cette donation : si la femme recueille les biens qui lui ont été donnés par son mari, elle ne les transmet qu'à sa mort, et seulement pour ce qui en reste, à son propre donataire contractuel. Si donc elle meurt avant son mari donateur, et qu'ainsi elle ne recueille point le bénéfice de la donation, devenue caduque, ou qu'à sa mort les biens par elle recueillis soient absorbés par les dettes de sa succession, son donataire n'aura rien à recevoir. Que si ce dernier vient à mourir avant la femme de Paul,

---

(1) Duranton, t. 6 n° 49. — Troplong, *Donat.*, n°s 2355, 2548. — Toullier t. 12, n° 16. — Zachariæ, t. 8, p. 77, 78, 79, n°s 60, 4° éd. — Toulouse, 15 avril 1842. Sirey, 42, 2, 385. — Orléans, 4 août et 28 déc. 1849. Sirey, 50, 2, 199. — Cass., 11 et 12 janv. 1853. Sirey, 53, 1, 65. — Caen, 23 mai 1861. Sirey, 62, 2, 497. Agen, 12 déc. 1866. Sirey, 68, 2, 37. — *Contrà*, Zachariæ, t. 5, pag. 521, 2° édit.

(2) Voy. Bordeaux, 1er juin 1838. Dalloz, 39, 2, 148.

donatrice, comme donataire contractuel, il ne recueillera rien, par suite de la caducité de sa donation (1089). Il y a ainsi deux caducités superposées, celle du premier donataire, donateur plus tard de sa propre donation ; puis celle du second donataire, qui court conséquemment doubles risques.

Or tels ne seraient pas les effets d'une renonciation translative. Présente et actuelle, cette renonciation, si elle était valable, aurait pour résultat de faire arriver les biens donnés dans les mains du donataire substitué au premier, immédiatement après et par le décès du donateur contractuel : de telle sorte que ce ne serait pas le premier donataire qui les recueillerait, pour les transmettre ensuite comme biens à venir compris dans son hérédité. Ce serait, au contraire, le second donataire, à sa place, qui les recevrait à titre de biens actuellement donnés, quoiqu'ils n'aient pu, comme biens à venir, au moment de la donation, faire l'objet d'une donation présente et actuelle, mais seulement d'une institution.

Quels que soient au surplus les effets divers de l'une ou de l'autre stipulation, elles nous semblent également prohibées, comme contenant un traité sur la succession éventuelle d'une personne déterminée. Soit en effet que le donateur contractuel renonce en faveur d'un tiers au bénéfice de la donation, ou qu'il déclare, par contrat de mariage, en faire contractuellement donation en sa faveur, dans l'un comme dans l'autre cas, il y a de la part des contractants un pacte prohibé sur succession future. La faveur due au contrat de mariage ne saurait aller jusqu'à autoriser une aussi flagrante infraction aux prohibitions de l'article 1130.

38. Une quatrième exception résulte enfin des dispositions de l'article 1542 du Code civil, suivant lesquelles la constitution de dot peut frapper tous les biens présents et à venir de la femme, ou tous ses biens présents seulement, ou une partie de ses biens présents et à venir, ou même un objet individuel. Mais de ce qu'elle peut se constituer ainsi, d'une manière

générale, tout ou partie de ses biens à venir, il ne s'ensuit pas qu'elle puisse se constituer spécialement les biens qu'elle recueillera dans une succession déterminée, non encore ouverte, alors même qu'il s'agit de l'hérédité future de son père ou de sa mère. Une semblable constitution de dot établit le pacte prohibé par l'article 1130, de telle sorte que les biens qui y sont compris demeurent paraphernaux. Il y a en effet une grande différence entre ce mode de constitution et le mode de constitution générale autorisé en faveur du mariage par l'article 1542. La règle commune reprend donc alors son empire (1).

Cependant, si la femme s'était bornée à se constituer en dot, comme biens à venir, l'émolument d'une donation à elle faite régulièrement, en faveur de son mariage, de biens présents et à venir, ou de biens à venir seulement, dans ce cas, sa constitution de dot serait parfaitement régulière. Cette constitution ne fait alors que remplir la destination de la donation, et répondre à l'intention même du donateur. Mais, nous le répétons, hors ce cas, elle ne pourrait valablement, indépendamment de toute institution contractuelle faite par le contrat de mariage, se constituer en dot sa part éventuelle dans l'hérédité future d'une personne dénommée.

Nous appliquons les mêmes principes aux clauses qui excluent de la communauté ou qui y comprennent tout ou partie des biens à venir de la femme.

SECTION IV.

DE LA CAUSE.

ARTICLE 1131.

L'obligation sans cause, ou sur une fausse cause, ou sur une cause illicite, ne peut avoir aucun effet.

---

(1) DURANTON, t. 15, n° 347, — ZACHARIÆ, t. 3, pag. 566, n° 4, 1re éd.

Sommaire.

COMMENTAIRE.

1. Le droit romain donne quelquefois au mot *cause* une acception toute particulière, inconnue dans notre droit. Il

entend par ce terme le fait ou le commencement d'exécution qui rend obligatoires les conventions restées imparfaites aux yeux du droit civil. C'est en ce sens qu'Ulpien dit : *Cum nulla subest causa propter conventionem, hîc constat non posse constitui obligationem. Igitur nuda pactio obligationem non parit, sed parit exceptionem.* Lorsqu'il n'existe aucune cause de la convention, il est constant que l'obligation ne peut être constituée. Le pacte nu ne produit donc point obligation, mais seulement exception (1). Comme, dans le droit français, toutes les conventions régulièrement formées sont par elles-mêmes immédiatement obligatoires, nous n'avons pas à nous préoccuper de cette singulière acception de la cause.

2. Mais le droit romain lui donnait en même temps un autre sens. Pour lui, comme pour le Code civil, ce mot exprimait le motif déterminant, la raison, le pourquoi de l'obligation (2).

Dans les contrats à titre onéreux, je m'oblige en vue de ce que l'autre partie s'oblige à donner, à faire ou à ne pas faire. L'objet de son obligation est la cause de la mienne; c'est lui qui détermine ma volonté par l'intérêt qu'il me présente.

Dans les contrats à titre gratuit, la cause ne consiste que dans l'esprit de libéralité qui peut être dirigé lui-même par le désir ou de faire du bien, ou de satisfaire un sentiment d'affection, de générosité, de reconnaissance, ou d'accomplir un devoir de conscience et d'honneur.

3. L'existence d'une cause est donc essentielle à la validité de toute convention, puisque sans elle le consentement des parties n'a plus de base sur laquelle il puisse s'appuyer. Aussi, l'article 1131 dispose-t-il que toute obligation sans cause ou sur fausse cause ne peut avoir aucun effet. Si la cause alléguée n'était fausse ou inexistante que pour partie, l'obligation ne

---

(1) L. 7, § 4, *ff. De pactis.*
(2) Voy. *ff.*, Tit. *Cond. sine causâ.* — *Cond. causâ datâ, causâ non secutâ.* — *De ob turp. vel injust. caus. condict.*

devrait pas être annulée pour le tout, mais seulement réduite dans la mesure suivant laquelle il existe réellement une cause valable. La pratique offre de fréquents exemples de cette réduction, notamment en ce qui concerne les salaires ou honoraires pour mandat ou gestion d'affaires (1).

4. Mais il ne suffit pas d'une cause quelconque; il faut une cause honnête, licite. Si la cause est illicite, le contrat est nul (2). Telle est encore la disposition de l'article 1131. Or la cause est illicite, ajoute l'article 1133, quand elle est prohibée par la loi, quand elle est contraire aux bonnes mœurs ou à l'ordre public. Que deviendrait en effet la société, si les lois, dont le but est de la protéger, sauvegardaient elles-mêmes les contrats où il serait stipulé de violer les principes d'ordre, d'utilité et de morale publics?

Souvent plusieurs causes, dont l'une est licite et dont l'autre ne l'est pas, concourent dans la formation d'un engagement. Au lieu de le maintenir ou de l'annuler pour le tout, les tribunaux doivent alors le restreindre à la proportion correspondante à la cause licite. Car sa validité ne saurait être contestée, au moins dans la mesure où se rencontrent toutes les conditions essentielles à son existence; et il n'y a d'engagements indivisibles que ceux qui préalablement sont vérifiés et reconnus valables. Mais quand nous parlons de cette réduction de l'engagement, il est clair que nous supposons que la chose qui en fait le sujet est divisible de sa nature et dans l'intention des contractants; il y aurait, autrement, lieu à annulation pour le tout, sous la réserve des actions qui peuvent d'ailleurs compéter au stipulant, comme étant fondées sur les éléments qui constituaient pour partie une cause licite d'obligation (3).

(1) TROPLONG, *Mandat*, nᵒˢ 246, 632. — Paris, 20 nov. 1854. SIREY, 54, 2, 688. — Cass., 18 avril et 7 fév. 1855. SIREY. 55, 1, 527. — 12 janvier 1863. SIREY, 63, 1, 249.

(2) L. 6, C. *De pactis*.

(3) Voy. 1133, nᵒ 52.

5. Il n'y a, quand à la nullité, aucune différence à faire entre le contrat sans cause et le contrat avec cause fausse (1). Au fond c'est toujours une cause qui manque au contrat, et l'on conçoit que la nullité soit absolument la même, soit qu'il n'y ait pas du tout de cause, ou qu'il y en ait une fausse.

Mais si l'on ne doit faire aucune distinction en droit, en fait ne peut-on pas en faire une? Ne peut-on pas dire que le contrat est sans cause lorsqu'on ne peut lui en donner aucune, de quelque manière qu'on s'y prenne? Ainsi, je vous achète ma propriété, je vous donne votre maison. Voilà des contrats sans cause ; car nous aurons beau nous y prendre .de toutes façons, jamais nous ne pourrons trouver une cause à la vente que vous me faites de ma propriété, à la donation que je vous fais de votre maison. Mais si le contrat est tel qu'on puisse le supposer valable avec une cause autre que celle qui a déterminé les parties contractantes, alors je dirai que c'est un contrat avec cause fausse. Ainsi, je m'oblige à vous payer un legs de mille francs que vous a fait mon père. Plus tard, le testament qui contenait ce legs a été reconnu faux, ou bien un autre testament a été découvert qui le révoque. Mon obligation avait une cause fausse ; mais elle pourrait être valable en lui supposant une autre cause, par exemple, l'intention de vous faire une libéralité.

6. La cause peut être une chose actuelle ou passée. Si elle n'a jamais existé ou a cessé d'exister avant la convention, alors la convention est sans cause ou sur cause fausse. Telles seraient la vente d'un cheval qui a péri avant le contrat, ou l'obligation de vous payer mille francs pour la construction de ma maison que vous n'avez point faite, et que je croyais achevée par vos soins.

7. La cause peut consister dans un fait ou une chose qui doit exister, non-seulement au moment du contrat, mais encore

(1) POTHIER, *Oblig.*, n° 42.

après. Par exemple, dans le bail, il ne suffit pas que la chose louée existe au moment de la convention, il faut encore qu'elle soit permanente pendant toute la durée du bail.

Il y a en effet cette différence entre les conventions qui ne contiennent qu'une obligation principale, une fois payée, comme la vente, l'échange, et celles qui contiennent des obligations successives, comme le bail, la société, que les premières produisent tout leur effet quand la cause existante au moment de leur formation ne vient à cesser qu'après, tandis que les secondes ne produisent d'effet qu'au fur et à mesure que la cause subsiste, et sont résolues pour l'avenir par la cessation de la cause (1).

8. La cause peut enfin consister dans une attente, dans une espérance, dans un fait ou une chose à venir. Je m'oblige à vous donner mille francs, à la condition, à la charge par vous de faire cela. Voilà la cause de mon obligation. Si vous ne le faites pas, la cause vient à défaillir. Mais ce point rentre spécialement dans la théorie des obligations conditionnelles, comme nous le montrons plus loin.

9. Les contrats sans cause ou sur cause fausse ne sont annulés que sur la foi de cette présomption naturelle, que les parties n'ont pas entendu contracter sans cause, sans raison, et qu'elles n'auraient point contracté, si elles avaient su qu'il n'en existait aucune. Dans les contrats sans cause ou sur fausse cause, il existe donc un élément d'erreur; et cette erreur, quelle qu'elle soit, de droit ou de fait, doit toujours réunir le double caractère d'une incontestable gravité et d'une certitude bien établie.

10. Le Code civil nous fournit lui-même des exemples de contrats sans cause ou sur cause fausse. Ainsi, la transaction faite sur pièces qui, depuis, ont été reconnues fausses, est

(1) Voy. 1122, n° 35.

entièrement nulle (2055) ; la transaction sur un procès terminé
par un jugement passé en force de chose jugée, dont les parties ou l'une d'elles n'avaient point connaissance, est nulle. Si
le jugement ignoré des parties était susceptible d'appel, la
transaction sera valable (2056). Lorsque les parties ont généralement transigé sur toutes les affaires qu'elles pouvaient avoir
ensemble, les titres qui leur étaient alors inconnus et qui
auraient été postérieurement découverts, ne sont point une
cause de rescision, à moins qu'ils n'aient été retenus par le fait
de l'une des parties. Mais la transaction serait nulle, si elle
n'avait qu'un objet sur lequel il serait constaté par des titres
nouvellement découverts que l'une des parties n'avait aucun
droit (2057). Tout contrat de rente viagère créée sur la tête
d'une personne qui était morte au jour du contrat ne produit
aucun effet (1974). Il en est de même du contrat par lequel la
rente a été créée sur la tête d'une personne atteinte de la maladie dont elle est décédée dans les vingt jours de la date du
contrat (1975). Il résulte en effet de la fausseté des pièces, du
jugement rendu, de la découverte de titres décisifs, de la mort
préexistante ou précipitée du crédi-rentier, que la transaction
et le contrat de rente viagère sont sans cause ou sur cause
fausse.

11. De ce que la cause d'une convention ne présente aucun
intérêt matériellement appréciable, il ne s'ensuit pas que la
convention manque de cause, si d'ailleurs on peut lui en trouver une dans l'intention de faire quelque sacrifice à sa tranquillité, à sa considération, à la paix de sa conscience. J'ai
acquis nationalement des biens d'émigrés ; je promets aux
anciens propriétaires une somme en échange de leur ratification ; je dois la payer. Je n'avais certainement pas besoin de
leur ratification pour rendre mon acquisition irrévocable au
point de vue du droit civil : cependant, acquéreur peut-être à
vil prix, j'ai pu tenir à calmer les scrupules de ma conscience
et à restituer, dans tous les cas, à ma fortune un caractère de

légitimité que les passions politiques lui avaient fait dénier. Et cette intention de purger ma propriété du vice originel qui l'entachait aux yeux de quelques personnes et peut-être aux miens, est une cause suffisante de mon obligation (1).

J'ai acquis une propriété en la payant toute sa valeur ; néanmoins le vendeur me menace d'une demande en rescision pour lésion. Je lui promets tant, pour que la vente ne soit point critiquée. Il y a cause suffisante dans l'intention de faire un sacrifice à mon repos.

Un mineur m'a vendu sa propriété ; il laisse prescrire son action en nullité. Cependant, menacé d'une poursuite, je lui promets tant, pour qu'il ratifie ; cause encore suffisante.

Je puis renoncer à la prescription (2220) ; c'est même y renoncer que de ne pas m'en prévaloir, puisque les juges ne peuvent la suppléer d'office (2223). Que je m'oblige donc à payer une dette que je puis éteindre en opposant la prescription, mon obligation est valable ; elle a en effet une cause suffisante dans les scrupules de délicatesse qui m'ont fait regarder comme contraire aux principes d'équité ce moyen d'éteindre les obligations (2). Ne dit-on pas qu'il n'y a que la mauvaise foi qui prescrive ?

Je puis de même valablement m'obliger à continuer le service d'une rente féodale, bien que la loi du 4 août 1789 ait aboli les rentes viciées de féodalité, pourvu que le titre nouveau, tout en stipulant les mêmes prestations, contienne une novation véritable (3). Guidée par un sentiment d'équité, éclairée même par les enseignements de l'histoire, ma conscience a pu considérer les lois qui ont aboli les rentes féodales comme des lois de spoliation, dont il me répugne de profiter. Je satisfais donc à un devoir de délicatesse, j'accomplis une obliga-

(1) Cass., 21 nov. 1831. DALLOZ, 31, 1, 360. — 23 juillet 1833. DALLOZ, 33, 1, 268.

(2) DURANTON, t. 10, nᵒˢ 337 et suiv.

(3) TOULLIER, t. 6, nᵒ 186. — Cass., 3 juill. 1811. SIREY, 1811, 1, 323.

tion naturelle. Cela est même si vrai qu'un avis du conseil d'Etat du 22 fructidor an XI prohibe la répétition des arrérages payés, parce qu'ils ne l'ont pas été sans cause.

La reconnaissance sous signature privée d'un enfant naturel, n'étant pas une constatation légale de la paternité, ne lui donne aucun droit à des aliments (1). Cependant la promesse d'aliments qui lui aurait été faite serait valable, non plus comme exécution des devoirs d'une paternité que rien n'établit, mais comme convention ayant une cause légitime dans l'existence d'une obligation naturelle (2). Il importe peu que la reconnaissance et la promesse d'aliments existent par actes séparés, ou que le même acte contienne la reconnaissance et la clause formelle que le prétendu père se charge de l'enfant. En vain dit-on que, dans ce dernier cas, la clause tombe avec la reconnaissance qui en est la cause déterminante (3) ; il est plus vrai qu'il existe une obligation naturelle, indépendante de la reconnaissance nulle en la forme ; obligation naturelle que les juges ont le droit d'apprécier, et dont ils doivent ordonner l'exécution, quand son existence a été vérifiée. Si l'obligation prise de nourrir et d'élever un enfant est valable, lorsque l'acte ne contient aucune reconnaissance, n'est-ce pas parce qu'on en trouve la cause le plus souvent dans des rapports de paternité, quoiqu'ils ne soient pas légalement établis ? L'obligation naturelle n'est-elle donc pas moins équivoque, lorsque le débiteur a pris soin lui-même de reconnaître sa paternité et de faire ainsi une reconnaissance que les juges peuvent apprécier, du moins au point de vue de la cause de son obligation, comme impliquant un devoir de conscience et d'humanité (4)?

(1) MERLIN, Rép., v° *Aliment*, § 1, art. 2, n° 8. — FAVARD, v^is *Enfant naturel*, § 1, n° 4. — TOULLIER, t. 6, n° 187, et t. 2, n° 976. — ZACHARIÆ, t. 4, p. 57 et t. 6, p. 74, 4e édit. — Cass., 4 nov. 1812. SIREY, 13, 1, 139.

(2) DURANTON, t. 10, n° 346. — ZACHARIÆ, t. 4, p. 57, n^tos 9 et t. 6, p. 174, n^tes 9, 4e édit.

(3) Bourges, 11 mai 1841. SIREY, 42, 2, 128.

(4) ZACHARIÆ, *ibid.* — DURANTON, *ibid.* — Montpellier, 7 déc. 1843. SIREY, 44, 2, 205.

Serait valable au même titre la promesse faite à une femme d'élever, de nourrir, d'entretenir l'enfant dont elle est actuellement enceinte ou dont elle est accouchée (1) ; pourvu qu'il ne s'agisse pas d'un enfant adultérin ou incestueux dont on se reconnaîtrait volontairement le père (2).

N'est pas non plus sans cause la pension alimentaire constituée au profit d'un parent dans l'indigence, fût-ce même une sœur naturelle, bien que la loi, dans ce cas, n'accorde aucune action pour obtenir des aliments (3).

12. Tel est l'effet de l'existence d'une obligation naturelle servant de cause à la convention, que l'acte n'a pas besoin pour sa régularité d'être passé dans la forme spéciale des donations. Alors en effet le contrat ne repose plus exclusivement sur l'intention de donner ; il n'est plus une libéralité pure, et toutes les formes lui suffisent qui conviennent également aux conventions ordinaires. Il n'y a pas en droit de principe mieux établi et maintenant moins contesté.

13. Le sentiment de la reconnaissance impose des devoirs qui sont une juste cause d'obligation civile. Je puis donc valablement m'obliger à la rémunération d'un service que l'on m'aurait rendu, même avec une intention de gratuité. Il n'y a que l'exagération de mon obligation qui puisse la faire restreindre, suivant les circonstances. Que cédant à un premier mouvement de reconnaissance et aux soudaines inspirations du cœur, je promette tant pour un service rendu ; qu'à la vue

---

(1) Amiens, 7 juil. 1842. Sirey, 45, 2, 220. — Bourges, 3 août 1844. Sirey, 45, 2, 600. — Bordeaux, 5 août 1847. Sirey, 48, 2, 231. — Bordeaux, 5 janv. 1848. Sirey, 48, 2, 308. — Paris, 24 nov. 1860. Sirey, 61, 2, 7. — Cass., 27 mai 1862. Sirey, 62, 1, 566. — Douai, 15 mars 1865. Sirey 66, 2, 96. — Angers, 11 août 1871. Sirey, 72, 2, 198. — Cass., 15 janvier 1873. Sirey, 73, 1, 29. — Angers, 30 avril 1873. Sirey, 73, 2, 281. — Caen, 5 juillet 1875. Sirey, 75, 2, 331. — Cass., 3 avril 1882. Sirey, 82, 1, 404.

(2) Voy. infrà, n° 21.

(3) Cass., 22 août 1826. Dalloz, 1827, 1, 7. — Voy. encore, Cass., 5 mai 1868. Sirey, 68, 1, 251.

d'un péril imminent encouru par un objet qui m'est cher, qu'au milieu d'un danger qui me presse moi-même, je promette tant pour le service que j'implore ; les tribunaux devront-ils me condamner à exécuter entièrement ma promesse ? Nous ne le pensons point. La condition première du consentement, c'est qu'il soit donné en connaissance, c'est qu'on ait la conscience de ce qu'on fait. Or un consentement irréfléchi, passionné, ne remplit pas cette condition. Il n'est même pas libre, puisqu'il est donné sous l'impression de la crainte ou du trouble qu'exerce sur moi le sentiment de la conservation exalté par la vue ou par le souvenir encore palpitant du péril. Mais quand nous parlons de crainte, de liberté, ce n'est pas que nous supposions une violence dans le sens de l'article 1111 ; car il n'en a été employé aucune dans le but direct d'obtenir l'engagement. Nous n'en parlons que comme expression du délire et de l'égarement de la volonté. Aussi, le vice du contrat a-t-il un caractère particulier.

Mon obligation n'a même pas, si elle est outrée, une cause suffisante. Un service rendu mérite sans doute une rémunération ; mais il faut qu'elle soit proportionnée à son importance, aux efforts qu'il a coûtés, et même aux moyens pécuniaires de celui qui l'a reçu. Que la morale, dans ses appréciations métaphysiques, ne fixe pas de prix au service rendu, pas de limites à la reconnaissance, elle le peut, elle le doit; car tout pour elle se prise et se paye en sentiments. Mais la loi, mais les juges sont obligés d'évaluer le bienfait, de matérialiser le sentiment de la reconnaissance, et de le traduire dans les termes qu'il a pris lui-même de rémunération pécuniaire. Il leur appartient donc d'apprécier la cause, d'en vérifier la suffisance, et de réduire mon engagement aux justes proportions que la réflexion lui assigne, et que l'ivresse seule d'un sentiment en délire avait fait dépasser (1).

---

(1) DURANTON, t. 10, n° 344 et 149. — DELVINCOURT, t. 2, p. 678. — POTHIER, n° 24. — Contrà, TOULLIER, t. 6, n° 85.

Il n'y a pas jusqu'au droit des gens positif, c'est-à-dire le droit international le moins large, le moins généreux, le moins philosophique, qui ne reconnaisse l'iniquité des conventions arrachées, sous l'influence de la terreur inséparable du danger, par les personnes qui accourent au secours des vaisseaux en péril, et profitent de leur état de détresse pour extorquer des promesses exagérées. La loi de ce prétendu contrat ne saurait l'emporter sur les principes les plus évidents de morale universelle et d'équité.

Nous disons que de pareilles obligations sont seulement réductibles dans une équitable mesure ; car il y aurait injustice, soit à les maintenir, soit à les annuler pour le tout. En vain objecte-t-on que le juge en les modérant viole la loi du contrat. Les conventions ne sont en effet la loi des parties que lorsqu'elles sont légalement formées. Or les engagements dont nous nous occupons sont contraires à la loi, au moins pour toute la portion qui en constitue l'excès, et à l'égard de laquelle il y a défaut de consentement libre ou de cause suffisante, tandis que pour le surplus ils satisfont à toutes les conditions essentielles à la validité des conventions. Dès lors leur réduction à la juste mesure où ils pouvaient être légalement formés, loin de violer le principe de l'indivisibilité des engagements, est au contraire conforme au droit dont la pratique nous offre des exemples de réduction analogues.

On peut sans doute commencer par annuler l'engagement pour le tout, et renvoyer le créancier à se pourvoir en indemnité pour cause de gestion d'affaires. Mais cette manière de procéder, pour sembler équitable, ne nous paraît pas moins irrégulière. D'une part, en effet, elle fait abstraction de la convention intervenue, pour ne laisser subsister qu'un quasi-contrat; et d'autre part, ce prétendu quasi-contrat, outre que l'action qui en résulte n'a aucune des garanties de l'obligation conventionnelle, ne produit lui-même aucun engagement légalement obligatoire dans tous les cas où le fait qui y donne lieu n'engendre qu'une obligation naturelle et imparfaite; tandis qu'elle suffit comme cause d'un engagement conventionnel. Une annulation pour le tout vaudrait alors libération complète en faveur du promettant. Une simple réduction est, au contraire, une garantie contre l'iniquité d'un pareil résultat.

14. Au nombre des vices de la cause, nous pouvons compter la lésion. En effet, la cause lésionnaire est fausse, en tant qu'elle est insuffisante. Mais de ce que la cause n'est pas entièrement fausse, il résulte que le vice peut en être corrigé par un supplément qui la répare et la parfait. Ainsi, dans le partage, elle peut se réparer par un supplément de portion héréditaire (891), et, dans la vente, par un supplément de prix (1681).

15. Il ne faut pas confondre la fausseté de la cause avec l'erreur sur le motif. Il y a bien erreur lorsqu'on s'oblige sur une cause fausse, car elle n'est fausse que parce qu'on la croyait vraie. Mais autre chose est la cause, autre chose est le simple motif. Quand je contracte, j'y suis toujours porté par quelques raisons, par quelques considérations dont je puis ou non me rendre compte. Si j'achète une maison, si je fais une donation, c'est parce que je le veux, et je puis le vouloir par telle ou telle considération qui m'y détermine. Voilà le simple motif; il n'existe que dans les rapports de ma volonté avec sa détermination. Mais vis-à-vis de l'autre contractant, il existe autre chose qu'un simple motif; il existe une cause de mon obligation, et cette cause est la propriété de la maison qu'il va me transférer, ou mon esprit de libéralité à son égard. Pour lui, voilà le principe de ma détermination, et le contrat le contient en lui-même.

Lors donc que dans l'espérance d'obtenir ou de conserver des fonctions publiques qui m'obligent à résider dans telle ville, j'y achète ou loue une maison, que je sois nommé, maintenu ou non dans ces fonctions, le contrat n'en est pas moins valable et obligatoire. Il a sa cause; et peu importe le motif qui m'a porté tout bas à louer ou à acheter, parce qu'étant hors des termes de la convention, il n'existe pas du tout pour l'autre partie, ou n'existe pour elle que comme considération accessoire et équivoque.

Dans l'attente d'une riche succession qui m'échappe, ou dans la fausse croyance que je suis héritier d'un tel, je vous fais une donation ; vous serez irrévocablement donataire. Car la donation avait sa cause dans l'esprit de libéralité qui me l'avait inspirée, indépendamment du motif intérieur qui pouvait être déterminant pour moi, mais qui pour vous n'était que subsidiaire et douteux, s'il n'était même parfaitement ignoré (1).

En général, toutes les fois que le contrat aura sa cause en lui-même et que cette cause sera sincère et réelle, l'erreur sur le simple motif n'influera en rien sur la réalité de cette cause, ni conséquemment sur la validité du contrat. Voilà la grande différence entre la fausseté de la cause et de l'erreur sur le motif. L'une annule, et l'autre, point ; c'est que la cause est la raison juridique, commune et déterminante envers toutes parties.

16. Mais les contractants peuvent sans aucun doute concevoir leur convention dans des termes tels que la validité en soit subordonnée à l'existence d'un simple motif. Ils peuvent lui donner un caractère conditionnel. Et, dans ce cas, bien que la fausseté du motif exprimé n'entraîne pas en principe l'annulation du contrat, la défaillance de la condition apposée produit des effets différents. Les juges examineront donc, d'après les circonstances, si le fait allégué comme motif a été pris comme raison déterminante, et si le consentement dépendait de sa réalité (2). Ils considéreront tout ce qui peut révéler la pensée des contractants, les termes de l'acte, la nature, l'objet et le but du contrat.

---

(1) Voy. POTHIER, *Oblig.*, n° 20. — TOULLIER, t. 6, n°s 38 et suiv. — DURANTON, t. 10, n° 110.

(2) Voy. les auteurs cités *suprà*. — DOMAT, *Lois Civiles*, liv, 1, tit. 10, sect. 1, n° 13.

Tel serait le cas où j'aurais acheté un cheval, en disant, parce que le mien est péri; fait une donation à tel, en l'appelant *mon neveu, mon héritier présomptif*. Or mon cheval existe; une substitution de personne, ou une supposition de part se découvre : la vente et la donation sont nulles. L'expression du fait et de la qualité prévus subordonnait leur validité à l'existence de ce fait, de cette qualité.

17. Mais l'énonciation d'un motif plus tard reconnu faux ne suffit pas toujours pour faire prononcer l'annulation d'une convention; il faut qu'il soit établi que la validité de la convention dépendait de sa réalité. Je vous vends ma maison, parce que dans huit jours je vais me fixer à Paris; j'achète tel emplacement, parce que mon père doit m'y faire construire une maison ; tous ces *parce que* ne valent pas des *si*. Cette expression de motifs ne vaut pas une condition. Car les contrats de vente sont conçus dans des termes tels que leur cause est en eux-mêmes, et non dans la sincérité du motif accessoirement allégué. Mais, encore une fois, tout dépend des circonstances.

18. Dans les contrats à titre gratuit on doit interpréter de même l'expression d'un motif. Il pourra se faire qu'elle soit également sans influence sur la validité de la convention; mais si, par la nature du motif énoncé, la libéralité prend un caractère plutôt rémunératoire que spontané, *parce que tel a été mon mandataire, mon gérant, mon avocat; parce qu'il m'a rendu tel service*, le plus souvent elle sera subordonnée à l'existence du fait mis en avant comme motif. Alors l'esprit de libéralité n'en est plus la cause unique. Mais il faudra en même temps examiner avec soin si, dans l'intention du donateur, l'allégation d'un motif n'a pas eu plutôt pour objet de donner à la donation une couleur et un prétexte, afin de la rendre plus légitime, ou de ne pas éveiller les cupides susceptibilités de présomptifs héritiers.

19. Les dispositions testamentaires ont elles-mêmes une

cause ; elle consiste, comme pour les donations, dans un esprit de libéralité, déterminé lui-même par tel ou tel motif, que l'on peut, en quelque sorte, appeler le motif de la cause. Gaïus (1) donnait même un tel caractère de supériorité et de suffisance à cet esprit de libéralité, que, sans tenir aucun compte des motifs qui l'avaient décidé, ni de leur expression, il disait du faux motif, comme de la fausse démonstration, qu'il ne viciait pas les dispositions testamentaires. Par exemple, dit-il, je lègue tel fonds à Titius, parce qu'il a géré mes affaires ; tel héritage par préciput à Titius, mon héritier, parce que son frère, cohéritier, a pris tant d'écus dans le coffre-fort. La disposition est valable, quoiqu'il soit faux que Titius ait géré mes affaires, que son frère ait pris tant d'écus dans le coffre-fort. Mais, ajoute-t-il, si la disposition était conçue en termes conditionnels, *at si conditionaliter concepta sit causa,* s'il a géré mes affaires, etc..., la disposition n'est valable que tout autant qu'il a géré mes affaires, etc.

Il faut convenir que l'application invariable et systématique de cette théorie peut conduire fort souvent à une étrange violation de la volonté du testateur. Aussi, Papinien (2), corrigeant ce que l'opinion de Gaïus avait de trop absolu, disait-il avec infiniment de sagesse ; la fausseté de la raison impulsive, *falsa causa,* n'empêche pas la validité du legs, parce que le motif n'est qu'accessoire au legs sans s'y attacher ; mais le plus souvent, *plerumque,* on pourra opposer l'exception de dol (à la demande en délivrance du legs), si l'on prouve qu'autrement le testateur n'eût pas disposé. *Falsam causam legato non obesse verius est ; quia ratio legandi legato non cohæret. Sed plerumque doli exceptio locum habebit, si probetur aliàs legaturus non fuisse.*

---

(1) L. 17, § 2, 3, *ff. Cond. et demonst.*
(2) L. 72, § 6, *ff. Cond. et demonst.* — Ricard, *Donat.,* P. 3, nos 310 et suiv. — Troplong, *Donat.,* nos 379 et suiv. — Paris, 9 fév. 1867. Sirey, 67, 2, 129. — Paris, 8 mars 1867. Sirey, 67, 2, 185.

Ainsi doit-on décider sous le Code civil. La sincérité du motif n'est pas nécessaire à la validité de la disposition ; mais sa fausseté ne lui est pas toujours indifférente. Tout se réduit en effet à cette question que pose Papinien : le testateur aurait-il également disposé, s'il avait connu la fausseté du motif qu'il exprime et malgré sa fausseté? La cause de sa disposition est-elle exclusivement dans l'esprit même de libéralité qui semble l'avoir inspirée? Évidemment cette appréciation dépend des circonstances. Mais c'est à celui qui prétend que la cause alléguée est déterminante et finale à le prouver : car jusque-là elle est réputée simplement impulsive, et la présomption est que l'esprit de libéralité seul a causé l'acte (1).

20. Ce principe, que les actes à titre gratuit ont eux-mêmes une cause, nous permet de rattacher quelques questions délicates à la théorie de la causalité.

Par testament olographe (2) ou mystique (3), et par conséquent insuffisant pour valoir comme reconnaissance (334), je fais une disposition au profit de tel, à qui je donne en même temps le titre de mon enfant naturel ; quel sera le sort de ma disposition ?

Dira-t-on que, la reconnaissance étant nulle, il n'en peut résulter d'une part pour le légataire aucune incapacité pour recevoir, et que d'autre part la disposition porte elle-même sa cause dans l'esprit de libéralité qui l'a dictée, indépendam-

---

(1) TROPLONG, *Donat.*, n° 385.

(2) DELVINCOURT, t. 1, pag. 391. — CHABOT, art. 756. — FAVARD. v^ls, *Reconnaissance d'enfant naturel,* sect. 1, § 3, art. 2, n° 6. — DURANTON, t. 3, n° 215. — ZACHARIÆ, t. 4, pag. 51, et t. 6, p. 169, 4e édit. — PROUDHON, *Etat des personnes,* t. 2, pag. 211. — Rouen, 30 juin 1817. SIREY. 17, 2, 423. — Limoges, 6 juill. 1832. DALLOZ, 32, 2, 209. — Cass., 7 mai 1833. DALLOZ, 33, 1, 189. — Nîmes, 2 mai 1837, SIREY, 37, 2, 317. — Bordeaux, 30 avril 1861. SIREY, 61, 2, 359. — Cass., 18 mars 1862. SIREY, 62, 1, 622. — Paris, 11 août 1866. SIREY, 67, 2, 137 — *Contrà*, TOULLIER, t. 2, n° 953. — MERLIN, Rep., v° *Filiation*, n° 8.

(3) ZACHARIÆ, t. 4, p. 52, et t. 6, p. 169, 4° édit. — *Contrà*, FAVARD, *ibid.* — DURANTON, t. 3, n° 217. — DELVINCOURT, *ibid.*

ment de toute autre circonstance ? Voici comment nous posons les termes de la question : nous acceptons la capacité du légataire pour recevoir ; car la reconnaissance étant nulle, il n'a pas la qualité d'enfant naturel. On ne peut donc le soumettre aux dispositions de la loi qui fixent la quotité dont l'enfant naturel peut être gratifié. Mais s'il est pleinement capable de recevoir, parce qu'il n'est pas enfant naturel, est-il bien vrai que le testateur ait voulu qu'il profitât de la libéralité, quoiqu'il ne fût pas légalement son enfant naturel, et ne fût pas saisi des priviléges et des droits qui ne peuvent résulter que d'une reconnaissance régulière? On le voit, nous recherchons la cause du legs. Or le testateur, en donnant à son légataire la qualité d'enfant naturel, en voulant établir entre son légataire et lui des rapports légaux de paternité et de filiation, ne témoigne-t-il pas assez clairement que la cause déterminante et finale de sa libéralité est dans sa conviction que le légataire avait la qualité d'enfant naturel. Si donc, la reconnaissance étant illégale, le légataire n'a point cette qualité, le legs a une cause fausse; il est nul. Ainsi le légataire, tout capable qu'il est de recevoir, ne recueille point le bénéfice de la disposition, parce que la cause de cette disposition n'est pas dans un esprit pur de libéralité, mais qu'elle a été prise dans l'existence de la qualité d'enfant naturel que n'a pas légalement la personne gratifiée (1).

Que l'on remarque bien que nous nous interdisons toute recherche de paternité, et que nous ne violons point l'article 340 qui la prohibe. A quoi bon s'en occuper ? Si nous avions à établir l'incapacité du légataire, nous aurions à rechercher la paternité, à constater une filiation naturelle qui restreint chez l'enfant la capacité pour recevoir. Mais, encore une fois, nous annulons le legs, non pas pour un vice de capacité dans la personne du légataire, mais pour un vice de cause; non

_____

(1) *Contrà*, DURANTON, t. 3, n° 216. — ZACHARIÆ, t. 4, pag. 52, n°s 17, et pag. 58, n° 11, 1ʳᵉ édit.

pas parce que la filiation naturelle est constatée, mais parce
que le testateur a subordonné son legs à l'existence d'une
qualité qu'il croyait réelle, et qui n'existe point dans la personne du légataire.

Mais il faut que la qualité d'enfant naturel ait été formellement donnée au légataire dans la disposition même qui contient la libéralité. Si le testament n'en dit rien, comme il
porte avec lui-même sa cause, prise dans l'esprit de libéralité
qui l'inspire, et que rien ne démontre que la disposition ait
une autre cause, le legs doit recevoir son entière exécution.
Car d'une part le légataire a pleine capacité pour recevoir,
et d'autre part l'esprit de libéralité apparaît comme cause
unique et suffisante. On ne peut donc rapprocher de l'acte
testamentaire, afin de lui trouver une cause qu'il n'exprime
point, et de l'annuler ensuite pour vice de cause, d'autres actes
où le testateur aurait donné à son légataire la qualité d'enfant
naturel, mais sans la lui attribuer d'une manière légale. Considéré en lui-même et isolément, le testament a sa cause et
son existence propres ; il doit donc recevoir une exécution indépendante.

Si nous annulons la disposition, c'est parce que nous reconnaissons en fait que la libéralité a pour cause déterminante et
finale la conviction où a été le testateur que la qualité d'enfant naturel appartenait à son légataire. Or il peut arriver ceci :
d'après les termes et les circonstances du testament, bien
qu'il donne formellement au légataire la qualité d'enfant naturel, il est établi que l'existence de cette qualité n'est point la
condition, la cause déterminante et unique de la libéralité.
Le testateur a attribué au légataire la qualité d'enfant naturel, sans y attacher d'autre importance que comme expression
d'un fait matériel, sans tenir à sa réalité juridique, sans subor-
donner l'efficacité de sa disposition à l'existence de rapports
légaux de paternité et de filiation entre son légataire et lui.
Alors cette qualité d'enfant naturel n'est plus la cause finale de
la disposition. La libéralité n'a qu'une cause ordinaire et com-

mune; le testateur a gratifié son légataire quand même !... Il n'y a donc pas de vice de cause, et le légataire, capable de recevoir, doit recueillir le bénéfice du legs. Cette décision, qui correspond à la diversité des hypothèses, est encore conforme aux principes de la causalité.

Si, lorsqu'elle n'excède pas la quotité fixée par l'article 757, la libéralité doit être ou maintenue ou annulée pour le tout, alors au contraire qu'elle est excessive, elle peut être annulée pour la totalité ou réduite aux limites légales. Elle sera nulle pour le tout, s'il apparaît que la qualité d'enfant naturel est la cause unique et déterminante de la disposition, sa condition *sine quâ non*.

Mais qu'on suive avec soin la filière des arguments qui peuvent conduire à une simple réduction. Il est bien entendu qu'on n'en fait pas une question d'incapacité, car le légataire n'est pas légalement enfant naturel, ni une question de cause fausse, car la fausseté de la cause conduit à l'annulation totale, et non à une simple réduction. Il faut donc qu'il y ait une cause, et voici comment :

Le testateur, en reconnaissant son légataire comme son enfant naturel, n'a pas entendu soumettre la validité de sa disposition à l'existence légale de cette qualité d'enfant naturel. En dehors de cette qualité, l'acte testamentaire a une cause dans l'esprit de libéralité qui a présidé à sa rédaction. Le testateur a dit : « Je reconnais mon légataire pour mon enfant naturel, mais j'entends qu'il recueille mon legs, qu'il soit ou non, mon enfant naturel. » Il y a une cause, mais une cause illicite pour tout ce qui dépasse les limites fixées par l'article 757. La disposition ne peut donc se soutenir en ce qu'elle a d'excessif; il y a par suite lieu à réduction.

Que l'on ne dise point que la cause n'est pas illicite, parce que le légataire n'est pas enfant naturel : à une question de cause ce serait substituer une question de capacité. Dans les dispositions testamentaires, dans tous les actes à titre gratuit, la cause est dans la volonté de gratifier; or, quand on donne à une personne que l'on considère comme son enfant naturel, lorsqu'on la gratifie en cette qualité, la libéralité, pour tout ce qu'elle a d'excessif, ne repose-t-elle pas sur la volonté d'enfreindre la loi? Cette volonté n'est-elle pas illicite? Et comme la volonté est la cause même de la libéralité, le vice de la volonté est le vice de la cause. La cause étant illicite, la disposition doit être réduite à la quotité dont on peut légalement disposer en faveur de son enfant naturel.

Ainsi jugé par la Cour de Nîmes (1); et le pourvoi dirigé contre cet arrêt a été rejeté par la Cour de cassation (2). Nous reprendrons cependant, dans l'arrêt de cette Cour, quelques expressions exagérées. Il part de ce point de fait : « que la libéralité contenue au testament avait pour cause déterminante et unique la conviction où a été le testateur que la qualité de son fils naturel appartenait à la personne qu'il instituait légataire, qualité formellement donnée dans la disposition même qui contient la libéralité. » Ces expressions, *cause déterminante et unique*, dépassent évidemment l'intention de la Cour suprême. En effet, s'il était vrai que la qualité d'enfant naturel eût été la cause unique et déterminante de la libéralité, cette qualité n'existant point, il y aurait eu fausse cause et par suite lieu à annulation totale. Car, avant d'arriver à l'appréciation d'une cause comme illicite, il faut, de toute évidence, supposer l'existence de cette cause et commencer par l'attribuer à la disposition. Autrement, la fausseté reconnue de la cause dispenserait de l'examen de son illégalité. Or, ici, la cause véritable est dans l'intention de donner; à qui? à un enfant naturel ou considéré comme tel dans l'acte même de libéralité, et c'est par là que la cause est illicite.

21. S'agit-il d'une libéralité faite à une personne que l'on reconnaît par le même acte comme son enfant adultérin ou

(1) 2 mai 1837. Sirey, 37, 2, 317. — Conf. Paris, 11 août 1866. Sirey, 67, 2, 137. — Zachariæ, t. 6, p. 177, 4ᵉ édit.

(2) 7 déc. 1840. Sirey, 41, 1, 140. — *Contrà*, Zachariæ, t. 4, pag. 58, nᵗᵉ 11, 2ᵉ édit.

incestueux, la cause étant illicite entraîne la nullité de la disposition. Le Code civil prohibe en effet la reconnaissance des enfants incestueux et adultérins (335). La pudeur de la loi impose silence aux personnes sur leur déshonneur et leur infamie. Elle a considéré la publicité sur ce point comme un scandale et une atteinte à la morale publique : elle n'a pas voulu que la réprobation que le monde attache aux fruits malheureux de ces liaisons criminelles pût s'appuyer sur une constatation légale, irréfragable document de leur honte et de leur malheur. Lors donc qu'une libéralité a pour cause expresse l'intention de gratifier une personne que l'on considère par le même acte comme son enfant adultérin ou incestueux, cette libéralité repose sur une cause illicite qui ne peut la soutenir.

En vain prétendrait-on que, la loi prohibant la reconnaissance des enfants adultérins et incestueux, la reconnaissance faite dans l'acte même de libéralité est nulle ; que par suite on ne peut l'opposer au légataire, pour l'empêcher de recueillir le bénéfice de la disposition. De ce que la reconnaissance est nulle, comme prohibée par la loi, il ne s'ensuit pas que la qualité d'enfant adultérin ou incestueux n'ait pas été prise pour cause de la libéralité et que le testateur n'ait pas eu l'intention de gratifier le légataire en cette qualité. L'acte même exprime sa cause, et il l'exprime de telle sorte, qu'il la marque au coin de l'illégalité. S'il s'agissait d'apprécier cette reconnaissance pour savoir si le légataire est capable ou non de recevoir, nous dirions qu'elle est nulle et non avenue ; mais il s'agit de l'apprécier pour savoir si le testateur a eu ou non l'intention de violer la loi, et nous disons que cette intention est formellement exprimée. Or l'intention de violer la loi ne peut servir de cause licite à l'acte même qui en est à la fois la manifestation et le moyen (1).

---

(1) ZACHARIÆ, t. 6, p. 222, 4° édit. — Cass., 13 juill. 1826. SIREY, 27, 1, 201. — 4 janv. 1832. SIREY, 32, 1, 145. — 31 juill. 1860. SIREY, 60, 1, 833. — Amiens, 14 janv. 1864. SIREY, 64, 2, 11. — Cass., 22 janv. 1867. SIREY, 67, 1, 49. — 6 déc. 1876. SIREY, 77, 1, 67. — *Contrà*, ZACHARIÆ, t. 4, p. 93, 1ᵣₑ édit. — Pau, 13 déc. 1836. DALLOZ, 38, 2, 86.

22. Une semblable disposition est totalement nulle et non pas seulement réductible à une quotité alimentaire. Il est vrai que l'enfant adultérin ou incestueux a droit à des aliments, et il semble que sous ce rapport la libéralité n'offre rien d'illicite, du moment qu'elle n'excède pas cette quotité légalement disponible. On peut même dire que la validité de cette disposition se fonde, non point sur les effets d'une reconnaissance volontaire, nulle, prohibée, qui ne peut produire aucun effet légal, mais sur l'existence même d'un acte qui, dans ses termes, ne présente aucune cause illicite, dès l'instant que la libéralité est réduite à une attribution alimentaire. Nous pensons néanmoins qu'elle est frappée d'une nullité intégrale, qu'elle ne peut même valoir comme don d'aliments, et que si elle valait, sans réduction, ou tout au moins comme simplement réductible, dans l'un et l'autre cas il y aurait violation de la loi. Dans le premier cas, elle produirait effet, quoique la cause en fût manifestement illicite, le disposant ayant exprimé la volonté de gratifier outre mesure son enfant expressément reconnu comme incestueux ou adultérin; et, dans le second cas, il y aurait également violation des principes qui prohibent toute reconnaissance volontaire, puisqu'on ferait produire quelques effets à cette reconnaissance, ne fût-ce que pour en faire la mesure de la quotité légalement disponible.

Quant à l'arrêt de la Cour de cassation du 15 juillet 1846 (1), qui déclare valable, à titre alimentaire, une disposition faite par testament par une personne qui reconnaissait en même temps le légataire pour son enfant adultérin, nous nous bornons à faire observer que cet arrêt déclare que la qualité d'enfant adultérin était établie par la nature même des prétentions des demandeurs et par toutes les circonstances de la cause, indépendamment de tout acte de reconnaissance. Il écarte ainsi la circonstance de reconnaissance volontaire, à laquelle seule nous attachons la force d'annuler pour le tout la disposition.

_____

(1) Sirey, 46, 1, 721.

Mais il faut que la reconnaissance volontaire existe dans la disposition même qui contient la libéralité, pour que la personne gratifiée comme enfant incestueux ou adultérin ne puisse en recueillir le bénéfice. Si elle existait dans un autre acte, elle devrait être réputée non avenue, et la libéralité, ayant sa cause dans l'intention pure et simple de donner, recevrait son entière et pleine exécution (1).

Si, au lieu d'être volontaire, la reconnaissance résultait de la force des choses, comme au cas de désaveu (312, 313) ou d'enlèvement (340), alors l'enfant adultérin ou incestueux ne pourrait recevoir de ses père et mère que des aliments (762), non plus pour vice de cause, mais pour incapacité. Mais lorsqu'on ne peut opposer au légataire aucune reconnaissance forcée, ou qu'on ne lui oppose qu'une reconnaissance volontaire non exprimée dans l'acte qui renferme la disposition, il n'y a aucun obstacle à ce qu'il profite du legs, parce qu'il n'y a ni vice d'incapacité, ni vice de cause. De même que cette reconnaissance volontaire ne peut lui profiter, pour lui conférer le droit de réclamer des aliments (2); de même aussi elle ne peut lui nuire, pour le priver des dons et legs qui lui ont été faits par ses père et mère. La loi, faisant abstraction de cette reconnaissance qu'elle prohibe et répute non avenue, considère l'enfant comme un étranger qui ne peut pas plus invoquer qu'on ne peut lui imposer la prétendue qualité d'enfant adultérin ou incestueux.

---

(1) Bordeaux, 21 déc. 1835. SIREY, 37, 2, 71. — Cass., 8 fév. 1836. SIREY, 36, 1, 241. — 3 fév. 1841. SIREY, 41, 1, 117. — 18 mars 1846. SIREY, 47, 1, 30. — 31 juillet 1860. SIREY, 60, 1, 833.

(2) Cass., 3 fév. 1841. SIREY, 41, 1, 117. — 4 déc. 1837. SIREY, 38, 1, 29. — Limoges, 9 juin 1838. *Journ. du Palais*, 1838, t. 2, p. 466. — Montpellier, 19 janv. 1832. SIREY, 33, 2, 38. — CHABOT, dernière édit., art. 762, après variations. — FAVARD, Rép., v^is *Enfant adultérin*. — DURANTON, t. 3, n° 195. — GRENIER, *Donat.*, n° 130 *bis*, après variations. — MALEVILLE, art. 762. — ZACHARIÆ, t. 4, p. 90, 1re édit., et t. 6, p. 219, 4° édit.

Mais dans l'opinion des auteurs (1) qui pensent que sa reconnaissance volontaire lui donne droit à des aliments, il faudrait dire qu'elle rend également réductibles les libéralités qui lui seraient faites. Ces questions rentrent au surplus spécialement dans d'autres parties du droit.

ARTICLE 1132.

La convention n'est pas moins valable, quoique la cause n'en soit pas exprimée.

Sommaire.

1. Transition. Objet de l'art 1132.
2. C'est l'existence de la cause et non son expression qui importe.
3. La cause est virtuellement ou expressément énoncée.
4. C'est au débiteur à prouver que la cause n'existe pas.
5. La convention une fois établie, toutes preuves sont admissibles pour prouver la cause.
6. Exception contre les Juifs ;
7. Pour les lettres de change et les billets à ordre.
8. La cause fausse exprimée peut se remplacer par une autre réelle et licite. Ordre des preuves dans ce cas.
9. Des conventions simulées sans dol ni fraude.
10. Des donations déguisées. Elle sont valables entre personnes respectivement capables de donner et de recevoir.
11. Donations entre époux déguisées ou par interposition de personnes, nulles et non réductibles. Article 1099.

COMMENTAIRE.

1. Il y a bien peu d'obligations qui ne portent leur cause avec elles-mêmes. Mais il peut arriver que la cause exprimée soit fausse, n'existe point et ne puisse se remplacer par aucune

---

(1) Voy. TOULLIER, t. 2, n° 967, et t. 4, n° 246. — MERLIN, Rep., v° *Filiation*, § 20 et 21. — JAUBERT, *Rapport au Tribunat*. — SIMÉON, *Rapport au Corps législatif*. — Rennes, 31 déc. 1834. SIREY, 36, 2, 506. — Paris, 14 déc. 1835. SIREY, 36, 2, 63.

autre : c'est l'hypothèse que nous avons examinée en commentant l'article 1131. Il peut arriver encore que, la cause exprimée étant fausse, une autre cause réelle et sincère puisse lui être substituée, enfin qu'aucune cause n'étant exprimée, on ait à en chercher une.

2. Ce qui importe à la validité d'une obligation, ce n'est pas l'expression, mais la réalité de la cause. La convention n'est pas moins valable, quoique la cause n'en soit pas exprimée (1132).

3. Où, quand, comment la cause n'est-elle pas exprimée ? Dans certains contrats elle est virtuelle, comme dans la vente, l'échange, la société, le bail, la donation. Elle est inhérente au contrat lui-même. Mais il lui faut une expression, quand le contrat ne porte en lui-même aucun caractère de commutation ni de gratuité ; telles sont les conventions unilatérales par lesquelles on s'oblige à payer telle somme, à faire telle chose ; la cause doit alors être exprimée, sans que toutefois l'absence d'une expression de cause entraîne une nullité radicale.

4. Mais quand elle ne l'est point, est-ce le débiteur qui doit prouver qu'il s'est obligé sans cause, ou bien est-ce le créancier qui doit prouver que l'obligation a une cause réelle ? La loi 25, ff. De prob., imposait au créancier la charge de prouver l'existence de la cause. Dans notre ancien droit, les opinions étaient divisées sur ce point (1), comme elles le sont encore aujourd'hui. Les uns (2) tiennent pour les principes du droit romain ; les autres (3) pensent qu'on doit toujours sous-enten-

---

(1) Voy. MERLIN. Quest., v^{is} *Cause des obligations*, § 1.

(2) DELVINCOURT, t. 2, p. 687. — DURANTON, t. 10, n° 355, — ZACHARIÆ, t. 2, p. 475, n^{te} 5, et t. 5, p. 586, 1re édit., et t. 4, p. 324, n^{te} 20, et t. 8, p. 157, 4e édit.— FAVARD, Rép., v° *Convention*, sect. 2, § 4, n° 1.

(3) TOULLIER, t. 6, n° 175, et t. 9, n° 83. — MALEVILLE, t. 3, p. 32. — BONNIER, *Preuve*, n°s 555 et suiv. — MARCADÉ, art. 1315. n° 4. — Cass., 16 août 1848. SIREY, 49, 1, 113. — Nîmes, 17 déc. 1849. SIREY, 50, 2, 118.

dre une cause juste et suffisante, lorsque le contraire n'est pas prouvé.

Cette dernière opinion nous paraît la plus conforme aux dispositions de l'article 1132 et aux principes généraux du droit. Par cela même, en effet, que l'on déclare contracter une obligation, on est présumé naturellement s'obliger en vertu d'une cause quelconque. C'est sur cette pensée que sont fondées les dispositions de l'article 1132. En disant que la convention n'est pas moins valable, quoique la cause n'en soit pas exprimée, il établit une présomption de droit qu'au fond il existe réellement une cause. En conséquence, celui qui prétend qu'il n'existe pas de cause licite et valable à son engagement, doit prouver le mérite de son exception. En excipant de la nullité de l'obligation pour défaut de cause, il se porte demandeur, et, à ce titre, la preuve lui incombe. Prouve-t-il que l'obligation est sans cause, alors, suivant l'article 1131, elle ne peut avoir aucun effet. Mais tant que cette preuve n'est pas rapportée, tant qu'il reste dans les termes de la convention qui le constitue obligé, le débiteur est sous le coup de son engagement, lequel, en l'absence de toute preuve contraire, est réputé fondé sur une cause valable, quoiqu'elle ne soit pas exprimée.

Tout demandeur est sans doute tenu, en cette qualité, de justifier du concours de toutes les conditions auxquelles est subordonné l'exercice régulier de sa demande. Mais il est dispensé de la preuve à cet égard, lorsque la loi établit elle-même une présomption de droit que ces conditions existent. Or c'est précisément ce qui a lieu dans ce cas. Dire que la convention est valable, quoiqu'elle n'exprime aucune cause, c'est évidemment supposer l'existence des diverses conditions auxquelles est attachée sa validité. De même donc que le débiteur doit établir les vices de consentement ou de capacité qu'il allègue, il doit établir les vices de cause, c'est-à-dire la fausseté, l'illégalité ou le défaut absolu de cause.

5. Quoi qu'il en soit, la convention une fois prouvée, toutes

preuves sont admissibles pour établir l'existence de la cause. On retombe alors dans l'application des principes ordinaires sur la preuve des obligations. Les témoignages, les présomptions, tous moyens peuvent être accueillis par le juge. Il y a même certains termes auxquels la jurisprudence a reconnu une telle énergie qu'ils emportent par eux-mêmes une présomption particulière de cause; par exemple, je reconnais *devoir*; parce que je suis *débiteur*. Et cette doctrine confirme elle-même l'opinion suivant laquelle c'est au débiteur à établir, par voie d'exception, que l'obligation est sans cause. Car se reconnaître débiteur est tout simplement reconnaître qu'on est obligé, devoir étant un terme général qui exprime l'idée d'obligation, sans contenir virtuellement l'expression d'aucune cause spéciale.

6. Par exception aux principes ordinaires, l'article 4 du décret du 17 mars 1808, applicable pendant dix ans seulement, portait : « Aucune lettre de change, aucun billet à ordre, aucune obligation ou promesse souscrite par un de nos sujets non négociants au profit d'un Juif ne pourra être exigée, sans que le porteur prouve que la valeur en a été fournie entière et sans fraude. » Ainsi, l'expression d'une cause ne dispensait pas le créancier d'en prouver la réalité, et même peu importait que l'acte fut notarié ou sous signature privée (1). Mais remarquez que le décret ne s'appliquait qu'aux obligations des non négociants. *Odiosa restringenda;* aussi bien ce décret est-il odieux et marqué au coin d'une défiance et d'une réprobation qui ne sont pas de notre siècle.

7. Les lettres de change (110, C. comm.) et les billets à ordre (187, C. comm.) doivent également contenir l'expression de leur cause, c'est-à-dire énoncer la valeur fournie.

8. De ce qu'il n'est pas nécessaire pour la validité du contrat

---

(1) Cass., 28 févr 1811. Sirey, 1811, 1, 234.

d'exprimer la cause de l'obligation, il résulte qu'il n'est pas moins valable, quoique la cause exprimée soit fausse, si d'ailleurs il est établi qu'il en existe une autre sincère et légitime.

Et, dans ce cas, voici l'ordre des preuves à faire : au débiteur à prouver d'abord que la cause est fausse; au créancier ensuite à prouver qu'il existe une autre cause réelle qui la remplace (1). Cette obligation qui est alors imposée au débiteur n'a rien que de très naturel. Car l'indication d'une cause spéciale étant exclusive de tout autre, du moment qu'elle est démontrée fausse par l'obligé, l'obligation est réputée légalement sans cause, et le créancier doit établir qu'il en existe une autre. Si donc l'on peut, quant à la nullité en soi, assimiler la fausseté de la cause à l'absence de toute cause, il n'en est pas moins vrai qu'il y a cette différence notable entre la fausseté de la cause et le défaut de cause exprimée, que, dans le premier cas, la cause étant démontrée fausse, le créancier doit prouver qu'il existe une autre cause, tandis que, dans le second, c'est le débiteur qui est chargé d'établir le défaut de cause. Sous ce rapport, il vaut mieux pour le créancier ne pas exprimer du tout de cause que d'en indiquer une fausse.

Il arrive le plus souvent que les mêmes éléments juridiques de preuve qui établissent la fausseté de la cause exprimée, concourent à démontrer en même temps l'existence d'une autre cause non écrite. Les juges ne peuvent dès lors, en admettant la preuve qui établit la fausseté de la cause, rejeter celle qui justifie la réalité d'une autre cause licite. Une pareille division des éléments de preuve est contraire au principe de l'indivisibilité des preuves légales (2).

9. C'est en conséquence du principe que la fausseté de la

---

(1) TOULLIER, t. 6, n°s 176 et 177. — MERLIN, Quest., v^is *Cause des oblig.* — DURANTON, t. 10, n° 351. — Cass., 9 fév. 1864. SIREY, 64, 1, 107. — Poitiers, 2 juill. 1872. SIREY, 73, 2, 112. — Cass., 21 juill. 1877. SIREY, 80, 1, 24. — Toulouse, 28 avril 1880, SIREY, 82, 2, 222.

(2) MERLIN, Quest., v^is *Cause des oblig.*, § 1, n° 3. — Cass., 13 mars 1834. SIREY, 55, 1, 751.

cause exprimée n'empêche pas la convention d'être valable, s'il existe d'ailleurs une autre cause, que la jurisprudence et les auteurs ont reconnu la validité de toutes conventions sur cause simulée, pourvu qu'elles soient exemptes de dol et de fraude, soit envers les personnes, soit envers la loi (1).

10. Toujours par application du même principe, les donations déguisées ont été reconnues valables entre personnes réciproquement capables de donner et de recevoir. Le donateur se déguise sous l'apparence de débiteur, d'emprunteur, de vendeur; qu'importe? Le contrat est valable comme donation, pourvu qu'il y ait réciproquement capacité de recevoir et de donner. Il y a en effet au fond cause réelle et licite dans l'esprit de libéralité qui inspire le contrat; il y a ensuite régularité dans la forme, parce que les formes prescrites pour les donations le sont exclusivement pour les contrats de donations ouvertes et non de donations déguisées, qui ne sont soumises qu'aux formalités des conventions dont elles empruntent les apparences. C'est un point aujourd'hui tellement constant en jurisprudence et en doctrine, qu'on ne le discute même plus devant les tribunaux (2).

11. L'article 1099 contient cependant une exception à ces principes, touchant les donations faites entre époux par personnes interposées ou d'une manière déguisée. Lorsqu'elles excèdent ce qu'il est permis de donner par l'article 1098, elles ne sont pas simplement réductibles, elle sont nulles (3). Ceci

---

(1) Toullier, t. 6, nos 178 et 179.

(2) Voy. Toullier, t, 4, n° 474. — Chabot, Quest. trans., vis Donat. déguisée. — Grenier, Donat., t. 1, n° 130. — Merlin, Quest., v° Donat. — Troplong, Donat., n° 1082.— Zachariæ, t. 1, p. 63, 1re édit., et t. 1, p. 115, 4e édit. — Cass., 6 déc., 1854. Sirey, 54, 1, 801.

(3) Toullier, t. 5, n° 901. — Grenier, Donat., t. 2, n° 691, — Delvincourt, t. 2, p. 664. — Malpel, Successions, nos 265 et suiv. — Zachariæ, t. 5, p. 222, nte 23, 1re édit., et t, 7, p. 276, nte 24, 4e édit. — Troplong, Donat., nos 2742 et suiv. — Cass., 30 nov. 1831. Sirey, 31, 1, 134, — 11 nov. 1834. Sirey, 34, 1, 769. —

rompt bien un peu l'unité des principes du droit commun et brise l'harmonie du Code ; mais telles nous paraissent être les dispositions formelles de l'article 1099. Il porte en effet : « Les époux ne pourront se donner indirectement au delà de ce qui leur est permis par les dispositions ci-dessus. Toute donation déguisée ou faite à personnes interposées sera nulle. » Voilà donc, à moins de supposer, contre toutes les règles reçues d'interprétation, le même sens dans les deux paragraphes de l'article, et par suite une inutile redondance dans la loi, voilà donc les donations indirectes mises en opposition avec les donations déguisées ou faites à personnes interposées ; celles-là frappées simplement de réduction, les autres frappées au contraire de nullité.

La loi se justifie du reste par cette considération que, les donations indirectes résultant de contrats faits sans simulation ni déguisement, il est toujours facile de les atteindre, tandis que les donations déguisées ou faites par interposition de personnes, grâce à la simulation et au déguisement que les relations entre époux rendent toujours plus faciles, peuvent se dérober aux investigations et aux poursuites des parties intéressées. C'est ce qui faisait dire au tribun Jaubert : « La simulation des actes et l'interposition de personnes seraient de vains subterfuges... Dans ce cas, la donation sera nulle par l'effet de la présomption légale seule. »

Toutefois, les donations dont il s'agit ne sont nulles, et non simplement réductibles, que dans le cas où étant déguisées ou faites à personnes interposées, elles excèdent la quotité disponible permise par l'article 1098. Lorsqu'elles ne l'excèdent pas, elles sont valables ; car l'article 1099 n'en prononce la nullité que dans la supposition qu'elles sont excessives, et

29 mai 1838. Sirey, 38, 1, 481, avec les conclusions de M. l'avocat général Tarbé. — 11 mars 1862. Sirey, 62, 1, 401. — *Contrà*, Maleville, art. 1099.— Duranton, t. 9, n° 831.— Vazeille, *Donat.*, p. 371. — Coin-Delisle, *Donat.*, art. 1099, n°s 14 et suivants.

que le déguisement ou l'interposition de personnes a eu pour objet de couvrir une fraude à la loi (1).

Mais il ne faut pas croire que l'article 1099 s'applique aux donations dont s'occupe l'article 1094; il ne s'applique qu'au cas prévu par l'article 1098, c'est-à-dire à celui où l'époux donateur a des enfants d'un autre lit. Ces expressions, *les dispositions ci-dessus*, se réfèrent uniquement à l'article qui précède (2). Si donc l'époux donateur ne laissait qu'un ascendant, sa donation déguisée ou faite à personnes interposées vaudrait jusqu'à concurrence de la quotité disponible autorisée par les articles 915 et 1094 combinés.

ARTICLE. 1133.

La cause est illicite quand elle est prohibée par la loi, quand elle est contraire aux bonnes mœurs ou à l'ordre public.

Sommaire.

1. La définition de l'article 1133 a besoin elle-même d'être définie.
2. Ce qu'on entend par bonnes mœurs.
3. On les apprécie suivant l'esprit du temps et de la société.
4. La loi n'est pas d'un rigorisme trop sévère.
5. Exemples de choses contraires aux bonnes mœurs.
6. Quand la loi nouvelle prohibe une chose, les conventions antérieures où elle est cause ne doivent pas être exécutées.
7. La convention de ne pas faire une chose contraire aux bonnes mœurs est également nulle ;
8. A moins que l'abstention de ce fait ne se retourne en la perpétration d'un fait licite et déterminé.
9. On ne peut poursuivre l'exécution d'une convention dont la cause est contraire aux bonnes mœurs.

---

(1) Cass., 7 fév. 1849. SIREY, 49, 1, 165.

(2) TOULLIER, t. 5, n° 901. — GRENIER, *Donat.*, n° 691. — Cass., 3 avril 1843. SIREY, 43, 1, 289. — *Contrà*, ZACHARIÆ, t. 5, p. 207, n° 10, 1ʳᵉ édit., et t. 7, p. 259, n° 11, 4° édit.—MARCADÉ, art. 1099, n° 3. — FAVARD, Rép., v° *Contr. de mariage*, sect. 4, § 2, art. 1.

10. Question de restitution ; distinction, si la cause est honteuse de part et d'autre, ou du côté de celui qui a payé, ou du côté de celui qui a reçu.

11. Courtage matrimonial.

12. Exemples de causes illicites et injustes.

13. Ce que la loi entend par ordre public.

14. Les lois qui régissent les biens sont seulement d'utilité publique.

15. Elles doivent contenir des prohibitions expresses.

16. Droits essentiels à chaque personne comme individu. Liberté et égalité naturelles.

17. On ne peut engager ses services à vie.

18. Exception pour le cas où les services n'ont pas le caractère de la continuité. Exemples.

19. On ne peut, hors des cas prévus par la loi, se soumettre à la contrainte par corps.

20. On ne peut s'interdire l'exercice de tous métiers et emplois d'une manière absolue.

21. Mais on peut modifier l'exercice et l'exploitation d'une profession, d'une industrie. Exemples, restrictions.

22. On ne peut s'interdire le droit de cultiver sa propriété.

23. La prohibition d'aliéner est valable, quand elle présente intérêt et a quelque personne en vue.

24. On ne peut s'obliger à n'exercer aucune action, ne pas tester, etc...

25. Ni conférer mandat avec interdiction de le révoquer.

26. Droits essentiels aux personnes civiles. Droits de père, époux, tuteur, enfant naturel et légitime, etc.

27. Obligation d'épouser telle personne. Renvoi.

28. Droits essentiels à chacun comme personne publique et politique.

29. Le droit de répétition existe quand la convention est annulée comme contraire à l'ordre public.

30. Il n'appartient souvent qu'à l'une des parties d'en opposer la nullité. Exemples.

31. Les prohibitions de la loi sont civiles ou pénales.

32. Différence entre le nul et l'illicite.

33. Si la cause est une contravention, un délit ou un crime, la nullité de la convention a les mêmes conséquences que s'il s'agissait d'une convention contraire aux bonnes mœurs.

34. Et peu importe qu'il s'agisse de délits ou de contraventions créés par quelque loi positive, et non fondés sur le droit commun, universel. Contrebande.

35. Vente d'objets de contrebande. Ses effets. Distinction, si elle produit ou non une complicité par recel.

36. Toutes les lois doivent être également respectées.

37. Critique d'un principe posé par M. Toullier.

COMMENTAIRE.

1. L'article 1133 est le complément de l'article 1131, en déterminant les cas où la cause est illicite et entraîne par conséquent la nullité de l'obligation. « La cause est illicite, dit-il, quand elle est prohibée par la loi, quand elle est contraire aux bonnes mœurs ou à l'ordre public. » Il ne contient ainsi qu'une définition légale, sur la vérité de laquelle la généralité de ses expressions met facilement d'accord les commentateurs.

Mais lorsque des hauteurs de la définition abstraite, on descend aux détails de l'application, alors commencent les dissidences ; et le principe, toujours invoqué cependant, n'est pas de même toujours uniformément appliqué. La loi se contentant de formuler un principe général, n'a pas pris ni dû prendre la peine d'énumérer une à une les causes illicites, et s'en est, quant à ces détails, reposée sur son commentaire. A lui donc d'indiquer ce qui est illicite, en le faisant entrer dans les termes de la définition légale.

Mais la définition elle-même a besoin d'être définie. Il faut en effet savoir ce qu'on doit entendre par ordre public et bonnes mœurs. Quant aux prohibitions de la loi, il ne s'agit guère que d'une revue de ses dispositions.

2. Les bonnes mœurs sont les habitudes réglées sur le sentiment général du devoir, de l'honnêteté, de la pudeur publique. Ce qui est contraire au bonnes mœurs est donc ce qui blesse ce sentiment, *quod pietatem, existimationem, verecundiam lædit* (1). Mais le devoir, l'honnêteté, la pudeur publique, comment eux-mêmes les définir ? Ce sont des choses qui se sentent plutôt qu'elles se' définissent. Mais telle est la puissance des sentiments de moralité gravés dans le cœur de l'homme, que, s'il lui est plus difficile de définir, il lui est plus aisé de comprendre ce qui constitue les bonnes mœurs. Il comprend même mieux le bien moral que le bien social et public ; c'est que l'un est de sentiment et l'autre de raison, et que le cœur a plus de vérité dans ses instincts que l'esprit n'a de justesse dans ses raisonnements. Ceci est vrai surtout des bonnes mœurs que nous appellerons privées, de ces habitudes réglées sur le sentiment commun de la moralité et du devoir, appartenant à tous et à toutes les positions.

Mais il est aussi des bonnes mœurs publiques, moins saisissables, moins sensibles, parce que leur appréciation se lie à des notions d'ordre public. Nous entendons par là les habi-

---

(1) L. 15, *ff. De cond. inst.*

tudes réglées spécialement sur les sentiments de délicatesse, d'honneur, de devoir, relatifs à l'exercice de certaines fonctions. Toute convention qui aurait une cause contraire à ces habitudes, à ces sentiments, bien que d'ailleurs elle ne blessât pas essentiellement les bonnes mœurs privées, n'en serait pas moins frappée d'une nullité radicale. Son immoralité s'aggrave même d'une offense à l'ordre public.

3. Ce n'est pas cependant que les mœurs soient immuables et qu'elles ne changent point suivant les époques, les gouvernements, les institutions des peuples. Elles sont au contraire le fidèle reflet des opinions mobiles et changeantes de l'humanité, qui conserve toujours ces expressions de bonnes mœurs, pour caractériser les habitudes qui lui paraissent remplir les conditions de moralité qu'elle y sous-entend. On a donc, à la manière de son temps et de sa société, l'intelligence de ces mots, *bonnes mœurs*, et on ne devra y attacher d'autre sens que le temps et la société des contractants y auront eux-mêmes attaché.

4. Il ne faut pas croire non plus que, dans l'appréciation de ce qui est contraire aux bonnes mœurs, la loi apporte le minutieux rigorisme d'un moraliste sévère qui pèse les actions humaines jusqu'au scrupule. Tout en protégeant le maintien des bonnes mœurs, la loi ne va pas jusqu'à s'élever contre ce qui pourrait exciter les susceptibilités et les répugnances d'une excessive délicatesse. Elle a bien sa conscience, sa pudeur, sa moralité, mais suivant la nature des devoirs qui sont de son domaine; elle a ses rigueurs, ses proscriptions, mais aussi son humanité et sa tolérance. Aussi, l'honnête homme n'est-il pas celui qui se contente de l'être exactement, le Code à la main.

5. Voici quelques exemples de causes illicites. Je conviens avec vous que vous vous prostituerez, que vous commettrez un vol, une subornation de témoins, une corruption de fonctionnaires publics. Je stipule de votre part un fait qui blesse

les bonnes mœurs ; notre contrat a une cause illicite. Que je
convienne encore avec vous que vous tuerez, que vous empoi-
sonnerez telle personne ; voilà une convention illicite, même
aux beaux temps des sicaires et des Locustes.

Il importe peu d'ailleurs que la cause de l'engagement consiste dans une chose à faire ou dans une chose faite. *Si flagitii
faciendi, vel facti causâ concepta sit, stipulatio ab initio non
valet* (1). Les bonnes mœurs ne sont pas moins offensées, soit
qu'il s'agisse de provoquer ou de rémunérer leur violation.

6. Nous disions tout à l'heure qu'il fallait apprécier le fait
stipulé au point de vue des bonnes mœurs du temps. Ainsi,
quand les duels judiciaires étaient en honneur, et qu'il était
permis de se battre par mandataire, en se substituant un cham-
pion, le louage de pareils services était une convention licite
et non réprouvée des bonnes mœurs d'alors.

Ici vient se placer une observation toute naturelle : si une
loi nouvelle déclarait contraire aux bonnes mœurs un fait
autorisé jusque-là, la stipulation de ce fait, antérieure à la promulgation de cette loi, ne pourrait désormais recevoir d'exécution. Le contrat serait anéanti, sans dommages et intérêts
pour aucune des parties, parce que la résolution de la convention viendrait d'une force majeure, du fait du prince. Ainsi,
lorsque saint Louis défendit *les batailles par tout son domaine,
en toutes querelles*, les louages antérieurs de champions se
trouvèrent résolus de plein droit, *interitu rei*, par la prohibition des services stipulés.

7. Nous venons de voir que la convention est nulle lorsqu'il
s'agit de faire une chose contraire aux bonnes mœurs, sera-t-
elle également nulle lorsqu'il s'agira de ne pas faire ? Les
auteurs sont unanimes sur ce point. *Si ob malificium ne fiat
promissum sit, nulla est obligatio ex hoc conventione*, dit la loi

_____

(1) L. 123, *ff. De verb. oblig.*

romaine (1). La loi de la probité et de l'honneur, dit Domat (2), doit seule nous empêcher de faire des actions criminelles. On ne peut donc pas plus stipuler la non violation que la violation des bonnes mœurs. Elles doivent se suffire pour se protéger elles-mêmes.

8. Mais, pour qu'il y ait nullité, il faut que le fait négatif de non violation des bonnes mœurs ne puisse pas se retourner en un fait positif et particulier qui serait lui-même conforme aux bonnes mœurs. Alors le contrat aurait une cause licite.

9. Examinons quelles sont les conséquences de la nullité qui vicie les conventions contraires aux bonnes mœurs. Il est bien évident d'abord qu'aucune des parties n'en peut poursuivre l'exécution. Mais si elle a reçu d'un côté quelconque un commencement d'exécution, qu'arrivera-t-il ? Exemple : Vous devez me livrer cent gravures ou peintures obscènes, moyennant cent francs que vous avez reçus d'avance ; vous vous êtes engagé à tuer, à voler telle personne, moyennant une somme convenue que je vous ai payée ; pourrai-je, en me fondant sur le commencement d'exécution que j'ai donné à la convention, poursuivre contre vous la délivrance des cent gravures ou peintures obscènes, la consommation du vol, de l'homicide promis ? Et, *vice versâ*, pourrez-vous, après l'exécution de votre promesse, exiger de moi le prix convenu ? Ou bien encore, à défaut de cette exécution complète, chacun de nous pourra-t-il demander la restitution des choses livrées ou payées, afin de se faire remettre au même et semblable état qu'avant la convention, comme s'il s'agissait d'une résolution ordinaire ?

Il est certain que l'exécution d'un côté n'autorise pas la poursuite en exécution de l'autre ; et un attentat aux bonnes mœurs consommé ne donne pas plus de droit à la rémunéra-

---

(1) L. 7, § 3, *ff. De pactis.*
(2) *Lois civiles*, liv. 1, tit. 1, sect. 5, n° 19. — POTHIER, *Oblig.*, n° 204.

tion promise, que le payement anticipé de cette rémunération n'en donne à la consommation de cet attentat (1).

Nous envisageons la question au point de vue du droit civil; mais en droit naturel, dans le for de la conscience, la promesse de rémunération devient-elle obligatoire, quand le crime est commis? Oui, dit Grotius; non, dit Puffendorf; une semblable promesse n'est pas plus obligatoire après, qu'avant l'attentat consommé (2). C'est vraiment chose singulière que de se faire un cas de conscience du salaire d'un assassin, d'un parricide! Combien est plus morale et plus sensée l'opinion de Pothier et de Puffendorf!

10. Quant à la question de restitution, en conscience, dit Barbeyrac sur Puffendorf, celui qui a reçu pour commettre un crime ne peut honnêtement en retenir le salaire; d'où il suit sans doute qu'après le crime commis il peut honnêtement le faire. Ainsi, en conscience, la restitution du salaire dépendra de la consommation ou de la non consommation du crime. Quels scrupules, quelles inspirations d'équité, que de placer ainsi le criminel salarié entre l'accomplissement de sa promesse qui l'autorise, en conscience, à réclamer ou à retenir son salaire, et le non accomplissement qui l'oblige à restitution ou le prive du droit de réclamer! C'est là une théorie trop dangereuse pour être vraie. Les vérités, surtout en morale, n'offrent pas à la société de pareils dangers. Je proteste donc contre ce déplorable système des cas de conscience; je dis que le sicaire, en cas d'inexécution, retient son salaire, comme en cas d'exécution il est privé de toute action pour le réclamer, et par conséquent que l'autre partie peut toujours se dispenser de payer, comme elle ne peut répéter ce qu'elle a déjà payé (3).

---

(1) Pothier, *Oblig.*, n° 44. — Toullier, t. 6, n° 126.
(2) Pothier, *ibid.*
(3) Pothier, *Oblig.*, n° 45.

Tels sont, sur cette question de répétition, les principes du droit civil, tout à fait d'accord, suivant nous, avec le droit naturel. C'est la loi romaine qui les a posés, et je ne sache pas de législateur qui les ait repoussés ou modifiés. Elle fait une triple distinction : la cause est honteuse de part et d'autre, ou seulement du côté de celui qui donne, ou seulement enfin du côté de celui qui reçoit (1). La cause est-elle honteuse de part et d'autre, aucune des parties ne peut répéter contre l'autre ce qu'elle lui a payé, ni par suite n'est tenue de restituer ce qu'elle a reçu. Les choses demeurent dans l'état où les contractants les ont mises, et la justice est vainement sollicitée d'intervenir. Elle n'a qu'à mettre les parties hors de cour et de procès (2), *quoniam utriusque turpitudo versatur cessat repetitio* (3); et Paul dit (4) *possessorem potiorem esse, et ideò repetitionem cessare, tametsi ex stipulatione solutum est.*

Par application du même principe, l'associé n'est point tenu de verser à la caisse sociale les bénéfices qu'il a réalisés au moyen d'un vol, ou de toute autre action déshonnête, *quia delictorum turpis atque fœda communio est* (5), dit la loi romaine. Mais elle ajoute que ces bénéfices deviennent communs, aussitôt qu'ils sont versés et confondus dans l'actif social. Alors en effet la société est en possession.

On avait pensé qu'il y avait lieu à répétition contre le juge qui avait reçu de l'argent pour faire gagner un bon procès, *in bonâ causâ;* mais une constitution de l'empereur Antonin (6) établit que cette défiance injurieuse envers la justice était de part et d'autre contraire aux bonnes mœurs. Tels sont aussi les principes de notre Code pénal (177, 180). Car la corrup-

(1) L. 1, *ff. De cond. ob turp.*
(2) TROPLONG, *Louage,* n° 818.
(3) L. 3 et l. 4, § 1, *ff. De cond. ob turp.*
(4) L. 8, *ff. Eod. tit.*
(5) L. 53, *ff. Pro socio.*
(6) L. 2, § 2, et l. 3, *ff. De cond. ob turp.* — L. 1, C. *De pœnâ judicis.*

tion est illicite pour bonnes comme pour mauvaises choses (1).

Bien que ces principes n'aient point été formellement consacrés par le Code civil, ils doivent néanmoins recevoir encore leur application. Chaque fois que la cause sera des deux
parts honteuse, contraire aux bonnes mœurs, celui qui aura
payé, ne pourra exercer d'action en répétition (2). En vain
invoquerait-il l'article 1376, qui accorde la répétition de
l'indû, et prétendrait-il qu'ayant payé sur une cause illicite il
a en réalité payé sans cause. Pour que l'article 1376 lui fût
applicable, il faudrait qu'il eût payé par erreur, dans la fausse
croyance qu'il existait une cause juridique d'obligation. Or,
dès l'instant que nous supposons que la cause de son obligation était de sa part contraire aux bonnes mœurs, il faut bien
reconnaître qu'il ne peut alléguer aucun prétexte d'erreur.
Ayant ainsi payé en connaissance de cause, il ne peut exercer
la répétition de l'indû. En ce sens, M. Zachariæ (3) dit avec
beaucoup de raison que celui qui a acquitté une obligation
fondée sur une cause contraire aux bonnes mœurs ne peut en
répéter le payement, sous prétexte qu'il ne l'a fait que par
suite d'une erreur de droit sur les effets juridiques de pareilles
obligations.

Par exemple, celui qui pour écarter une personne des enchères aura souscrit en sa faveur des billets dont il aura acquitté une partie, n'aura pas plus le droit de répéter comme
indû ce qu'il aura payé, qu'il ne sera tenu d'acquitter les
billets non payés (4). Il en sera de même pour la livraison
d'objets contrefaits en délit (5), ou pour soins donnés et mé-

(1) Voy. MONTESQUIEU, *Esprit des Lois*, liv. 5, ch. 17.
(2) TOULLIER, t. 6, nᵒˢ 124 et suiv. — MERLIN, Quest., vⁱˢ *Cause des oblig.*, § 1. — DURANTON, t. 10, nᵒ 374. — DELVINCOURT, t. 2, p. 687.
— *Contrà*, MARCADÉ, art. 1133, nᵒ 2.
(3) T. 3, p. 184, 1ʳᵉ édit., et t. 4, p. 741, 4ᵉ édit.
(4) *Contrà*, Limoges, 16 avril 1845. SIREY, 46, 2, 465.
(5) Colmar, 28 janvier 1869. SIREY, 69, 2, 208.

dicaments fournis à un malade par un individu exerçant illégalement la médecine (1); soit pour vente de substances nuisibles et prohibées, faite de part et d'autre avec mauvaise foi (2).

Il importe en effet de distinguer, quant à l'exercice de l'action en répétition, le cas où il y a un payement réel et effectif, de celui où il n'y a eu qu'une simple souscription, remise ou négociation de billets ou autres titres de valeurs. Celui qui s'en est constitué débiteur peut, tant qu'il ne les a pas volontairement acquittés, en poursuivre l'annulation, soit en demandant qu'ils soient déclarés nuls, ou qu'ils lui soient restitués, soit en prétendant qu'il soit garanti par le bénéficiaire des condamnations qui pourraient ultérieurement être prononcées contre lui au profit des tiers porteurs (3).

Si, au contraire, il formait son action en restitution ou en garantie, après avoir payé les effets soit volontairement, soit en exécution d'une condamnation judiciaire, il devrait être repoussé. C'est que, dans ce cas, à la différence du précédent où la turpitude de la cause et la nullité qui en résulte, peuvent être proposées par voie d'exception, puisque le payement n'a pas encore eu lieu, il est obligé, se portant demandeur, de les invoquer par voie d'action; ce qui lui est légalement interdit (4).

Remarquons cependant, et cette observation est très importante, que dans l'espèce de l'arrêt du 2 février 1853, la Cour de cassation qui s'applique à ne juger que les questions qui lui sont soumises, était seulement saisie par le pourvoi de la question de nullité et de ses effets. Aussi pensons-nous que, même dans ce cas, la Cour d'appel devait écarter, pour cause

(1) Metz, 29 juillet 1871. Sirey, 72, 2, 34.
(2) Cass., 23 juin 1879. Sirey, 79, 1, 473.
(3) Cass., 2 février 1853. Sirey, 53, 1, 428.
(4) Cass., 15 décembre 1873. Sirey, 74, 1, 241. — Il s'agissait de la cession d'un établissement de tolérance. Voy. Caen, 29 juillet 1874. Sirey, 75, 2, 298.

d'indignité, l'action du demandeur, du moment qu'il en était réduit à tirer argument de sa propre turpitude, pour justifier sa prétention et faire reconnaître par la justice un droit quelconque en sa faveur. Car dans une semblable situation, le défendeur ne triomphe que parce que le demandeur est sans droit, *per non jus actoris*.

Il n'existe de même aucune cause légale d'action en justice, lorsque la demande se fonde sur l'existence d'une société en participation pour l'exploitation d'une maison de tolérance (1).

Si la cause est honteuse du côté de celui qui a payé, *dantis*, il n'y a pas lieu non plus à répétition. La loi 4, § 3, *ff. De cond. ob turp.*, en fournit pour exemple le cas où l'on donne de l'argent à une prostituée. Ulpien pour ses raisons disait : *illam enim turpiter facere quòd sit meretrix, non turpiter accipere cum sit meretrix*; distinction plus ingénieuse et plus subtile que solide et morale. C'était au surplus, suivant Ulpien lui-même, *nova ratio*, une raison d'invention récente ; car on s'était arrêté jusque-là à la communauté de la turpitude, pour refuser le droit de répétition. C'est aussi ce qu'il faut décider sous l'empire de nos mœurs, qui flétrissent de part et d'autre le proxénétisme et la prostitution. Ainsi la femme ne pourra réclamer le prix de ses faveurs qu'elle aura vendues (2), ni l'homme demander la restitution de ce qu'il lui aura payé, sauf, bien entendu, les cas de dol et de séduction. Alors, en effet, celui qui en aura été victime agira en restitution, en se fondant, non plus sur la nullité résultant des articles 1131 et 1133, mais sur la nullité prononcée par l'article 1116; ou bien il réclamera la somme promise, non pas en vertu d'une stipulation radicalement nulle, mais à titre de réparation et de dommages et intérêts. Cette exception pour les cas de dol, de séduction et de dommage réel, peut servir à concilier avec

(1) Paris, 14 janvier 1881. SIREY, 81, 2, 51.
(2) Cass., 2 février 1853. SIREY, 53, 1, 428.

elle-même la jurisprudence, qui tantôt maintient, annule ou restreint l'engagement, suivant qu'il existe en définitive une cause licite ou illicite, pour le tout ou pour partie, dans les faits de fraude et de préjudice causé (1).

Il y a cependant des cas où celui qui a payé à droit de répétition, bien que la cause soit de sa part contraire aux bonnes mœurs et aux règles de la bonne foi et de l'équité ; par exemple, lorsqu'il a donné tant pour s'exonérer de la responsabilité de son fait ou de son dol à venir. Stipuler une semblable irresponsabilité, c'est faire une convention réprouvée par les bonnes mœurs, puisque le dol et la fraude y trouvent un encouragement et une assurance d'impunité (2). *Illud non probabis, dolum non esse præstandum si convenerit. Nam hæc conventio contrà bonam fidem, contràque bonos mores est* (3). Malgré cette stipulation d'irresponsabilité, je pourrai demander la réparation civile des fraudes qui auront été ultérieurement commises à mon préjudice; mais je devrai restituer ce que j'aurai reçu, ou l'imputer sur le montant de l'indemnité qui me sera due. En effet, bien que la cause soit honteuse et injuste de la part de l'autre contractant, *dantis*, néanmoins, comme il n'a payé qu'à titre d'indemnité fixée à forfait et *à priori* pour sa faute et son dol à venir, il est contre toute justice que je retienne ce que j'ai déjà reçu, et que je poursuive en même temps le payement d'une double indemnité.

Si la cause est honteuse seulement de la part de celui qui a

---

(1) Voy. Cass., 26 mars 1860. SIREY, 60, 1, 321. — Grenoble, 23 janvier 1864. SIREY, 64, 2, 222. — Cass., 26 juillet 1864. SIREY, 65, 1, 33. — Toulouse, 28 novembre 1864. — Bordeaux, 14 décembre 1864. — Rouen, 24 février 1865. SIREY, 65, **2**, 5 — Colmar, 31 décembre 1863.— Grenoble, 18 mars 1864. — Rouen, 25 janvier 1865. — Nancy, 25 février 1865. SIREY, 65, 2, 169. — Caen, **2** juillet 1872. SIREY, 73, 2, 145.

(2) DOMAT, *Lois civiles,* liv. 1, t. **2**, sect. 10, n° 8. — TROPLONG, *Vente,* n°ˢ 474 et 477.

(3) L. **1**, § 7. *ff. De pos. vel. cont.* — 1628, C. civ.

reçu, il y a lieu à répétition contre lui. Par exemple, vous avez reçu de moi tant, pour ne pas commettre un vol, un sacrilège, un homicide; je pourrai répéter ce que je vous aurai payé. Si en effet la répétition cesse dans le cas où la cause est honteuse de part et d'autre, ce n'est pas parce que l'un a un droit légitime de rétention, mais bien parce que l'autre, également coupable d'attentat aux bonnes mœurs, ne mérite pas que les lois qu'il a offensées viennent elles-mêmes à son secours et l'arment du droit de répétition. Or, lorsque la cause n'est honteuse que de la part de celui qui a reçu, les mêmes raisons n'existent pas pour lui conserver ce qu'il n'a aucun droit de retenir (1).

11. On s'est demandé s'il y avait une cause licite dans l'engagement contracté par une personne de payer à un tiers une certaine somme stipulée à forfait pour le cas où, à la suite de ses démarches, elle contracterait mariage avec une personne déterminée. La Cour de Poitiers a décidé (2) qu'un pareil engagement avait une cause contraire à l'ordre public et aux bonnes mœurs, qu'en conséquence il était frappé de nullité; et la Cour de cassation saisie de l'affaire a rejeté le pourvoi (3).

Nous nous bornons à renvoyer au remarquable rapport de M. Laborie, qui examine la question sous toutes ses faces, et à reproduire les motifs de l'arrêt de la Cour suprême, qui résument avec une grande netteté les véritables principes.

« En fait, l'action du demandeur, soit devant la juridiction de première instance, soit devant les juges d'appel, avait pour objet le payement d'une somme de six mille francs, par lui stipulée pour le cas où, à la suite de ses démarches, le défendeur contracterait mariage avec une personne déterminée.

---

(1) L. 2 et 4, § 2, *ff. De cond. ob turp. caus.*
(2) 9 mars 1853. SIREY, 53, 2, 653.
(3) 1ᵉʳ mai 1855. SIREY, 55, 1, 337. — Paris, 3 fév. 1859. SIREY, 59, 2, 295. — Paris, 8 fév. 1862. SIREY, 62, 2, 377. — Nimes, 22 juin 1868. SIREY, 68, 2, 270.

Ainsi, il ne s'agissait pas du remboursement des frais ou de la simple rétribution des soins d'un mandataire, mais d'une stipulation à forfait subordonnée à la condition du succès d'un projet de mariage et en rapport avec l'importance du résultat à obtenir.

» En droit, l'obligation fondée sur une cause illicite ne peut avoir aucun effet, et la cause est illicite, quand elle est contraire aux bonnes mœurs ou à l'ordre public, comme quand elle est prohibée par la loi (1131, 1133).

» Le mariage étant, dans le système de notre législation, un engagement irrévocable qui touche aux intérêts les plus élevés de la famille et de la société dont il est la base essentielle, le consentement des époux qui s'unissent ou des parents qui ont autorité sur eux doit être libre, éclairé, et par conséquent affranchi de toute influence étrangère et intéressée à agir sur la détermination des uns ou des autres. Tout ce qui serait de nature à altérer ou à compromettre la moralité et la liberté du consentement est par cela même contraire au vœu de la loi, à l'ordre public et aux bonnes mœurs.

» Il en est ainsi d'une convention par laquelle un tiers, s'engageant à employer ses soins et ses démarches pour un mariage, stipule en retour, sous la condition de réussir, une prime calculée moins en raison des soins ou des démarches promis, qu'en vue du succès ou selon l'importance du résultat. Aux relations destinées à préparer l'indissoluble société dans laquelle chacun des époux apporte, avec ses biens, sa personne même et sa vie tout entière, un pacte de cette nature mêlerait l'intervention et l'intérêt d'un agent dominé par des idées de spéculation et de trafic. Pour assurer le succès qui est la condition de la prime stipulée, cet agent pourrait, même sans fraude, peser directement ou indirectement sur le consentement des époux ou de leurs parents, en agissant de façon à dissimuler, ou à atténuer, ou à combattre les causes même les plus légitimes d'hésitation ou de refus.

» Pour rendre illicite une telle convention, il n'est pas nécessaire que le danger de cette influence intéressée se soit réalisé, et que le mal se soit produit. Il suffit que le danger se montre et que le mal soit possible. Là, en effet, tout est irréparable, ét l'ordre social est trop intéressé à se prémunir contre de pareilles conséquences pour que l'on se doive contenter de réserver l'exception de dol ou de fraude, contre l'action de l'entremetteur coupable de manœuvres déloyales dans l'exécution de son mandat. Ainsi, une convention contre laquelle s'élèvent ces considérations de morale et d'intérêt public ne saurait produire un lien de droit entre les contractants et devenir l'objet d'une action en justice ; d'où il suit qu'en déclarant le demandeur non recevable dans son action en payement de la somme stipulée du défendeur sous la condition du mariage de celui-ci, l'arrêt dénoncé, loin de violer les articles 1131, 1133 et 1134, en a fait, au contraire, une juste application. »

Mais que l'on veuille bien remarquer que la Cour de cassation n'entend point repousser comme fondée sur une cause illicite et contraire aux bonnes mœurs, l'action qui serait intentée pour obtenir la juste rémunération de ses soins et travaux, par un mandataire qui aurait été employé dans le but de conduire à bonne fin la négociation d'un mariage, par ses renseignements, ses voyages, ses démarches, son entremise et ses bons offices de toute nature, alors que la stipulation qu'il a faite d'un légitime salaire n'est pas subordonnée au succès de son mandat, à l'accomplissement d'un projet de mariage déterminé. Ce que la Cour de cassation annule comme contraire aux bonnes mœurs et à l'ordre public, c'est la convention par laquelle le proxénète ou entremetteur s'engage, moyennant un salaire réglé à forfait et sous la condition de la réussite, à faire toutes les démarches nécessaires pour amener la conclusion du mariage projeté. De tels pactes, qui ravalent le mariage aux viles proportions d'une spéculation et d'un trafic, qui tendent à en violer la liberté, à en altérer la dignité et le caractère moral, blessent tous nos sentiments délicats et répugnent profondément à nos mœurs. Puisse donc l'arrêt de la Cour de cassation, qui ne fait au surplus que consacrer les principes de notre ancien droit (1), corriger au moins, s'il ne parvient à les faire cesser, les scandales de ces agences et courtages déshonnêtes (2).

12. Au nombre des causes contraires aux bonnes mœurs, nous comptons les causes injustes, c'est-à-dire celles qui offensent la bonne foi et l'équité essentielles aux relations humaines (3). Je vous donne tant, pour la restitution d'objets soustraits et détournés (4), d'un dépôt que je vous ai confié, d'un titre qui m'appartient, de vêtements que je vous ai remis en commodat (5) ; ce que je vous ai payé, vous ne l'avez reçu que pour une cause injuste, contraire aux principes de justice et de bonne foi qui vous faisaient un devoir de me restituer gratuitement ce qui m'appartient. Je pourrai donc répéter contre vous ce que vous avez reçu.

De même, si vous avez reçu tant, pour ne pas dénoncer le vol que j'ai commis, je pourrai vous poursuivre en restitution. C'est en effet une offense à la morale publique, si ce n'est pas une stipulation dolosive et frauduleuse, que de faire payer votre silence et de vendre votre discrétion. De pareils actes d'humanité doivent être spontanés et gratuits (6).

Mettant à prix mon silence, et lui garantissant ainsi l'impunité, je me fais promettre ou payer tant par un individu qui s'est rendu coupable envers moi d'un vol ou de tout autre crime; je ne puis réclamer sur la chose promise, ou retenir

---

(1) Voy. ROUSSEAUD DE LA COMBE, v° *Proxénète*. — MORNAC, t. 4, ch. 53. p. 25, et autres autorités citées dans le rapport de M. le conseiller Laborie.
(2) DALLOZ, Rép., v^{is} *Agent d'affaires*, n° 18. — Voy. 1227, n° 5.
(3) Voy. 1628, C. civ. — Cass. 19 janv. 1863. SIREY, 63, 1, 185.
(4) L. 6 et 7, C. *De cond. ob turp. caus.*
(5) L. 2, § 1, et l. 9, *ff. De cond. ob turp. caus.*
(6) L. 5, *ff. ibid.*

sur la somme reçue que la juste indemnité du dommage souffert. Pour tout ce qui l'excède, l'obligation cesse d'avoir une
cause légitime (1).

Il est bien entendu que si le payement ou la promesse dégé-
nérait en subornation de témoins, la répétition cesserait, parce
qu'alors il y aurait violation commune des lois (2).

Si un voleur, son complice ou le receleur avait reçu de moi
quelque chose, *ob indicium*, pour m'indiquer le lieu où sont
les choses volées, il serait tenu de restituer ; et si une somme
lui avait été promise, il ne pourrait en réclamer le payement. Tenu en droit et en morale d'en faire la restitution
gratuite, il ne peut rien exiger, pas même les frais de garde
et de remise, parce qu'ils n'ont eu lieu qu'à l'occasion d'un
délit. Ainsi du détenteur d'une chose égarée ou perdue; seulement il pourrait réclamer ou retenir une juste indemnité
pour frais de garde et de remise.

Mais il en serait autrement du tiers exempt de tout dol
auquel je me serais adressé pour avoir ces renseignements;
il aurait fait pour moi quelque chose, *aliquod negotium*, susceptible de la rémunération payée ou promise (3).

13. Nous passons aux causes contraires à l'ordre public.
Qu'est-ce que l'ordre public? A prendre le mot *ordre* dans son
sens littéral, il signifie arrangement, disposition, mise à sa
place. L'ordre public est donc l'arrangement, la disposition,
la mise à sa place de ce qui compose la société; et, comme
dans la société il y a les personnes et les choses, l'ordre public
résulte à la fois du respect et de l'exercice de toutes les
facultés, de tous les droits que chaque membre de la société
a comme individu, comme personne civile ou politique, enfin
comme propriétaire. Mais c'est l'entendre alors dans son
sens le plus étendu. L'article 1133 ne le prend pas dans cette

(1) Bordeaux, 30 fév. 1839. SIREY, 39, 2, 462.
(2) 364, C. p.
(3) L. 4. §4, *ff, De cond. turp. caus.* — L. 15 *ff. De præscrip. verb.*

acception générale. Il faut en restreindre et en dédoubler, pour ainsi dire, le sens, suivant le double objet auquel il s'applique également : nous aurons ainsi l'ordre des choses, des biens, l'ordre réel ; et l'ordre des individus, des personnes, l'ordre personnel.

Chaque membre de la société est en effet un individu d'abord, puis une personne civile, enfin une personne politique. Envisagé sous ce triple point de vue, il a des droits différents, mais tous essentiels à l'accomplissement de sa destinée individuelle et sociale. Les uns sont consacrés par la loi naturelle, les autres réglés par la loi positive. De la combinaison de ces deux lois résultent des facultés, un état, un rang, une capacité pour chacun ; et les diverses facultés, les divers états, les divers rangs, les diverses capacités, mis en rapport les uns avec les autres, constituent l'ordre public proprement dit. Cette organisation des personnes est la base de l'organisation sociale. Sans elle on ne peut concevoir de société possible. En dehors de cet ordre public, il n'y a plus qu'anarchie et dissolution.

L'ordre personnel est donc l'ordre par excellence ; et les mots ordre public, dont se sert l'article 1133, ne doivent être entendus que dans le sens d'un arrangement, d'une disposition, d'une mise à sa place de chaque personne, si bien qu'elle n'en peut sortir sans déranger l'harmonie sociale.

14. Les lois qui régissent les choses, et qui par conséquent constituent l'ordre réel, bien que les choses passées à l'état de biens soient dépendantes et inséparables des personnes, ne sont pas proprement des lois d'ordre public, mais plutôt d'utilité publique. L'ordre public tient-il en effet aux dispositions relatives à la propriété, à son acquisition, à sa transmission ? Il est sans doute d'une utilité générale que la propriété soit constituée de telle ou telle manière ; mais ceci n'intéresse pas l'ordre public proprement dit. Ainsi, les dispositions de la loi (et nous prenons les plus remarquables) sur les biens dotaux,

les donations, les testaments, ne contiennent des règles de forme et de fond que dans un intérêt d'utilité publique et non d'ordre public, parce qu'elles ne font rien à l'état, aux qualités, à la capacité intrinsèque des personnes, et qu'une personne peut très bien se concevoir avec son état, ses qualités, sa capacité, indépendamment de tout acte comme propriétaire.

15. De cette différence entre l'ordre public et l'utilité publique résulte une conséquence précieuse à constater : c'est que chaque fois que la loi crée ou consacre un droit de personne, tenant par suite à l'ordre public, elle n'a pas besoin de proclamer qu'on ne peut rien faire qui porte atteinte à l'inviolabilité de ce droit. Alors, au contraire, qu'elle ne fait que disposer sur les choses tenant à l'ordre réel, elle a besoin de proclamer que ses dispositions sont d'utilité publique, et d'en protéger le maintien par d'autres dispositions expressément prohibitives. Ainsi, à côté du droit de propriété, elle a posé les restrictions, soit quant à la forme, soit quant au fond, de l'exercice de ce droit ; tandis qu'on ne retrouve plus ces mêmes prohibitions explicites à côté des règles qui déterminent les droits, la capacité, l'état des personnes, lesquels constituent, dans la force du mot, l'ordre public. Ces prohibitions sont essentielles, et n'ont pas besoin de passer dans un texte. Il suffit de dire qu'on ne peut rien faire de contraire à l'ordre public ; mais il ne suffit pas de dire qu'on ne peut rien faire de contraire à l'utilité générale. Le législateur doit sur ce point faire une œuvre de détails, afin de discipliner, par son autorité, la diversité des appréciations individuelles, et de prévenir tout dissentiment par des dispositions expresses.

D'un point de vue général et sous le rapport du but que se propose le législateur, il est sans doute permis de dire qu'il n'y a pas de lois dans lesquelles cette utilité publique ne soit intéressée. Car toutes sont établies dans l'intérêt de la société, malgré la variété de leurs objets particuliers. Cependant celles-là seules sont dignes du titre de lois d'intérêt public, qui ont cet intérêt pour objet principal et immédiat. Les autres sont seulement d'intérêt privé, et il appartient aux personnes d'y déroger, en renonçant aux avantages et aux droits qu'elles tendent à leur assurer. Elles se distinguent ainsi entre elles par le caractère de l'intérêt public ou privé qui prédomine comme objet de leurs dispositions.

16. Nous avons dit que dans l'ordre public chaque membre de la société a des droits comme individu, comme personne civile, comme personne politique. La diversité des mœurs, des institutions, des gouvernements a beau modifier ces droits divers, ils se retrouvent toujours au fond de chaque société; et même la meilleure des sociétés est précisément celle où ils sont le plus solidement et le plus largement constitués. Apprécions-les maintenant avec quelques détails.

Avant tout, j'ai des droits inhérents à ma qualité d'homme, essentiels à mon être, indispensables à l'accomplissement de mon humaine destinée. Né libre, je ne puis m'engager à la servitude, ni à rien qui puisse anéantir ma liberté. *Jus libertatis non debet infringi,* disait Papinien (1); nobles paroles pour le citoyen romain, amère dérision pour son esclave!... C'est avec plus d'à-propos et de vérité qu'on peut le dire dans notre société, où il n'y a que des hommes libres.

Nous sommes tous égaux devant la loi, et le sentiment de cette égalité est même entré plus avant dans les esprits que celui de la liberté. Nul ne pourrait donc, sans se dégrader, s'assujettir à des prestations, à des obligations, à des devoirs qui rétabliraient, quant à lui, la hiérarchie féodale abolie par les lois révolutionnaires. De tels engagements seraient contraires à l'ordre public (2).

17. Le travail de l'homme est pour lui un bien, un capital qu'il a droit d'exploiter. Il est même toute la richesse du pro-

---

(1) L. 71, § 1, *ff. De cond, et demonst.*
(2) Toullier, t. 6, n° 185.

létaire. Mais si l'homme peut engager son travail, il ne peut le faire que pour un temps limité. Un engagement à perpétuité le réduirait à une sorte d'esclavage, et l'ordre public réclame hautement, en faveur de la liberté, contre de pareilles conventions, aussi téméraires que dégradantes. Il était donc inutile de proclamer dans l'article 1780 qu'on ne peut engager ses services qu'à temps ou pour une entreprise déterminée. Au surplus, cet article n'est que la répétition des anciens principes et la traduction de ce vieil adage : *nemo potest locare opus in perpetuum* (1). La perpétuité est en effet contraire à l'essence du louage, soit des personnes, soit des choses. Louer sa personne ou sa chose à perpétuité, c'est l'aliéner. Or les personnes ne sont pas susceptibles d'aliénation; l'homme ne peut ni se vendre ni être vendu.

18. Par arrêt du 21 août 1839 (2), la Cour de cassation a décidé que l'engagement contracté par un médecin de donner ses soins à telle personne pendant toute sa vie, de lui médecin, reposait sur une cause licite, parce que le médecin n'est pas un domestique ni un ouvrier, dans le sens qu'y attache l'article 1780. De ce motif semblerait résulter que quiconque n'est point domestique ni ouvrier, peut valablement engager à vie ses services. Mais nous croyons que ce serait aller au delà de la pensée de la Cour suprême.

Nous ferons d'abord remarquer qu'en supposant même l'article 1780 applicable, la Cour de cassation pouvait fonder sa décision sur d'autres motifs. En effet, ce n'était pas le médecin qui demandait la nullité de son engagement; c'était au contraire la personne envers laquelle il avait engagé ses services. Or nous montrons plus loin que la nullité de pareilles conventions est toute relative, toute personnelle à celui qui s'est témérairement engagé. Mais la Cour de cassation n'a pas eu besoin d'aborder cette question de nullité relative.

---

(1) Despeisses, *Louage*, sect. 2, n° 6. — Troplong, *Louage*, n° 852.
(2) Sirey, 39, 1, 663.

Apprécions maintenant le motif donné par elle. Il est vrai que l'article 1780 est placé sous la rubrique du louage des domestiques et ouvriers ; mais est-ce à dire qu'il ne s'applique qu'aux engagements viagers contractés en la qualité de domestique et d'ouvrier ? Nous ne le pensons pas. La classification des chapitres et des sections au titre du louage est fort mal faite ; elle est désordonnée. C'est la remarque de tous les auteurs. Il ne faut donc pas attacher une grande importance au texte de la rubrique de la section 1re du chapitre 3, où se trouve placé l'article 1780 ; avec d'autant plus de raison qu'il s'agit d'une question d'ordre public, et que les questions de cette nature ne s'apprécient pas d'après la place qu'occupe tel ou tel article. Elles sont de partout, parce qu'elles demeurent toujours réservées. Ce qui prouve surtout que la position de l'article 1780 est indifférente, c'est son inutilité même. Il était en effet tout aussi superflu de dire qu'on ne peut engager ses services à vie, que de proclamer que l'homme ne peut se vendre.

Voyez un peu les conséquences du motif donné par la Cour de cassation pris à la lettre. Un commis, un bibliothécaire, un intendant, un précepteur ne sont certainement ni domestiques, ni ouvriers. Dira-t-on qu'ils peuvent par cela engager leurs services à vie ? Non, parce que l'article 1780 pose un principe général d'ordre public, qui s'applique, non pas suivant la qualité, mais suivant la durée des services. Est-ce que par hasard moins les services engagés sont humbles et vils, moins la liberté de l'obligé serait précieuse, moins sa personne serait à protéger contre de téméraires engagements, comme si sa dignité, une fois sauvée par la qualité des services qu'il s'engage à rendre, dispensait de s'inquiéter de sa liberté ?

Si donc l'engagement contracté à vie par un médecin de donner ses soins à une autre personne est valable de part et d'autre, ce n'est pas parce que le médecin n'est ni domestique, ni ouvrier, mais parce que ses services, à part toute distinction tirée de la noblesse des uns et de la vileté des autres, ne sont pas de même nature, quant à leur prestation, que ceux d'un domestique ou d'un ouvrier. Et ici nous entrons dans le vif de la question. Pour qu'il y ait nullité de l'engagement, il ne suffit pas que les services aient seulement un caractère viager ; nous voulons qu'à ce premier caractère de la perpétuité, il s'en joigne un autre, celui de la continuité. Ce qu'il y a en effet de dégradant dans un engagement de services à vie ne tient pas à la perpétuité seule, mais encore à la continuité des services. C'est elle qui établit une servitude de tous les jours, de tous les instants ; l'homme ne s'appartient plus, ni jamais ; il est dans une dépendance et une sujétion qui lui laissent peut-être quelques moments de répit, mais jamais de liberté. La continuité est la chaîne qui le lie à une sorte d'esclavage de fait ; ajoutez à cela la perpétuité, et l'homme a fait complètement aliénation de lui-même. Mais que l'on suppose un engagement même à vie de services tels que, par leur nature, ils soient discontinus ; que leur besoin n'arrive que par intervalle et puisse même ne pas arriver du tout ; alors la personne ne s'est plus radicalement aliénée, elle s'appartient encore, elle est libre en principe, et si elle a des obligations intermittentes à remplir, ces obligations, malgré la possibilité d'un renouvellement viager, sont compatibles avec les principes de l'ordre public et de la liberté individuelle.

Avocat, je m'oblige à plaider tous les procès que vous pourrez avoir ; architecte, à bâtir toutes les maisons que vous voudrez faire construire ; terrassier, à faire toutes les plantations que vous jugerez convenables ; médecin, à vous donner mes soins dans toutes vos maladies ; moissonneur, à vous donner mon travail à l'époque de la moisson, et cela pendant toute ma vie (nous accumulons exprès des professions de toute sorte) ; en quoi l'ordre public est-il blessé par de pareils engagements ? La dignité humaine compromise ? La liberté individuelle aliénée ? La servitude constituée ? Il n'y a rien de tout cela. C'est que le besoin des services engagés est intermittent et peut même ne jamais arriver dans certains cas ; c'est qu'il y a des relâches pour les obligations et des haltes pour la liberté. Le domestique n'en a pas. La domesticité est continue, ses devoirs sont permanents ; de même pour l'ouvrier dont l'entreprise est indéfinie dans sa durée, comme elle est continue dans sa consommation ; et, en sortant des termes de l'article 1780, de même pour le commis, le bibliothécaire, l'intendant, le précepteur, tous ceux, en un mot, qui s'engagent à vie pour des services continus.

La Cour de cassation dit donc une chose vraie, en disant que les médecins ne sont ni domestiques, ni gens de travail, que par suite l'article 1780 leur est inapplicable ; mais elle aurait dû dire davantage, et montrer la différence essentielle qui distingue leurs services d'avec la domesticité, quant à la nullité des engagements de services à vie. Cette différence tient à leur intermittence, à leur discontinuité ; et elle leur est commune avec bien d'autres services.

19. Il importe également à l'ordre public que la liberté individuelle soit protégée contre les abus de la contrainte par corps. Aussi, la loi a-t-elle expressément limité les cas où elle peut être prononcée par le juge ou stipulée par les parties. L'article 2063 est même peut-être allé au delà du nécessaire, en contenant des dispositions prohibitives que suppléaient les principes d'ordre public et l'intérêt de la liberté. Comme la contrainte par corps est une concession exorbitante faite par la loi à certaines créances, contre la faveur due à la liberté individuelle, il venait de soi que ce moyen extrême et violent d'exécution devait être resserré dans les cas spécialement déterminés.

Pour mieux assurer l'exécution de ses dispositions, la loi réserve même toujours le droit d'appel du chef du jugement qui prononce la contrainte par corps. A cet égard, la loi du 13 décembre 1848 a mis fin à une controverse qu'avait soulevée, dans son application, la loi du 17 avril 1832. « Le débiteur contre lequel la contrainte par corps aura été prononcée par jugement des tribunaux civils ou de commerce conservera le droit d'interjeter appel du chef de la contrainte, dans les trois jours qui suivront l'emprisonnement ou la recommandation, lors même qu'il aurait acquiescé au jugement et que les délais ordinaires de l'appel seraient expirés. Le débiteur restera en état. » (Art. 7.)

20. La convention de n'exercer aucun métier, aucune profession ; de n'occuper aucun emploi public ou privé ; de ne faire aucun commerce, serait nulle comme contraire à l'ordre public. Elle tendrait en effet à me dépouiller de droits essentiels. La loi cependant, dans un intérêt social, interdit elle-même le cumul de certaines fonctions dans les mêmes mains, et le concours de certaines industries avec l'exercice de certaines professions ou fonctions. Mais ces prohibitions n'altèrent point la liberté individuelle. C'est à la personne de choisir entre telle profession dont la liberté est absolue, et telle autre dont la loi a dû faire les conditions.

21. Mais si la loi prohibe comme contraire à l'ordre public l'interdiction de ces droits abstraits, elle permet du moins, en vue d'un intérêt légitime, d'en modifier, d'en restreindre spécialement l'exercice (1). Ainsi, est valable la convention par laquelle des négociants s'obligent à ne pas expédier certaines marchandises dans un lieu déterminé, envers d'autres personnes qui s'obligent elles-mêmes à acheter périodiquement une certaine quantité de ces marchandises (2). Cette convention n'a en effet d'autre objet que de s'assurer d'une part l'approvisionnement nécessaire, et de se garantir d'autre part des effets d'une dangereuse concurrence.

Tous les jours nous voyons des contrats portant cession de clientèle, d'achalandage, avec interdiction de la part du cédant

---

(1) Voy. Agen, 11 déc. 1861. Sirey, 62, 2, 30. — Cass. 2 mai 1860. Sirey, 60, 1, 308.

(2) Cass., 20 août 1838. Sirey, 38, 1, 973.

d'exercer l'industrie, la profession que le cessionnaire entreprend. Ou, sous une forme plus brève, nous voyons des ventes d'enseignes de magasins, d'hôtels, de fabriques. Le cédant ne peut les reprendre; il ne peut se réintégrer dans la possession de la chose cédée. Il suffit même de louer ou de vendre, soit un fonds de commerce, soit un établissement industriel, pour que le bailleur ou le vendeur, sans clause prohibitive à cet égard, soit réputé s'être interdit le droit de créer un établissement rival et en concurrence avec celui dont il a cédé l'exploitation (1). Mais ce point est nécessairement subordonné à l'appréciation des circonstances particulières. Ainsi, lorsque l'acte ne contient aucune clause d'interdiction et que rien ne signale d'ailleurs une semblable intention de la part des contractants, le vendeur, en cas de vente d'une usine, par exemple, peut fonder dans le voisinage de cette usine un établissement semblable (2). Mais l'interdiction stipulée est obligatoire pour les parties, avec toute la rigueur que commande la bonne foi commerciale. Car on ne voit pas en quoi l'ordre public peut être lésé par de semblables conventions, dont l'intérêt et la cause sont tout à fait légitimes (3).

De même est licite et obligatoire la convention par laquelle un ouvrier ou employé, louant ses services, s'engage envers son maître ou patron à ne pas exercer son état ou profession, ou à ne pas occuper un emploi de même nature dans un lieu ou un rayon déterminé, soit pendant tel temps convenu ou

---

(1) Voy. Paris, 19 nov. 1824. Sirey, 24, 2, 144. — Grenoble, 10 mars 1836. Sirey, 38, 2, 35. — Montpellier, 26 juillet 1844. Sirey, 44, 2, 477.

(2) Cass., 17 juillet 1844. Sirey, 44, 1, 678. — 5 fév. 1855. Sirey, 56, 1, 417. — 2 mai 1860. Sirey, 60, 1, 308. — Angers, 7 mai 1869. Sirey, 70, 2, 7.

(3) Voy. Cass., 1er juillet 1867. Sirey, 67, 1, 399. — 3 mars 1868. Sirey, 68, 1, 196. — Rouen, 26 juillet 1867. Sirey, 68, 2, 146. — Cass., 18 mai 1868. Sirey, 68, 1, 246. — 26 mai 1868. Sirey. 68, 1, 336.

même à jamais (1). Mais le même engagement serait nul, s'il avait été contracté d'une manière absolue et à perpétuité (2) ou pour une durée telle que par le fait elle équivaudrait à une prohibition illimitée et perpétuelle (3).

Est pareillement obligatoire la convention par laquelle un médecin s'engage envers l'un de ses confrères à ne pas exercer la médecine dans un rayon limitativement déterminé (4).

L'exercice de certaines fonctions publiques peut même faire l'objet de pareilles clauses. Le cessionnaire d'un office d'avoué, d'huissier, de notaire, peut valablement stipuler que le cédant ne pourra se faire investir de fonctions de même nature dans le canton ou dans l'arrondissement où il exerçait précédemment. Sans être lié par ces clauses prohibitives, le gouvernement ne laisse cependant pas lui-même d'en reconnaître la validité et d'en assurer l'exécution.

Si l'on peut, quant au lieu, modifier l'exercice d'une profession, d'un commerce, et même d'une fonction publique, on le peut de même quant au temps. Ainsi, les libraires d'une ville ont pu valablement s'obliger entre eux à tenir leurs magasins fermés les dimanches et jours de fêtes légales (5).

Il ne faut pas exagérer l'inaliénabilité de la liberté humaine. Elle a des points disponibles, comme elle en a d'indisponibles, c'est-à-dire qu'elle est aliénable dans une certaine mesure; et la gêne que lui imposent certaines conventions ne constitue

---

(1) Douai, 26 avril 1845. SIREY, 45, 2, 555. — Caen, 24 juillet 1854. SIREY, 57, 2, 214. — Douai, 31 août 1864. SIREY, 64, 2, 264. — Cass., 5 juillet 1865. SIREY, 65, 1, 348. — 24 janvier 1866. SIREY, 66, 1, 43. — Paris, 26 janvier 1867. SIREY, 67, 2, 153. — Cass., 1er juillet 1867. SIREY, 67, 1, 399. — Voy. cep. Metz, 16 juin 1863. SIREY, 63, 2, 207. Cassé par l'arrêt du 24 janvier 1866.

(2) Metz, 26 juillet 1856. SIREY, 58, 2, 37. — Cass., 11 mai 1858. SIREY, 58, 1, 747. — 25 mai 1869. SIREY, 69, 1, 307. —

(3) Cass., 19 déc. 1860. SIREY, 61, 1, 504.

(4) Cass., 13 mai 1861. SIREY, 61, 1, 638. — Paris, 29 avril 1865. SIREY, 65, 2, 123.

(5) Colmar, 10 juill. 1837. Palais, 1837, t. 2, pag. 397.

pas toujours une infraction à l'ordre public. Elle se justifie par la légitimité de l'intérêt qui l'a fait stipuler, et l'ordre public n'en reçoit aucune atteinte.

Ira-t-il en effet jusqu'à défendre à l'intérêt privé de se donner à lui-même, dans un cas particulier, par la force et les combinaisons d'un contrat, la solution de ce grand problème qui tourmente les économistes : est-il bon de tout abandonner, en industrie et en commerce, à une liberté illimitée ? N'est-il pas utile de restreindre les effets de la concurrence naturelle et libre? Nous ne voulons certainement pas examiner ici ces hautes questions d'économie sociale ; nous ne voulons pas apprécier ce qu'il est là-dessus possible de faire et surtout de dire. Mais nous demandons s'il y aura quelque chose de blessant pour l'ordre public dans la convention par laquelle des intérêts privés, sans former une coalition illicite, chercheront les moyens plus ou moins efficaces de se garantir contre les effets d'une concurrence illimitée qui non-seulement peut arrêter leur prospérité, mais encore précipiter leur ruine (1).

Nous avons réservé le cas de coalition illicite. En effet, si, par leur réunion, les contractants avaient frauduleusement opéré la hausse ou la baisse des marchandises dont ils étaient les principaux détenteurs, au-dessus ou au-dessous des prix qu'aurait déterminés la concurrence naturelle et libre du commerce, alors leur convention ne serait pas seulement contraire à l'ordre public, mais encore à la loi pénale ; elle constituerait un délit. (419, C. pén.)

Mais il ne faut pas trop se passionner pour la liberté illimitée de la concurrence, et voir une coalition illicite dans toute convention qui la gêne et la modère. Quel que soit, d'un autre côté, l'esprit de réaction dont on peut être animé contre elle, sous l'influence de certaines doctrines, néanmoins on doit se garder de tout excès, et ne pas se prononcer trop vivement contre cette concurrence illimitée, en faveur même de coali-

(1) Cass., 24 février 1862. SIREY, 62, 1, 241.

tions illicites, prévues et punies par l'article 419 du Code pénal. Tel est surtout le devoir du juge. Il doit s'appliquer à rechercher avec soin si les conventions particulières dont l'appréciation lui est déférée tendent à éteindre, par leur exécution, la concurrence libre, essentielle au commerce, et si, ayant ce caractère et ce but, elles ne sont pas contraires à l'ordre et à l'intérêt publics. Telle serait la convention par laquelle tous les individus d'une même localité, y exerçant le même genre de commerce, s'engagent, dans la vue de mettre un terme à leur concurrence, à ne faire leurs achats et leurs ventes que suivant un taux de bénéfices déterminé (1).

Mais comme le juge ne statue jamais que sur des espèces, son appréciation est elle-même subordonnée aux circonstances. Ainsi, deux copropriétaires s'entendent pour l'exploitation d'une corderie indivise. Cette exploitation sera alternative. Un prix est déterminé, au-dessous duquel ils s'engagent à ne pas faire les travaux de manufacture que leur usine a pour objet. Cette convention gêne sans doute la liberté des contractants ; mais elle n'a rien de contraire à l'ordre public (2). Elle ne présente pas non plus les caractères d'une coalition illicite. Car toute coalition suppose le concours de plusieurs détenteurs principaux de la même marchandise. Or, ici il n'y a à proprement parler, qu'un seul détenteur, la corderie indivise ; et cela est si vrai que l'un des contractants ne commence à être détenteur que lorsque l'autre cesse de l'être, puisque leur jouissance est alternative. Tels seraient encore les caractères de la convention par laquelle plusieurs fabricants se seraient engagés à remettre leurs produits à un entrepositaire commun chargé de les vendre, avec stipulation à son profit d'une clause pénale, en cas d'infraction de leur part (3).

22. L'obligation de ne pas cultiver ma propriété serait dans

(1) Douai, 13 mai 1851. Sirey, 51, 2, 733.
(2) Cass., 4 janv. 1842. Sirey, 42, 1, 231.
(3) Lyon, 18 nov. 1848. Sirey, 49, 2, 78.

tous les cas inepte et dérisoire, et nulle à ce titre, si elle n'était encore illicite, puisqu'elle tend à me priver de l'exercice du droit le plus naturel, du droit de travailler et de produire. Sous un autre rapport, elle lèse l'intérêt public.

23. Quant à la prohibition d'aliéner, même seulement avant une époque déterminée (1), si elle n'a personne en vue, elle n'est qu'un précepte nu, non obligatoire, en l'absence de tout intérêt de la part de celui qui l'a stipulée. Elle viole le principe de la libre disposition des biens, principe fondamental d'ordre et d'intérêt publics, consacré par l'article 544, comme étant de l'essence même du droit de propriété et l'un des attributs de la liberté naturelle et civile. Il n'y a en effet que la loi qui ait la puissance, soit en disposant d'une manière générale, soit en autorisant certains actes de l'homme, de soustraire du commerce et de frapper d'inaliénabilité les choses qui sont tombées naturellement dans le patrimoine commun de l'humanité (2).

Mais si une pareille stipulation était renforcée par une clause irritante et pénale, ou assortie d'une clause de retour ou de préférence au profit du vendeur ou donateur, ou même d'un tiers, alors elle serait valable, bien qu'il paraisse singulier d'embarrasser par de semblables entraves l'exercice du droit même que le contrat ou la disposition est essentiellement destinée à transmettre. Cependant, comme une pareille convention, sans détruire le droit de propriété, ne fait qu'en modifier l'exercice dans les mains du propriétaire, l'ordre public

---

(1) Paris, 11 mars 1836. Sirey, 36, 2, 360. — Douai, 29 déc. 1847. Sirey, 48, 2, 462. — Douai, 23 juin 1851. Sirey, 51, 2, 612.

(2) L. 114, § 11, ff. De leg., 1o. — L. 38, § 4, et l. 93, ff. De leg., 3o. — Henrys, t. 1, liv. 5, chap. 4, quest. 49. — Toullier, t. 6, no 488.—Troplong, Donat., no 368.— Cass., 30 janv. 1821. Sirey, 21, 1, 146. — 15 mars 1837. Sirey, 37, 1, 722. — 1er mars 1843. Sirey, 43, 1, 345. — 6 juin 1853. Sirey, 53, 1, 619. — Lyon, 22 mars 1866. Sirey, 66, 2, 260. —Cass., 17 mars 1877. Sirey, 77, 1, 203. — Alger, 20 janv. 1879. Sirey, 79, 2, 71.

ne réclame point contre elle (1). Aussi, la Cour de Limoges (2) a-t-elle jugé avec beaucoup de raison qu'il n'y avait rien d'illicite dans la clause par laquelle le donateur avait imposé à l'un des donataires copartageants l'obligation d'échanger, en cas d'aliénation de sa part, tel héritage qui était dans son lot contre tel autre héritage échu à un autre donataire.

24. Aurait encore une cause illicite, l'obligation de n'exercer aucune action judiciaire (3); de ne pas tester ou de ne pas révoquer mon testament (4); de vous donner tant, si je ne vous institue pas héritier (5). S'il m'était en effet permis d'aliéner ainsi un à un tous mes droits essentiels, je finirais par consommer en réalité un suicide moral, et par anéantir une existence civile que l'ordre public a placée hors de mes propres atteintes.

Observons d'ailleurs que la faculté de tester doit demeurer entière, et que le testament est un acte essentiellement libre et révocable; d'où il suit que la confection, la révocation et l'abstention de tout acte testamentaire doivent être essentiellement l'exercice d'une pure faculté. Mettez entre le testateur et ses dispositions dernières les liens d'une convention, vous n'avez plus dès lors une œuvre qui lui soit personnelle; vous

---

(1) TOULLIER, *ibid.* — DUVERGIER, *Vente,* n° 122. — Voy. encore TROPLONG, *Donat.*, n° 261. — Angers, 20 juin 1842. SIREY, 42, 2, 400. — Orléans, 17 janv. 1846. SIREY, 46, 2, 177. — Douai, 23 juin 1851. SIREY, 51, 2, 612. — Bourges, 14 déc. 1852. SIREY, 53, 2, 468. — Paris, 15 avril 1858. SIREY, 58, 2, 362. — Cass., 20 avril 1858. SIREY, 58, 1, 589. — Paris, 16 fév. 1859. SIREY, 60, 2, 186. — Grenoble, 25 janv. 1860. SIREY, 60, 2, 477. — Cass., 27 juillet 1863. SIREY, 63, 1, 465. — Douai, 27 avril 1864. SIREY, 64, 2, 254. — Cass., 12 juillet 1865. SIREY, 65, 1, 342. — 9 mars 1868. SIREY, 68, 1, 204. — Angers, 18 déc. 1878. SIREY, 79, 2, 322. — *Contrà*, Lyon, 12 juin 1856. SIREY, 56, 2, 456.

(2) 1er juill. 1840. SIREY, 41, 2, 8. — Voy. encore Colmar, 5 fructidor an XIII. SIREY, 5, 2, 644.

(3) DURANTON, t. 8, n° 143.

(4) L. 22, *ff. De leg.*, 3°.

(5) L. 61, *ff. De verb. oblig.*

avez l'œuvre d'un tiers, de celui-là même envers lequel il s'est obligé. Il n'a donné que son nom au testament, il n'y a pas mis sa volonté. Il a plus fait que d'accorder à un tiers le droit d'élire son héritier, ce qui est tester par mandataire, suivant l'énergique expression de Cochin ; il a testé, contraint et forcé par un tiers, ou plutôt il n'a pas testé du tout. Or, comme il ne peut renoncer au droit de tester, il ne peut s'obliger par aucune convention de nature à gêner l'inaltérable liberté qui doit présider à ses actes testamentaires. De pareilles conventions sont illicites.

25. Je ne pourrais pas non plus conférer un mandat, avec l'obligation de ne le révoquer jamais, à moins qu'il ne se rattachât ou ne se confondît avec la transmission irrévocable de droits privatifs et personnels, en faveur du prétendu mandataire. Ce serait me frapper d'une sorte d'interdiction. Le mandataire est uniquement fait pour me suppléer, et non pour absorber ma personnalité, dans le dépôt d'une confiance inaliénable de ma part.

26. Il est d'autres droits inhérents à la personne d'une façon si intime, qu'ils sont la personne même, et inaliénables comme elle. Tels sont les droits de père, d'époux, d'enfant légitime ou naturel, de majeur, de mineur, d'interdit.

On ne peut renoncer par contrat de mariage ou par tout autre contrat, ni aux droits résultant de la puissance maritale sur la personne de la femme et de ses enfants, ou appartenant au mari comme chef, ni aux droits conférés au survivant des époux par le Code civil, aux titres de la puissance paternelle, de la minorité, de la tutelle et de l'émancipation (1388).

Père, époux, il ne m'est donc pas permis d'abdiquer la puissance paternelle ou maritale, et d'affranchir mes enfants ou ma femme des marques de respect et de déférence que la loi exige d'eux. Il serait par trop contraire à l'ordre public que celui-là même qui est chargé de la discipline domestique fût le premier à introduire l'anarchie dans le sein de la famille, et de là, au cœur de la société.

Tuteur, si je ne suis pas un ascendant, je suis un étranger qui représente jusqu'à un certain point le chef de famille, et aux mains duquel la loi a fait passer une partie de sa puissance et de son autorité (468). Je ne puis me dépouiller de ces droits.

Majeur, ma personne civile est complète, sauf les accidents déterminés par les lois civiles et pénales, et qui peuvent l'ébrécher ou la détruire. Je ne pourrais, par convention, me dépouiller de ma capacité civile, et me frapper moi-même d'interdiction. Je dois rester, malgré moi, dans toute l'intégrité de ma capacité, jusqu'à ce que l'autorité compétente ait jugé elle-même ma personne avec les formes et les solennités prescrites par la loi (1).

Mineur, interdit, il ne m'est pas permis non plus de stipuler par contrat mon émancipation, l'exercice personnel de tous mes droits, ni la mainlevée de mon interdiction, hors des causes et des formalités légales. Il y a en effet jusque-là sur ma personne une sorte de mainmise de la part de la loi et dans l'intérêt de l'ordre public.

La filiation naturelle constitue, aussi bien que la filiation légitime, un état sur lequel il n'est pas permis de transiger (2). En vain prétendrait-on que l'enfant naturel ne fait que transiger sur des prétentions, sur un procès dont l'issue sera ou non la constatation judiciaire de son origine, et lui créera ainsi ou non un état, si bien que, quand il transige, il n'a pas encore d'état et s'engage seulement à ne pas en réclamer, à ne pas s'en donner un. Il faut se garder ici de toute confusion, et encore mieux de toute subtilité. Dans la réalité des faits, dans l'ordre des événements accomplis, l'enfant naturel, alors même que l'on conteste son état, a, comme l'enfant légitime, une filiation, des rapports nécessaires d'origine avec quelqu'un.

---

(1) MERLIN, Rep., v° *Prodigue,* § 8, et v° *Interdiction,* § 3.
(2) Cass., 12 juin 1838. SIREY, 38, 1, 695. — 27 fév. 1839. SIREY, 39, 1, 161.

Ceci existe, c'est un fait. Il ne s'agit plus que de le prouver d'une manière légale. Lors donc qu'il éteint par une transaction le procès dont les conclusions tendent à la reconnaissance de son état, comme la constatation de son état est son état même, renoncer à l'action de filiation, c'est renoncer à son état, c'est aliéner une chose que l'ordre public a mise hors du commerce. La transaction est nulle, et l'enfant peut toujours, à ses risques et périls, réclamer son état. Et alors, de deux choses l'une : ou le débat aboutit à la constatation de la filiation, ou bien au contraire il ne l'établit point. Dans le premier cas, l'annulation de la transaction est justifiée ; dans le second cas, l'adversaire de l'enfant ne peut se plaindre de la nullité d'un arrangement qui se trouve être sans cause, puisque légalement il n'y a pas filiation. Il profite lui-même de cette nullité.

Lorsque la transaction est annulée relativement à la renonciation à toute recherche de filiation, elle l'est également quant au règlement pécuniaire des droits de l'enfant, la somme à lui attribuée constituant le prix de sa renonciation à son état, et non une attribution de part dans la succession de son auteur. La convention embrasse en effet dans ce cas un objet hors du commerce, un état de personne (1).

Mais, la question d'état demeurant à l'écart, on peut très valablement transiger sur l'émolument que donne la filiation, sur les intérêts pécuniaires d'une question d'état. Tous les jours les enfants légitimes transigent sur la quotité de leurs droits ; les enfants naturels le peuvent aussi. La convention ne porte alors que sur un objet licite, bien que l'état soit contesté entre les parties, et qu'il ne soit point formellement admis et reconnu (2).

---

(1) Cass., 27 fév. 1839. SIREY, 39, 1, 161. — 21 avril 1840. SIREY, 40, 1, 873.

(2) MERLIN, Quest., v° *Transaction,* § 2, n° 5. — ZACHARIÆ, t. 3, p. 143, 1ʳᵉ édit., et t. 4, p. 662, 4° édit. — Cass., 24 juill. 1835. SIREY, 36, 1, 238. — 29 mars 1852. SIREY, 52, 1, 385. — 9 mai 1855. SIREY, 56, 1, 743.

Les liens de parenté sont choses nécessaires et d'ordre public. Aussi, ne peut-on par convention se soustraire aux conséquences qui en résultent, ni se priver des droits qui peuvent en naître dans l'avenir. Ce serait traiter sur des choses hors du commerce ou sur succession future : toutes choses prohibées (1).

27. Puis-je valablement m'obliger à épouser telle personne, soit que j'en convienne avec elle-même ou avec un tiers, en ce sens au moins que l'inexécution de mon engagement doive se réduire en dommages et intérêts ? Nous examinerons cette question en traitant des obligations avec clause pénale (2).

28. Jusque-là, nous avons examiné l'homme comme individu et comme personne privée, dans la jouissance de ses facultés naturelles et de ses droits civils. Nous devons l'examiner maintenant comme personne publique et politique, dans l'exercice de fonctions publiques, dans la jouissance de ses droits politiques. Il n'y a pas de société concevable ni possible, sans organisation, sans fonctionnaires, sans administrateurs. Quelles que soient les conditions de leur hiérarchie, et les formes de leur nomination, toujours est-il que toute organisation sociale suppose l'existence de certains fonctionnaires, et l'aptitude de quelques membres de la société ou même de tous à le devenir. Que je m'oblige donc à être ou à ne pas être magistrat, préfet, receveur des finances, agent d'une administration publique quelconque ; cette convention est radicalement nulle ; elle contient des engagements contraires à l'ordre public.

L'exercice des fonctions publiques est encore plus intimement lié à l'ordre social que la simple aptitude personnelle. On ne peut en faire une cause de convention privée. Notre

---

(1) L. 34, *ff. De pactis.* — DOMAT, liv. 1, tit. 1, sect. 5, n° 21.
(2) 1227, n°s 2 et suiv.

organisation administrative, en les plaçant dans une haute sphère, leur a imprimé un harmonieux mouvement de gravitation, qu'elle seule a le pouvoir de modifier ou d'arrêter. Comme elles sont instituées pour le service et la garantie des droits et des intérêts de tous, et qu'il n'appartient qu'à la loi soit de les créer, soit d'en régler l'exercice, les fonctionnaires qui en sont investis, alors même qu'il s'agit d'offices vénaux, ne peuvent en faire l'objet d'un trafic, suivant leurs intérêts et leurs convenances personnelles. Ils ne peuvent, sans violer l'ordre public, modifier leurs attributions, soit en changeant les conditions de leur exercice, soit en s'interdisant certains actes de leur ministère. Les nécessités d'un pareil ordre se font tellement sentir que nous n'avons pas besoin d'insister, et d'appuyer le principe sur des exemples.

L'éligibilité et l'électorat ne peuvent être également une cause licite d'obligation. L'ordre public réclame sans cesse contre l'interdiction conventionnelle des droits politiques, et contre les atteintes portées soit à l'indépendance, soit à la sincérité des candidatures et des votes.

29. Voyons maintenant quels sont les effets des conventions contraires à l'ordre public. Elles sont nulles ; mais leur nullité n'entraîne pas les mêmes conséquences que la nullité de l'obligation dont la cause est contraire aux bonnes mœurs. Nous avons vu que lorsque l'obligation a une cause contraire aux bonnes mœurs, chaque contractant ne peut répéter ce qu'il a payé, à moins qu'il n'y ait pas de son côté communauté d'immoralité et d'infamie. Mais, lorsqu'il s'agit d'une cause contraire seulement à l'ordre public et non aux bonnes mœurs publiques ou privées, ni aux lois pénales, chaque partie peut répéter ce qu'elle a payé : la nullité du contrat la replace dans le même état qu'auparavant.

Cette différence a ses raisons. La nullité des engagements contraires à l'ordre public repose sur des prohibitions civiles que la loi n'a pas pris soin d'énumérer, mais qui résultant de la nature même des choses ont dispensé le législateur d'être aussi explicite à leur égard que pour les prohibitions par lui posées en vue de l'utilité publique. Or, les prohibitions civiles entraînent une nullité simple et les effets d'une annulation ordinaire. Lorsque la cause est contraire aux bonnes mœurs, il y a pour la loi une question de pudeur et d'indignité des parties. Le sentiment des bonnes mœurs, plus impressionnable, plus délicat, a déterminé la justice à se voiler dans un mouvement d'indignation et de dégoût. D'un autre côté, si les faits contraires aux bonnes mœurs sont d'une exécution toujours possible, on ne peut s'empêcher de reconnaître que l'ordre public est plus ferme, plus résistant ; que les contractants ne sont pas toujours maîtres de réaliser les faits qui le blessent, ou qu'ils peuvent les réparer après une tentative d'exécution, la seule chose souvent qu'ils puissent faire. Comment en effet réaliseront-ils l'abdication de leurs droits, comme individus, comme propriétaires, comme père, fils, époux, majeur, mineur, personne civile, publique et politique? Ne pourront-ils pas toujours jouir de leurs droits, les exercer dans toute leur plénitude ? La loi et la justice ne sont-elles pas là pour les y réintégrer? Il n'y a donc pas dans les causes contraires à l'ordre public les mêmes périls pour la société, ni conséquemment les mêmes motifs de réprobation absolue. La loi n'en a fait qu'une question de légalité et non d'indignité. Aussi, en annulant le contrat, accorde-t-elle à toutes parties le droit de répétition et d'action réciproque pour ce qu'elles peuvent se devoir.

30. Sous un autre rapport, les conséquences de la nullité ne sont pas les mêmes. Lorsque la cause est contraire aux bonnes mœurs, la nullité de l'obligation est toujours absolue ; elle est opposable par le premier venu des contractants. Alors au contraire que la cause est contraire à l'ordre public, la nullité de l'obligation n'est pas toujours absolue, elle est quelquefois relative. Il faut à cet égard faire la distinction suivante, que nous reproduirons au surplus à l'occasion des conditions illicites (1), mais pour en tirer d'autres conséquences.

Il y a des choses directement et immédiatement contraires à l'ordre public, qui ne peuvent être accomplies sans l'offenser. Telle est l'abdication de ses droits comme père, mari, tuteur, enfant, etc.....; une pareille cause d'obligation est par elle-même contraire à l'ordre public. Mais il est des faits dont la consommation lui est indifférente, lorsqu'elle est libre et spontanée, et qui néanmoins commence à lui être contraire, aussitôt qu'elle prend, en vertu d'une convention, un caractère d'obligation et de contrainte. Tels sont, par exemple, le célibat, l'état ecclésiastique, l'apostasie, la perpétuité des services ou de résidence dans un lieu déterminé. De pareils faits ne troublent point l'économie sociale, tant qu'ils sont le résultat spontané d'une volonté libre. Cependant, aussitôt qu'un contrat intervient pour en faire une obligation, l'ordre public élève la voix en faveur d'une liberté qui l'intéresse.

Nous ne disons pas encore que tous les faits de cette dernière espèce ne produisent qu'une nullité relative, opposable seulement par la partie qui s'est obligée à les accomplir. Cette conclusion serait fausse, en étant trop générale. Nous ne l'appliquons point aux obligations de célibat, d'apostasie, d'état ecclésiastique. La nullité en est absolue, parce que la liberté des mariages n'intéresse pas seulement les individus, mais encore la société tout entière, et que l'obligation de célibat n'est pas seulement le sacrifice de ses droits individuels, mais encore l'oubli de ses devoirs sociaux ; parce que l'état ecclésiastique embrassé et l'apostasie consommée, par suite d'une obligation contractuelle et sur l'excitation d'un intérêt pécuniaire, sont un scandale et une offense envers l'ordre public. Dans tous ces cas, la loi ne revendique pas seulement les droits des individus pour eux-mêmes, mais aussi dans un intérêt so-

(1) Voy. 1173, nos 20 et suiv.

cial, celui de l'ordre et de la morale. Or, comme il n'y a pas contre un intérêt aussi élevé de fin de non recevoir, la nullité de la convention peut être également opposée par toutes parties.

Mais si telle est la nature du fait pris pour cause de l'obligation, qu'indifférent d'abord en lui-même, il ne revêt de caractère irritant que par son exagération conventionnelle; s'il est susceptible d'une rémunération pécuniaire qui lui présente un intérêt sans offenser la morale et l'ordre public; si, en dehors de l'appât de l'intérêt et malgré la convention, celui qui a contracté est libre encore d'exécuter ou non son obligation prétendue ; si enfin, par la satisfaction donnée à l'une des parties seulement, l'ordre public est satisfait lui-même, alors la nullité est simplement relative. Ainsi, celui qui aura loué ses services à perpétuité (1780) sera seul recevable à opposer la nullité du contrat; le locataire ne le pourra pas.

Telle était du moins l'ancienne jurisprudence ; mais MM. Duranton (1), Zachariæ (2), Duvergier (3), et la Cour de Bordeaux (4) ont pensé que la nullité est absolue. Nous ne saurions partager ce sentiment, et croire qu'un maître puisse, sous le prétexte que la loi prohibe le louage des personnes à perpétuité, expulser, au nom de la liberté, de l'ordre public et peut-être au nom de l'humanité, un vieux serviteur, aussitôt que les infirmités de l'âge ont rendu ses services moins utiles. Mais n'est-ce pas une amère dérision que cette invocation de la liberté et de l'ordre public ? On conviendra sans doute que je puis passer toute ma vie au service de telle personne, sans que l'ordre public y trouve à redire. Oui, dit-on; mais à une condition c'est que vous soyez libre, à chaque instant, de chan-

(1) T. 17, n° 226.
(2) T. 3, pag. 35, 1re édit., et t. 4, p. 513, 4e édit.
(3) T. 2, nos 285 et suiv.
(4) 23 janv. 1827. SIREY, 27, 2, 92. Quant à l'ancienne jurisprudence, voy. Expilly, 3e Plaidoyer. — Arrêt du parlement de Grenoble, du 8 avril 1606.

ger de maître. Eh bien, ne le suis-je donc pas, malgré ma convention de louage à perpétuité? Peut-on dire que si je reste,
c'est par la contrainte de mon obligation, plutôt que par le
choix de ma volonté? J'aurais pu vous louer mes services, et
vous, les accepter *quoad placuerit*, tant qu'il me plaira; j'aurais
pu contracter sous condition résolutoire potestative, et vous,
contracter une obligation pure et simple (1). Or nous sommes
exactement dans les mêmes termes. Vous vous êtes obligé
purement et simplement; quant à moi, la loi annulant d'office
l'obligation que j'avais contractée, et protégeant ma liberté
contre la témérité de mon engagement, réduit par le fait,
plutôt qu'elle ne le détruit, notre contrat aux proportions d'un
louage que vous devez exécuter, tant que je ne me prévaudrai
pas de la condition potestative résolutoire qui est dans mes
mains. Il ne vous appartient donc pas d'en demander la nullité;
moi seul en ai le droit, comme seul j'ai la faveur de la loi (2).

Ces raisons s'appliquent également à l'obligation que j'aurais contractée de demeurer dans un lieu déterminé. La nullité m'est toute relative.

31. Examinons enfin les causes prohibées par la loi. Les
prohibitions de la loi sont civiles ou pénales, suivant leur sanction. Mais si la sanction n'est pas la même, la prohibition est
égale, lorsqu'il s'agit de contracter à son encontre.

Il y a d'ailleurs de grandes différences entre les prohibitions
civiles et pénales. Celles-ci protègent les bonnes mœurs et
l'ordre public, dans le sens le plus étendu de ces dernières
expressions. Les autres, moins directement relatives aux bonnes mœurs et à l'ordre social, sont principalement fondées
sur des considérations d'utilité générale, sans cesser néanmoins de se rattacher aux principes d'équité, d'humanité et de
décence publique.

---

(1) Voy. I. 4, *ff. Loc. cond.* — TOULLIER, t. 6, n° 497. — TROPLONG,
Louage, n° 471. — *Vente*, n° 61.

(2) TROPLONG, *Louage*, n°s 853 et suiv.

32. Ce n'est pas une vaine observation théorique. En effet, lorsque la loi déclare pour la première fois un fait illicite, comme par cela même elle' en prohibe la perpétration, elle annule rétroactivement les contrats où il aurait été stipulé. Alors au contraire qu'elle se contente de prohiber civilement, dans un but de simple utilité publique et non dans l'intérêt de l'ordre et de la morale, tel fait comme cause de contrat, les conventions antérieures où ce fait a été pris comme cause, doivent encore être exécutées ; la non rétroactivité de la loi les protège. Ce qui est déclaré illicite s'étend donc même au passé ; ce qui est déclaré nul ne s'adresse qu'à l'avenir.

33. Ces différences ne sont pas les seules. Lorsque le contrat est annulé parce que le fait pris pour cause de l'obligation constitue une contravention, un délit ou un crime, la nullité ne replace pas les contractants dans le même état qu'auparavant. Celui qui a payé quelque chose à l'autre n'a pas le droit de le répéter, et l'autre partie ne peut rien réclamer, si elle n'a rien reçu. Les choses se passent comme s'il s'agissait d'une cause contraire aux bonnes mœurs. (1).

Mais il faut pour cela qu'il y ait mauvaise foi de part et d'autre, c'est-à-dire conscience de l'infraction à la loi pénale, complicité légale et légalement prouvée. Ainsi, je vous donne tant, pour mener pacager mes bestiaux dans un champ que je sais appartenir à autrui, et sur lequel vous savez que je n'ai aucun droit ; que vous meniez pacager ou non mes bestiaux, vous n'aurez pas à me rendre ce que je vous aurai payé d'avance ; vous n'aurez pas non plus à réclamer le salaire convenu. Si de pareilles réclamations étaient portées devant la justice, elle n'aurait rien de mieux à faire qu'à nous mettre hors de

---

(1) Voy. Cass., 16 août 1864. Sirey, 65, 1, 23, en cas d'association formée, avant la loi du 2 juillet 1862, pour l'exploitation d'un office d'agent de change. Voy. encore Paris, 4 février 1854. Sirey, 54, 2, 148 et Cass., 10 janvier 1865. Sirey, 65, 1, 110, en cas d'association d'un huissier avec des tiers.

procès. Mais si le pâtre était de bonne foi et qu'il eût exécuté la convention, je devrais lui payer la somme promise.

De même pour le maçon que j'emploierais à des travaux confortatifs sur ma maison sujette à recul, malgré les défenses de la loi ; de même pour celui que je chargerais du transport, de l'introduction, ou du dépôt d'objets et de marchandises en fraude, en délit ou en contrebande. S'ils ont contracté avec la conscience du délit pour la consommation duquel ils promettaient leur coopération, ils n'ont rien à demander, même après l'avoir fournie. L'indignité est la fin de non recevoir que les tribunaux et la loi leur opposent. Il faut, en un mot, lorsqu'il s'agit d'une infraction aux lois pénales, faire les mêmes distinctions, relativement à la mauvaise foi, que lorsqu'il s'agit d'une offense aux bonnes mœurs, relativement à la communauté d'infamie. Les raisons sont absolument les mêmes ; car la société tire une force égale du respect des bonnes mœurs et de l'obéissance aux lois. La nullité du contrat contraire aux prohibitions pénales doit donc avoir les mêmes conséquences, puisque son exécution expose aux mêmes dangers (1).

34. On est d'accord sur ce point, lorsqu'il s'agit de prohibitions relatives à des choses illicites en elles-mêmes, à des délits universels et communs, prévus et punis par le Code pénal de toutes les nations. Mais quelques publicistes et jurisconsultes cessent d'accepter les rigoureuses conséquences de la nullité du contrat dont la cause est contraire aux prohibitions pénales, lorsque cette cause ne constitue une contravention ou un délit que parce que quelque loi positive la défend. M. Toullier (2) fait donc une distinction entre les prohibitions pénales. Il distingue celles qui ont pour principe le droit naturel, immuable, universel, de celles qui ne se fondent que sur

_____

(1) Voy. Cass., 21 février 1870. SIREY, 71, 1, 92, dans le cas d'une stipulation de garantie en matière de contrefaçon. Conf. Cass., 5 mars 1872. SIREY, 72, 1, 134.

(2) T. 6, nos 127.

les institutions humaines, arbitraires et variables. D'après
son opinion, si un marchand s'est obligé à me livrer des marchandises de contrebande, nous pouvons rompre le contrat
sans indemnité de part ni d'autre, et dans ce cas chacun restitue ce qu'il a reçu. Mais il va plus loin, et dit que si les marchandises m'avaient été livrées, eussent-elles plus tard été
confisquées dans mes magasins, je devrais en payer le prix. Il
pense enfin qu'une société formée pour faire la contrebande,
bien qu'elle ait une cause illicite, n'en produit pas moins certains effets, tels que l'obligation imposée aux associés de se
tenir compte des gains et pertes de la société. Car, ajoute-t-il,
on tient pour maxime en cette matière, que lorsque les deux
parties ou celle qui est punissable a satisfait à la loi en payant
l'amende, ou en subissant la peine prononcée contre la convention, l'engagement pris en fraude des lois purement civiles
et des règlements arbitraires est valable de contractant à contractant.

Nous sommes peu disposé à adopter cette opinion. Nous
pensons au contraire que toutes les fois que la vente d'objets
de contrebande constituera une complicité légale, par recel,
du délit de contrebande, la convention ne produira ni plus ni
moins d'effet que la convention de faire une chose contraire
aux bonnes mœurs, ou de commettre un crime parfaitement
commun (1). Remarquez bien que nous parlons de complicité,
que nous voulons une culpabilité commune à toutes parties,
afin d'avoir pour toutes une égale indignité. Et cette complicité existera par le recèlement fait en connaissance de cause,
avec la conscience de la part de l'acheteur de la provenance
vicieuse des objets vendus, absolument comme la complicité
s'établit par recel en cas de vol. Cependant, comme c'est ici
essentiellement une question de criminalité et de bonne foi,
nous ne devons pas pousser la rigueur aussi loin que la loi de
douanes qui, de la simple détention, fait une présomption de

(1) TROPLONG, *Société*, n° 102. — DUVERGIER, *Société*, n° 30.

complicité, afin de mieux assurer son exécution. Nous faisons ainsi la part de l'équité et du droit commun.

35. Mais dans tous les cas où la vente d'objets de contrebande ne constitue pas de complicité réelle, alors elle produit certains effets de contractant à contractant. Ainsi, bien que les parties puissent, avant toute exécution, rompre le contrat, l'acheteur, si la chose a été livrée, devra payer le prix. Il pourra même opter entre le payement du prix et la restitution de la chose; car sa bonne foi doit l'autoriser à se soustraire aux conséquences fâcheuses de la détention. La chose étant confiscable n'est pas elle-même un objet bien solide de vente; et l'acheteur se prévaut à bon droit de ce vice qui l'infecte. Si elle est restituée, le vendeur doit rendre le prix qu'il a reçu. Ainsi se passent les choses, et l'on voit que la vente produit encore certains effets.

Mais, qu'on y prenne garde, cette vente d'objets de contrebande ne produit pas d'autres effets qu'une vente de choses délictueuses, produit d'un vol, d'une escroquerie ou de tout autre délit commun, reconnu par la raison et déclaré par le Code de tous les peuples. La vente de pareils objets ne constitue pas par elle-même de délit, et l'indignité des parties ne commence que là où s'opère la complicité légale du délit, dont le vendeur est l'auteur principal et dont l'autre se fait complice par recel. La vente, moyen de recèlement, est alors elle-même un délit. Ce n'est plus l'objet du contrat qui seul est vicieux; sa cause constitue une véritable infraction à la loi pénale; la convention n'est pas seulement nulle, elle est frappée d'une pénalité. Dans ces circonstances, nous disons donc que la convention ne peut pas plus produire d'effets, que s'il s'agissait de faire une chose contraire aux bonnes mœurs. Toutes parties gardent ce qu'elles ont, non pas que l'une ne mérite point de rendre, mais parce que l'autre est indigne de réclamer. De là cette conséquence, que si l'acheteur qui, par le fait de son achat, s'est rendu complice par recel, venait à être évincé de la chose par lui frauduleusement acquise, il ne pourrait répéter le prix payé, comme aussi, si ce prix n'avait pas été acquitté, le vendeur ne serait, dans aucun cas, en droit de le réclamer (1).

36. Le principe de ces opinions énervées que nous combattons, nous croyons le trouver dans le sentiment populaire qui porte à la critique et souvent même à la violation des lois qui ont un caractère de fiscalité. Quand on propose une distinction entre les choses illicites en elles-mêmes et les choses seulement illicites parce que quelque loi arbitraire et variable les défend, on serait plus franc si l'on disait, parce qu'une loi plus ou moins fiscale les défend. Mais qu'importe donc que sur un point donné les règlement soient arbitraires et variables ? Si c'est là un texte vrai d'accusation contre une loi, il y a bien peu de lois humaines qui puissent échapper à la critique. Que de faits effacés, que d'autres classés parmi les crimes, les délits, les contraventions ! Que de variations dans les législations pénales, suivant les temps, les peuples et les lieux ! Est-ce à dire que, parce que telle matière est plus qu'une autre sujette à l'inconstance et à la mobilité des règlements, la loi qui la régit ne doit point avoir la même valeur d'application, ni la même efficacité de sanction ? Je renvoie aux belles paroles de Cicéron (2) sur l'autorité des lois et le respect qui leur est dû. Toutes sont faites pour être exécutées, sans que leur violation doive trouver grâce devant la justice. Si elles n'inspirent point d'amour, elles imposent du moins toutes le respect et la soumission.

Ceci soit dit surtout des lois fiscales, si dures, si inflexibles dans leur exécution, qu'on les dirait écrites avec des chiffres. Telles sont les nécessités d'Etat ; et peu disposés à en comprendre le principe, certains esprits, s'ils ne vont pas jusqu'à

(1) POTHIER, *Vente,* n° 189.
(2) *Pro Cluentio,* 53.

la rébellion contre elles, se sont fait du moins une conscience commode sur leurs infractions. Nous reconnaissons combien sur ce point l'opinion publique est facile et indulgente ; ce que nous contestons, c'est que la loi et la justice puissent l'être. Ce que nous voulons, c'est qu'en toute matière les tribunaux mettent hors de cours et de procès les parties qui viendront devant eux poursuivre l'exécution d'un contrat dont la cause réside dans la violation des prohibitions pénales, avec la conscience intime de cette violation. Nous disons que la loi les flétrit d'une commune indignité.

37. Quelle est maintenant la valeur du principe posé par M. Toullier, qu'en cette matière la satisfaction donnée à la loi par la partie punissable rend le contrat valable de contractant à contractant ? Ainsi, j'introduis frauduleusement des marchandises prohibées ; je les vends à un complice qui les recèle ; je les lui vends même à ses risques et périls. Poursuites de la part de l'administration des douanes ; confiscation des objets ; amende contre le détenteur, amende contre moi. J'ai satisfait à la loi. De ma condamnation je me fais un titre pour réclamer le prix des choses vendues. La condamnation de ma personne assure le triomphe de mon contrat. C'est là ce que nous n'admettons point. Il y a en effet délit commun, indignité commune à toutes parties ; or, on ne peut imposer à la justice la scandaleuse nécessité de constater le délit, de le punir, et d'en conférer tout à la fois le bénéfice.

38. Il est vrai que la chose délictueuse peut être purgée entre les mains du contrebandier ; mais ce n'est pas par la condamnation prononcée contre lui ; ce ne peut être qu'à la suite d'une transaction avec l'administration, qui rendrait la chose de libre disposition dans ses mains. Mais, jusque-là, la coopération de l'acheteur par un recèlement frauduleux maintient le délit de contrebande, puisqu'à l'instant même elle l'en rend complice.

Il y a toutefois entre le voleur et le contrebandier, cette différence : c'est que si le contrebandier, pour faire produire quelques effets à la vente des objets prohibés, peut, après qu'ils ont été purgés dans ses mains, argumenter de la purification de sa propriété, le voleur ne peut s'autoriser même de la transaction faite avec le propriétaire. Le délit et l'indignité subsistent, et pour lui et pour son complice. Car la transaction faite avec le propriétaire n'efface pas toute complicité criminelle, puisque l'action publique n'est pas éteinte. Mais il est bien entendu que cette complicité doit exister réellement, c'est-à-dire que la vente doit avoir été faite et acceptée dans une pensée frauduleuse.

39. Dirons-nous enfin, avec M. Toullier, que les personnes associées pour faire la contrebande devront se rendre compte des gains et pertes de la société? nous protestons contre une pareille doctrine. Il faut bien convenir en effet que la contrebande est un délit, et qu'on ne peut s'associer pour commettre un délit. Comment peut-il donc être permis de porter devant la justice une demande en liquidation d'une société formée pour la perpétration d'un pareil acte? Les juges devront accueillir cette demande, nommer des arbitres, faire les parts de chaque associé dans les produits de leur contrebande !... Mais cette dégradation de la justice prouve l'impossibilité de pareils résultats. On fait en vain de la contrebande un délit particulier. Il s'agit de savoir si la loi qui la prohibe et la punit, entend être exécutée et respectée à l'égal de celle qui prohibe et punit les attentats contre les fortunes privées. Que l'on consulte la loi des douanes, et que l'on se pénètre de son esprit ; et que l'on vienne dire ensuite qu'elle est assez tolérante, assez facile pour encourager les contrebandiers par la validité de leurs associations et le partage judiciaire de leurs bénéfices ! Est-ce que par hasard la fortune de l'Etat serait moins respectable que celle des particuliers, comme si le régime des douanes n'était pas encore protecteur d'une foule d'intérêts privés ? Nous n'ajouterons qu'un mot, c'est que les lois du 28 avril 1816, articles 52, 53, et du 21 avril 1818, article 37, chargent le ministère public de poursuivre d'office, comme s'il s'agissait d'un délit commun, les assureurs, entrepreneurs et intéressés d'une manière quelconque à des opérations de contrebande.

40. Comme la contrebande n'existe que relativement à l'État au préjudice duquel elle a lieu, et que, sur le territoire étranger, tous les objets sont, vis-à-vis de la France, de très libre disposition, il en résulte que si un Français achète à l'étranger des marchandises prohibées en France, celui qui les lui a vendues, pouvant les lui vendre légalement et n'ayant pas à s'occuper de leur destination, est en droit de demander l'exécution de cette vente qui, à son égard, a une cause licite. La cause est dans l'objet même du contrat et non dans la perpétration d'un délit qui, vis-à-vis du vendeur étranger, n'existe pas (1).

41. Dans l'intérêt de leur trésor public ou de leurs industries nationales, la plupart des peuples civilisés prohibent absolument l'introduction de certaines marchandises étrangègères, ou ne les admettent qu'à la condition de payer un droit d'importation. Ils se trouvent ainsi dans un état permanent d'hostilités commerciales, qui les déterminent à des représailles. Chaque nation a ses spéculateurs aventureux et hardis, qui tentent fortune dans le commerce interlope, ou contrebande à l'étranger. Dans son égoïsme, dans son quant à soi, chaque gouvernement, s'il n'autorise pas ce commerce, contraire à la bonne foi des relations internationales, le tolère du moins par son silence. Il est passé à l'état de droit des gens. Aussi, les marchandises destinées au commerce interlope peuvent-elles valablement servir d'objet à un contrat d'assurance (2). Pothier, il est vrai, combat cette opinion (3). Mais

(1) Colmar, 10 juin 1814. SIREY, 15, 2, 128.
(2) VALIN, sur l'ord. de 1681, tit. *Des assurances.* — PARDESSUS, n° 814. — Aix, 30 août 1833. DALLOZ, 35, 1, 250.
(3) *Assurances,* n° 58.

il nous paraît s'être laissé égarer par les scrupules de son exquise délicatesse. Il est bien vrai que dans le for intérieur, c'est *pécher*, puisqu'on viole les lois d'un gouvernement étranger auxquelles on se soumet par les relations volontaires que l'on établit avec lui. Mais la question est de savoir si, au point de vue de l'isolement et de l'indépendance de notre nationalité, on viole les lois de la France par le trafic interlope. Or, il appartient à chaque peuple de se suffire à lui-même pour l'exécution de ses lois de police particulière. Les autres Etats n'ont que faire à s'immiscer dans une police qui ne les touche pas, qui ne les regarde pas. Ce serait peut être un heureux progrès dans les relations internationales, que chaque gouvernement fît ses lois, non-seulement pour empêcher la contrebande chez lui, mais encore pour réprimer le commerce interlope exercé au préjudice des nations amies. Mais il n'appartient qu'à la diplomatie de préparer ces modifications et de les introduire dans le droit des gens; jusque-là, la contrebande à l'étranger nous paraît une cause licite de contrat, que nos lois ne prévoient ni ne répriment (1), que nos mœurs même approuvent comme exercice de légitimes représailles.

Deux Français peuvent donc valablement s'associer pour exercer la contrebande envers un peuple étranger. La société nous paraît même également valable, fût-elle contractée entre un Français et l'un des sujets de l'Etat au préjudice duquel la contrebande doit se faire. L'associé étranger peut commettre un délit à l'égard des lois de son pays, il n'en commet aucun aux yeux des lois françaises.

Nous pensons de même qu'une société formée entre Français, en pays étranger, pour l'exploitation d'une maison de jeu dans un pays qui tolère ou autorise de semblables établissements, est licite et peut donner lieu à des actions régulières, même devant les tribunaux français. L'ordre public et les bonnes mœurs en France n'y sont en effet nullement intéres-

---

(1) Cass., 25 août 1835. DALLOZ, 35, 1, 404.

sés. La justice française ne saurait donc, en se fondant sur notre législation particulière, se montrer plus sévère que les tribunaux étrangers (1).

42. Mais si un Français s'associait avec un étranger pour faire la contrebande en France, de ce que la société aurait une cause licite pour celui-ci, s'ensuivrait-il qu'elle fût valable pour celui-là? Elle recevrait son exécution suivant la nationalité de la juridiction saisie. Est-ce devant la juridiction étrangère que l'action a été portée? Comme pour elle il n'existe aucun délit, qu'il n'y a qu'un commerce interlope, il nous semble que, sans rien préjuger sur la législation de l'autre Etat, elle devrait ordonner l'exécution de la société. L'action est-elle au contraire portée devant la juridiction française? Comme à son égard il existe un délit de contrebande, l'adjonction d'un étranger ne rend pas la société valable vis-à-vis du regnicole. Autrement, il serait trop facile aux contrebandiers français de faire produire à leur association criminelle les effets d'une association valable, s'il leur suffisait de s'adjoindre un étranger, qui lui donnerait une sorte d'innocence et de légalité d'emprunt (2).

43. Tout en déclarant licite l'exercice de la contrebande à l'étranger, la Cour de cassation a posé une exception à la moralité de laquelle on ne peut s'empêcher d'applaudir. Dans la liquidation de la société, les contrebandiers doivent sans doute se tenir réciproquement compte des profits et des pertes, des recettes et des dépenses. Mais si la contrebande, au lieu de s'accomplir simplement par ruse, par adresse, par surprise, ne s'est réalisée que par la corruption des agents de la douane étrangère et par l'achat de leur connivence, les sommes déboursées à cette fin immorale, par l'un des associés,

---

(1) Paris, 22 fév. 1849. SIREY, 49, 2, 144. — *Contrà*, Paris, 31 mars 1849. SIREY, 49, 2, 464.

(2) ZACHARIÆ, t. 3, pag. 59, nᵗ⁴ 4, 1ʳᵒ édit., et t. 4, p. 550, 4ᵉ édit. — TROPLONG, *Société,* n° 86.

ne peuvent figurer valablement dans son compte. C'est que la corruption d'agents et de préposés publics, même étrangers, est un de ces faits réprouvés par la moralité de tous les peuples (1).

Nous devons ranger sur la même ligne les faits de résistance à main armée, l'organisation d'une bande armée et équipée, pour triompher par la force de la douane étrangère. C'est alors une question d'humanité, comme tout à l'heure c'était une question de bonnes mœurs, dont les principes immuables, universels, ont partout et toujours une égale autorité. Remarquons au surplus que la société produit d'ailleurs tous ses effets, et qu'il n'y a d'illicite que les moyens immoraux ou barbares, employés pour consommer la contrebande.

. **44.** Acheter la justice, corrompre des juges à l'étranger, n'est pas un crime aux yeux de la loi française. Néanmoins ce fait est contraire aux principes universels de morale publique. Si la loi seule peut lui infliger un châtiment, ce n'est pas elle qui a créé l'infamie. L'obligation causée sur un pareil acte a donc une cause illicite et contraire aux bonnes mœurs, dont les principes sont indépendants des circonscriptions de territoire et des constitutions de nationalité.

Comme il s'agit cependant d'apprécier une question de moralité, toujours subordonnée aux circonstances et aux opinions actuelles, il peut arriver que cette cause, qui ne repose point sur une infraction à la loi française, cesse d'être illicite et nulle. Par exemple, si la corruption des juges étrangers a été autorisée par des circonstances extraordinaires qui dépassent toutes les règles d'appréciation (2); si elle est justifiée par les nécessités de la légitime défense contre les abus de la violence ou les manœuvres de la fraude; si la barbarie, la

_____

(1) Cass., 25 août 1835. Dalloz, 35, 1, 404. Le principe est plus explicitement posé dans l'arrêt de la Cour d'appel.

(2) Cass., 2 août 1827. Sirey, 28, 1, 62.

mauvaise police, la dépravation des mœurs de la nation étrangère a fait passer dans ses usages, comme fait ordinaire et habituel, la corruption de la justice et la vénalité de ses juges ; nous ne voyons point comment, dans tous ces cas, on réputerait illicite l'obligation fondée sur une pareille cause. Ce serait de la part de la justice française un excès de susceptibilité honorable sans doute, mais fort mal placée, que de déclarer nulle une obligation que des circonstances toutes spéciales purgent du vice d'immoralité, et semblent légitimer autant qu'elle peut l'être.

45. La fin peut aussi quelquefois justifier les moyens. C'est ce qui arrive dans tous les cas où leur emploi ne constitue pas de délits punissables, ni d'acte contraire aux bonnes mœurs, sans grever d'ailleurs la partie obligée d'aucune autre charge qui eût pu être évitée par l'emploi de moyens plus légaux. Ainsi, un commissionnaire emploie des courtiers marrons. Bien que la loi du 28 ventôse an IX, et l'arrêté du 27 germinal an X défendent à toutes personnes de s'immiscer dans les fonctions de courtiers, et de payer à d'autres les droits de courtage et de commission, néanmoins comme la question se réduit à une question d'exécution de mandat, les juges pourront allouer au commissionnaire ce qu'il aura payé aux courtiers marrons, alors que ces déboursés ont eu lieu de bonne foi, sans excès, sans préjudice pour le mandant qui a pris délivrance et tiré profit de la marchandise. Ce qui lui importe, c'est la fin et non les moyens (1).

46. Il y a certaines choses qui ne sont pas proscrites en elles-mêmes, mais dont la fabrication, la vente, le mouvement et l'exploitation commerciale sont soumis à de certaines conditions. Il se fait donc sur ces objets une contrebande qui n'est pas moins un délit que la contrebande exercée sur les provenances étrangères. Supposons une convention

---

(1) Cass., 27 mars 1843. SIREY, 43, 1, 516.

telle que par elle-même elle rende virtuellement l'une des parties complice du délit dont l'autre est l'auteur principal; par exemple une société : comme cette convention est tout un délit; comme toutes parties sont également punissables, elles ne peuvent pas plus en poursuivre l'exécution, que s'il s'agissait d'une convention contraire aux bonnes mœurs (1).

Mais qu'on y fasse attention; il faut que ce soit la convention elle-même qui constitue la complicité et contienne le délit. Après avoir acheté dix barriques de vin d'un marchand ou d'un propriétaire, je conviens avec lui de certaines mesures à prendre pour l'enlèvement frauduleux du vin qu'il m'a vendu; la vente du vin est valable. Il n'y a de nul et d'illicite que la convention subsidiaire d'enlèvement frauduleux; et si je lui avais promis quelque chose pour prix de sa coopération, il n'aurait rien à exiger. La raison de cette distinction est sensible : si la vente du vin est valable, c'est que la violation de la loi ne porte pas sur l'objet même de la vente, légitimement vénal, mais bien sur un incident de la convention principale, incident qui s'en détache pour être frappé à part d'une nullité radicale, comme constituant seul une infraction à la loi.

Cette distinction nous paraît concilier les principes de l'équité avec les rigueurs de la loi. Elle permet d'atteindre la fraude et les délits, mais eux seuls. La mauvaise foi des délinquants sera punie, et la mauvaise foi des contractants ne sera pas autorisée, en tant qu'il s'agira simplement de l'exécution d'un contrat qui ne constitue ni complicité, ni délit. Cette distinction est applicable à tous les cas où le contrat et sa cause ne renferment en eux-mêmes aucune injustice, aucune illégalité, et où ils offrent seulement un vice particulier qui leur est extrinsèque. Tels sont les cas où des lois et règlements de police défendent de faire certains travaux, de procéder à cer-

---

(1) Limoges, 18 août 1879. SIREY, 79, 2, 248. — Cass., 8 novembre 1880. SIREY, 81, 1, 248.

tains actes, comme de bâtir sans alignement préalable, de faire tel travail confortatif à un bâtiment, etc... Je n'en devrai pas moins le salaire des ouvriers dont j'aurai loué le travail.

Cependant l'article 424 du Code pénal prive l'acheteur de toute action contre le vendeur qui l'aura trompé par l'usage de poids ou de mesures prohibés. Cette disposition exceptionnelle est fondée sur la nécessité d'abolir un ancien système et d'en propager un nouveau.

47. Certains faits, certains actes sont soumis à une sorte de consécration fiscale. Telle est la perception des droits d'enregistrement, fixes ou proportionnels. Les infractions aux lois qui la régissent ne sont sans doute punies que par des amendes, qui ont plutôt un caractère de réparation civile due au trésor. Néanmoins ces amendes ont un véritable caractère de répression et de pénalité. Toute convention qui aurait pour cause l'accomplissement d'une infraction à ces prohibitions pénales serait donc illicite et nulle, comme celle de commettre un délit commun. Ainsi, je vous promets tant, pour que dans la vente de dix mille francs que vous m'avez consentie, vous ne portiez le prix qu'à cinq ou six mille francs, afin d'épargner le payement de droits en proportion. Cette convention est nulle. Elle est la rémunératiou d'une fraude faite au trésor dont les droits, qu'on s'en pénètre bien, sont aussi sacrés que ceux des particuliers. Elle a donc pour cause un fait contraire à la loi et aux bonnes mœurs, à ce sentiment de justice naturelle qui nous apprend qu'il ne faut attenter aux droits de personne, *neminem lædere*. Mais il n'y a de nul que cette convention secondaire. La vente n'en subsiste pas moins (1).

Remarquons encore que la convention, pour être frappée de nullité, doit avoir précisément pour objet et non pour conséquence plus ou moins directe, la perpétration d'une

_____

(1) Voy. Toulouse, 30 janv. 1864. SIREY, 64, 2, 136.

fraude envers le trésor. Comme la validité des contrats se juge entre les parties en dehors et indépendamment des fraudes qui, à leur occasion, ont pu être commises au préjudice du fisc, il ne faut pas arguer de nullité et d'illégalité tous ceux qui ont pour conséquence de rendre la perception des droits d'enregistrement moins facile ou moins complète. Ainsi, une vente n'est pas nulle par cela seul qu'on a dissimulé dans le contrat une partie du prix, ou que, par une combinaison de clauses spécieuses et habiles, on a essayé de lui donner la couleur d'un échange. Pourquoi cela ? C'est que le contrat n'a pas eu précisément pour objet une contravention à la loi, ni pour cause la consommation d'une fraude envers le trésor.

Par les mêmes raisons, nous reconnaissons comme valable l'obligation contractée par le vendeur sous signature privée de passer à l'acquéreur procuration pour revendre, afin d'éviter les frais d'une première mutation. Cette fraude envers le fisc peut bien être la conséquence de cet arrangement entre les parties, puisqu'il dissimule une première mutation et rend ainsi une première perception de droits fort difficile. Mais il n'en est pas moins vrai que cette obligation de donner à l'acquéreur mandat de vendre, peut s'expliquer d'abord dans un sens autre que celui d'une convention exclusivement frauduleuse ; et au fond ce n'est pas une convention emportant promesse de contrevenir précisément aux lois fiscales. Si les droits du trésor sont compromis, c'est bien moins l'objet même du contrat que le fait des circonstances au milieu desquelles les parties ont agi et contracté, sans que la loi leur imposât l'obligation d'être plus explicites et moins dissimulées dans leur convention (1). C'est ainsi que l'on peut valablement mettre, à la fin d'un acte sous signature privée, une clause qui

----

(1) Cass., 13 mars 1839. SIREY, 39, 1, 302. — Caen, 9 juillet 1849. SIREY, 52, 2, 118. — Limoges, 9 janvier 1878. SIREY, 78, 2, 332. *Contrà,* Paris, 16 décembre 1875. SIREY, 78, 2, 331.

impose à la partie contrevenante l'obligation de supporter seule les droits de timbre et d'enregistrement.

Ainsi encore, quel que soit le but d'un notaire qui, en achetant sous signature privée, stipule que le vendeur donnera à un tiers indiqué une procuration à l'effet de revendre les immeubles aliénés, cette clause, qui a le double but de ménager au notaire le bénéfice des actes de revente et de frauder les droits du fisc, n'est pas de nature à entraîner la nullité de l'aliénation, lorsqu'il n'est pas constaté que la vente n'a eu lieu que sous la condition que les actes de revente seraient reçus par le notaire acquéreur, contrairement aux prohibitions de la loi du 25 ventôse an XI, article 8. Cette infraction s'applique tout au plus aux seuls actes de revente qui la constituent (1).

48. Notre organisation politique présente certains corps et compagnies dans le sein desquels il a été établi un pouvoir de surveillance et de police intérieure, *castigatio domestica*, chargé de maintenir chacun de leurs membres dans l'exacte observation des devoirs que leur imposent les lois de leur institution. Vis-à-vis d'autres fonctionnaires, le gouvernement s'est réservé lui-même, dans toute son intégrité, l'exercice de ce pouvoir disciplinaire.

Tout acte de leur part contraire à leur dignité, à leur indépendance, à leur considération; tout fait qui blesse les sentiments d'honneur, de délicatesse et de loyauté; toute omission, toute négligence dans l'exercice de leurs fonctions, sont autant d'infractions aux règlements disciplinaires, passibles elles-mêmes, suivant leur nature et leur gravité, d'une peine graduée, depuis la simple réprimande jusqu'à la révocation.

Nous n'avons pas à examiner ici quel pouvoir prononce ces diverses peines, comment et devant qui l'action est intentée, comment les condamnations s'exécutent, et quels recours sont

---

(1) Cass., 30 avril 1844. SIREY, 44, 1, 569.

ouverts aux parties. Toujours est-il que ce sont des peines qui
frappent la personne dans sa fonction, dans sa profession.
Que je convienne donc avec un avocat qu'il commettra précisément un de ces faits qui dégradent son caractère, et l'exposent à une poursuite disciplinaire, je fais une convention illicite et nulle.

Mais de ce que la cause de la convention constitue une infraction à une prohibition disciplinaire, il ne faut point conclure que la nullité de cette convention doive entraîner les
mêmes conséquences que la nullité d'une convention dont la
cause est de faire une chose contraire aux bonnes mœurs,
ou contraire aux prohibitions pénales ordinaires, relatives aux
délits communs. En effet, la nature même des peines simplement disciplinaires indique suffisamment leur but et leur intention. Nous les avons signalés déjà ; c'est le maintien d'une
bonne police, d'une discipline exacte dans l'exercice de certaines professions et fonctions, en rappelant les personnes au
sentiment de leurs devoirs. Les infractions aux règlements
disciplinaires sont ainsi des infractions à l'ordre public, et la
peine qui y est apposée n'en change point le caractère. Comment d'ailleurs assimiler ces infractions aux infractions communes ? Ici, il faut un fait précis, déterminé dans son caractère,
dans ses éléments. La justice doit s'en emparer vite, et ne pas
le laisser prescrire. Elle épuise tout son droit par une première poursuite. Là, au contraire, rien de précis, rien de déterminé dans les faits qui peuvent constituer une infraction disciplinaire. Il faut sans doute des faits d'une gravité incontestable. Mais les manquements de la part d'une personne aux
devoirs de sa profession ou de sa fonction, peuvent se fonder sur
des faits de caractères si divers et d'une appréciation si arbitraire,
qu'ils se sentent plutôt qu'ils se définissent, et que les poursuites disciplinaires sont souvent en quelque sorte des procès de
tendance, plutôt fondés sur l'ensemble de la conduite que sur un
acte particulier. Aussi, n'y a-t-il ni prescription, ni fins de non
recevoir contre elles. C'est ce qui nous fait dire que les man-

quements disciplinaires ne sont que des manquements à l'ordre public ; et de là nous concluons que les conventions dont la cause est contraire aux règles de la discipline et de la police de certaines fonctions, ne sont frappées que d'une nullité simple, et ne sont pas nulles, comme les conventions dont la cause est la consommation d'un fait contraire aux bonnes mœurs, ou constitutif d'une contravention, d'un délit ou d'un crime : c'est-à-dire que la nullité de ces engagements ouvre à chaque partie le droit de répéter ce qu'elle a payé à l'autre sans cause légitime.

Comme l'action disciplinaire est indépendante des actions civile et criminelle auxquelles le même fait peut donner lieu, nous devons distinguer entre les infractions qui ne peuvent fonder qu'une poursuite disciplinaire, et celles qui constituent en même temps une infraction aux lois pénales ordinaires, ou un attentat aux bonnes mœurs, aux sentiments universels d'honneur, de considération, de pudeur publique. Si, en effet, la cause de la convention consiste dans un de ces faits qui constituent, outre le manquement disciplinaire, un crime, un délit, ou une atteinte aux bonnes mœurs, la convention est nulle de manière à ne laisser à aucune partie un droit de répétition contre l'autre. Tels sont, par exemple, les faits de concussion, de forfaiture, de faux, de déni de justice, tous faits de charge, crimes ou délits. Telles sont encore les immixtions de certains fonctionnaires dans des affaires ou commerces incompatibles avec leurs qualités (175, 176, C. p.). On rentre alors dans tout ce que nous avons dit sur les contrats dont la cause est la perpétration même d'un délit (1).

Remarquons toutefois que quand nous disons que le droit de répétition n'existe pour aucune partie, nous supposons qu'il s'agit d'une infraction commune à tous les contractants, dont l'un doit être auteur principal, et l'autre complice, ou tous ensemble coauteurs. Ainsi, un préfet, dans son ressort,

_____

(1) Voy. *suprà*, n° 33.

ne peut faire le commerce des grains (176, C. p.) ; de bonne foi, je lui en vends ; je puis exiger le prix ; il peut exiger la délivrance de la chose. Car la vente a sa cause dans son objet, dans le grain qui est parfaitement vénal. Mais si nous avions formé une association pour ce commerce délictueux, la justice, en présence de notre indignité commune, n'aurait pas à s'occuper de nos débats.

49. Après avoir insisté principalement sur celles des prohibitions pénales qui peuvent soulever le plus de doute et de difficultés, par la nature particulière des faits auxquels elles s'appliquent, nous allons passer aux prohibitions civiles.

Sans essayer d'en donner une nomenclature qui ne pourrait être qu'incomplète, nous nous bornerons à indiquer le caractère et les effets des nullités qui en résultent. Fondées sur un principe d'utilité générale, elles replacent les contractants au même et semblable état qu'avant la convention, comme le ferait une rescision ordinaire.

50. Mais les conventions faites en opposition avec les prohibitions civiles, ne sont pas toutes frappées d'une nullité radicale. Si les unes sont nulles, les autres sont simplement réductibles. De cette dernière espèce sont les conventions d'indivision ou de rachat exorbitantes ou illimitées. La loi réduit le terme obligatoire à cinq ans (815, 1660). Tout le vice du contrat est en effet dans son exagération. Il suffit alors de le réduire à la mesure légale.

Par application du même principe, les articles 2078 et 2088, au lieu d'anéantir pour le tout l'acte de nantissement, déclarent nulle la clause par laquelle il est convenu que le créancier deviendra, par le seul défaut de payement à l'échéance du terme, propriétaire de la chose donnée en gage ou en antichrèse. Le vice de la cause se purge par l'effet d'une simple réduction dans les stipulations de l'acte.

Quand nous disons que la loi réduit à cinq ans les conventions d'indivision ou de rachat qui dépassent cette limite, nous n'entendons parler que de conventions toutes nues, toutes seules, dégagées de toute autre circonstance qui semblerait créer une rémunération et un intérêt au fait d'indivision et de rachat hors des limites légales. Je conviens avec vous de rester vingt ans dans l'indivision. La loi réduit notre obligation à cinq années ; très bien ; c'est que la convention d'indivision est toute seule. Mais je conviens dans ces termes : je m'oblige à rester vingt ans dans l'indivision, et en conséquence vous me promettez tant. Si la loi réduisait mon obligation à cinq ans d'indivision, elle heurterait les termes du contrat ; car je ne dois avoir la somme promise que tout autant que je resterai vingt ans dans l'indivision, et non pas seulement cinq années. Il est clair que je ne pourrai y être contraint ; si j'y reste, ce sera pure volonté de ma part. C'est là du moins une première interprétation du contrat ; car il peut se faire que le contrat s'interprète autrement, en ce sens que l'autre partie a entendu s'obliger à payer la somme promise, non pas seulement pour une indivision facultative de ma part pendant vingt ans, mais encore et de préférence pour une indivision forcée de cinq ans, réduite ainsi aux termes de la loi (1).

51. De ce que la cause d'une convention est contraire aux prohibitions civiles de la loi, il ne faut point conclure que la nullité en soit absolue, qu'elle puisse être indifféremment opposée par tous les contractants. Quelquefois la nullité est simplement relative. Elle l'est d'abord dans tous les cas où la loi, par une présomption *juris et de jure*, prohibe la cause comme lésionnaire à l'égard de l'un des contractants. Telle est la convention exorbitante de gage (2078) et d'antichrèse (2088). La loi tire de la clause elle-même la présomption irréfragable que le débiteur a été lésé, spolié, et annule d'autorité la convention. Telles sont encore les clauses exorbitantes de société (1855) et de cheptel (1811). Celui-là seul pourra opposer la

(1) Voy. 1173, nos 40, 41.

nullité qui, aux yeux de la loi, aura été victime de la lésion et des manœuvres usuraires dont le contrat lui-même est la preuve légale. Le bailleur, l'associé, le gagiste, ne pourraient eux-mêmes prétendre que la clause est nulle. Singulière prétention que celle qui se ferait un titre de sa fraude et de son usure (1)!

Telles sont enfin les conventions que la loi prohibe, parce qu'elles tendent à gêner ou à interdire l'exercice de certains droits que, dans un intérêt public, elle a déclarés absolument inaliénables, ou aliénables seulement dans une mesure déterminée. Nous voulons parler, par exemple, du droit de demander le partage, de devenir propriétaire incommutable d'une chose vendue sous faculté de rachat, de se prévaloir d'une prescription ou d'une déchéance. La loi défend de s'obliger à une indivision de plus de cinq ans (815), de permettre le rachat au delà de cinq années (1660) de renoncer à une prescription non acquise (2220). Toutes ces prohibitions sont fondées sur l'utilité publique. Cependant, celui-là seul pourra opposer la nullité de la convention, en faveur duquel la loi l'a principalement prohibée.

Ainsi, un copropriétaire s'oblige, moyennant une somme de..., à rester en état d'indivision durant quinze ans ; un acquéreur, moyennant une somme de..., s'oblige à permettre le rachat pendant vingt ans ; tel, pour la somme de..., renonce à une prescription non acquise. Celui qui a promis la somme de... ne peut opposer la nullité du contrat. Le fait par lui stipulé peut en effet s'accomplir comme pur acte de volonté, sinon comme exécution d'un engagement pris. La nullité de la convention est tout entière dans l'engagement, non pas de payer la somme de..., mais de faire de l'autre côté telle chose contraire aux prohibitions de la loi ; elle n'est que là. Or, comme la loi annule ou réduit cet engagement, celui qui se l'est imposé peut dire à l'autre : je suis très libre, même après

(1) TROPLONG, *Louage,* nº 1136.

la convention, d'accomplir, ou non, le fait promis. Loin d'être enchaînée, ma liberté reste entière ; ne vous inquiétez pas de mon obligation, elle est nulle. A présent, de deux choses l'une : ou le fait pour lequel vous m'avez promis tant, s'accomplira, et il ne s'accomplira que parce que je l'aurai voulu, et alors vous devez me payer ; ou il ne s'accomplira pas, et alors, ayant usé des droits en la possession desquels la loi m'a réintégré, je n'aurai rien à vous demander. N'attaquez donc pas notre convention, à la nullité de laquelle vous n'avez aucun intérêt, ou du moins n'en avez qu'un de mauvaise foi. Ce que vous appelez l'intérêt public de la question, ne doit pas aller au delà de sa satisfaction légitime. Or, il est satisfait par la restitution des droits que j'ai voulu, mais que je ne pouvais pas aliéner, comme j'entendais le faire. Qu'est-ce, au surplus, que cet intérêt public ? C'est le mien aujourd'hui, demain le vôtre ; c'est l'intérêt d'une seule partie à la fois, et enfin, à force d'addition, l'intérêt de tous. Mais il n'est pas plus public que celui que peut mettre en question la vente de biens dotaux, ou de biens de mineurs, de femmes mariées, d'incapables. Cet intérêt s'individualise toujours ; il prend un nom propre ; c'est celui d'une personne déterminée. Si le principe est d'intérêt général, l'application en est d'intérêt privé.

Ce qu'il faut entendre par intérêt véritablement public, n'est donc pas cet intérêt particulier et individuel qui se satisfait par la satisfaction d'une seule partie, mais bien au contraire celui qui ne se satisfait qu'en lui-même, indépendamment de toute satisfaction privée, comme celui qui a fait prohiber les conventions contraires aux bonnes mœurs, aux lois pénales et à la plupart des lois d'ordre public.

52. Nous nous sommes jusque-là presque exclusivement occupé du cas où le contrat n'a qu'une cause unique, ou du moins principale, contraire aux bonnes mœurs, à l'ordre public, aux prohibitions de la loi. Mais il peut arriver que, accessoirement à la cause principale fort licite en elle-même, il en

apparaisse une autre illicite. Si cette cause accessoire a été prise par les contractants comme complémentaire de la première, une contagieuse illégalité les infecte toutes deux; le contrat est entièrement nul. Par exemple, je vous vends ma maison dix mille francs, à la charge encore par vous de faire telle chose illicite. Le payement des dix mille francs et la prestation du fait convenu sont à eux deux toute la cause du contrat. La cause tombe donc, parce qu'on ne peut la diviser contre l'intention des contractants, ni la maintenir tout entière contre les prohibitions de la loi (1).

C'est en vertu du même principe que la société formée cumulativement de biens présents et à venir, contrairement aux dispositions de l'article 1837, doit être annulée pour le tout et non simplement réduite aux biens présents. Son objet est en effet indivisible dans l'intention des contractants qui ont pu compter sur des espérances, sur les biens à venir, pour égaliser les apports sociaux. En réduisant la société aux biens présents, on viole donc la volonté des parties, et, en la maintenant pour le tout, on viole la loi. Aussi, est-ce une nullité totale qu'il faut prononcer (2).

53. Il ne faut pas confondre avec les causes accessoires dont nous venons de parler, certaines clauses modales qui, ne contenant aucune cause réelle et étant prises en dehors des éléments de la causalité, s'effacent seules de la convention. Leur vice d'illégalité n'est point contagieux et n'entraîne qu'une annulation partielle. Elles sont seules annulées ou réduites, *vitiantur et non vitiant*. Le contrat n'en subsiste pas moins pour le surplus. C'est un membre gangrené que l'on coupe; le reste du corps conserve la santé. Nous rappelons quelques exemples déjà indiqués; telles sont les ventes de certaines marchandises, avec clause relative à leur enlèvement fraudu-

---

(1) Voy. 1131, n° 4.
(2) Duvergier, *Société*, n° 103. — Troplong, *Société*, n° 276. — *Contrà*, Duranton, t. 17, n° 350,

leux, parce que le mouvement, la vente ou la fabrication en sont soumis à des perceptions et vérifications fiscales; telles sont encore les clauses accessoires à un contrat principal, portant obligation d'indivision ou faculté de rachat au delà du terme légal, ou renonciation à une prescription non acquise. Elles tombent seules, le vice ne s'en fait pas sentir plus avant dans le contrat, qui d'ailleurs a une cause licite et suffisante.

54. Nous rappellerons ici que les contrats à titre gratuit, les donations, ont aussi nécessairement leur cause. Nous le rappelons, afin de signaler l'importance de la distinction que l'on doit faire entre la cause et la condition d'une libéralité. En effet, la condition illicite est réputée non écrite dans une donation (900); la cause illicite au contraire l'annule. La cause d'une donation est dans l'esprit même de libéralité qui l'inspire, joint à l'intérêt que, suivant les cas, offrent les charges et conditions imposées au donataire. Ainsi, donne-t-on à une personne déclarée incapable de recevoir; la cause est illicite, parce que l'esprit de libéralité qui dicte la donation est réprouvé par la loi, et que l'intention de donner est toute la cause du contrat. Donne-t-on, non plus en considération de la personne, mais en rémunération ou en échange du fait que le donataire a accompli ou doit accomplir, et ce fait est-il contraire aux bonnes mœurs, à l'ordre public, aux prohibitions de la loi; le contrat est nul, parce qu'il a une autre cause qu'un pur esprit de libéralité, et que cette cause est illicite. Dans le doute, il vaudra mieux certainement s'en tenir au sens qui fait maintenir le contrat; mais chaque fois que la donation présentera un caractère rémunératoire ou commutatif, il n'y aura pas à hésiter à lui appliquer, en ce qui concerne la cause, les principes des contrats à titre onéreux (1).

55. Le commentaire de l'article 1133 se complète naturellement par celui des articles 1172, 1173, où nous parlons des conditions illicites, et auquel nous renvoyons le lecteur.

(1) Voy. 1132, nos 10 et suiv. — 1172, n° 18.

CHAPITRE III.

DE L'EFFET DES OBLIGATIONS.

SECTION Iʳᵉ.

DISPOSITIONS GÉNÉRALES.

ARTICLE 1134.

Les conventions légalement formées tiennent lieu de loi à ceux qui les ont faites. — Elles ne peuvent être révoquées que de leur consentement mutuel, ou pour les causes que la loi autorise. — Elles doivent être exécutées de bonne foi.

Sommaire.

1. De la force de l'obligation.
2. Elle est préexistante à la loi civile.
3. Droit suppose obligation. Ces termes sont corrélatifs.
4. L'action s'explique et n'a pas besoin de se nommer.
5. Des actions *stricti juris* et *bonæ fidei* en droit romain.
6. Tant dure le droit, tant dure l'action.
7. L'obligation est irrévocable.

COMMENTAIRE.

1. Comme, en jurisprudence, rien ne se définit que par ses effets, nous avons déjà parlé, en définissant le contrat, de l'obligation qu'il produit. Nous n'aurons donc pas à y revenir.

Ce lien de droit, *vinculum juris*, comme on appelle l'obligation, est le premier effet de tout contrat. Il en est la condition essentielle et sans laquelle il n'existerait pas. C'est lui qui fait que les conventions légalement formées tiennent lieu de loi à ceux qui les ont faites (1134) (1), paroles énergiques qui, en élevant les contrats à la hauteur de la loi, leur en communiquent la grandeur et la majesté.

2. L'obligation qui résulte de tout contrat est préexistante à la loi civile. Le législateur l'a trouvée toute créée, et n'a eu qu'à en régler les détails d'exécution et le mode de poursuite. Que l'homme puisse contracter et s'obliger, c'est la plus grande des nécessités sociales, le plus noble attribut de la liberté et de la moralité humaines. Tout contrat reçoit sa première sanction de la conscience, de même qu'il puise toute sa force dans la volonté des contractants. Que l'on ne dise donc pas que les conventions n'ont de force obligatoire que parce que les lois civiles l'ont ordonné, comme s'il leur avait été possible de supprimer en l'homme la liberté et la conscience. C'est une grande erreur, si l'on s'imagine rehausser et ennoblir le principe de nos relations sociales, en y faisant partout apparaître le mécanisme artificiel d'une opération purement humaine. Le caractère mystérieusement divin de leur origine est mieux fait pour commander le respect et l'obéissance. Le contrat sera plus fort quand on aura dit de l'obligation : la conscience le veut, que lorsqu'on aura dit : les hommes l'ont voulu. En s'appuyant ainsi sur la morale, les lois civiles auront doublé de force.

3. Toute obligation d'un côté suppose un droit de l'autre, comme toute dette, une créance. Ces termes sont corrélatifs. Quand on regarde du côté de l'une, on n'a qu'à se retourner pour voir l'autre. S'il n'était pas satisfait, ce droit serait comme s'il n'existait pas. Il tend donc à l'accomplissement de l'obligation, la seule chose qui puisse le satisfaire. Mais comme il est interdit, à cause des dangers, de l'insuffisance et de la précarité de ce mode de poursuite, de se faire justice soi-même, celui qui a un droit à exercer doit suivre certaines

(1) DOMAT, Lois, ch. 5, n° 1.

règles tracées par les lois civiles, et dont l'ensemble forme la procédure. La puissance publique intervient et prend fait et cause pour le droit contre l'obligation. Cette mise en mouvement du droit, c'est l'action, la poursuite de ce qui est dû; et dans la lutte qui s'engage entre l'obligation toute seule d'un côté, et le droit assisté de la société tout entière de l'autre, celle-là doit infailliblement succomber.

Voici donc, en résumé, ce qui se passe : du contrat naissent l'obligation et le droit; puis du droit résulte l'action, soit qu'on entende par action la faculté de poursuivre ce qui est dû, ou l'exercice même des poursuites.

4. Dépouillée des subtilités formalistes, des distinctions et des dénominations sans nombre introduites par le droit romain (1), la théorie de l'action a toujours été fort simple dans les principes de notre droit français. Calquée sur le droit qui lui sert de type, l'action se qualifie par son intention et son utilité finale. Son objet est son nom, son intérêt est sa mesure. Elle s'explique sans avoir besoin de se nommer.

5. Le droit romain avait deux grandes classes d'actions, l'une qui comprenait les actions appelées *stricti juris*, de droit strict, et l'autre, les actions dites *bonæ fidei*, de bonne foi. Les actions de droit strict étaient ainsi nommées, parce que son office y étant resserré dans les limites du droit civil, le juge devait se prononcer d'après la rigueur du droit proprement dit, sans pouvoir apporter le moindre tempérament d'équité, ni même s'inquiéter du dol pratiqué par l'autre partie, à moins que le demandeur ne s'en fût fait garantir par une clause expresse, ou n'eût obtenu l'exception de dol. Les actions de bonne foi étaient ainsi appelées, parce que le juge était alors autorisé à se prononcer d'après l'équité, *ex æquo et bono*, d'après l'appréciation du dol, du retard, des fautes, et enfin de

---

(1) Dumoulin, *De eo quod inter.*, n° 211, les appelle *barbaries forensis*.

la bonne ou de la mauvaise foi des parties, tout compte fait entre elles de ce qu'elles pouvaient respectivement se devoir.

Notre droit français n'a jamais connu cette division. De même que les conventions doivent être exécutées de bonne foi (1134), toutes les actions sont également de bonne foi, en ce sens que le juge estime, suivant la loi et l'équité, ce qu'il doit accorder à chaque partie, sans qu'il puisse néanmoins excéder la demande et condamner le défendeur *ultra petita*, et sans qu'il puisse aussi, au lieu de la réduire, rejeter purement et simplement la demande, sous prétexte qu'elle est excessive.

Ces mots, *bonne foi*, ont une très large acception. Ils expriment tous les sentiments honnêtes d'une droite conscience. Sans exiger un raffinement de délicatesse qui pousse le désintéressement jusqu'au sacrifice, la loi bannit des contrats les ruses et les manœuvres astucieuses, les procédés malhonnêtes, les calculs frauduleux, les dissimulations et les simulations perfides, la malice enfin qui, tout en se déguisant sous les apparences de la prudence et de l'habileté, spécule sur la crédulité, la simplicité et l'ignorance (1). A la bonne foi, la loi oppose ce qu'elle appelle la mauvaise foi. Mais dans le sens qu'elle y attache, cette mauvaise foi, purement légale, consiste le plus souvent dans la connaissance qu'a eue le stipulant, ou qu'il est censé avoir eue, des vices de son contrat. Par contre, la bonne foi consiste alors dans l'ignorance. Dans ce cas aussi, la mauvaise foi, sans incriminer la conscience, constitue soit une imprudence, une faute, ou une infraction à la loi civile, plutôt qu'un manquement aux règles de la morale et de la probité. Nous aurons plus d'une fois l'occasion d'en signaler les conséquences. Nous observons seulement que tel est le sens dans lequel sont pris ici les mots de bonne foi, que la mauvaise foi, qui en est l'opposé, doit s'entendre, dans l'application de l'article 1134, comme expression d'intention mauvaise, dolosive et frauduleuse.

(1) Voy. Cicéron, *De off.*, liv. 3, n° 17.

Ils expriment enfin non-seulement une fidélité scrupuleuse
dans les engagements, selon la confiance établie entre gens
d'honneur et de probité, mais encore l'observation exacte de
tous les devoirs de justice et d'équité naturelle. C'est à cette
bonne foi que les Romains avaient élevé dans le Capitole une
statue, auprès de celle de Jupiter Très-Bon et Très-Grand (1).
Considérée en ce sens, la bonne foi est synonyme de bonne
action, le mot foi, *fides*, venant, d'après Cicéron (2), de faire,
quia fiat. Aussi Trébatius, donnant sa formule de fiducie,
disait-il : *ut inter bonos bene agier oportet*, comme il convient de
se bien conduire entre gens de bien (3); maxime d'or, ainsi
que l'appelle l'orateur romain (4).

6. Tant dure le droit, tant dure l'action. Car un droit dé-
sarmé de la faculté de poursuivre, n'aurait aucune existence
légale ; il serait comme n'existant pas. Le débiteur ne peut
donc se soustraire impunément à l'exécution de son obligation,
tant qu'elle dure. L'action est précisément destinée à vaincre
sa résistance, et à le contraindre à satisfaire, bon gré mal gré,
à tous ses engagements, par les voies d'exécution qui en sont
le couronnement et la fin. S'il y a eu de sa part quelque témérité ou imprudence, la peine en est justement dans l'accomplissement de son obligation.

7. C'est ainsi que le lien produit par la convention est essentiellement irrévocable, et ne dépend plus du caprice ni de
la fantaisie de l'un des contractants. La convention régulièrement formée ne peut plus être révoquée que pour les causes
que la loi autorise (1134), et dont nous nous occuperons en
traitant de l'extinction des obligations.

Parmi les causes de révocation, la loi met ici en première

---

(1) Cicéron, *De off.*, liv. 3, n° 29.
(2) *De off.*, liv. 1, n° 7.
(3) Cicéron, Lettre 175 à Trébatius, éd. Nisard.
(4) *De off.*, liv. 3, n° 17.

ligne le consentement mutuel des parties. Ce que nous avons à en dire sera mieux à sa place sous l'article 1234.

ARTICLE 1135.

Les conventions obligent non-seulement à ce qui y est exprimé, mais encore à toutes les suites que l'équité, l'usage ou la loi donnent à l'obligation d'après sa nature.

Sommaire.

1. La nature de l'obligation dépend du contrat.
2. Comment son étendue se détermine.
3. En quels cas il faut recourir à l'usage et à l'équité.

COMMENTAIRE.

1. S'il est vrai que l'effet immédiat et essentiel de tout contrat soit de produire une obligation, il est également vrai que cette obligation est toujours en rapport avec la nature et l'espèce du contrat qui la produit. Elle ne sera pas seulement une obligation tantôt de donner, tantôt de faire, tantôt de ne pas faire; elle sera encore une obligation de donner, de faire ou de ne pas faire, d'une espèce particulière et d'une étendue déterminée.

2. Comme la formation de tout contrat dépend d'abord de la volonté des parties, pour tout ce qui n'est pas contraire aux bonnes mœurs, à l'ordre public et aux prohibitions de la loi, il oblige premièrement à ce qui y est exprimé (1135), à tout ce dont les contractants se sont fait entre eux une loi.

Les parties cependant peuvent ne pas tout prévoir, tout définir, tout expliquer. Les conséquences même les plus prochaines de leur convention peuvent leur échapper; à plus forte raison, les conséquences éloignées. Aussi, la loi a-t-elle pris soin de déterminer l'étendue de chaque obligation, suivant la nature du contrat duquel elle dérive. Elle supplée par ses dis-

positions le silence des contractants ; elle fixe le sens et la portée du contrat sur tous les points où il n'y a pas dérogation
conventionnelle aux principes ordinaires qu'elle a posés. Lors
donc qu'il y a lieu d'apprécier une convention, il s'agit de savoir, non pas si les parties se sont soumises au droit commun,
ce qui est la règle, mais si elles y ont dérogé, ce qui est l'exception.

La loi elle-même, aussi peu infaillible que l'homme dont elle
est l'ouvrage, peut être incomplète et insuffisante. C'est à l'é-
quité, à la loi naturelle de la compléter. Le bon sens est alors
législateur et juge.

L'usage a toujours été d'un grand secours et d'une grande
autorité dans l'appréciation des contrats. Il est tout naturel
que, jusqu'à preuve contraire, on soit censé ne pas vouloir
contracter et s'obliger autrement que les autres. La loi doit
donc prendre en considération l'habitude bien établie des faits,
et, en s'en référant à l'usage, elle lui laisse la place qui lui
convient dans la détermination des engagements.

Tout ce que nous venons de dire, l'article 1135 le résume
ainsi : les conventions obligent non seulement à ce qui y est
exprimé, mais encore à toutes les suites que l'équité, l'usage
ou la loi donnent à l'obligation, d'après sa nature.

3. Mais il faut remarquer qu'on ne doit recourir à l'équité
et à l'usage que dans le silence absolu de la loi. Elle est la
règle supérieure et l'autorité souveraine. Quelles que soient
les sollicitations de l'équité, où il y a un texte précis, il n'y a
pas moyen d'aller contre ni de passer outre. La loi, comme
le dit Bentham, a le même centre que la morale, mais elle n'a
pas la même circonférence. Dans la théorie des contrats, qui
n'est pourtant que celle du bon sens, elle ne va pas aussi
loin que la morale. *Non omne quod licet honestum est* (1), ce
qui est licite par les lois n'est pas toujours honnête, et l'on

(1) L. 144, *ff. De reg. jur.*

peut s'écrier avec un philosophe de l'antiquité (1): *Quàm an-
gusta innocentia est ad legem bonum esse! Quanto latiùs officio-
rum patet quàm juris regula!* Qu'elle est étroite cette vertu qui
s'adapte à la lettre de la loi! Combien la règle des devoirs est-
elle plus étendue que celle du droit!... Soyons justes cependant envers la loi, et disons que la consécration de l'iniquité
est le plus souvent le fait d'une interprétation mauvaise et
d'une application injuste de ses dispositions. Il faut donc
tendre constamment à ramener la loi, surtout en matière d'obligations, à la pratique de l'équité, c'est-à-dire à l'art du bon
et du juste, et se rappeler sans cesse que la science du droit,
dans sa fin et dans son but, n'est que la science de l'équité et
du bon sens (2). Ce ne sera jamais sans doute que l'équité de
la loi; mais enfin ce sera l'équité telle qu'elle doit être dans
les actes de la justice, largement entendue et grandement pratiquée, aussi éloignée de la dureté d'un esprit sec et rude qui
ne comprend que le *summum jus,* que des scrupules méticu-
leux d'une conscience timorée qui se défie du droit et craint
de lui donner raison.

Comme l'équité, l'usage ne saurait prévaloir sur la lettre
formelle de la loi. Il peut l'expliquer, la compléter, mais non
la dénaturer et la détruire. Il ne serait plus alors qu'un abus,
en faveur duquel il n'y a point de prescription.

Nous renvoyons, au surplus, au commentaire des articles
1159 et 1160.

SECTION II.

DE L'OBLIGATION DE DONNER.

ARTICLE 1136.

L'obligation de donner emporte celle de livrer la chose et
de la conserver jusqu'à la livraison, à peine de dommages et
intérêts envers le créancier.

---

(1) SÉNÈQUE, *De irâ.,* liv. 2, ch. 27.
(2) DUMOULIN, *Div. et ind.,* P. 2, n°s 276, 277.

Sommaire.

COMMENTAIRE.

1. Après avoir expliqué les effets des obligations en général, le Code s'occupe de leurs effets particuliers, suivant leur distinction en obligations de donner et en obligations de faire ou de ne pas faire: C'est en effet la grande division qui les comprend toutes. Ce n'est pas que les obligations de l'une et de l'autre espèce ne se subdivisent encore, suivant la nature des contrats qui les produisent; mais la loi, ne posant ici que des principes généraux et communs, se réserve d'expliquer leurs effets spéciaux dans le titre qu'elle consacre particulièrement

à chacun de ces contrats. Si donc les dispositions de notre section sont spéciales, en ce sens qu'elles ne s'appliquent qu'aux obligations de donner, elles sont générales, en ce sens qu'elles s'appliquent indifféremment à toutes les obligations de cette nature.

2. Voyons d'abord en quoi consiste l'obligation de donner. Littéralement, elle consiste dans la délivrance d'une chose susceptible de possession. L'obligation de donner emporte donc celle de livrer la chose (1136).

Cette première obligation de livrer en emporte une autre, celle de conserver la chose jusqu'à la livraison, à peine de dommages et intérêts envers le créancier (1136). Nous verrons sous l'article suivant quels soins doit apporter le débiteur à la conservation de la chose due.

3. Il importe peu que l'obligation de donner se résolve dans la translation de la propriété ou de tout autre droit sur la chose. Elle n'en conserve pas moins son caractère particulier, soit qu'elle ait pour objet la propriété, comme dans la donation, la vente, l'échange, le prêt de consommation; ou la jouissance, comme dans le louage, le commodat, l'antichrèse, l'usufruit, l'usage, l'habitation; ou un simple service, comme dans les servitudes; ou l'occupation d'une chose, comme dans le cas d'une construction à faire sur un terrain déterminé; ou bien enfin une exhibition, une représentation, une communication de la chose, comme dans le cas où l'on demande communication ou copie d'un titre. On voit par là que le sens du mot donner est fort étendu, et qu'il comprend tous les genres de droits qu'on peut avoir sur une chose.

4. Ce qui caractérise surtout l'obligation de donner, c'est son mode d'exécution. A la différence de l'obligation de faire ou de ne pas faire, qui se résout, à défaut d'exécution, en dommages et intérêts (1142), elle reçoit une exécution littérale et complète. Elle s'exécute ponctuellement par la délivrance même de la chose, et le débiteur ne peut offrir en

place des dommages et intérêts. De même en effet qu'il est dans l'obligation de livrer la chose, le créancier est en droit de l'exiger.

5. Il ne faut pas croire cependant que l'obligation de donner ne puisse jamais se résoudre en dommages et intérêts. Elle s'y résout toutes les fois que, s'agissant d'une chose actuelle, cette chose a péri ou a disparu par la faute du débiteur tenu de veiller à sa conservation; ou bien encore lorsque, s'agissant d'une chose future, cette chose n'a pas existé par le fait de l'obligé tenu d'aider et de concourir à sa production; et enfin lorsque l'obligation de donner se compliquant d'une obligation de faire ou de ne pas faire, il a été contrevenu par le débiteur aux obligations de cette dernière espèce. Par exemple, je vous vends un cheval; avant la délivrance, je le tue ou l'estropie; dommages et intérêts. Je vous vends un diamant, puis je le fais disparaître; dommages et intérêts. Je vous vends cent hectolitres de blé sur ma future récolte; je fais exprès de ne pas cultiver ou de dévaster mes champs; dommages et intérêts. Dépositaire, je dois livrer la chose dans un lieu convenu; il y a une obligation accessoire de faire qui se résout encore en dommages et intérêts, mais seulement en ce qui concerne le fait du payement et non la chose à payer.

Rigoureusement même, toute obligation de donner se mélange et se complique d'une obligation de faire ou de ne pas faire, puisque le débiteur est obligé d'apporter à la conservation de la chose des soins tout personnels dont la loi détermine la qualité, suivant la nature de la convention. Mais cette circonstance n'est qu'accessoire et secondaire, et l'obligation se qualifie toujours par ce qu'elle a de principal et d'essentiel, par son objet prédominant et son intention définitive. Or, elle n'en continue pas moins d'avoir pour objet une chose à donner, puisque l'obligation de veiller à la conservation ou à la production de la chose n'intervient précisément que pour mieux assurer son exécution littérale et ponctuelle.

6. Nous l'avons déjà dit ; de ce que le débiteur est dans l'obligation de livrer la chose, le créancier est en droit de l'exiger. Et comme l'action doit correspondre au droit, il en résulte pour lui une action dont il est important de préciser la nature et les effets.

Nous entrons ici dans la théorie des droits et des actions personnels, des droits et des actions réels, des droits et des actions à la fois personnels et réels, et qu'en conséquence on appelle mixtes. Voici l'importance de la question : d'après l'article 59 du Code de procédure, le défendeur doit être assigné, en matière personnelle, devant le tribunal de son domicile, et s'il n'a pas de domicile, devant le tribunal de sa résidence ; en matière réelle, devant le tribunal de la situation de l'objet litigieux, et, en matière mixte, devant le tribunal de son domicile ou de sa résidence, ou bien encore de la situation de la chose.

L'action réelle se subdivise encore en action réelle mobilière et en action réelle immobilière, suivant qu'elle s'applique à un meuble ou à un immeuble. Comme les meubles, *mobilia*, n'ont pas de situation fixe, et qu'ils sont censés suivre partout la personne, l'action mobilière s'intente devant le juge du domicile du défendeur. Les immeubles, *immobilia*, ayant au contraire une assiette et une position fixes, l'action immobilière dirigée contre eux se poursuit devant le juge de leur situation. Tel est le sens de l'article 59 du Code de procédure. Il y a donc là-dessous toute une question de compétence, sauf les cas où il y a attribution spéciale de juridiction.

Suivant les principes du droit romain et de notre ancienne jurisprudence, les contrats ne produisaient jamais qu'un droit personnel et une action personnelle comme lui. Les obligations de donner ne conféraient au créancier qu'un droit à la chose, *jus ad rem*, droit tout personnel qui n'aboutissait qu'à un action personnelle, *in personam*, contre le débiteur, pour le contraindre à livrer la chose. Et de là cette conséquence, que ne s'adressant et ne pouvant s'adresser qu'à la personne de l'obligé, l'action ne pouvait pas être intentée contre les tiers qui détenaient la chose, sans avoir eux-mêmes personnellement contracté aucune obligation envers le créancier (1).

Le droit romain et notre ancienne jurisprudence admettaient cependant des actions réelles. Elles appartenaient à celui qui avait sur une chose un droit indépendant des personnes, *jus in re*, comme un droit de propriété, de servitude, ou tout autre droit réel. Elles étaient dirigées contre la chose même ; elles la suivaient partout, mais sans poursuivre spécialement personne. Si le détenteur était actionné, ce n'était que comme détenteur et non comme obligé ; de telle sorte que du moment qu'il abandonnait la chose, il était déchargé de l'action qui, reprenant le chemin de la chose, la suivait dans les mains du nouveau possesseur.

Ils reconnaissaient enfin les actions mixtes, c'est-à-dire celles par lesquelles on réclamait un droit réel sur une chose, en même temps qu'on poursuivait contre le détenteur l'exécution d'une obligation personnelle.

Telle est la seule division des actions que notre ancien droit ait empruntée au droit romain, et que le Code civil ait conservée.

La même définition théorique des actions est bonne encore aujourd'hui. Nous disons donc que l'action personnelle est celle que l'on intente contre celui qui est personnellement obligé à donner, à faire ou à ne pas faire quelque chose ; qu'une pareille obligation est attachée à sa personne, fait corps avec lui, et qu'on n'en peut poursuivre l'exécution que contre lui ou ceux qui le représentent. Nous disons que l'action réelle est celle par laquelle on revendique la propriété, ou tout autre droit réel sur une chose ; qu'elle s'attache à cette chose et la suit dans quelques mains qu'elle passe, quelle que soit la succession de ses détenteurs. Nous disons enfin que l'action mixte est celle par laquelle on réclame sur une chose

____

(1) POTHIER, *Prêt de consomption*, n° 9.

un droit réel qu'on pourrait poursuivre contre tout détenteur, et en même temps l'exécution d'une obligation personnelle dont on ne pourrait pas demander l'accomplissement contre toute autre personne, fût-elle-même en possession de la chose. Au surplus, nous nous ferons mieux comprendre par les exemples que nous aurons à citer et à discuter à mesure que nous fonderons notre système.

Il faut reconnaître deux faits : le premier, que les auteurs, d'accord sur les définitions, n'ont différé d'opinion que sur les sources et les causes des actions réelles, personnelles et mixtes; le second, que dans les théories qu'ils ont émises, sous l'empire du Code civil, ils se sont pour la plupart trop préoccupés des principes du droit romain et de notre ancienne jurisprudence. Nous essayerons de faire en même temps la part de la tradition et celle du progrès.

L'histoire est excellente pour enseigner les origines, les développements, les altérations, les changements de la jurisprudence et du droit. Elle nous fait voir les analogies et les différences; elle est enfin la science des comparaisons. Telle est cependant la fatalité des études historiques, que, soit appréciation mesquine et étroite, soit passion pour le système et le paradoxe, soit pédantisme et étalage de science, soit besoin de compilation et de plagiat, souvent les interprètes du droit ne tirent autrement profit de leur érudition et de leurs recherches que dans le but, quelquefois préconçu, de trouver dans les monuments anciens le commentaire tout fait et les explications données exprès de la loi nouvelle. Étrange erreur, qui fait reculer la science au lieu de la faire avancer ! Mais on doit également se garder de l'excès contraire, et ne pas trop se jeter en avant, sous prétexte de ne pas demeurer en arrière. Le progrès en tout ne consiste que dans le développement régulier de ce qui existe, et non dans l'impatience et la brusquerie de changements dont le premier effet est de produire le désordre. Ce sera sous l'empire de cette double crainte que nous exposerons notre théorie.

7. Introductif d'un principe nouveau, l'article 1138 porte que l'obligation de livrer la chose est parfaite par le seul consentement des parties ; qu'elle rend le créancier propriétaire, dès l'instant où la chose a dû être livrée, encore que la tradition n'ait point été faite. Si donc autrefois les obligations de donner ne produisaient que le *jus ad rem*, aujourd'hui elles produisent le *jus in re*. Ce droit sur la chose s'imprime immédiatement sur elle, par l'effet seul du contrat ; la chose est tout de suite marquée au coin d'une propriété nouvelle. La translation s'en fait sans effort et sans délai. Le créancier est plus que créancier ; il est maître, il est propriétaire, il a enfin le *jus in re*, dans les termes et les conditions de la convention, pourvu qu'il s'agisse d'un corps certain.

A ce droit réel correspond une action de même nature. Comme le droit qu'elle met en mouvement, l'action est réelle ; car il est impossible de donner au droit et à l'action des caractères différents.

Si nous mettons en présence le débiteur qui s'est obligé à donner, et le créancier qui a stipulé la chose, nous trouvons que l'action réunit au caractère réel que nous lui avons déjà reconnu, un caractère personnel très évident. Le débiteur est en effet dans les liens d'un contrat ; il est obligé personnellement, lui, ses héritiers et ayants-cause. Il est plus qu'un tiers poursuivi comme détenteur de la chose ; il est un obligé. Entre les contractants, l'obligation de donner produit donc un droit et une action réels et personnels en même temps. L'action se mélange donc de réalité et de personnalité. Elle est mixte, c'est-à-dire personnelle-réelle, *personalis in rem scripta* (1).

8. Si la question des actions mixtes n'a d'importance, dans les rapports des contractants entre eux, que comme question de procédure et de compétence, elle présente au contraire

---

(1) BONCENNE, t. 1, pag. 67 et 75. — *Contrà*, PONCET, *Des actions,* pag. 180. — DUVERGIER, *Vente,* t. 1, n° 258.

entre le stipulant et les tiers un intérêt qui touche au fond même du droit. L'action réelle est en effet essentiellement *rei persecutoria;* c'est à la chose qu'elle s'attache et s'en prend. Ce droit de suite est à la fois son caractère distinctif et son effet essentiel. Il est donc fort intéressant de fixer la nature du droit qui résulte d'une convention, puisque le stipulant aura ou n'aura pas contre les tiers le droit de suite, selon qu'il aura ou n'aura pas, par la force même du contrat, le *jus in re,* le droit et l'action réels. Or, comme les obligations de donner transfèrent immédiatement la propriété, indépendamment de toute tradition, il suit que le stipulant peut se poser comme propriétaire et maître de la chose, non-seulement vis-à-vis de son obligé, mais encore vis-à-vis des tiers auxquels le débiteur aurait inutilement essayé de transmettre la chose, après une première transmission faite en faveur d'un autre.

Mais alors l'action dirigée contre la chose entre les mains du tiers détenteur est purement réelle, sans aucun mélange de personnalité ; car le tiers détenteur n'a contracté envers le revendiquant aucune obligation personnelle.

Ceci posé, examinons spécialement les effets de quelques obligations particulières de donner.

9. La donation, la vente, l'échange transfèrent immédiatement la propriété. Le donataire, l'acquéreur, l'échangiste deviennent propriétaires de la chose par l'effet du contrat. Ils ont donc une propriété à revendiquer et une créance à faire valoir contre leur obligé. Ils ont un double droit de propriétaire et de créancier ; ils ont enfin une action mixte (1). Si donc le donateur, la première donation étant transcrite (939 et suiv.), si le vendeur et l'échangiste, la vente et l'échange ayant date certaine et étant transcrits suivant la loi du 23 mars 1855, aliènent plus tard la chose donnée, vendue, échangée, le premier donataire, acquéreur ou échangiste, pourra la revendi-

---

(1) Troplong, *Vente,* n° 262.

quer entre les mains du tiers détenteur. Voilà bien le droit
de suite, signe de l'action réelle (1).

10. On a fait une distinction entre les obligations de donner,
pour n'attribuer aux unes que la translation du *jus ad rem*, et
aux autres du *jus in re*. Ainsi, on a dit que le louage ne transférait que le *jus ad rem*, et que l'article 1743, qui défend à
l'acquéreur de la chose louée d'expulser le preneur, est une
véritable exception (2). Et de ce principe, on a déduit une foule
de conséquences.

Il faut s'entendre d'abord sur la nature de l'obligation qui
résulte du contrat de louage. On a prétendu qu'il ne produisait qu'une obligation de faire, sans doute parce que l'article
1709 dit que le bailleur s'oblige à faire jouir le preneur. Mais
il est évident que ces expressions n'ont pour but quede préciser les obligations du bailleur, en ce sens qu'il ne doit
personnellement apporter aucun trouble à la jouissance du
preneur, et qu'il est obligé de le défendre contre les troubles
auxquels il serait exposé. C'est un principe et une expression
de garantie : voilà tout. (Voy. 1725, 1726, 1727.) Il résulte au
contraire de l'article 1719 qui oblige le bailleur à livrer la chose
louée, que le louage produit une véritable obligation de donner, puisque le preneur a droit de se faire mettre en possession de la chose, *manu militari*, sans que le bailleur puisse
résoudre, à la manière des obligations de faire, son obligation
de livrer en simples dommages et intérêts (3).

De ce que le louage constitue une obligation de donner, la
conséquence immédiate et naturelle doit être que le louage

---

(1) TOULLIER, t. 6, n° 204.

(2) TOULLIER, t. 6, n° 203, 206, et t. 3, n° 388. — DUVERGIER,
Louage, t. 1, n° 280. — PROUDHON, *Usufruit*, t. 1, n° 102. — DURAN-
TON, t. 17, n° 139. — DELVINCOURT, t. 3, pag. 351.

(3) TROPLONG, *Louage*, n°s 169, 501. — MERLIN, Rép. v° *Bail*, § 6.
— DUVERGIER, *Louage*, t. 1, n° 47. — Cass., 3 avril 1838. SIREY, 38,
1, 299.

confère au preneur un véritable *jus in re*, un droit réel, une action réelle, *rei persecutoria*, absolument comme la vente, à cette différence près que son droit est satisfait par la jouissance, tandis que le droit de l'acquéreur n'est satisfait que par la propriété.

Cependant cette conséquence du principe commun à toutes les obligations de donner, cette transmission du *jus in re*, a été repoussée par la plupart des auteurs qui ont écrit sur le Code civil. Il a fallu que M. Troplong (1), seul à peu près contre tous, mais fort de sa profonde conviction, employât toute la vigueur de sa dialectique, tous les trésors de son érudition, pour défendre une vérité qui semble être de simple bon sens et n'est contestée qu'au nom des subtiles règles de notre ancien droit. Nous renvoyons à sa dissertation, où tous les arguments sont épuisés, toutes les objections réfutées.

Concluons-en, comme lui, que l'article 1743 n'est pas une exception, qu'il ne contient qu'une application à un cas particulier du principe que les obligations de donner affectent la chose et la suivent partout où elle passe ;

Que du bailleur au preneur, le louage produit une action mixte, parce qu'elle dérive à la fois du lien personnel du contrat et de l'affectation de la chose (2) ;

Que le preneur qui n'est pas encore en possession est préférable au preneur mis en possession, mais qui n'oppose qu'un titre postérieur à celui du premier, parce que le bailleur, après avoir affecté sa chose au payement d'une obligation, ne

---

(1) *Louage*, art. 1709, nᵒˢ 5 et suiv., et art. 1743. — *Conf.*, Merlin, Quest. vᵒ *Tiers*, § 2. — Paris, 24 juin 1858. Sirey, 59, 2, 146. — 29 mars 1860. Sirey, 60, 2, 122. — *Contrà*, Cass., 6 mars 1861. Sirey, 61, 1, 713. — 21 février 1865. Sirey, 65, 1, 113.

(2) *Contrà*, Duvergier, *Louage*, nᵒˢ 279, 280. — Duranton, Proudhon, etc... Cass., 14 nov. 1832. Sirey, 33, 1, 32.

peut transmettre dorénavant sur elle plus de droits qu'il n'en a conservé lui-même (1).

11. L'antichrèse qui, comme translation de jouissance et aliénation des fruits de l'immeuble, a une grande affinité avec le bail, produit de même une action mixte. En vain les auteurs s'accordent-ils pour prétendre (2) que l'antichrèse ne produit aucun droit réel. Entendons-nous : il est vrai que l'antichrèse ne confère aucun droit réel en ce qui concerne le fonds même, puisqu'elle ne transfère que la jouissance ; mais il ne nous paraît pas moins certain qu'en ce qui touche la perception des fruits, il y a une aliénation véritable, et que de même que l'antichrèse ne préjudicie pas aux droits acquis à des tiers sur le fonds de l'immeuble (2091), de même aussi le débiteur qui a remis la chose à ce titre ne peut ni la vendre ni la louer, au préjudice du créancier qui a acquis cette garantie. Il ne peut, en un mot, ni directement ni indirectement porter atteinte à l'antichrèse ainsi constituée, en transférant à des tiers qui ne sauraient être de meilleure condition que lui, plus de droits qu'il n'en a lui-même, avant le payement intégral de la créance pour laquelle le nantissement a été établi. Les créanciers hypothécaires postérieurs ne peuvent eux-mêmes poursuivre le délaissement, ni la saisie des fruits au préjudice du créancier (3). Et, dans ce dernier sens, le con-

_____

(1) ZACHARIÆ, t. 1, pag. 365, et t. 3, pag. 26, nᵗᵉ 18, 1ʳᵉ édit., et t. 2, p. 54, et t. 4, p. 501, nᵗᵉ 32, 4ᵉ édit. — TROPLONG, *Louage*, nº 501. — Dijon, 21 avril 1827. SIREY, 27, 2, 116. — TOULLIER, t. 6, nᵒˢ 435, 436, où il semble être en opposition avec ce qu'il a dit nᵒˢ 203, 206. — *Contrà*, DURANTON, DUVERGIER, etc.

(2) TROPLONG, *Louage*, nº 19, et *Nantissement*, nᵒˢ 524, 573. — DELVINCOURT, t. 3, pag. 674. — ZACHARIÆ, t. 3, p. 177, 1ʳᵉ édit., et t. 4, p. 718, 4ᵉ édit. — Voy. cep. ce que dit TROPLONG, *Hyp.*, nº 778.

(3) ZACHARIÆ, t. 3, pag. 177, 1ʳᵉ édit., et t. 4, p. 718, 4ᵉ édit. — DURANTON, t. 18, nº 560. — PROUDHON, nᵒˢ 90 et suiv. — Toulouse, 22 juill. 1835. SIREY, 36, 2, 109. — Cass., 29 août 1865. SIREY, 65, 1, 433. — *Contrà*, DELVINCOURT, t. 3, p. 674. TROPLONG, *Hyp.*, nº 778, et *Nantissement*, nᵒˢ 577 et suiv. — Paris, 24 juill. 1852. SIREY, 52, 2, 657.

trat nous semble conférer non-seulement un droit réel entre les contractants, mais encore, par voie d'exception de rétention, un droit formel contre les tiers autres que les créanciers hypothécaires antérieurs.

C'est ainsi qu'à l'égard même des créanciers hypothécaires postérieurs, comme à l'égard du débiteur lui-même, le créancier nanti a le droit de se maintenir dans sa jouissance, ou de ne s'en dessaisir qu'à la condition d'être payé en premier ordre sur le prix, et que, dans ce cas, s'il consent à sa dépossession, sous la condition du prélèvement de sa créance, les créanciers hypothécaires postérieurs à la constitution de l'antichrèse ne peuvent, dans la distribution du prix, se prévaloir de son dessaisissement volontaire, que sous la condition stipulée et sans laquelle l'antichrèse eût été maintenue (1).

12. Une action mixte nous semble encore dériver du commodat (2) et du gage, puisqu'il y a tout à la fois obligation de la personne et affectation de la chose.

Quant au gage, il y a en effet obligation contractée par le débiteur de remettre la chose au créancier pour sûreté de sa créance (2071). Il y a donc d'un côté obligation de donner, et de l'autre, droit d'exiger. Le créancier a, dès lors, un véritable *jus in re*, un droit aussi réel qu'il peut l'être sur une chose mobilière, puisque le gage n'a pas d'autre assiette (2072). Si donc il était dépouillé frauduleusement de la possession du gage, il nous semble en droit d'en poursuivre la restitution, non-seulement contre le débiteur, mais encore contre le tiers détenteur de mauvaise foi. Car, en fait de meubles, le droit de suite n'existe qu'à la condition que la chose est détenue de mauvaise foi.

Quant au commodat, nous pensons qu'il transfère également un droit réel sur la chose prêtée, parce qu'il constitue une obligation de donner (1875), et que là où il y a pour le com-

---

(1) Cass., 31 mars 1851. Sirey, 51, 1, 305.
(2) *Contrà*, Toullier, t. 6, n° 203.

modant obligation de donner, il y a pour le commodataire droit d'exiger. Il est vrai que, par exception et pour ne pas faire tourner le bienfait au préjudice du bienfaiteur, l'article 1889 reconnaît au commodant le droit de retirer la chose avant le terme convenu ou sous-entendu, s'il lui en survient un besoin imprévu et pressant. La règle n'en est pas moins que le prêteur ne peut retirer la chose qu'après le terme convenu, ou, à défaut de convention, qu'après qu'elle a servi à l'usage pour lequel elle a été empruntée (1888). Et peu importe que le droit du commodataire aboutisse à un simple droit de rétention; car il n'a droit de retenir que parce qu'il a eu d'abord droit d'exiger. Ce droit de rétention suppose donc et perpétue l'exercice d'un droit sur la chose, d'un *jus in re*, dans tous les cas où le commodant ne peut point profiter de l'exception posée dans l'article 1889.

Contesterait-on au commodataire le droit de poursuivre la chose dans les mains des tiers détenteurs? Hors le cas où la demande en restitution retombant sur le prêteur, celui-ci serait en droit de retirer la chose des mains mêmes du commodataire, par suite d'un besoin pressant et imprévu, nous pensons qu'on y serait mal fondé. Car le commodant aliénant dans une certaine limite, quoique gratuitement, les service de sa chose, ne peut dorénavant transférer à des tiers plus de droits qu'il n'en a conservé. Si le commodataire peut exiger le payement de son bienfaiteur, à plus forte raison peut-il exiger une restitution des tiers détenteurs de mauvaise foi, s'il s'agit de meubles; de bonne ou de mauvaise foi, s'il s'agit d'immeubles. Voilà comment le commodat nous paraît conférer un droit réel, bien que M. Troplong (1) prétende qu'il n'y ait pas de plus grande hérésie en jurisprudence.

Que si enfin, dans quelques-uns des droits que nous venons de signaler, on ne veut pas reconnaître des droits précisément réels, on nous concèdera du moins qu'ayant pour objet des

(1) *Louage,* n° 19, *in fine. Prêt,* n° 17.

prestations consistant dans l'obligation de faire servir une chose à un usage déterminé, ils peuvent être poursuivis, comme s'ils étaient réels, contre tout possesseur de la chose qui fait l'objet de la prestation (1). Et alors nous les appellerons quasi-réels, leur donnant ainsi un nom en rapport avec leurs effets.

13. Si le preneur, le commodataire et le gagiste ont une action mixte contre le promettant qui s'est obligé à livrer la chose, le bailleur, le commodant et l'engageant ont à leur tour une action mixte contre l'autre partie pour la restitution de leur chose. Et ceci est de toute évidence, puisqu'ils exercent en même temps les droits de propriétaires et de contractants.

14. Je m'oblige à vous bâtir une maison sur un terrain qui vous appartient; à semer, planter, labourer une de vos terres; vis-à-vis de moi vous n'avez qu'une action personnelle; car mon obligation ne consistant qu'à faire, ma personne seule est obligée. Quant à moi, j'ai au contraire contre vous une action mixte; personnelle, parce qu'il y a entre nous le lien du contrat; réelle, parce que vous avez affecté votre chose, dont l'occupation m'est indispensable pour l'exécution de mon engagement. Vous m'en avez en effet promis l'occupation; vous vous êtes obligé à me la livrer, pour rendre possible l'exécution de ma promesse. J'ai donc sur cette chose un véritable *jus in re* qui la suit, en quelques mains qu'elle passe, sans préjudice du droit qui vous appartient, d'après l'article 1794, de résilier, par votre seule volonté, le marché que nous avons fait, en me payant l'indemnité déterminée par la loi. Mais l'exercice de cette faculté de résiliation est lui-même nécessaire, pour rendre illusoire l'exercice de mon droit résultant de la convention.

15. Les servitudes conventionnelles, constituées ou reconnues par contrat, sont, comme les servitudes qui dérivent de

---

(1) ZACHARIÆ, t. 1, p. 357, 1ʳᵉ édit., et t. 2, p. 51, 4° édit.

la loi, une charge imposée à un héritage, pour l'usage et l'utilité d'un héritage appartenant à un autre propriétaire (637).
Mais il y a cela de plus dans les servitudes conventionnelles;
c'est qu'alors on oblige sa personne, en même temps qu'on
affecte sa chose. L'action qui dérive du contrat en faveur du
stipulant est donc une action mixte. Mais elle devient purement réelle, aussitôt que le fonds servant passe entre les mains
d'un tiers qui n'a contracté lui-même aucune obligation personnelle envers le maître du fonds dominant.

Quant aux servitudes personnelles, établies en faveur des
personnes, comme l'usufruit, l'usage et l'habitation, le contrat
duquel elles résultent produit de même une action mixte entre
les parties, et simplement réelle envers les tiers détenteurs.

16. Les actions en nullité, en rescision, en résolution de
contrat sont encore des actions mixtes. Elles dérivent en effet
d'un contrat dont il s'agit de rompre le lien, et aboutissent à
une restitution de la chose. L'action commence avec un caractère de personnalité marquée, mais elle finit avec un caractère de réalité très pure. La personne du contractant y est
poursuivie comme obligée, et la chose l'est elle-même comme
affectée d'un droit réel. « Toutes les fois, dit M. Boncenne (1),
qu'une chose est demandée, et que pour l'obtenir il faut faire
juger contre une certaine personne qu'elle est tenue de la
remettre par l'effet d'une obligation résultante d'un contrat,
d'une loi ou d'un fait, l'action est mixte. Telles sont, entre
autres, l'action en rescision de la vente d'un immeuble, pour
cause de lésion (2), de dol, d'erreur, ou de tout autre vice;
celle en résolution à défaut de payement du prix (3); celle en
restitution à raison de l'incapacité de l'une des parties. »

Et nous ajoutons, l'action en résolution d'échange pour cause

---

(1) T. 1, p. 75.
(2) *Conf.*, Troplong, *Vente*, n° 807. — Duranton, t. 16, n° 452.
— Toullier, t. 7, n° 594. — Zachariæ, t. 5, p. 564, 1ʳᵉ édit., et t. 8,
p. 123, 4ᵉ édit.
(3) *Conf.*, Troplong, *Vente*, n°ˢ 624 et suiv.

d'éviction de l'un des copermutants (1); l'action tendante à l'exercice du réméré (1664) (2), ou à la restitution de la chose, par suite de l'accomplissement de toute autre condition résolutoire. Dans tous ces cas nous demandons en effet, pour ce qui concerne la personne, que le contrat soit résolu, réputé non avenu, et, pour ce qui concerne la chose, qu'elle nous soit restituée. L'action est alors proprement dite *personalis in rem scripta* (3), suivant la dénomination d'Ulpien.

Est également mixte, et au même titre, l'action tendante à la réalisation par acte notarié d'une vente sous seing privé, lorsqu'elle est intentée par l'acquéreur. Car elle a pour double objet l'exécution de l'engagement personnel du vendeur, et la délivrance de la chose vendue (4). Mais l'action serait purement personnelle, si elle était formée par le vendeur. Le caractère de l'action se détermine en effet par la nature de la chose demandée, et non par celle de la chose offerte. Or la chose demandée par le vendeur, y eût-il offre expresse de sa part de livrer la chose vendue, consiste uniquement dans l'exécution d'une obligation personnelle (5). Au lieu d'une vente, on peut supposer tout autre contrat opérant la transmission d'un droit réel en faveur du créancier.

17. Les contrats ne sont pas l'unique source des obligations. Certains engagements se forment sans qu'il intervienne aucune convention; les uns résultent de l'autorité seule de la loi, les autres d'un fait personnel à celui qui se trouve obligé (1370). Nous avons donc, pour compléter notre théorie, à examiner les engagements qui dérivent de ces autres sources.

Parmi les engagements qui résultent de l'autorité seule de la loi, il y en a qui n'obligent que la personne, et d'autres qui,

---

(1) TROPLONG, *Echange*, n° 25.
(2) TROPLONG, *Vente*, n° 729. — *Contrà*, TOULLIER, t. 6, n° 206.
(3) L. 9, § 8, *ff. Quod metûs causâ.*
(4) Cass., 31 mai 1837. SIREY, 37, 1, 631.
(5) Cass., 5 mars 1850. SIREY, 50, 1, 469.

en outre, affectent les choses. Tel est le droit que le père, et
la mère après lui, ont à l'usufruit des biens de leurs enfants,
jusqu'à l'âge de dix-huit ans ou leur émancipation ; telles sont
encore les servitudes et les diverses obligations qui résultent
du voisinage et de l'indivision.

Or, les engagements de cette dernière espèce produisent-ils
essentiellement et toujours une action mixte ? Nous ne le pensons point. Revenons en effet sur la définition de l'action
mixte : c'est celle par laquelle on réclame une chose contre
celui qu'un engagement personnel oblige à la remettre. Mais
que devons-nous entendre par engagement personnel ? Par
ces mots, nous entendons ici toute obligation par laquelle une
personne est particulièrement engagée, exclusivement à toute
autre, de telle sorte qu'elle seule puisse être poursuivie à titre
d'obligée.

Nous distinguerons donc, entre les engagements qui dérivent de la loi, les obligations imposées et les droits conférés
à cause des personnes, de ceux qui le sont à cause des choses.
Quant aux premiers, ils constituent un titre qu'on ne peut
faire valoir tel qu'il est que contre la personne obligée. Ainsi,
le père usufruitier des biens de ses enfants a contre eux une
action mixte, parce que son droit affecte la chose et résulte
d'ailleurs d'une obligation imposée par la loi à la personne
même de ses enfants. Lors donc qu'il réclame contre eux son
usufruit, il les poursuit à un autre titre que des tiers détenteurs, puisqu'il a contre eux, indépendamment de son droit
sur la chose, une obligation personnelle à faire valoir, et qu'il
n'aurait contre les tiers détenteurs que son droit réel pour
fonder son action, sans pouvoir invoquer aucun engagement
personnel de leur part.

Tels sont encore les droits de l'héritier exerçant le retrait
successoral (841), du réservataire poursuivant la révocation
ou la réduction des donations excessives. Leur action est mixte
contre le cessionnaire et le donataire. La loi a en effet imposé
une obligation personnelle, à celui-ci de restituer au réserva-

taire ce qui lui a été donné de trop, à celui-là de subroger l'héritier retrayant dans tous ses droits, moyennant le remboursement de son prix. Or, comme la révocation de la donation et de la cession ne peut se juger qu'avec le donataire et le cessionnaire, il suit qu'à leur égard l'action a un caractère de personnalité qu'elle n'aurait pas contre les tiers auxquels ils auraient cédé leurs droits. Quant à ces derniers, l'action est purement réelle, pourvu qu'elle ne se mélange, ainsi que nons le verrons plus loin (1), d'aucun chef de conclusions tendant à une condamnation personnelle contre eux, tel qu'une restitution de fruits et le payement de dommages et intérêts. Sauf cette demande accessoire, ils ne sont en effet tenus que comme tiers détenteurs; et s'il y a une convention à révoquer, soit une donation excessive, ou une cession de quote-part héréditaire, ce n'est pas avec eux que la question doit se résoudre, puisque, n'y ayant pas été parties, ils ne sauraient être sur ce point de légitimes contradicteurs.

Quant aux servitudes purement légales; quant aux engagements qui naissent des rapports de voisinage, de mitoyenneté et d'indivision, ils ne produisent qu'une action réelle. Les obligations qui en dérivent sont principalement attachées aux choses; les personnes n'y sont nullement prises en considération, et si elles ont des engagements à remplir, ce n'est qu'à l'occasion des choses qui leur appartiennent. Comme ces engagements résultent ainsi d'un fait identique, des rapports que les choses et non les personnes peuvent avoir entre elles, ils constituent un titre d'une uniformité constante, indépendant des changements de tiers détenteurs (2). A moins d'actes et de faits qui leur soient personnels, je ne pourrai intenter aucune autre action, ni demander autre chose contre le premier, contre le second, contre le troisième. La chose a passé successivement dans leurs mains avec ses rapports de copro-

---

(1) Voy. *infrà,* nos 19 et 20.
(2) Voy. Cass., 21 mars 1843. SIREY, 43, 1, 350.

priété ou de voisinage, et les engagements qui en naissent.
C'est donc toujours à la chose que je m'en prends, et exclusivement à cause d'elle que je poursuis la personne. N'est-ce pas
là le caractère de l'action réelle?

Quelle est donc cette action prétendue mixte, en fait de bornage, de partage, de servitudes légales, qui est constamment
la même contre tous, qui repose toujours sur les mêmes droits
de la part du demandeur, et toujours sur les mêmes obligations de la part du défendeur? Est-ce que l'action véritablement mixte ne suppose pas quelque chose dont une personne
est tenue et dont l'autre ne l'est point? Quelle personnalité
y aurait-il en effet si nul n'était particulièrement et plus qu'un
autre obligé? L'action mixte, par cela même qu'elle suppose
à la fois l'affectation de la chose et l'obligation de la personne,
veut que l'obligation personnelle survive à la dépossession de
l'obligé, que celui-ci soit encore tenu de ses engagements personnels, après qu'il a cessé de posséder la chose. Or mon voisin et mon copropriétaire auront-ils quelques engagements à
remplir vis-à-vis de moi, quand ils n'auront plus la chose à
l'occasion de laquelle je demande le bornage, le partage, ou
une servitude légale? Évidemment non. Je n'exerce donc
qu'une action purement réelle, parce qu'elle est *rei persecutoria* et pas autre chose; parce que les obligations des détenteurs successifs sont toujours exactement les mêmes; parce
qu'il n'y a de la part d'aucun d'eux aucun engagement personnel qui survive à sa dépossession; parce qu'en cessant d'être
détenteur, il cesse d'être engagé; parce qu'enfin ce qu'on
prend pour un engagement personnel n'est que le résultat des
rapports des choses entre elles et de la constitution même de
la propriété. Autrement, on supprime toute action réelle.

18. Il est vrai que les actions en bornage et en partage sont
nommément rangées parmi les actions mixtes, par le droit
romain (1). Elles y sont déclarées mixtes, parce que leur for-

_____

(1) Instit., *De act.*, § 20.

mule donnant au juge un double pouvoir, *tam in rem quàm in personam*, embrassait les choses qu'il devait adjuger et les prestations auxquelles il devait condamner la personne. *Duobus constat, rebus et præstationibus*, dit Ulpien de l'action *familiæ erciscundæ* (1).

Ces actions ne cessaient donc pas d'être mixtes, alors même que le juge n'adjugeait en définitive que les choses sans condamner les personnes. Le mélange de réalité et de personnalité résultait suffisamment de la compréhension de la formule. Ces actions étaient mixtes par leur seule intention, indépendamment de leur résultat effectif. Or, comme notre droit français n'admet pas de formules comme le droit romain, et que les actions, d'après ses principes, s'apprécient par le droit qui leur sert de base et par les conclusions qui les définissent, il faut aujourd'hui, pour connaître le véritable caractère d'une action, toujours en revenir à l'appréciation de son but, de ses conclusions. Que veut le demandeur? A quoi conclut-il?

S'il actionne le défendeur en bornage, en partage, en reconnaissance d'une servitude légale, sans joindre à sa demande principale une demande accessoire en restitution de fruits pour perception de jouissances, en réparation pour dégradations, en désistement de terrain pour usurpation, en dommages et intérêts pour obstacle apporté à l'exercice de la servitude, alors il nous paraît n'intenter qu'une action réelle. Car, cette action, il pourrait l'intenter de la même manière et dans les mêmes termes contre le premier venu des détenteurs. Il n'a rien de plus à demander contre son adversaire actuel que contre tout autre, qui succèderait à celui-ci dans ses rapports de voisinage et de copropriété. L'action est enfin tellement réelle que, par un abandon de la chose, le défendeur en est dorénavant déchargé.

---

(1) L. 22, § 4, *ff. Famil. ercisc.* — Voy. Ducaurroy, *Instit. expl.*, t. 4, p. 73 et suiv. — Dumoulin, sur les lois, *Fam. ercisc.* — *Comm. divid.* — *Fini. regund.*. t. 3. p. 625 et suiv.

Que si, au contraire, je joins à ma demande en bornage, en partage, en aveu de servitude, une demande fondée sur un fait personnel à mon adversaire, comme une restitution de fruits, le payement de dégradations, le désistat de terrain usurpé, des dommages et intérêts pour un fait préjudiciable quelconque, fondant ainsi ces conclusions accessoires sur un quasi-contrat, un délit ou un quasi-délit de la part de mon adversaire, je joins à l'élément de réalité un élément de personnalité. En cessant de posséder la chose, il ne cesse plus d'être engagé. Il est encore tenu, pour son fait personnel, des restitutions, réparations et dommages et intérêts que je lui demande. Et, au contraire, le tiers qui lui succède dans la possession de la chose n'est tenu que des obligations qui lui sont imposées pour cette chose, et non des obligations imposées précédemment à son auteur pour son fait personnel. Ce ne sera pas contre ce tiers, à moins qu'il n'en soit chargé par son titre, que je pourrai en demander le payement. C'est à celui-là seul qui a commis le fait que je pourrai m'adresser. Voilà donc parfaitement mis en lumière le double droit que j'exerce, le double caractère de mon action. J'ai d'abord un droit réel, par suite une action réelle, *rei persecutoria*, qui suit la chose en quelques mains qu'elle passe : j'ai de plus un droit personnel, par suite une action *in personam*, qui suit la personne obligée, mais qui ne peut s'intenter contre aucune autre. Or c'est le concours de ce double droit, de cette double action qui forme l'action mixte (1).

Jusque-là, quand nous parlons de l'action en partage, de son caractère, de la prédominance de l'élément réel, nous supposons entre les parties des rapports fortuits et accidentels de

_____

(1) FAVARD, Rép., v° *Action,* § 1, n° 5. — DALLOZ, Rép., v° *Action,* n° 131. — *Contrà,* BONCENNE, t. 1, pag. 71, qui regarde ces actions comme toujours mixtes. — POTHIER, *Introd. gén. aux coutumes,* n° 121, qui se fonde sur ce qu'il appelle engagement personnel du voisin, du copropriétaire, du cohéritier. — ZACHARIÆ, t. 5, pag. 563, n^te 5, 1re édit., t. 8, p., 121, n^te 12, 4° édit.

copropriété et d'indivision. Si en effet ces rapports résultaient d'une convention faite entre elles, l'élément personnel serait dominant, de telle sorte que l'action en partage serait toujours mixte, indépendamment des prestations personnelles et des restitutions qui seraient comprises dans les conclusions de la demande.

Telle est l'action en partage d'une chose acquise en commun. Les copropriétaires sont non-seulement dans des rapports d'indivision, mais encore dans les liens d'un contrat.

Telles sont encore les actions en partage d'une communauté conjugale et d'une société. Quelques explications cependant, quant au partage de la société :

Suivant le droit romain, les contrats nommés produisaient une action de même nom. Ainsi, le contrat de société donnait lieu à l'action *pro socio*. C'était elle qui devait être employée pour contraindre les associés à réaliser leurs mises, à réparer leurs soustractions et dissimulations frauduleuses de l'actif social (1), le dommage causé aux choses de la société (2); par elle encore on poursuivait la réparation du dol et de la faute de l'un des associés (3), la répartition des pertes éprouvées (4), la contribution aux dépenses faites dans l'intérêt commun (5), l'indemnité pour les choses conférées dans la société (6), la collation dans la caisse sociale des bénéfices touchés par un seul (7), l'exécution de la clause pénale (8), les dommages et intérêts pour renonciation inopportune et frauduleuse (9). Cette action s'exerçait enfin pour les prestations personnelles

---

(1) L. 45, *ff. Pro socio.*
(2) L. 48, *ibid.*
(3) L. 52, § 3 et 11, *ibid.*
(4) L. 52, § 4, *ibid.*
(5) L. 52, § 12, 13, *ibid.*
(6) L. 60, § 1, *ibid.*
(7) L. 65, § 15, *ibid.*
(8) L. 71, *ibid.*
(9) L. 14, 65, § 3, *ibid.*

des associés, jusqu'à la dissolution de la société inclusivement; car c'était par l'action *pro socio* qu'elle était poursuivie (1). Uniquement relative aux obligations dérivant du contrat, cette action était purement personnelle (2). Aussi, ne survivait-elle pas à la dissolution de la société (3). Venait alors l'action *communi dividundo,* action mixte, que les meilleurs interprètes ont considérée comme indispensable pour arriver au partage de la société et à la faction des lots (4).

De l'action *pro socio,* nous n'avons plus le nom, mais nous avons la chose. Sans se nommer, l'action s'explique. Quant à l'action en partage, elle est mixte évidemment; car elle comprend et les prestations personnelles, et la division des choses (5). Sa personnalité résulte même de la seule existence du contrat de société. Comme question de compétence, la nature de cette action est au surplus sans intérêt, de même que dans tous les cas où il y a attribution expresse de juridiction. (59, § 6. C. de pr.)

19. Nous sommes naturellement amené à parler des actions qui naissent, sans convention, d'un fait personnel à celui qui se trouve obligé.

Les quasi-contrats, les délits, les quasi-délits produisent d'abord une obligation personnelle à celui qui a commis le fait y donnant lieu. Voilà donc l'action personnelle; et de plus, si telle est la nature du quasi-contrat, du délit, du quasi-délit, que leur réparation suppose la revendication d'une chose ou d'un droit réel quelconque, l'action réunit à son élément primitif de personnalité un autre élément incontestable de réalité.

---

(1) L. 63, § 10, *Pro socio.*
(2) L. 43, *ff. ibid.,* notes 61 et suiv. de Godefroy.
(3) L. 65, § 13, *ibid.*
(4) Favre, sur la loi 43, *ff. Pro socio.* — Voet, *Ad pand., Pro socio,* n° 10, — Vinnius, *Quæst. select.,* lib. 1, c. 36.
(5) Troplong, *Société,* n° 998.

Par exemple, je suis en possession de votre propriété, par suite d'une gestion d'affaires, ou d'un payement que vous m'en avez fait par erreur et sans cause, ou bien enfin par suite d'un délit ou d'un quasi-délit. Vous me poursuivez en restitution de la chose que je détiens indûment. Votre action est mixte, *tam in rem quàm in personam;* car il y a concours d'action personnelle et d'action réelle : d'action personnelle, parce que le quasi-contrat, le délit ou le quasi-délit m'engagent personnellement ; d'action réelle, parce que vous prétendez sur la chose des droits que vous pouvez exercer en quelques mains qu'elle passe. Et il importe peu que vous joigniez ou non une demande en dommages et intérêts ; l'action n'en est pas moins mixte dans tous les cas, parce que j'ai contracté un engagement personnel, par un fait personnel et qui vaut contrat, indépendamment des dommages et intérêt que vous pouvez me réclamer.

20. Comme la nature de l'action s'apprécie surtout par le droit qu'on prétend et par les conclusions qui l'expliquent, il suit que pour rendre l'action mixte, il suffit de joindre au chef de conclusions fondé sur un droit réel, un chef de conclusions fondé sur un droit personnel. Ainsi, quand nous demandons qu'une personne soit condamnée à nous rendre un héritage avec restitution de fruits ou avec dommages et intérêts, nous exerçons une action mixte, parce que le possesseur est déchargé d'une partie de la demande en abandonnant l'héritage, et qu'il demeure personnellement obligé à la restitution des fruits, ou au payement des dommages et intérêts (1). Et cette obligation accessoire personnelle passe à ses héritiers (2).

Il y a par suite dans l'ensemble de l'action quelque chose de plus qu'une action purement réelle, à ce point même qu'on peut supposer un autre détenteur tenant ses droits de l'usurpateur poursuivi, n'ayant rien à restituer lui-même, ni fonds

(1) Pothier, *Introd. gén. aux cout.*. n° 122. — Argou, *Instit.*. liv. 4, ch. 11, *Des actions.* — Denisart, v° *Action,* n° 5. — Merlin, Rép., v° *Action,* § 2. — Grenoble, 29 avril 1824. Dalloz, 25, 2, 124.

(2) Pothier, *Propriété,* n°ˢ 304 et 305.

ni fruits, à cause de la prescription et de sa bonne foi, tandis que son auteur est encore tenu de dommages et intérêts. La question de propriété et la question des fruits ou des dommages et intérêts ne s'absorbent donc pas l'une l'autre, pour ne former qu'une action réelle. Leur concours forme au contraire une véritable action mixte.

Nous n'ignorons cependant pas que notre opinion a contre elle l'imposante autorité d'un arrêt de la Cour de cassation, rendu sur le rapport de M. Troplong (1). La Cour suprême décide qu'une pareille action n'est ni mixte dans le sens propre du mot, ni *personalis in rem scripta;* qu'elle est principalement et en premier ordre réelle ; que les conclusions accessoires prises par le demandeur, en restitution et compte de fruits, n'en peuvent changer le caractère principal, parce que dans ses termes, ses moyens et son but, elle constitue une véritable action réelle.

Il est bien vrai que cette action n'est pas mixte comme l'est l'action mixte proprement dite, que le droit romain et les auteurs tant anciens que modernes appellent *personalis in rem scripta.* Cette dernière action est en effet personnelle dans son principe et réelle dans son but, parce qu'il y a un engagement personnel à faire exécuter ou à faire résoudre, pour arriver au délaissement de la chose. Au contraire, l'action que nous avons supposée est réelle dans son principe, dans son point de départ; elle conclut immédiatement et d'emblée au délaissement de la chose. Mais son but comme son moyen n'est pas tout entier dans la propriété revendiquée. Car, à côté de cette réalité, il y a des conclusions accessoires dont la personnalité ne peut être méconnue; ce sont celles qui tendent à un compte de fruits ou au payement de dommages et intérêts. Si donc notre action est mixte, elle le sera autrement que l'action appelée *personalis in rem scripta.* Voilà tout.

----

(1) 3 août 1847. SIREY, 47,1,802.—ZACHARIÆ, t,5, p. 566,1ʳᵉédit., et t. 8, p. 124, 4ᵉ édit. — Amiens, 13 nov. 1824. SIREY, 25, 2, 211.

Mais, dit-on, ces conclusions accessoires n'en peuvent changer le caractère principal. Nous nous demandons ici s'il ne suffit pas, pour qu'une action soit mixte, qu'il y ait tout à la fois, n'importe dans quel ordre et quelle proportion pour chacun, un double élément de réalité et de personnalité; s'il ne suffit pas, en un mot, qu'il y ait des conclusions personnelles jointes et mêlées à des conclusions réelles.

La loi civile n'a nulle part défini l'action mixte. Ne semble-t-il pas résulter de son silence qu'à ses yeux toute action est mixte, qui conclut à la fois au délaissement de la chose qui ne peut s'obtenir que contre le détenteur, et à des condamnations personnelles qui ne peuvent atteindre qu'une personne déterminée? Cette qualification ne résulte-t-elle pas de la nature même des choses, puisqu'il y a des conclusions complexes qui se dirigent contre la chose et contre la personne?

Il faudrait, pour établir le contraire, prouver qu'il n'y a aujourd'hui d'actions mixtes que les actions appelées *personales in rem scriptæ*. C'est là ce que la loi n'a dit nulle part. Par le rapprochement même des seules dispositions où elle parle de l'action mixte, de celles où elle s'occupe des actions personnelles ou réelles, on est amené à penser que, dans l'esprit du législateur, toute action est véritablement mixte lorsqu'elle est réelle d'un côté, personnelle de l'autre, et que dans les éléments qui en constituent l'ensemble il y a un mélange de personnalité et de réalité. Si l'action *personalis in rem scripta* est mixte, il nous semble en effet que c'est moins par la manière dont s'y combinent l'élément personnel et l'élément réel, que par le fait même de leur combinaison, de quelque manière que cette combinaison s'y opère.

D'anciens auteurs ne sont pas plus exigeants que nous. « Les actions mixtes, dit Argou, sont celles qui participent des deux autres, comme quand nous demandons qu'un homme soit condamné à nous rendre un héritage avec restitution de fruits, ou avec des dommages et intérêts. On les appelle mixtes, parce que le possesseur de l'héritage est déchargé d'une partie de la demande en abandonnant l'héritage ; mais il demeure personnellement obligé à la restitution des fruits et aux dommages et intérêts (1). »

Pothier lui-même, après avoir parlé des trois grandes actions mixtes, actions en partage de succession, en partage de communauté et en bornage, ajoute immédiatement : « Il y a d'autres actions qui étant principalement actions réelles, ont quelquefois des conclusions accessoires qui sont personnelles ; telle est l'action en revendication, lorsqu'elle est intentée contre un possesseur de mauvaise foi. Les conclusions principales pour le délais de l'héritage sont les conclusions d'une action réelle ; mais celles pour la restitution des fruits et pour les dommages et intérêts résultant des dégradations par lui faites, sont des conclusions personnelles qui naissent de l'obligation personnelle, *ex delicto*, qu'a contractée ce possesseur, de restituer les fruits qu'il a perçus d'un héritage qu'il savait ne pas lui appartenir, et de réparer le tort qu'il a fait en le dégradant. » Pothier ne prononce pas le mot d'actions mixtes, comme Argou ; mais peut-on sérieusement douter qu'il n'assimile, comme actions mixtes, ces *autres* actions qui étant principalement réelles, ont quelquefois des conclusions accessoires qui sont personnelles, aux trois grandes actions mixtes dont il vient d'apprécier le caractère précisément sous le rapport du même mélange de conclusions réelles et personnelles ?

Remarquez que nous ne prétendons pas que l'accessoire change le principal. Nous ne faisons en effet que maintenir à chaque ordre de conclusions son caractère propre pour en déduire la nature mixte de l'action.

Quant à cette objection que tout demandeur pourra, par des conclusions accessoires, introduire un élément de personnalité et créer ainsi, à sa volonté, une action mixte, nous nous bornons à répondre qu'il n'y a même pas une raison d'inconvénient ; qu'il doit être indifférent au défendeur de plaider devant

_____

(1) *Instit. au droit français*, t. 2, p. 387.

le juge de son domicile, ou celui de la situation des héritages ; que la crainte d'un abus possible ne doit pas faire proscrire indistinctement l'exercice du droit ; qu'après tout cette considération d'un fait purement accidentel et secondaire ne saurait faire fléchir la rigueur du principe.

Mais il ne suffirait pas pour rendre l'action mixte, de demander une restitution de fruits à partir de la demande. Ce chef de conclusions, n'étant fondé sur aucune cause antérieure, ne vise en effet aucun droit déjà né, mais un droit à naître. Or le caractère de l'action ne peut s'apprécier que par le droit existant et prétendu au moment où elle s'intente. Il serait étrange qu'un fait postérieur à la demande rétroagît pour en changer le caractère primitif, purement réel. Ce serait là une pétition vicieuse de principe, puisque la personnalité de l'action ne résulterait qu'après coup de l'exercice de l'action elle-même. D'ailleurs, le défendeur contre lequel on demande ainsi la restitution de la chose, peut se décharger de l'action en l'abandonnant tout de suite ; preuve que l'action n'a rien de personnel dans son origine.

ARTICLE 1137.

L'obligation de veiller à la conservation de la chose, soit que la convention n'ait pour objet que l'utilité de l'une des parties, soit qu'elle ait pour objet leur utilité commune, soumet celui qui en est chargé à y apporter tous les soins d'un bon père de famille. — Cette obligation est plus ou moins étendue, relativement à certains contrats, dont les effets, à cet égard, sont expliqués sous les titres qui les concernent.

Sommaire.

1. Au point de vue de la raison, simplicité du système des trois fautes.
2. Comment se classent ces trois fautes. Existaient-elles d'après le droit romain ?

3. L'article 1137 repousse la théorie des trois fautes.

4. En matière de contrats, il n'y a que deux fautes correspondantes aux deux degrés de soins exigés; ceux du bon père de famille, *in abstracto*, ceux habituels du débiteur, *in concreto*.

5. Examen de divers articles du Code, qui exigent les soins d'un bon père de famille de la part du débiteur,

6. Ou seulement sa surveillance habituelle. Du dépositaire.

7. De l'héritier bénéficiaire.

8. Système de M. Duranton.

9. De M. Proudhon.

10. De MM. Toullier et Duvergier.

11. Des annotateurs de M. Zachariæ.

12. Les parties peuvent stipuler plus ou moins de soins.

13. Mais elles ne peuvent pas convenir que le débiteur ne sera pas tenu de son dol.

14. Il peut résulter de la convention que le débiteur a promis des soins tout particuliers.

15. Des fautes dans les obligations de faire.

COMMENTAIRE.

1. L'article 1137 détermine quels soins le débiteur d'une chose doit apporter à sa conservation, avec quelle vigilance il doit en prévenir la perte et la détérioration.

Le bon sens indique tout d'abord que cette obligation doit être plus ou moins étendue, suivant les circonstances. En analysant les contrats, au point de vue de leur utilité, on voit en effet que les uns produisent un avantage commun aux deux parties; que les autres, au contraire, en produisent un exclusif et unilatéral, soit au profit du créancier, soit au profit du débiteur. Comme il est raisonnable qu'on soit d'autant plus exigeant, quant à l'imputabilité des fautes, que le débiteur de la chose a retiré plus de bénéfice de sa possession, et d'autant plus indulgent qu'il en a retiré moins d'avantage, il suit que, par une correspondance symétrique des fautes aux diverses obligations de donner, on a trois sortes de fautes, graduées suivant l'utilité que la convention a procurée à chacune des parties. Ainsi, dans les contrats dont l'utilité est commune, comme la vente, l'échange, le louage, la société, le débiteur ne sera responsable que de la faute communément appréciée, ou faute simple. Dans les contrats qui ne produisent d'avantage qu'en faveur du créancier, comme le mandat gratuit, le dépôt, il sera tenu seulement de la faute grave. Enfin, dans les contrats qui ne produisent d'avantage qu'à son profit exclusif, comme le commodat, il sera responsable d'une faute bien moindre. En donnant donc le nom de faute légère à la faute simple, on aura, pour les deux fautes extrêmes, la faute grave ou lourde et la faute très légère.

Cette théorie est ingénieuse et simple dans son principe. Elle a quelque chose de séduisant dans son application symétrique; et l'on conçoit qu'elle ait exercé longtemps et exerce encore aujourd'hui un grand empire de séduction sur les esprits les plus droits et les plus éclairés.

2. `Existe-t-elle dans le droit romain? Nous n'examinerons pas cette question, où il a été dépensé pour et contre beaucoup de science et de sagacité. Qu'il nous suffise de dire que telle était l'opinion de la plupart de ses interprètes, des Accurse, des Alciat, des Cujas, des Favre, des Vinnius, des Heineccius, enfin du sage Pothier (1). Elle était passée dans notre ancienne jurisprudence.

Mais il fallait donner la définition des trois fautes; cette définition, la voici : la faute grave était le manque des soins qu'un père de famille, même insouciant, a l'habitude d'apporter à la gestion de ses propres affaires ; la faute légère, le manque des soins d'un bon père de famille; la faute très légère, le manque des soins que prend de ses affaires l'homme le plus vigilant et le plus actif. Ainsi définies, ces fautes étaient appelées *in abstracto*, c'est-à-dire considérées abstraction faite des habitudes de la personne, et appréciées sur le type abstrait du bon père de famille. Par opposition à la faute *in abstracto*, il y avait la faute *in concreto*, c'est-à-dire la faute con-

_____

(1) *Append. au Cont. de mariage.*

sidérée relativement et eu égard aux qualités, aux habitudes de la personne. On ne trouve pas ces expressions scolastiques dans les textes du droit romain. Mais on y oppose souvent les fautes entre elles, les fautes graves aux fautes moindres, comme font les interprètes, de la faute *in concreto* et de la faute *in abstracto*.

Cependant d'autres savants jurisconsultes (1) ont combattu cette division tripartite des fautes et son application systématique. M. Ducaurroy (2) résume ainsi sa discussion sur les principes du droit romain en cette matière: « Il faut distinguer, 1° si la personne qui reçoit ou garde une chose pour la rendre, s'oblige gratuitement, ou pour un avantage quelconque. Dans le premier cas, elle est tenue seulement du dol; dans le second, elle est toujours tenue de la faute. Lorsqu'on veut savoir de quelle faute, il est encore utile de distinguer, 2° si l'obligation est compensée par un avantage mutuel, comme dans le gage et la société, ou par un avantage exclusif, comme dans le commodat. L'avantage réciproque oblige quelquefois à répondre de la faute grave, le plus souvent de la faute légère. L'avantage exclusif oblige toujours à répondre de cette dernière faute; et dès lors il établit une différence réelle entre le commodat et la société; mais cette différence disparaît dès que l'on compare le commodataire au vendeur, au locataire, au créancier gagiste, etc... En effet, lorsqu'une personne répond de la faute légère, il importe peu que l'obligation lui procure un avantage mutuel ou exclusif; cette dernière circonstance n'ajoute rien à la responsabilité. (Voy. Papinien, loi 17, § 2, *ff. De prescript. verb.*) Enfin, l'on abuse de l'une ou de l'autre distinction, lorsqu'on en conclut que les obligations formées dans un intérêt réciproque imposent toutes la

---

(1) Voy. DONEAU, *Comm. jur. civ.* — THOMASIUS, *Diss. sur la prestation des fautes.* — LEBRUN, *Essai sur la prestation des fautes* (réfuté par Pothier. *App. au cont. de mariage*). — DUCAURROY, *Instit., expl.*, t. 3, nᵒˢ 1068 et suiv.

(2) T. 3, nᵒ 1073.

même responsabilité, et toutes une responsabilité moins étendue que les obligations formées dans l'intérêt exclusif de
l'obligé. »

Thomasius surtout, se plaçant au point de vue pratique,
montre dans sa dissertation sur la prestation des fautes, les
abus, les dangers et les difficultés d'une théorie propre, à force
de distinctions et d'exceptions, à égarer l'esprit du juge, sous
prétexte de guider son équité. Tout en reconnaissant nous-
même que le système des trois fautes est ingénieux, raisonnable et simple dans la spéculation, nous ne pouvons nous
empêcher de conclure, comme le jurisconsulte allemand, sur
son application dans la pratique.

3. Voyons maintenant quel est le système du Code civil :
« La division des fautes, disait Bigot de Préameneu, dans son
exposé des motifs, est plus ingénieuse qu'utile dans la pratique. La théorie par laquelle on divise les fautes en plusieurs
classes, sans pouvoir les déterminer, ne peut répandre qu'une
fausse lueur et devenir la matière de contestations plus nom-
breuses. » Il est déjà bien difficile de croire, après ces paroles officielles, que la division tripartite des fautes ait encore
trouvé place dans les textes du Code civil.

Aussi, l'article 1137 la repousse-t-il formellement. « L'obligation de veiller à la conservation de la chose, soit que la convention n'ait pour objet que l'utilité de l'une des parties, soit
qu'elle ait pour objet leur utilité commune, soumet celui qui
en est chargé à y apporter tous les soins d'un bon père de
famille. » Ce texte est clair et positif; plus de distinction à
faire entre les contrats; peu importe que leur utilité soit unilatérale ou commune, le débiteur doit veiller, dans tous les
cas, à la conservation de la chose en bon père de famille.

Cependant l'article 1137 ajoute que « cette obligation est
plus ou moins étendue, relativement à certains contrats dont
les effets à cet égard sont expliqués sous les titres qui les
concernent ». Qu'est-ce à dire? Est-ce qu'il y aurait, dans les

principes du Code civil, certains contrats qui obligeraient le
débiteur à apporter à la conservation de la chose plus que les
soins d'un bon père de famille? Est-ce qu'il y en aurait d'autres,
par conséquent, qui exigeraient de sa part moins que les soins
d'un bon père de famille, pour la conservation de la chose?
Faut-il entendre ces mots: cette obligation est plus ou moins
étendue..., en ce sens que tantôt on doit plus et tantôt moins
que les soins d'un bon père de famille? Mais alors il y aura
trois ordres de fautes graduées, suivant que le débiteur aura
dû les soins d'un bon père de famille, qu'il aura dû davantage,
qu'il aura dû moins. Et à ces trois obligations correspondront
les trois fautes, la faute moyenne ou légère, la faute très
légère, la faute lourde. Voilà donc la division tripartite des
fautes qui reparaît dans le Code civil, avec la double circonstance aggravante que le législateur moderne s'est rendu coupable d'inconséquence, en ce qu'il a déclaré d'abord vouloir
la proscrire, et encore coupable d'injustice, en ce qu'il n'a pas
fondé, comme les anciens interprètes, la prestation des fautes sur l'utilité correspondante du contrat.

Tel n'est pas certainement le sens de l'article 1137. Il faut
en effet l'interpréter de manière à concilier la lettre et l'esprit
de ses deux paragraphes. Or, dans sa première partie, il
repousse formellement la division tripartite des fautes; il la
sape par la base, en déclarant que, pour leur prestation, il
importe peu que le contrat ait pour objet l'utilité de toutes parties, ou de l'une d'elles seulement. Comment aurait-il donc,
dans son second paragraphe, restauré le système des trois
fautes, qui n'avait de valeur et de vérité apparentes que par
son application symétrique et sa correspondance à l'utilité du
contrat? Autant vaudrait dire qu'il a repris les conséquences
après avoir écarté le principe; inconséquence dont il ne convient pas de taxer le législateur.

Quand donc la loi dit que l'obligation de veiller à la conservation de la chose est plus ou moins étendue, elle ne le dit
pas d'une manière relative, en mettant cette obligation en rap-

port avec la vigilance du bon père de famille ; elle le dit d'une manière absolue et indépendante des premières dispositions de l'article 1137. Elle ne fait pas de comparaison avec un troisième terme ; elle n'en fait qu'entre plus et moins. Ces mots : cette obligation est plus ou moins étendue..., n'ont pas un autre sens que celui-ci : les contrats, suivant leur nature, obligent à apporter plus ou moins de soins à la conservation de la chose ; leurs effets, à cet égard, seront expliqués sous les titres qui les concernent. Et à l'obligation, ainsi graduée du plus au moins, de veiller à la conservation de la chose, correspond naturellement une division bipartite des fautes.

Au surplus, puisque l'article 1137 renvoie, quant à la prestation des fautes, aux explications que la loi se réserve de donner relativement à chaque contrat, sous le titre qui le concerne, il faudrait, avant de se prononcer pour le système des trois fautes, voir s'il y a précisément quelque contrat qui oblige à apporter à la conservation de la chose plus que les soins d'un bon père de famille, et rendre ainsi le débiteur responsable de la faute très légère. Or, la faute très légère ne se trouve nulle part nommée, nulle part imputée. Donc, elle n'existe pas dans nos Codes, puisque, à supposer que le second paragraphe de l'article 1137 l'eût annoncée (ce qui n'est pas), il serait vrai aussi que son existence était subordonnée à des dispositions spéciales que la loi n'a prises nulle part.

Résumant donc notre interprétation de l'article 1137, nous disons : il supprime d'abord l'ancienne distinction entre les contrats qui avaient pour objet l'utilité commune des parties, ou seulement celle du débiteur, ou seulement celle du créancier, distinction sur laquelle on avait fondé la théorie tripartite des fautes. En abolissant le principe de cette division, il a aboli par cela même cette division, qui n'en est que la conséquence. Quand il dit que l'obligation de veiller à la conservation de la chose est plus ou moins étendue, suivant la nature des contrats comparés entre eux, quant à la prestation des fautes, il signifie simplement que tel contrat oblige à plus de soins que tel autre, et celui-ci, conséquemment, à moins de soins que celui-là.

4. Mais quel est ce plus, quel est ce moins de soins? Nous entrons dans le vif de la question. Le plus de soins que la loi exige, ce sont les soins d'un bon père de famille. Voilà le *maximum* de vigilance. Nous verrons en effet, en parlant des divers contrats, que le Code civil n'exige nulle part davantage, pas même dans les contrats qui n'ont d'utilité que pour le débiteur, et dans les cas où la théorie des trois fautes rendait le débiteur responsable de la faute très légère, en exigeant de lui plus que les soins d'un bon père de famille. Le moins sera par conséquent moins que les soins d'un bon père de famille. C'est le *minimum* de vigilance, au delà duquel commencent le dol et la mauvaise foi.

Le bon père de famille est l'homme soigneux et vigilant, comme le sont en général les hommes qui s'intéressent à la conduite de leurs affaires, en se tenant aussi loin de l'activité inquiète et avare qui s'évertue sans cesse aux plus petites choses, que de la prodigalité qui dissipe et de l'insouciance qui néglige. Le bon père de famille est un type abstrait mais sans exagération, tel qu'il convient à l'humanité. C'est en effet assez pour la satisfaction du créancier, que le débiteur apporte à la conservation de la chose les mêmes soins que l'homme diligent et actif, comme on l'est ordinairement, apporte à la conservation de ce qui lui appartient. En exigeant davantage, on aurait dépassé les limites de ce juste milieu qui est le point de raison et d'équité. La loi, en imposant, au plus, les soins d'un bon père de famille, a donc été raisonnable et juste, d'autant mieux que le type de vigilance qu'elle a choisi, tout abstrait qu'il est, se trouve, dans la pratique, sous la main et les yeux de tout le monde.

En principe, et à moins de dispositions formelles, le débiteur doit apporter tous les soins d'un bon père de famille. Telles sont les dispositions de la première partie de l'article 1137. Lors donc qu'il s'agit d'apprécier une faute, il faut se demander, non pas si, dans l'espèce, la loi exige du débiteur les soins d'un bon père de famille, ce qui est la règle, mais si elle l'en dispense, ce qui est l'exception.

Nous avons le *maximum* des soins; voyons-en maintenant le *minimum*. Ici, les fautes ne s'apprécient plus *in abstracto*, sur le type abstrait du père de famille. Elles s'apprécient, au contraire, pour nous servir des termes de l'école, *in concreto*, par comparaison avec les soins que le débiteur prend habituellement de ses propres affaires. Du moment en effet que la loi a jugé équitable et juste d'abaisser le degré où la faute commence à être imputable, elle a dû descendre jusqu'à l'omission, de la part du débiteur, des soins qu'il apporte à la conservation de ses propres choses. Exiger encore davantage, c'eût été lui faire une remise tout à fait illusoire de responsabilité, et lui enlever complètement le bénéfice de l'atténuation qu'elle voulait cependant lui procurer quant à la prestation de ses fautes. Lors donc que le débiteur n'est pas tenu de droit des soins d'un bon père de famille, il pourra se défendre par son âge, son sexe, son inexpérience, son incapacité, ses habitudes, en un mot, par toutes les circonstances de la gestion ordinaire de ses affaires personnelles.

Mais si la loi a abaissé, au profit du débiteur, le degré des fautes, dans certains cas, jusqu'à l'omission seulement de sa vigilance habituelle, elle n'est jamais descendue plus bas. Elle ne l'a jamais dispensé des soins qu'il apporte habituellement à la conservation de ce qui lui appartient. Autrement, elle eût consacré les actes de dol et de mauvaise foi. Car la bonne foi oblige le débiteur à prendre de la chose d'autrui les mêmes soins que de la sienne. C'est même plus qu'un principe du Code, c'est un principe de notre Evangile.

Que si, conséquemment, le débiteur est un bon père de famille, dans la vérité du mot, comme il doit apporter à la conservation de la chose les mêmes soins qu'il prend des siennes, il s'ensuit que, par une circonstance inhérente à sa

personne, il n'y aura aucune différence, quant à la prestation
de ses fautes, entre le cas où le contrat oblige à tous les soins
d'un bon père de famille, et celui où le contrat oblige à moins.
La nature particulière de la convention ne lui procure alors
aucun bénéfice d'irresponsabilité, parce que la loi, d'accord
avec l'équité et la bonne foi, l'oblige d'ailleurs à apporter sa
vigilance habituelle pour ses propres affaires.

Mais fût-il plus qu'un bon père de famille, fût-il un modèle
de diligence et d'activité, cependant il ne serait jamais tenu
de veiller à la conservation de la chose avec plus de soins
que n'en met un bon père de famille. Car il serait inique que
dans un contrat qui n'oblige qu'à des soins d'une qualité
même inférieure, on exigeât davantage, sous prétexte que la
loi lui demande sa vigilance habituelle, et que, par hasard, il
est doué d'une vigilance et d'une activité extraordinaires. Ce
serait le comble de l'injustice et de l'absurdité que de faire
tourner à son préjudice des dispositions toutes en sa faveur.
Il sera donc quitte, eût-il abaissé sa vigilance habituelle au
degré des soins d'un bon père de famille.

Nous concluons enfin qu'il n'y a légalement que deux sortes
de fautes, les fautes *in abstracto*, appréciées sur le type abstrait
du bon père de famille, et les fautes *in concreto*, appréciées
par comparaison avec les soins que le débiteur prend habituellement de ses propres affaires. Et cette division correspond exactement à la division bipartite des fautes, en fautes
légères et en fautes graves.

Remarquons néanmoins qu'il n'y a, aux yeux de la loi, que
des fautes d'une égale gravité, au point précis ou elles commencent à devenir imputables. Car l'omission des soins d'un
bon père de famille, quand elle commence à devenir faute, ne
s'est pas moins éloignée de son terme abstrait de comparaison, que l'omission de sa vigilance habituelle, de la part du
débiteur, ne s'éloigne elle-même de son terme concret de
comparaison, alors qu'elle prend le caractère de faute. En ce
sens, elles sont toutes également graves, puisque leur imputa-

bilité suppose une omission de soins égale, sinon des mêmes soins.

Telle est notre théorie des fautes. Elle est aussi celle de M. Troplong (1). Nous allons maintenant y faire entrer les diverses dispositions de la loi qui se sont occupées de leur prestation.

5. Le tuteur (450), l'usufruitier (601), l'usager et celui qui a droit à l'habitation (627), le preneur (1728), le cheptelier (1806), l'emprunteur (1880), le gardien judiciaire (1962) doivent, aux termes de la loi, administrer, jouir, user, veiller à la conservation de la chose en bons pères de famille. Nous savons ce que cela veut dire.

Ici la loi s'explique clairement; ailleurs elle se contente des mots faute et négligence, sans autrement en expliquer le sens. L'interprétation est alors nécessaire.

Ainsi, le mari est responsable vis-à-vis de sa femme de sa négligence dans l'administration de la dot (1562, 1567). Mais comme la loi dit (1562) qu'il est tenu à l'égard des biens dotaux de toutes les obligations de l'usufruitier, et que l'usufruitier est tenu d'administrer en bon père de famille, la négligence du mari s'entend de l'omission des soins d'un bon père de famille.

Le créancier gagiste est de même responsable de sa négligence, selon les règles établies au titre des contrats (2080); c'est-à-dire de l'omission des soins d'un bon père de famille.

Le débiteur d'un corps certain est responsable des pertes et détériorations survenues par sa faute (1245). Mais l'article 1245 se réfère à l'article 1137, qui oblige en principe à veiller à la conservation de la chose avec tous les soins d'un bon père de famille.

Les articles 1732, 1807, 1810, 1811 parlent encore des fautes du preneur; mais comme le preneur est tenu des soins

_____

(1) *Vente*, nos 361 et suiv. — *Louage,* no 343.

d'un bon père de famille, on sait à quoi s'en tenir sur le caractère et l'imputabilité de ses fautes.

Chaque associé est tenu envers la société des dommages qu'il lui a causés par sa faute (1850). Quelle faute? la loi ne s'explique pas. Mais il faut en revenir au principe posé par l'article 1137 (1) et décider en conséquence, à défaut d'une exception formelle, qu'il est tenu de tous les soins d'un bon père de famille, et non pas seulement de ceux qu'il apporte dans la gestion de ses propres affaires, comme semble le vouloir le droit romain (2), et comme le pense encore aujourd'hui M. Duranton (3). Voici au surplus la loi romaine : *Culpa non ad exactissimam diligentiam dirigenda est : sufficit etenim talem diligentiam communibus rebus adhibere qualem suis rebus adhibere solet, quia qui parum diligentem sibi socium acquirit, de se queri debet.* Telle est la pensée de Gaïus sur la prestation des fautes de l'associé. D'autre part, Celsus dit du dépositaire : *Nec salvâ fide minorem eis (depositis rebus) quàm suis rebus diligentiam præstabit* (4). Est-ce à dire que l'associé et le dépositaire sont exactement tenus de la même faute? Cette question est un éternel sujet de controverse entre les jurisconsultes. Quant à nous, nous croyons fermement que Gaïus veut seulement dispenser l'associé des soins excessifs, *exactissimæ diligentiæ*, c'est-à-dire de la prestation de la faute très légère, mais pour réduire les soins auxquels il s'est engagé au type abstrait du bon père de famille, dont il est censé remplir les conditions; tandis au contraire que Celsus exige du dépositaire les soins qu'il prend de ses propres choses, pour l'obliger, non-seulement à la prestation de son dol, mais encore de sa faute relativement grave. En un mot, le droit romain ne parle de l'associé et de sa diligence habituelle, que pour

(1) Troplong, *Vente*, n° 393, et *Société*, n°s 573 et suiv.
(2) Instit., *De societ.*, § 9. — L. 72, *ff. Pro socio.*
(3) T. 10, n° 411, t. 17, n° 403.
(4) L. 32, *ff. Depositi. vel contrâ.*

réduire et atténuer la prestation de ses fautes. Il le dispense de la faute très légère. Il ne s'occupe enfin du dépositaire que pour élever sa faute imputable, en exigeant de lui, pour le dépôt, les soins qu'il prend de ses propres affaires. Mais si l'argument est le même pour atténuer que pour aggraver l'imputabilité; si, dans les deux cas, les soins sont déterminés sur la même mesure, cette communauté de mesure et d'argument n'entraîne pas identité de solution, quant à la prestation des fautes (1). L'associé ne doit en effet ses soins ordinaires et habituels, supposés ceux d'un bon père de famille, qu'à ce titre; pas plus. Le dépositaire, au contraire, les doit à cet autre titre; pas moins, soit qu'il ait ou non les qualités d'un bon père de famille.

L'article 1374 oblige le *negotiorum gestor* à apporter dans sa gestion tous les soins d'un bon père de famille. Néanmoins, ajoute-t-il, les circonstances qui l'ont conduit à se charger de l'affaire, peuvent autoriser le juge à modérer les dommages et intérêts qui résulteraient de la négligence ou des fautes du gérant. Ainsi, le juge se montrera d'autant plus sévère dans l'appréciation de ses fautes, que les causes de son immixtion dans les affaires d'autrui lui paraîtront moins dignes de faveur et d'intérêt. Et, bien que l'atténuation semble porter exclusivement sur les dommages et intérêts, et non sur le degré de la faute imputable, néanmoins le gérant ne sera, par le fait, responsable, dans les cas de faveur, que de l'omission des soins qu'il prend habituellement de ses propres affaires. Nous renvoyons, au surplus, au commentaire de l'article 1374.

Sur la même ligne que le *negotiorum gestor* nous plaçons le cohéritier, le communiste ou copropriétaire qui détient et administre la chose commune, au seul titre de gérant. Son administration n'est en effet qu'une variété du quasi-contrat *negotiorum gestorum*, de gestion d'affaires. Il sera donc, suivant les circonstances plus ou moins favorables qui l'ont con-

(1) TROPLONG, *Société,* art. 1850.

duit à s'en charger, tenu tantôt de la faute grave, et tantôt de la faute légère.

Le mandataire répond des fautes qu'il commet dans sa gestion. Néanmoins la responsabilité relative aux fautes est appliquée moins rigoureusement à celui dont le mandat est gratuit qu'à celui qui reçoit un salaire (1992). Les circonstances ont donc une grande influence sur l'appréciation et la prestation des fautes commises par le mandataire. Nous n'avons pas besoin de faire ressortir la raison et l'équité des dispositions de la loi à cet égard. Il suffit de constater que le mandataire sera responsable tantôt de la faute grave et tantôt de la faute légère; qu'il devra apporter dans l'exécution de son mandat, tantôt les soins d'un bon père de famille, tantôt simplement sa vigilance et son activité habituelles.

6. Passons maintenant aux cas où la loi n'exige du débiteur, pour les choses d'autrui, que les soins qu'il prend de ses propres affaires.

Le dépositaire, dit l'article 1927, doit apporter, dans la garde de la chose déposée, les mêmes soins qu'il apporte dans la garde des choses qui lui appartiennent. Mais l'article suivant ajoute que cette disposition doit être appliquée avec plus de rigueur dans certains cas qu'il énumère et dont on conçoit les conséquences, quant à l'appréciation et la prestation des fautes commises par le dépositaire. Si donc, en principe, il n'est tenu que de ses soins habituels, il peut être tenu, par exception, de tous les soins d'un bon père de famille.

L'article 1927, relatif au dépôt, est le seul où la loi dise expressément que le débiteur ne doit que les soins qu'il prend ordinairement de ses affaires. Nous avons vu qu'elle le donne aussi à entendre, mais sous certaines conditions, quant au mandataire et au gérant. Mais nulle part elle ne s'est expliquée d'une manière aussi claire et aussi précise. L'article 1927 a toute la valeur d'une définition; il contient la définition de la faute grave. En comparant en effet ce que la loi exige de soins de la part de tels débiteurs et ce qu'elle exige de tels autres, nous voyons que ce sont tantôt les soins d'un bon père de famille, et tantôt les soins ordinaires du débiteur pour ses propres affaires. Or, si nous donnons à l'omission des soins de la première espèce la qualification de faute légère, nous devons donner à l'omission des soins de la seconde espèce, la qualification de faute grave. Autrement, nous aurions, là où la loi a prévu une faute qu'elle a spécialement dénommée faute grave, une faute qui ne serait ni l'omission des soins d'un bon père de famille, ni l'omission des soins que le débiteur apporte habituellement dans la gestion de ses affaires. Quelle serait donc cette faute grave? Comment s'apprécierait-elle? Serait-ce d'une manière absolue, sur le type abstrait d'un bon père de famille? Mais alors ce ne serait plus que la faute légère abaissée d'un degré; et si, par hasard, le débiteur n'a pas habituellement dans la gestion de ses affaires les qualités d'un bon père de famille, voilà que fatalement la faveur de la loi est perdue pour lui, et qu'il ne peut invoquer le bénéfice de son âge, de son inexpérience, de son sexe, de ses habitudes. Où sera donc alors l'équité?

La faute grave, dans le langage de la loi, ne peut s'entendre que de l'omission de la part du débiteur des soins qu'il prend ordinairement de ses affaires. L'équité et le bon sens sont alors satisfaits; car, autant il est juste d'exiger au moins des soins de cette qualité de la part d'un débiteur dont la position est favorable, autant il serait injuste d'exiger de lui des soins mesurés sur un type abstrait dont il ne peut soutenir la comparaison.

Mais remarquons bien que ces expressions de faute grave ne veulent pas dire que la faute doit consister, pour être imputable, dans une omission de soins telle qu'elle s'éloigne beaucoup des habitudes du débiteur. Il suffit qu'elle s'en éloigne; car l'indulgence de la loi n'est pas dans le degré de l'omission à partir du terme qu'elle a posé, mais dans l'abaissement du terme de comparaison qu'elle a pris. Or l'omission, quant aux choses d'autrui, des soins qu'on prend habituellement des siennes, est un acte de mauvaise foi, voisin du dol, qui constitue toujours une faute grave, et grave exclusivement en ce sens.

7. Quand donc l'article 804 dispose que l'héritier bénéficiaire n'est tenu que des fautes graves, dans l'administration dont il est chargé, il veut dire tout simplement qu'il est tenu d'apporter, dans la gestion de la succession, sa vigilance et son activité habituelles pour ses propres affaires. C'est tout ce que la loi demande, lui faisant même remise de tout ce qui pourrait, dans ses habitudes de vigilance et d'activité extraordinaires, dépasser les soins d'un bon père de famille, mais sans le dispenser néanmoins d'apporter dans sa gestion les soins de cette qualité, s'il remplit d'ailleurs, par ses habitudes personnelles, toutes les conditions d'un bon père de famille. Il est du reste facile d'expliquer les mots de faute grave dont s'est servi l'article 804, par la raison que le législateur, en édictant cet article, n'était pas encore fixé sur le système qu'il adopterait plus tard quant à la prestation des fautes.

8. Un mot enfin sur les systèmes de quelques auteurs qui ont écrit sur le Code civil.

M. Duranton (1) a renouvelé le système des trois fautes, et prétendu qu'il doit être encore suivi dans tous les cas où le Code ne s'est pas formellement expliqué sur la nature de la faute dont le débiteur est responsable.

Mais le système de M. Duranton n'est pas celui de Pothier. Celui-ci appréciait les fautes en elles-mêmes, *in abstracto*, sur une échelle dont le premier degré était la vigilance du père de famille excessivement soigneux; le second, la vigilance du bon père de famille; le troisième, la vigilance du père de famille insoucieux et négligent. A chacun de ces degrés correspondaient la faute très légère, la faute légère et la faute lourde.

(1) T. 10, nos 398 et suiv.

M. Duranton, d'accord en ce point avec plusieurs interprètes du droit romain, a compliqué cette théorie, dont la simplicité est fondée sur le principe d'une appréciation absolue, d'une subdivision des fautes graves et légères en fautes appréciées *in concreto*, sur les habitudes personnelles du débiteur, ce qui fait, au total, une division des fautes en cinq fautes différentes.

On conçoit quelles difficultés un semblable système rencontre dans l'application. C'est bien de lui qu'on peut dire qu'il n'est propre qu'à jeter une fausse lueur. A ce premier tort d'être impraticable, il en joint un autre aussi grave; c'est d'être en opposition formelle avec le texte du Code civil, soit en ressuscitant la faute très légère dont il ne parle pas et qu'il exclut par son silence, soit en subdivisant les fautes graves et légères en deux ordres de fautes dont il ne parle pas non plus et qu'il a proscrites, justement parce que cette division était plus ingénieuse qu'utile dans la pratique. On peut en voir une victorieuse réfutation dans M. Troplong (1).

9. M. Proudhon (2) prétend, en se fondant sur les articles 1374, 1928, 1992, que la faute très légère peut être imputée dans certains cas au débiteur. Il est vrai que ces articles laissent aux tribunaux le soin d'apprécier les circonstances, et le droit de se montrer plus ou moins rigoureux, quant à la prestation des fautes. Mais il s'en faut beaucoup qu'ils autorisent l'imputation de la faute très légère. La faute légère est en effet le maximum qu'ils puissent imputer, par la raison que le plus que doive le débiteur, c'est d'apporter tous les soins d'un bon père de famille, et non ceux du père de famille le plus diligent. N'est-ce pas là tout ce qu'on exige du commodataire? Comment donc exiger davantage du mandataire et du gérant? Que si l'article 1882 rend l'emprun-

---

(1) *Vente,* n⁰ˢ 388 et suiv.
(2) *Usufruit,* t. 3, p. 472 et suiv.

teur responsable de la perte de la chose, lorsque ne pouvant conserver que l'une des deux, il a préféré sauver la sienne, plus précieuse ou non, cette disposition, sans se rattacher précisément à la théorie des fautes, est plutôt fondée sur ce principe de bonne foi qui ne veut pas que le prêteur soit victime d'un service gratuitement rendu. Autrement, la loi eût consacré les actes du plus vil égoïsme et de la plus indigne ingratitude (1).

10. Quant à M. Toullier (2), il pense que le débiteur est toujours tenu de la faute très légère, de sa négligence, de son imprudence même, et il se fonde sur les articles 1382, 1383. Mais que fait-il alors des divers articles du Code qui tantôt demandent au débiteur les soins d'un bon père de famille, et tantôt se contentent des soins qu'il prend ordinairement de ses propres affaires? Est-ce donc là poser en principe l'imputabilité de la faute très légère et de la simple imprudence?

Les articles 1382, 1383, sont dépaysés dans le système de M. Toullier. Comme ils sont exclusivement relatifs aux délits et quasi-délits, on ne peut en transporter l'application à la matière des contrats et quasi-contrats. Il faut en effet se garder de confondre, quant à la prestation des fautes, les obligations qui résultent de ceux-ci, avec celles que produisent ceux-là. Quand on contracte avec une personne, on s'en rapporte plus ou moins à elle, on suit sa foi quant aux soins qu'elle doit prendre de la chose, dans une certaine mesure que la loi détermine d'office et sur la présomption qu'elle est à la convenance de toutes parties. Si les contractants veulent davantage, c'est à eux de s'expliquer, et de stipuler une plus rigoureuse prestation des fautes.

S'agit-il d'obligations résultant de la loi? Là encore nous voyons que le bon sens et l'équité réclament contre l'imputa-

---

(1) Voy. TROPLONG, *Vente*, n⁰ˢ 385 et suiv.
(2) T. 6, n⁰ˢ 230 et suiv. — *Conf.*, DUVERGIER, *Vente*, t. 1, n⁰ 279, et *Louage*, t. 1, n⁰ 410.

tion de la faute très légère. Ne suffît-il pas des soins que les hommes apportent en général dans l'administration de leurs affaires, c'est-à-dire de tous les soins d'un bon père de famille? Exiger davantage, ne serait-ce pas aller au delà de ce qu'on peut raisonnablement demander à l'humanité? Aussi, la loi a-t-elle pris soin de régler en ce sens la prestation des fautes dans les engagements qui résultent de sa seule autorité.

Si nous passons aux quasi-contrats, que voyons-nous? Une chose a été payée sans cause, par erreur; a-t-elle été reçue de mauvaise foi; celui qui l'a reçue est responsable de sa perte arrivée même par cas fortuit (1379). A coup sûr, la loi est suffisamment rigoureuse. Si elle a été reçue de bonne foi et que plus tard celui qui l'a reçue apprenne le vice du paye-ment, alors il devient responsable de sa faute: il doit les soins d'un bon père de famille (1). N'est-ce pas assez, puisque dans le principe il a reçu de bonne foi, et que, s'il était responsable de la faute très légère, il serait dans la réalité victime de l'imprudence de son adversaire, qui n'est pas lui-même exempt de reproches?

Quant au quasi-contrat de gestion d'affaires, ou le gérant a voulu rendre un service d'ami, et dans ce cas il ne convient pas de faire tourner le bienfait contre le bienfaiteur; ou des causes moins favorables l'ont conduit à se charger de l'admi-nistration, et alors il suffit d'exiger qu'il y apporte tous les soins d'un bon père de famille. Comment le maître pourrait-il se plaindre de la faute très légère du gérant, quand on peut lui dire qu'il eût peut-être plus mal géré lui-même, et qu'en tout cas le commun des hommes n'eût pas mieux administré?

Mais dans les obligations qui résultent des délits ou quasi-délits, il n'y a plus à invoquer les circonstances favorables du contrat. Un préjudice a été causé, il faut le réparer. Tout aboutit, tout se résume dans une question de dommage et de réparation. Y a-t-il donc à hésiter entre celui qui l'a éprouvé

(1) Voy. 1378, 1379, n° 3.

et celui qui l'a commis? N'est-elle pas la plus digne de faveur, la position de celui qui a été lésé sans qu'il ait pu le prévoir, ni s'en garantir? Qu'importe alors le degré de la faute, puisque l'équité veut que tout préjudice soit réparé (1)?

11. Enfin les annotateurs de M. Zachariæ (2) pensent que, quoique la diligence doive être appréciée *in abstracto*, et que par conséquent le débiteur ne puisse pas s'excuser des fautes qu'il a commises, en se prévalant de la négligence qu'il met dans la gestion de ses propres affaires, néanmoins on ne peut exiger de lui plus de soins qu'il n'est capable d'en apporter, d'après le degré de son intelligence. *Nulla impossibilium obligatio*, à l'impossible nul n'est tenu, disent-ils; d'où ils concluent que, sous ce rapport, la diligence doit, en règle générale, être appréciée *in concreto*.

Nous ferons d'abord remarquer que la raison tirée, à l'appui de cette opinion, de ce qu'à l'impossible nul n'est tenu, ne signifie absolument rien. Il n'y a en effet que les impossibilités absolues qui ne puissent faire l'objet d'une obligation. Or, si le débiteur n'est pas capable de tous les soins d'un bon père de famille, ce n'est là qu'une impossibilité relative, qui ne rend pas nulle l'obligation qu'il aura pu contracter, imprudemment si l'on veut, d'apporter à la conservation de la chose des soins et une diligence au-dessus de ses forces. Comment d'ailleurs parler de l'impossible, quand la loi, par une disposition de juste milieu, se contente des soins que les hommes ont ordinairement pour leurs propres choses? Son indulgence même ne lui donne-t-elle pas plus de droit à une stricte observation? Nous dirons enfin que ces expressions, *tous les soins d'un bon père de famille*, se réfèrent à un terme abstrait de comparaison, à l'homme soigneux et diligent dont parle le droit romain (3), et que le Code civil en les employant leur a con-

(1) Voy. TROPLONG, *Vente*, nᵒˢ 370 et suiv.
(2) T. 2, §308, nᵒ 2, nᵗᵒ 19, p. 320, 1ʳᵉ édit. Voy. t. 4, p. 102, nᵗᵒ 30, 4ᵉ édit. MM. Aubry et Rau ont renoncé à reproduire cette opinion.
(3) L. 25, *ff. De probat.*

servé la même signification. Que l'on dise maintenant, dénombrement fait des articles qui exigent les soins d'un bon père de famille, et de ceux qui ne les exigent pas, et surtout en présence du principe posé dans le paragraphe premier de l'article 1137, que la règle générale est que la diligence doit être appréciée *in concreto*, sur les habitudes individuelles du débiteur! Ce n'est là au contraire que l'exception.

12. Quoi qu'il en soit, il est un point constant en matière de fautes contractuelles ; c'est que les parties peuvent stipuler que le débiteur sera tenu de plus ou de moins de soins que n'en exige la nature du contrat. Ainsi, le débiteur pourra ne devoir que sa vigilance habituelle, là où la loi exige les soins d'un bon père de famille ; et, *vice versâ*, le stipulant pourra demander les soins d'un bon père de famille, là où le débiteur ne devrait de droit que ses soins habituels ; soit convenir enfin qu'il sera responsable de la faute la plus légère.

13. Mais quelle que soit la liberté accordée aux contractants à cet égard, ils ne peuvent jamais convenir qu'ils ne seront pas tenus de leur dol, c'est-à-dire des actes qu'ils auront commis de mauvaise foi, et tout exprès pour causer un dommage (1).

14. Il peut même résulter tacitement de la convention que le débiteur a promis plus que les soins d'un bon père de famille, et s'est rendu responsable de la faute très légère. L'objet du contrat, la spécialité des soins nécessaires, la profession particulière du promettant, serviront à apprécier l'étendue de la vigilance à laquelle il sera présumé s'être tacitement engagé. Par exemple, je charge une personne de transporter une colonne corinthienne, des bas-reliefs d'un monument antique, une statue, un objet d'art, pour le transport desquels il faut des soins tout spéciaux, et plus que les soins d'un bon

(1) Voy. L. 23, *ff. De reg. jur.* — L. 1, § 7, *ff. Dep. vel contrà.* — 1133, n° 12. Voy. Cass., 15 mars 1876. SIREY, 76, 1, 337.

père de famille, *in quibus apparet non mediocri, sed majori vel summâ diligentiâ opus esse :* la personne à qui j'aurai confié ces choses répondra de sa faute très légère.

Mais remarquons bien qu'elle n'en répondra qu'en tant que le dommage éprouvé se référera précisément à la nécessité de plus grands soins spécialement promis. L'imputabilité de la faute très légère doit alors s'apprécier, suivant la nature et l'espèce du dommage; car elle ne consiste jamais que dans l'omission des soins particuliers expressément ou tacitement convenus. Ainsi, le promettant répondra, dans notre hypothèse, de sa faute très légère, en ce qui concerne le bris et la mutilation des objets qui lui étaient confiés. Mais il répondra seulement de la faute légère, en cas de vol et de soustraction pour lesquels il est resté dans le droit commun, qui n'exige que les soins d'un bon père de famille (1).

15. Ceci nous conduit à parler des fautes dans les obligations de faire ou de ne pas faire. Nous compléterons ainsi notre théorie sur leur prestation.

L'article 1137, placé sous la section de l'obligation de donner, ne se réfère, par ses termes et par son esprit, qu'aux obligations de cette nature. Il précise autant que possible la qualité des soins que tout débiteur doit apporter à la conservation de la chose qu'il s'est obligé à donner. Mais nulle part la loi n'a déterminé les soins avec lesquels une chose doit être faite. Le silence de la loi, quant aux obligations de faire, doit-il donc se suppléer par ses dispositions, quant aux obligations de donner? Doit-on appliquer l'article 1137 à toutes les obligations, et dire en conséquence que celui qui s'est obligé à faire doit, en principe et sauf des exceptions analogues, apporter à la confection de la chose tous les soins d'un bon père de famille?

Si l'on considère l'infinie variété des obligations de faire,

---

(1) Voy. Dumoulin, *De eo quod inter.,* n° 183.

soit à raison de la nature des choses qui doivent être faites, soit à raison du caractère des personnes qui doivent les accomplir, on comprendra que la loi n'a pas pu déterminer, quant à elles, la qualité des soins que devait y apporter le promettant. Une fois classées sous une dénomination générique, elles ne sont pas, comme les obligations de donner, susceptibles de classifications particulières. Il n'existe point pour elles de classifications spéciales qui ressemblent à celles sous lesquelles on peut ranger les diverses obligations de donner, telles que la vente, l'échange, le louage, le dépôt, le prêt, le nantissement. Elles sont obligations de faire, et voilà tout.

D'autre part, en déterminant l'objet de l'obligation, le contrat précise par cela même la somme de soins nécessaires à son exécution, et réduit ainsi la question de faute à une question de payement. Ajoutons que, s'agissant de donner, il y a toujours, dans les soins exigés pour la conservation de la chose, une sorte d'uniformité et de similitude qui ne se rencontrent plus lorsqu'il s'agit d'une chose à faire. Les soins de confection, les travaux de main-d'œuvre varient constamment, suivant l'objet même de la convention. C'est pourquoi la loi n'a point déterminé, en matière d'obligations de faire, la qualité des soins voulus pour leur accomplissement, ni l'étendue des fautes imputables. Il suffit que la chose ne soit pas faite comme les parties ont entendu qu'elle le fût, pour que le promettant soit en faute et passible de dommages et intérêts. La faute s'apprécie donc suivant l'inexécution de l'engagement, et sa prestation se mesure sur l'étendue des soins promis expressément ou tacitement, eu égard à l'objet du contrat.

De ce qu'il n'existe, pour l'appréciation des fautes dans les obligations de faire, d'autre règle que l'interprétation de la convention même, il suit que le débiteur répondra tantôt de la faute grave seulement, tantôt de la faute légère, et tantôt de la faute très légère, suivant qu'il aura promis, pour l'accomplissement de son obligation, des soins plus ou moins étendus. Ici se retrouve donc en fait la division tripartite des fau-

tes, parce qu'elle est dans la nature des choses. Mais comme
son application ne se fait pas d'une manière symétrique et
absolue, elle cesse de présenter les inconvénients d'un système. Bien loin d'en avoir l'inflexible rigueur, elle se prête au
contraire aux influences de tous les faits particuliers; et là se
trouvent sa raison d'être et son équité. '

La loi ne s'effraye point elle-même de cette appréciation arbitraire des circonstances. C'est ainsi que l'article 1992, en
déclarant le mandataire responsable des fautes qu'il commet
dans sa gestion, ajoute que néanmoins la responsabilité relative aux fautes est appliquée moins rigoureusement à celui
dont le mandat est gratuit qu'à celui qui reçoit un salaire.
Voilà une certaine influence accordée à l'utilité unilatérale ou
commune de la convention sur l'imputabilité des fautes. Que
sera-ce donc des autres circonstances qui n'auront pas été
prises en moins grande considération, au moment du contrat,
telles que la nature de la chose à faire, le prix qu'on la paye,
la position de celui qui la stipule, celle de celui qui la promet,
le caractère de ce dernier, la spécialité de ses habitudes, de
sa profession, de son art, de son industrie? Il est bien sûr en
effet que je dois moins exiger, contractant en connaissance de
cause, d'un mauvais ouvrier que d'un bon, d'un simple bar-
bouilleur que d'un peintre distingué, d'un tailleur de pierres
que d'un sculpteur. Il ne m'a promis que ce que je le savais
capable d'accomplir. Il est clair encore que je ne dois pas m'attendre à avoir pour cinquante francs quelque chose qui en
vaille cent. Il y a des choses de tout ouvrier et de tout prix.

Mais lorsque, sur salaire légitime et compétent, je stipule
une chose à faire d'une personne qui en fait état et profession,
je la rends responsable de sa faute même très légère, parce
qu'elle s'est engagée à tous les soins nécessaires pour la bonne
confection de la chose. *Spondens tanquam artifex tenetur de
omni culpâ artis* (1). Et ce que Dumoulin dit de l'artisan,

_____

(1) DUMOULIN, *De eo quod inter.,* n° 185.

nous le disons de tous ceux qui ont promis l'accomplissement d'une chose qui rentre dans l'exercice régulier de leur profession et de leur art.

Cette distinction entre les obligations de donner et les obligations de faire, quant à la prestation des fautes, jointe à l'imputabilité de la faute très légère, expressément ou tacitement convenue, peut servir à concilier les systèmes divers que se sont faits les commentateurs. On semble en effet avoir le droit de leur reprocher d'avoir confondu des obligations différentes, et de ne pas avoir assez accordé à la liberté et à l'interprétation des contrats. Quant à nous, faisant la part de l'une et de l'autre, nous avons essayé de séparer ce qui revient à l'autorité de la loi, de ce qui appartient à la convention des parties.

Du reste, soit qu'il s'agisse d'une obligation de donner ou de faire, la prestation des fautes est, dans la pratique, à peine une question de droit. Le point de fait y est toujours dominant, quand il n'y est pas tout.

ARTICLE 1138.

L'obligation de livrer la chose est parfaite par le seul consentement des parties contractantes. — Elle rend le créancier propriétaire, et met les choses à ses risques dès l'instant où elle a dû être livrée, encore que la tradition n'en ait point été faite, à moins que le débiteur ne soit en demeure de la livrer, auquel cas la chose reste aux risques de ce dernier.

Sommaire.

1. Autrefois la propriété n'était transmise que par la tradition.
2. Conséquences.
3. Innovation du Code. Ses motifs. Son importance.
4. Hommage rendu à l'équité.
5. L'article 1138 s'applique à toutes les obligations de donner.

6. Des promesses de vendre sous l'ancien droit.

7. Promesses unilatérales obligatoires.

8. Elles doivent contenir fixation d'un prix.

9. Moyen de distinguer la simple promesse de la vente parfaite.

10. Sens de la maxime : *promesse de vente vaut vente,* sous notre ancien droit.

11. Sens de cette maxime sous le Code civil.

12. *Quid* si la promesse contient un terme?

13. Sens de la maxime appliquée aux promesses unilatérales.

14. Conséquence.

15. Application des mêmes principes aux autres obligations de donner.

16. Du pacte de préférence.

17. L'article 1138 suppose un corps certain.

18. Application de cette règle aux choses dues alternativement;

19. Promises au compte, au poids, à la mesure.

20. Mais il ne s'en suit pas que le premier stipulant ne doive point être préféré. Distinction.

21. *Quid,* quant aux saisies faites par les créanciers du promettant?

22. *Quid,* quant aux choses dues alternativement?

23. Les risques suivent la propriété.

24. Ce qu'on doit entendre par risques.

25. Conséquences.

26. Sens de ces mots : *dès l'instant où la chose a dû être livrée.*

27. Exception résultant de la convention.

28. De la mise en demeure du débiteur.

29. Les risques s'entendent d'un corps certain.

30. Application de ce principe aux obligations alternatives.

31. Aux choses dues au compte, au poids, à la mesure.

32. Des risques de la chose due sous condition suspensive.

33. Une mise d'enchères est une promesse d'acheter conditionnelle. Conséquence.

34. La promesse d'acheter sans que l'autre s'oblige à vendre est conditionnelle. Conséquence.

35. Des risques de la chose vendue, quand le prix doit être déterminé par experts convenus.

36. Les conventions portant stipulation d'un prix au cours n'ont rien de conditionnel. De même, quand le prix doit être fixé par des experts à choisir par la justice.

37. Ventes à l'essai réputées faites sous condition suspensive.

38. Ventes de choses qu'on doit goûter et agréer. Distinction. Fixation de délai. Mise en demeure.

39 Des risques, lorsqu'il y a résolution, rescision, annulation du contrat.

COMMENTAIRE.

1. D'après les principes du droit romain et de notre ancienne jurisprudence, les contrats étaient impuissants par eux-mêmes à transférer la propriété. Il fallait de plus la tradition de la chose dans les mains du stipulant. *Traditionibus et usucapionibus dominia rerum, non nudis pactis, transferuntur* (1). *Sane qui nondum rem emptori tradidit, adhuc ipse dominus est* (2). Il fallait donc absolument la tradition pour faire perdre à l'un et acquérir à l'autre le domaine de propriété.

« Lorsque le vendeur, dit Pothier (3), est propriétaire de la chose vendue et capable de l'aliéner, ou s'il ne l'est pas lorsqu'il a le consentement du propriétaire, l'effet de la tradition est de faire passer en la personne de l'acheteur la propriété de la chose vendue, pourvu que l'acheteur ait payé le prix, ou que le vendeur ait suivi sa foi. Le contrat de vente ne peut pas produire par lui-même cet effet; les contrats ne peuvent que former des engagements personnels entre les contractants, ce n'est que la tradition qui se fait en conséquence du

---

(1) L. 20, C. *De pactis.* — L. 11, C. *De act. empt.*

(2) L. 15, C. *De rei vend.*

(3) *Vente,* n° 318.

contrat qui peut transférer la propriété de la chose qui a fait l'objet du contrat. »

Il ne paraît même pas que l'on suivît cette opinion; d'Argou(1) et autres auteurs (2), qui pensaient que la propriété était transmise de droit, dès l'instant que le contrat était parfait et accompli, au moyen d'une tradition feinte, qu'ils faisaient résulter des termes actuels de la clause par laquelle le vendeur déclarait se démettre, dès à présent, et se dépouiller de la possession et propriété de la chose, pour en saisir l'acquéreur. Devenue de style, il ne paraît pas que cette clause eût la moindre efficacité. C'était du moins un point controversé.

2. Voyons quelques-unes des principales conséquences de cette impuissance du contrat à transférer par lui-même et sans tradition la propriété de la chose.

Il en résultait que le second acquéreur mis en possession était préféré au premier (3);

Que les créanciers du vendeur pouvaient saisir sur lui l'objet du contrat, dont il était demeuré propriétaire tant que la tradition n'en avait pas été faite (4);

Que l'acquéreur n'étant pas propriétaire n'avait qu'une action personnelle en délivrance, et non l'action en revendication de la propriété.

Toutes ces conséquences ont disparu avec le principe. Du moment en effet que l'obligation de donner est parfaite par le seul consentement des parties, et qu'elle rend le créancier immédiatement propriétaire, indépendamment de toute tradition réelle ou feinte, le premier créancier, mis ou non en possession, est toujours préféré au second, la chose eût-elle été livrée à ce dernier, mais seulement pourvu qu'il s'agisse d'une chose susceptible de droit de suite (5).

(1) T. 2, p. 198.
(2) POTHIER, *Vente,* n° 321.
(3) POTHIER, *Vente,* n° 319.
(4) POTHIER, *Vente,* n° 320, et *Propriété,* n° 247.
(5) TOULLIER, t. 6, n° 104. — TROPLONG, *Vente,* n°s 42 et 43.

Par la même raison, les créanciers du promettant ne peuvent pratiquer aucune saisie ultérieure sur l'objet du contrat, au préjudice du stipulant (1).

Enfin le stipulant, devenu propriétaire à l'instant même, a contre le promettant, outre l'action personnelle qui résulte de la convention, l'action réelle en revendication qui correspond au droit de propriété (2).

3. Ce n'est sans doute pas une petite et stérile innovation que le principe posé dans l'article 1138. Le Code civil n'a même introduit nulle part de changement aussi grave, aussi fécond en conséquences, que lorsqu'il a attribué à l'obligation de donner la force de transférer la propriété immédiatement, sans le secours de la tradition. Il se lie intimement au principe qui a régi dans tous les temps la transmission de la propriété en matière de succession. On n'a jamais exigé de l'héritier une prise physique de possession ; on n'en a jamais fait une condition de la transmission de la propriété sur sa tête. Du défunt à l'héritier, la propriété passe d'elle-même, instantanément, sans qu'il soit possible de saisir la moindre interruption dans la continuité du domaine : le mort saisit le vif. Et ce n'est là pourtant que l'effet de la seule volonté de l'homme, soit qu'il ait fait son testament, soit que la loi en ait fait un d'office pour lui, puisqu'elle ne dispose pour le *de cujus* que sur la présomption qu'il aurait réglé comme elle la transmission de ses biens.

Pourquoi n'aurait-on pas attribué, en matière de contrats, cette autorité, cette vertu à la volonté de l'homme, quand on ne la lui a jamais déniée en matière de succession ? Là était le progrès. Il n'y avait qu'un pas à faire ; et l'on est surpris qu'il ait fallu des siècles pour y arriver. Il semble que l'ancien droit, si matérialiste lorsqu'il exigeait une tradition, n'ait pas

---

(1) TOULLIER, t. 7, n° 35. Il parle seulement des immeubles. Quant aux meubles, voy. 1141, n° 18.

(2) Voy. 1136, n°s 6 et suiv.

compris que cette tradition, que ce pur fait ne signifiait rien
en lui-même, et n'avait de sens que comme expression de la
volonté qui avait formé le contrat. C'est elle qui lui donne une
moralité, une valeur légale ; et quand elle a déjà une preuve
suffisante dans le contrat, pourquoi en demander une autre
toute matérielle qui n'ajoute rien à sa preuve ? Autre chose,
en effet, le domaine abstrait de propriété ; autre chose, son
usage et son exercice. Que la tradition soit nécessaire, lorsqu'on le considère comme renfermant le pouvoir physique et
actuel d'en faire usage ; on le comprend. Car cette mise en
possession est indispensable pour son exercice. Mais lorsqu'il
est considéré comme un rapport abstrait entre une personne
et une chose, indépendamment de l'usage qu'on en peut faire,
il est évident que rien n'empêche la translation de ce droit
sans le secours de la tradition, par la seule puissance de la
volonté. Et cette translation de la propriété n'est que la conséquence du droit même de propriété, dans sa plus pure
théorie (1). C'est en ce sens que l'article 1138 dispose que
l'obligation de livrer est parfaite par le seul consentement des
parties contractantes.

4. Mais le principe posé dans l'article 1138 n'est pas seulement un hommage rendu à la toute puissance de la volonté
humaine, il est encore un hommage rendu aux idées de
raison et d'équité. Voyez les conséquences du principe contraire ! N'y en avait-il pas assez pour le faire proscrire ?

5. Des expressions de notre article on pourrait conclure
qu'il ne s'applique qu'à celles des obligations de donner qui
ont pour objet de transférer la propriété, comme la vente,
l'échange, la donation. Ce serait une erreur : il s'applique à
toutes les obligations de donner, soit qu'elles aient pour objet
de transférer la propriété ou tout autre droit réel. L'obligation de livrer la chose, dit-il, est parfaite, par le seul consen-

(1) Voy. POTHIER, *Propriété*, n° 245.

tement des parties, c'est-à-dire toute obligation de livrer. Or nous avons montré sous l'article 1136 que les obligations de donner comprenaient toute translation de droits réels, *in re*. Quant à l'expression de propriétaire que l'article 1138 emploie dans son second paragraphe, il la prend dans son acception la plus large pour signifier les rapports qui existent entre tout droit réel et la personne qui le possède. En effet, bien qu'on ne dise pas du preneur, de l'emprunteur, de l'usager, de l'usufruitier qu'il a un droit de propriété sur la chose, on dit très bien qu'il y a un droit réel, qu'il est propriétaire de ce droit; tandis qu'on ne dit jamais du droit correspondant à l'obligation de faire ou de ne pas faire, que le créancier est propriétaire de ce droit. Les expressions dont se sert l'article 1138, par une sorte de choix calculé, ne sont après tout que les plus propres à marquer la différence qui sépare, quant à leurs effets, les obligations de donner des obligations de faire ou de ne pas faire.

6. L'article 1138 parle de l'obligation de livrer. Que doit-on décider des promesses de livrer, par exemple de vendre, d'échanger, de louer, de transférer enfin un droit réel quelconque ?

Un seul article du Code s'occupe de semblables promesses. L'article 1589 dispose que la promesse de vente vaut vente, lorsqu'il y a consentement réciproque des deux parties.sur la chose et sur le prix. Mais avant de l'interpréter, nous devons jeter un coup d'œil sur les anciens principes.

On distinguait d'abord deux espèces de promesse de vendre; la promesse unilatérale (qu'il ne faut pas confondre avec une simple pollicitation ou proposition non acceptée), par laquelle l'un s'oblige à vendre, sans que l'autre s'oblige à acheter; puis la promesse bilatérale ou synallagmatique, par laquelle l'un s'oblige à vendre, et l'autre, à acheter, moyennant un prix convenu.

Parmi les auteurs, les uns pensaient que la promesse uni-

latérale se résolvait, en cas d'inexécution, en simples dommages et intérêts, parce que le promettant n'avait promis que le
fait de vendre; d'autres, au contraire, et parmi eux Pothier (1),
que le promettant pouvait être contraint à passer contrat,
sinon être poursuivi en justice pour voir dire que le jugement
qui reconnaîtrait la promesse en tiendrait lieu, et même plus
simplement, que le stipulant pouvait, sur l'offre du prix convenu, poursuivre la réalisation de la promesse et la délivrance
de la chose.

Comme cette promesse ne contenait que l'obligation de
réaliser la vente, à la première réquisition du stipulant, il
s'ensuivait que les risques de la chose étaient à la charge du
promettant, puisque le stipulant étant intéressé, en cas de
perte partielle, à ne pas acheter la chose, les laissait, en ne
l'achetant pas, nécessairement à sa charge (2). Mais s'il réali-
sait la vente, nonobstant les dégradations, alors il devait
payer intégralement le prix, et, par le fait, il prenait les risques à sa charge personnelle (3).

Que si des améliorations intrinsèques, des accroissements
naturels ou fortuits, comme une alluvion, étaient survenus
dans la chose, on pensait que, dans ce cas, l'acheteur devait
faire raison de cette plus-value, en augmentation de prix (4).
Mais, suivant nous, celui-là seul doit en profiter qui est en
définitive propriétaire; le promettant, si la vente n'a pas lieu;
le stipulant, s'il obtient l'exécution de la promesse. Et ce dernier n'en payera pas moins seulement le prix convenu, parce
que la règle que les avantages suivent les risques, ne peut
avoir d'application là où, comme dans l'espèce, les parties y
ont tacitement dérogé, en convenant que le stipulant sera le
maître d'être ou de n'être pas acquéreur au prix déterminé.

(1) *Vente,* n° 479.
(2) POTHIER, *Vente,* n° 484.
(3) POTHIER, *ibid.*
(4) POTHIER, *Vente,* n° 485. — TROPLONG, *Vente,* n° 120.

Cette faculté qui fait l'avantage de sa position, le met à même de répudier les risques, en n'achetant pas, et de profiter des améliorations et des accroissements, en achetant aux termes de la promesse, à moins toutefois que le contrat n'indique le contraire, comme au cas où l'on s'en serait rapporté à une expertise ultérieure pour la fixation du prix (1).

7. Tels étaient les principaux effets de la promesse unilatérale de vendre entre contractants; tels ils sont encore aujourd'hui. Une semblable promesse est obligatoire, et confère au stipulant le droit de poursuivre directement le promettant en réalisation de la vente promise et en délivrance de la chose (2).

Aussi, est-ce à tort que M. Merlin (3) prétend que toute promesse unilatérale de vendre est nulle, et n'est pas obligatoire. Il confond évidemment ces promesses de vendre avec les simples propositions qui effectivement n'obligent pas. Elles produisent en effet un lien de droit entre les parties, puisqu'il y a entre elles accord sur la chose et le prix; en un mot, contrat régulièrement formé. Peu importe que le lien ne soit pas égal de part et d'autre, que le promettant soit obligé de vendre et que le stipulant ne le soit pas d'acheter; cette inégalité n'est pas contraire à l'essence des obligations, puisque nous voyons la loi elle-même déclarer que, dans les contrats faits avec des incapables, l'autre partie est obligée, tandis que ceux-ci ne le sont pas. Réciproquement, il faut en dire autant des promesses d'acheter (4).

8. Mais la promesse unilatérale de vendre ne produirait aucun effet, si elle ne contenait la désignation du prix, ou du

_____

(1) Voy. *infrà*, n° 35.
(2) DUVERGIER, *Vente*, t. 1, n° 122. — TROPLONG, *Vente*, n° 116. — DURANTON, t, 16, n° 48. — ZACHARIÆ, t. 2, p. 484, n^to 7, 1re édit., et t. 4, p. 333, n^to 9, 4e édit. — Paris, 26 août 1847. SIREY, 48, 2, 161. — Cass., 12 juill. 1847. SIREY, 48, 1, 181. — Bordeaux, 17 août 1848. SIREY, 48, 2, 641.
(3) Rép., v° *Vente*, § 8, n° 5.
(4) Nancy, 15 mai 1869. SIREY, 69, 2, 179.

moins le mode de sa détermination. Comment en effet réaliser une vente à laquelle il manque un de ses éléments essentiels (1)?

Observons cependant que, dans bien des cas, le défaut de désignation du prix se suppléera par la présomption que les parties ont entendu s'en rapporter au prix des cours, des mercuriales, ou même d'une expertise. Et c'est ainsi que nous concilions notre opinion avec l'opinion contraire de Pothier (2). Par exemple, un négociant promet de me vendre telle partie de marchandises. Nous sommes censés nous en rapporter aux cours du moment où la vente sera réalisée. Vous promettez de me vendre telle chose dont le prix est tout fait dans la pratique ordinaire ; c'est à ce prix que nous sommes présumés nous arrêter. La promesse contient alors réellement, quoique d'une manière implicite, indication d'un prix.

9. Passons maintenant aux promesses bilatérales.

Parmi les anciens auteurs, les uns pensaient que ces promesses se résolvaient en dommages et intérêts, et les autres, en obligation de passer contrat. Cette dernière opinion avait fini par prévaloir dans la jurisprudence (3).

Mais comment distinguer une simple promesse de vente d'une vente parfaite? Dumoulin (4) posa cette distinction : Ou les parties expriment l'intention de ne s'engager à titre de vente et d'achat que dans un avenir plus ou moins éloigné, et alors elles restent dans les termes d'une simple promesse, *remanent in terminis simplicis conventionis de vendendo;* ou bien leur intention se rapporte à un acte présent, actuellement consommé dont on a sous la main tous les éléments substantiels, alors il y a vente dès à présent *celebratur actus de præ-*

---

(1) Troplong, *Vente,* n° 118. — Duvergier, *Vente,* n° 128. — Duranton, t. 16, n° 57. — Zachariæ, t. 2, p. 483, n^to 5, 1ro édit., et t. 4, p. 332, n^to 6, 4e édit.

(2) *Vente,* n° 482.

(3) Voy. les auteurs citées par M. Troplong, *Vente,* n°s 125, 128.

(4) Paris, *Des censives,* § 79, glose 1, n° 82, et *Conseil* 30, n° 7.

senti; et peu importe qu'on ait ajouté comme mode, à la charge de passer contrat devant tel notaire, dans tel délai. Comme le dit très bien Henrys (1), « la promesse de passer contrat n'est que pour l'assurance ». C'est déjà quelque chose que d'avoir dissipé cette confusion.

10. Revenant à la simple promesse de vendre, nous disons donc qu'elle était obligatoire de part et d'autre, et que celui qui avait promis de vendre était tenu de vendre, et celui qui avait promis d'acheter, tenu d'acheter. Mais comme sous l'empire de notre ancienne jurisprudence la vente sans tradition ne transférait pas la propriété; qu'elle obligeait seulement le vendeur à livrer la chose à l'acquéreur, à le mettre et maintenir en paisible possession, sans qu'il fût tenu pour la validité du contrat d'être lui-même propriétaire (2), il s'ensuivait que la promesse de vendre était une véritable vente (3), que la promesse de vente valait vente (4), puisqu'elle produisait exactement les mêmes obligations.

11. Le Code civil a dit à son tour que la promesse de vente vaut vente, lorsqu'il y a consentement réciproque des deux parties sur la chose et sur le prix (1589). Mais cet article n'a-t-il d'autre sens que celui que notre ancienne jurisprudence donnait à la même maxime? Nous ne le pensons point.

Il faut d'abord éclaircir une équivoque, afin de prévenir toute confusion. L'article 1589 ne prévoit pas le cas d'une vente faite dès à présent, *de præsenti,* sous la promesse cependant de passer contrat; il y a en effet alors une vente actuelle, parfaite par elle-même, contenant une obligation présente, irrévocable, qu'il s'agit seulement de monumenter par un acte passé dans les formes convenues. Ce n'est donc pas à l'article 1589, mais à l'article 1583, qu'il faut alors recourir.

(1) T. 2, liv. 4, ch. 6, 9, 40, n° 4. — ARGOU, t. 2, p. 192.
(2) ARGOU, t. 2, p. 198.
(3) BOICEAU, *De la preuve,* liv. 2, chap. 6, n° 6.
(4) FERRIÈRE, *Dict. de prat.,* v^is *Promesse de vendre.*

Notre article prévoit le cas où, loin de déclarer qu'on vend dès à présent, on promet de vendre *in futurum ;* et c'est de cette promesse qu'il dit qu'elle vaut vente.

Ces expressions sont de toute force: là promesse de vente vaut vente; elle produit donc les mêmes effets, et transmet comme elle les risques et la propriété de la chose à l'accepteur ou stipulant.

Cependant MM. Troplong (1) et Toullier (2) pensent que la maxime reproduite par le Code civil n'a pas aujourd'hui ce sens et cette portée absolus que lui donnait l'ancien droit. Mais l'opinion de ces savants auteurs nous paraît fondée bien moins sur les principes nouveaux, que sur certaines préoccupations d'idées anciennes. Les termes de l'article 1589 ne sont-ils pas cependant assez clairs, assez énergiques? N'indiquent-ils pas suffisamment que pour savoir ce que vaut une promesse de vente, il n'y a qu'à chercher ce que vaut la vente elle-même?

Effaçons par la pensée tout ce qu'on a dit là-dessus avant le Code civil. Il n'y a plus d'anciens auteurs, d'ancienne jurisprudence, d'anciens principes. L'interprète se trouve face à face avec le texte: *promesse de vente vaut vente.* Comment procèdera-t-il? Il déterminera les effets de la vente et dira ensuite: voilà les effets de la promesse de vendre.

Nous pensons que MM. Toullier et Troplong n'ont pas assez tenu compte des innovations introduites par le Code civil, touchant les effets des obligations de livrer. Ces obligations sont aujourd'hui parfaites par le seul consentement des parties, indépendamment de toute tradition. Qu'autrefois la promesse de vente ne transférât point la propriété, pas plus que la vente elle-même; c'était toujours la conséquence du même principe, à savoir que la tradition était nécessaire pour transférer la propriété, et que le stipulant n'avait contre le promettant qu'une action personnelle en délivrance. Mais l'introduc-

(1) *Vente,* n° 130.
(2) T. 9, n° 92.

tion dans le Code civil du principe tout nouveau posé par l'article 1138, a eu nécessairement pour résultat de modifier les effets de la promesse de vente, dans le même sens que les effets de la vente elle-même. Il faut toujours en revenir là : la promesse de vente est-elle, oui ou non, une obligation de livrer? Du moment qu'on ne peut lui dénier ce caractère, on est bien forcé d'en régler les effets par les dispositions de l'article 1138.

Mais disent MM. Toullier et Troplong, la promesse de vendre suppose pour son entière perfection un second contrat, une vente ultérieure, parfaite en elle-même. Il n'y a donc que ce second contrat qui puisse transférer la propriété. Ceci nous paraît quelque peu entaché de subtilité.

Celui qui a promis de vendre s'est engagé à réaliser sa promesse ; le stipulant peut le contraindre à consommer la vente promise. Si dans la consommation de la vente on veut voir un second contrat, au moins est-on forcé de reconnaître que la promesse constitue un premier contrat ; que le second n'est que la conséquence et l'exécution du premier ; qu'enfin la promesse de vente et la vente qui plus tard la réalise ne font réellement qu'un seul et même acte, en deux temps, si l'on veut, mais dont le but commun et unique est la translation de la propriété.

Il y a mieux : un second contrat n'est même pas nécessaire pour donner à la promesse de vente son entière perfection. Le stipulant peut en effet directement agir en délivrance de la chose promise ; il peut la demander en vertu de la seule promesse, sans le secours d'aucun contrat ultérieur et complémentaire, conçu en termes actuels, *de præsenti*. L'obligation de livrer résulte suffisamment de la promesse même de vendre, puisque cette promesse constitue une obligation qu'il n'est pas besoin de réitérer par un second contrat. Elle date donc de la promesse avec laquelle elle se confond ; et ce qu'on prend pour sa perfection est son exécution même. Voyez, en effet, à quoi l'on arriverait autrement ! Il est incontestable que la délivrance de la chose, un simple fait enfin, suffit pour donner à la promesse ce qu'on appelle son entière perfection. Or, si l'on ne date que de la tradition de la chose la transmission de la propriété, on viole manifestement l'article 1138, en exigeant, pour que la propriété soit transmise, que la chose soit livrée. Il n'est plus vrai dès lors que l'obligation de livrer soit parfaite par le seul consentement des parties contractantes (1).

12. Nous avons supposé jusque-là une promesse de vente sans fixation de délai. Mais quels seront les effets de la promesse de vendre, dans un an, par exemple ? M. Duvergier (2) pense que dans ce cas la propriété continue de résider, ainsi que la responsabilité des risques, sur la tête du promettant. Il nous paraît fort difficile de concilier cette opinion avec le sens que M. Duvergier donne lui-même à la maxime, que promesse de vente vaut vente. En effet, la promesse de vendre dans un an équivaut à l'obligation de livrer dans un an, c'est-à-dire qu'elle constitue une obligation à terme, qui n'est pas suspendue dans son existence, mais seulement retardée dans son exécution (1185) (3). La propriété est donc immédiatement transmise, bien que la stipulation d'un terme ajourne la mise en possession du stipulant.

Quant aux risques, ils suivent de droit la propriété; et si on les met néanmoins, dans notre hypothèse, à la charge du promettant, ce ne peut être par cela seul que la promesse de vendre a été conçue à terme, mais bien parce que les autres clauses, circonstances et conditions du contrat indiqueront que telle a été exceptionnellement la commune intention des parties.

13. Les promesses unilatérales de vendre produisent-elles,

---

(1) ZACHARIÆ, t. 2, p. 483, 1re édit., et t. 4, p. 332, 4° édit. — DURANTON, t. 16, n° 51.—DUVERGIER, Vente, t. 1, n° 124. —FAVARD, Rép., v° Vente, § 4.

(2) Vente, n° 125.

(3) ZACHARIÆ, ibid. — Baslia, 28 juin 1849. SIREY, 50, 2, 257.

comme les promesses bilatérales, translation immédiate de la propriété ? On a prétendu d'abord que l'article 1589 ne prévoyait pas les promesses unilatérales (1). Mais nous ne voyons pas sur quoi l'on peut fonder cette distinction. L'article 1589 ne distingue pas. Il se borne à dire que la promesse de vente vaut vente, lorsqu'il y a consentement réciproque sur la chose et sur le prix, et non pas lorsqu'il y a engagement réciproque de vendre et d'acheter.

Il est vrai que l'article 1590 porte que, si la promesse de vendre a été faite avec arrhes, chacun des contractants est maître de s'en départir, et que par conséquent il s'agit, dans les prévisions de cet article, de promesses de vendre bilatérales, puisqu'il suppose une obligation de la part de chacun des contractants. Mais nous répondons que l'article 1590 n'avait pas à s'occuper de la faculté du dédit au moyen d'arrhes, de la part du stipulant, alors que ce dernier était expressément convenu, en acceptant la promesse de vendre, qu'il ne s'obligeait pas lui-même à acheter. Cette faculté de profiter ou non de la promesse étant conventionnelle et expresse, dépassait naturellement les prévisions de la loi.

Remarquons bien que les obligations du promettant sont indépendantes de cette faculté réservée par l'accepteur, et que l'inégalité dans le lien du contrat ne fait rien à la force des engagements qui en résultent, pour celle des parties qui s'est absolument obligée. La promesse de vendre est donc obligatoire pour qui l'a faite, tout aussi obligatoire que si le stipulant s'était de son côté obligé à acheter. Il est même à remarquer que, dans la pratique, le promettant s'interdit en même temps et d'une manière expresse la promesse de vendre à un autre la chose qui fait le sujet de sa promesse. Or il n'en faut pas davantage pour autoriser le législateur à dire

_____

(1) TROPLONG, *Vente,* n° 116. — ZACHARIÆ, t. 2, p. 484, 1re édit. — Cass., 9 août 1848. SIREY, 48, 1, 615. — 14 mars 1860. SIREY, 60, 1, 740.

dans un cas comme dans l'autre, sans distinction, que promesse de vente vaut vente.

Et cette promesse unilatérale de vendre n'est pas une simple obligation de faire, que le promettant ne puisse être contraint d'exécuter littéralement. Il ne peut se refuser à l'exécution de sa promesse. Ayant dans les mains la chose promise,
c'est cette chose qu'il doit offrir, et non de simples dommages
et intérêts, sous prétexte qu'il n'a que promis de transférer
la propriété. N'est-ce donc pas assez? N'y a-t-il pas une
chose à laquelle on puisse s'en prendre, qu'on puisse saisir
manu militari? Où est la violence, où est la contrainte à exercer sur la personne? Promettre de transférer la propriété
d'une chose, même à la volonté du créancier, n'est-ce pas enfin
contracter une obligation de livrer (1)?

Aussi, pensons-nous que les promesses unilatérales de vendre transfèrent, à leur date, la propriété, alors que l'accepteur,
pouvant ne pas acheter, déclare néanmoins se porter acquéreur, et purifie par une adhésion irrévocable la promesse de
vendre dans ce qu'elle avait de conditionnel à son principe (2).

On a prétendu que c'était là confondre l'existence d'un
élément essentiel à la consommation de la vente, avec l'accomplissement d'une condition apposée à une vente parfaite (3). Non, cela n'est pas. Il y a contrat bien et dûment
formé entre le promettant et le stipulant. Il y a promesse de
vendre de la part de l'un, et acceptation de cette promesse de
la part de l'autre, avec cette réserve néanmoins qu'il n'entend
pas être obligé d'acheter. N'est-ce pas là une convention parfaite? Le consentement du stipulant ne s'est-il pas ajouté à la

___

(1) *Suprà,* n° 7. — ZACHARIÆ, t. 4, p. 333, nte 9, 4° édit. — Paris,
10 mai 1826. SIREY, 27, 2, 87. Voy. cep. Amiens, 24 août 1839. SIREY,
43, 2, 403.

(2) DURANTON, t. 16, n° 53.

(3) TROPLONG, *Vente,* n° 123. — DUVERGIER, *Vente,* t. 1, n° 123.
— ZACHARIÆ, t. 2, p. 484, et t. 4, p. 334, nte 13, 4° édit.

promesse du promettant ? Qu'importe que l'un soit obligé, que l'autre ne le soit point ? Est-ce un motif de nullité ? Depuis quand une obligation n'est-elle pas valablement contractée sous une condition potestative de la part du stipulant ? Mais alors, pourquoi ne pas dire que le promettant ne s'est engagé à rien, à défaut de réciprocité ?

Nous croyons très fort que la confusion est du côté de ceux-là mêmes qui repoussent notre opinion. Ils nous semblent en effet confondre la formation du contrat avec la réciprocité des obligations, et dire en conséquence qu'il n'y a pas de contrat, tant qu'il n'y a pas d'engagement définitif de part et d'autre; ou bien encore confondre la promesse unilatérale qui est obligatoire, avec la pollicitation ou simple proposition qui ne l'est pas, si elle n'est acceptée. Loin de là, il y a une promesse pure et simple, purement et simplement obligatoire, à sa date, de la part du promettant. Je promets de vous vendre ma maison à tel prix; vous acceptez avec réserve de vous départir à votre gré de la convention; je suis lié, vous ne l'êtes point. Mais vous demandez la délivrance de la chose; c'est assez dire que vous renoncez à la liberté que vous vous êtes réservée, et que vous vous tenez parfait acquéreur. Il ne s'agit même pas alors, à proprement parler, de faire rétroagir, jusqu'à la date de ma promesse, votre déclaration que vous voulez être acquéreur, et que vous vous obligez comme tel, de libre que vous étiez auparavant. Il s'agit tout simplement de voir la date de ma promesse acceptée par vous, et de savoir si dès ce moment elle a été obligatoire pour moi, ou si elle ne l'a pas été; car votre droit réside dans l'engagement qui, de ma part, est absolu, définitif, pur et simple. Or, la chose promise n'a-t-elle pas été dès le principe affectée au payement de mon obligation? Comment pourrais-je donc désormais transférer à un tiers, sur cette même chose, plus de droit que je n'en ai conservé moi-même? Le droit nous paraît être, sur cette question, d'accord avec la bonne foi.

14. Voici à quelle conséquence nous voulions principalement arriver; c'est que celui à qui a été faite une promesse de vente, bilatérale ou unilatérale, a de ce moment un droit acquis sur la chose, et qu'il doit être préféré à tout acquéreur, auquel aurait été consentie plus tard une vente de la même chose. Il n'a pas seulement une action en dommages et intérêts contre son promettant; il a une véritable action en revendication, *rei persecutoria*, contre les tiers détenteurs.

Il l'aurait en tout cas sans difficulté, si ces tiers avaient traité de mauvaise foi et par suite d'un concert frauduleux (1).

15. Ainsi des promesses d'échange, de bail (2), de concession de servitudes, de jouissance, de possession, soit qu'on les considère comme constituant des droits réels, ou comme ayant pour objet une prestation consistant dans l'obligation de faire servir la chose promise à un usage déterminé (3). Car la règle que le successeur n'acquiert pas, comme tel, des droits plus étendus et plus solides que ceux de son auteur, s'applique à toute translation de propriété, à toute concession de jouissance (4).

16. Les développements dans lesquels nous venons d'entrer nous dispensent d'insister longuement sur ce qu'on appelle le pacte de préférence. Cette clause a pour objet d'assurer à une personne déterminée, le plus souvent à celui qui le premier a aliéné la chose, le droit d'être préféré, à prix égal ou autrement convenu, à toute autre personne, dans le cas où l'acquéreur viendrait à la revendre. Ce pacte se résume toujours dans une promesse de vente, sous condition suspensive, soit unilatérale, soit bilatérale. Il doit donc produire les mêmes effets, puisqu'il donne lieu, en cas de vente à un autre, à

---

(1) Bordeaux, 17 août 1848. SIREY, 48, 2, 641.
(2) *Contrà*, TROPLONG, *Louage*, n° 121.
(3) ZACHARIÆ, t. 1, p. 357, 1re édit., et t. 2, p. 72, 4e édit.
(4) ZACHARIÆ, t. 1, p. 365, 1re édit., et t. 2, p. 73, 4e édit.

l'action *ex vendito* (1), sauf quant aux risques, modifié qu'il est par l'existence d'une condition suspensive (1182).

Sa validité était reconnue par notre ancien droit; mais il se réduisait, en cas d'inexécution, en simples dommages et intérêts (2). Sous l'empire du Code, la jurisprudence offre plusieurs arrêts rendus dans le même sens. On a pensé que la clause de préférence ne produisait qu'une obligation personnelle de faire, réductible en dommages et intérêts, et qu'elle ne pouvait autoriser l'action en revendication contre le nouvel acquéreur.

Ainsi, je vends telle propriété, sous faculté de rachat; mais il est convenu que si je viens à la revendre, après l'exercice du réméré, je devrai en donner la préférence au premier acquéreur sur lequel je l'aurai reprise. Le réméré et la revente ont lieu. Le nouvel acquéreur ne pourra pas être inquiété. Seulement je devrai des dommages et intérêts pour inexécution de ma promesse (3).

Ainsi encore, je m'oblige à vous vendre moyennant tel prix, tel immeuble, par préférence et à l'exclusion de tous autres, dans le cas où je me déciderais à l'aliéner. Cette clause ne donne pas au stipulant l'action en revendication contre les tiers, mais seulement contre moi une action en dommages et intérêts (4).

De même enfin le père de famille, faisant le partage de ses biens, stipule que dans le cas où l'un des copartageants aliénera tel héritage, il sera tenu de l'échanger contre tel autre héritage appartenant à ses consorts. Cette clause ne donnera

---

(1) L. 21, § 5, *ff. De act. empt. et vend.*

(2) Voy. DESPEISSES, p. 1, tit. 1, sect. 5, nᵒˢ 1 et suiv. — MAYNARD, liv. 4, ch. 10 et 11. — CAMBOLAS, liv. 1, ch. 24.

(3) Toulouse, 16 nov. 1825. SIREY, 26, 2, 177.

(4) TROPLONG, *Vente*, 132. —Grenoble, 23 mai 1829. SIREY, 29, 2, 177. — Cass., 9 juill. 1834. SIREY, 34, 1, 741. — Agen, 1ᵉʳ février 1869. SIREY, 69, 2, 141. — Toulouse, 17 mai 1880. SIREY, 80, 2, 322.

à ces derniers qu'une action personnelle en dommages et
intérêts (1).

Mais il a été aussi décidé, contrairement à ces arrêts, que
dans le cas où l'acquéreur s'est engagé à rétrocéder, par préférence, la chose à son vendeur, au prix qu'il en aurait trouvé,
aux mêmes clauses et conditions, en cas qu'il vînt à la revendre, ce pacte de préférence ne se réduisait pas, à défaut d'exécution, en une simple action personnelle en dommages et
intérêts, mais qu'il lui donnait, après la revente de la chose,
le droit d'en exiger le délaissement de la part du tiers acquéreur, par action réelle et à la charge du remboursement de
son prix d'acquisition (2).

Quant à nous, adoptant cette dernière opinion, nous croyons
que les décisions contraires blessent essentiellement le principe, que promesse de vente vaut vente, tel que nous l'avons
interprété, en le conciliant avec les règles nouvelles que le
Code civil a établies, touchant la transmission de la propriété,
par la seule force de la promesse. Nous n'y reviendrons pas,
et nous nous bornerons à observer que le pacte de préférence
peut ne pas consister seulement dans une promesse de vendre,
mais encore dans une promesse de louer ou de transférer
tout autre droit réel.

Quoi qu'il en soit, entre les parties contractantes, de semblables promesses doivent recevoir leur exécution littérale et
stricte. Tant que la chose qui en fait le sujet est dans les
mains du promettant, le stipulant est en droit d'en demander
la réalisation en justice, le jugement à intervenir devant au
besoin tenir lieu de contrat (3).

17. L'article 1138, en disant que la propriété est transférée
par le seul consentement des parties, suppose que la chose est
certaine et déterminée, qu'elle est à l'état d'individu et de

_____

(1) Limoges, 1er juill. 1840. SIREY, 41, 2, 8.
(2) Riom, 30 juin 1843. SIREY, 44, 2, 343.
(3) Amiens, 16 juin 1841, SIREY, 44, 2, 263.

corps certain, ce qui a lieu lorsqu'on sait *quid, quale, quantum sit* (1). La propriété suppose en effet la spécialité ; et le moins qu'on puisse exiger, c'est qu'en même temps qu'on se dit propriétaire, on dise déterminément de quoi (2). Nous allons faire maintenant l'application de ce principe.

18. Dans les obligations alternatives où plusieurs choses sont dues indistinctement, jusqu'à ce que le débiteur ou le créancier ait fait son choix, la propriété n'est pas immédiatement transférée. L'objet du contrat n'est pas encore déterminé. On ne l'a pas extrait, en le spécifiant, de la pluralité des choses dont chacune fait, à défaut des autres, l'objet de la convention. Le stipulant ne peut pas dire de quoi il est propriétaire ; il ne l'est donc pas. Telle serait la vente de ma maison ou de mon domaine, à mon choix ou au choix de l'acquéreur. L'acquéreur ne deviendra propriétaire que par la détermination de l'une de ces choses, et la conversion de l'obligation alternative en une obligation pure et simple (3).

19. De même, la propriété n'est pas transférée lorsqu'il s'agit de choses promises au compte, au poids, à la mesure. Elles ne sont pas encore déterminées. On ne sait pas ce qui a été vendu. La propriété ne sera donc transmise que lorsqu'on aura achevé le comptage, le pesage, le mesurage, opération indispensable pour déterminer l'objet du contrat, *quid vænierit*. La vente est sans doute parfaite (1585), mais sous d'autres rapports. Elle l'est en ce sens qu'un contrat existe qui lie les parties ; mais elle ne l'est pas quant à la transmission de la propriété. Comment a-t-on pu douter de cette vérité, en présence des termes si explicites du rapport fait au tribunat par M. Grenier (4) ? Il y est dit en termes formels que, par excep-

---

(1) L. 8, *ff. De per. et comm. rei vend.* — L. 74, *ff. De verb. oblig.*
(2) TROPLONG, *Vente.* n° 48. — TOULLIÉR, t. 7, n° 460. — POTHIER, *Oblig.*, n° 283.
(3) TROPLONG, *ibid.* — TOULLIER, t. 6, n° 695.
(4) Voy. FENET, t. 14, p. 182 et suiv.

tion, il n'y a pas transmission de la propriété en faveur de l'acquéreur, avant le pesage, le comptage, le mesurage (1).

20. De ce que la propriété n'est pas transmise, tant que la chose n'est pas suffisamment déterminée, faut-il conclure que le second acquéreur à qui la même chose a été vendue, mais avec une détermination complète, sera préféré au premier; qu'en un mot, le premier acquéreur n'a aucun droit de suite et de revendication? Nous ne le pensons point.

Une distinction nous semble d'abord nécessaire. L'objet du contrat consiste-t-il dans une chose simplement déterminée quant à son espèce et sa quantité; nous disons qu'il n'y pas de revendication possible; *res in genere consistit.* Or un genre n'appartient à personne. Le stipulant ne peut donc dire qu'on a promis, à son préjudice, une chose déjà affectée au payement d'une obligation contractée à son profit. Telle serait la convention par laquelle j'aurais promis cent hectolitres de blé, cent stères de bois, cent barriques de vin, sans dire où les prendre.

Mais si la chose est déterminée dans tous ses autres éléments constitutifs, qu'on sache où elle est, quelle elle est, et qu'il ne s'agisse plus que de compter, peser et mesurer, pour donner à la détermination de l'objet le dernier trait de précision; alors nous pensons que le premier acquéreur doit être préféré au second, quant aux immeubles, toujours; et, quant aux meubles, dans tous les cas où le second acquéreur mis en possession de la chose n'a pas été de bonne foi (1141).

Posons quelques hypothèses. Je vous vends cinquante hectares de bois à prendre de tel côté dans ma forêt; je vends ensuite toute ma forêt en bloc, avant le mesurage de votre part. Vous serez néanmoins préféré au second acquéreur de la totalité.

---

(1) TROPLONG, *Vente,* nos 86 et suiv. — ZACHARIÆ, t. 2, p. 491, 1re édit., et t. 4, p. 340, 4e édit. — Cass., 24 mars 1860. SIREY, 61, 1, 778. — *Contrà,* DURANTON, t. 16, no 92. — MERLIN, Rép., vo *Vente,* p. 526. — DUVERGIER, *Vente,* t. 1, nos 82 et suiv.

Je vous vends cent hectolitres de blé à prendre sur celui qui est dans mon grenier. Plus tard, et ayant de mesurer pour vous, je vends tout le blé en bloc, à une autre personne de mauvaise foi. Vous lui serez encore préférable, eût-elle même pris possession. Et, à supposer qu'elle fût de bonne foi, tant qu'elle ne sera pas mise en possession réelle, vous pourrez poursuivre pour vous le mesurage et la délivrance, à son encontre et préférablement à elle.

Un mot, avant tout, sur les conséquences du système contraire. Si le second acquéreur doit être préféré au premier, sous le prétexte qu'il a eu le premier un contrat parfait et translatif de la propriété, on arrive à la consécration d'actes empreints de l'iniquité la plus révoltante et de la plus insigne mauvaise foi. Car, si la question de propriété suffit pour décider, celle de mauvaise foi ne doit plus compter pour rien. Je pourrai donc acheter, avec toute sécurité, le bois, que je saurai vendu par vous à un autre, tant la corde, tant le stère, tant le millier de merrain. Il me suffira de l'acheter en bloc avant le comptage et le mesurage du premier acquéreur. Achetant en bloc, je serai devenu tout de suite propriétaire et le serai incommutablement, malgré ma mauvaise foi. Il en sera de même pour votre forêt et votre domaine déjà vendus tant l'hectare, au vu et su du second acquéreur. Ce dernier a acheté en bloc, et tout est dit.

Il est impossible que la loi contienne le principe de pareilles conséquences. Elles sont trop injustes pour être vraies. La logique peut désirer voir, à toute force, le bout des choses, mais elle doit s'arrêter sur les limites du bon sens. Elle n'est bonne qu'à cette condition.

C'est à tort, suivant nous, qu'entre contractants successifs on veut toujours déterminer la préférence par la priorité de la transmission parfaite de la propriété. Nous citerons le bail, où la propriété n'est pas transmise, et où cependant le premier preneur est préféré au second. Pourquoi? Parce que le bailleur, après avoir affecté sa chose au payement d'une obli-

gation, ne peut plus, au préjudice de cet engagement, en contracter une seconde; parce qu'enfin il ne peut désormais
transférer sur sa chose plus de droit qu'il n'en a conservé lui-
même. Voilà le seul principe équitable et vrai.

Niera-t-on qu'en vendant cinquante hectares à prendre de
tel côté dans ma forêt, tout mon bois encore sur pied tant le
stère, j'affecte ma chose au payement d'une obligation? Niera-
t-on que la convention soit parfaite par le seul consentement
des parties, en ce sens au moins qu'elle forme entre elles un
lien irrévocable? N'ai-je pas aliéné certains droits que j'avais
sur la chose? Comment pourrais-je donc ensuite les transférer
sans les avoir?

Et nous savons où nous en prendre. La chose est là, déterminée par sa nature, son espèce, sa quantité, sa situation; ce
qui manque à sa spécification est bien peu de chose; et le stipulant peut dire, sans trop d'exagération : ceci est à moi, tant
l'objet du contrat est évidemment engagé au payement de
l'obligation.

S'il y avait eu vente sous condition suspensive, la propriété
ne serait pas non plus transférée; que la condition s'accomplisse, et le premier acquéreur sera préféré au second (1181).
Or, dans les ventes au compte, au poids, à la mesure, il y a
même une autre force d'obligation que dans les ventes conditionnelles. L'acquéreur n'a pas d'action pour contraindre le
vendeur à réaliser la condition; il faut qu'il en attende l'accomplissement de qui et de quoi elle dépend. Au contraire,
dans les ventes au compte, au poids, à la mesure, il peut contraindre au comptage, au pesage, au mesurage. Comment se
ferait-il donc qu'avec une force obligatoire plus étroite, ces
ventes produisissent moins d'effets, et qu'avec plus de droits
l'acquéreur eût moins de garanties? En droit, les effets doivent bien se proportionner un peu avec leurs causes.

Que si les partisans du système contraire accordent que le
premier acquéreur est préférable au second, en cas de mauvaise foi de la part de ce dernier, cette concession ruine leur

système. En effet, dans ces questions de préférence, la bonne foi n'est compétée pour rien en fait d'immeubles; elle n'est quelque chose qu'en fait de meubles. Or je dis : pour ceux-ci j'accepte la concession, afin de m'en passer pour ceux-là. Puis, comme l'équité et le bon sens font de cette concession une nécessité, il en résulte que l'acquéreur d'un immeuble à tant l'hectare est préférable à celui qui l'achète plus tard en bloc, même de bonne foi, tout comme l'acquéreur d'une chose mobilière à tant la mesure est préférable à celui qui l'achète plus tard en bloc, mais de mauvaise foi.

21. Nous arrivons à cette autre conséquence, que les créanciers du vendeur ne peuvent plus saisir sur lui la chose vendue au compte, au poids, à la mesure, pourvu que d'ailleurs elle soit assez bien déterminée pour ne pas consister uniquement dans un genre, *in genere*. Les créanciers saisissants ne peuvent en effet exercer sur la chose qu'ils prétendent saisir plus de droits que leur débiteur lui-même.

22. Dans les ventes alternatives, ainsi que nous l'avons déjà dit, la propriété n'est transférée que lorsque l'objet du contrat est individualisé. Néanmoins, un droit très réel est transmis au créancier. Je vous vends mon domaine ou ma maison; vous n'êtes pas encore propriétaire, vous ne le serez que lorsque, par le résultat de mon option ou par la force des choses, on saura lequel des deux, de mon domaine ou de ma maison, est l'objet du contrat. Si donc je vends le domaine, vous aurez la maison; et si je viens à vendre les deux choses, la dernière vendue sera l'objet de la vente ainsi devenue pure et simple à mon égard; d'où la conséquence que vous aurez le droit de la revendiquer contre l'acquéreur.

Je dis que la chose vendue par moi la dernière pourra être revendiquée par vous; car en commençant par aliéner l'autre chose, je suis censé avoir porté sur celle-là mon option, et m'être ainsi interdit, au moins à l'égard du premier acquéreur, la faculté de choisir celle que j'ai aliénée à son profit, puisque j'ai réservé l'autre chose pour satisfaire à mon obligation. Mais si cette autre chose venait à périr, l'acquéreur pourrait être évincé de celle qui lui a été vendue, parce que, de vous à moi, il n'y a pas d'option consommée, et que l'obligation est devenue pure et simple (1193).

Si les deux choses avaient été vendues en même temps, comme elles ont été toutes les deux affectées, l'une à défaut de l'autre, à l'exécution de l'engagement contracté en votre faveur, ce serait aux tiers acquéreurs à s'entendre sur l'option qu'ils auraient à faire, comme étant aux droits de leur vendeur. Vous êtes ainsi préférable au second acquéreur à qui le vendeur n'a pu transmettre plus de droits qu'il ne lui en restait.

Il en serait de même dans le cas où l'option appartiendrait au créancier, avec cette différence toutefois, que, maître de choisir, il reprendrait, dans les mains des seconds acquéreurs, celle des choses qui lui conviendrait le mieux, puisqu'elles auraient été toutes également affectées au payement de l'obligation.

23. Passons aux risques.

C'est la conséquence de la translation de la propriété par l'effet seul de la convention, que la chose soit aux risques du stipulant. Il est vrai cependant qu'autrefois la chose vendue était aux risques de l'acquéreur à partir du contrat (1). Mais ce n'était pas en vertu de la maxime, *res perit domino*, puisque l'acquéreur n'était pas propriétaire sans tradition. Cette maxime était extraite d'une constitution des empereurs Dioclétien et Maximien, dans laquelle il s'agit de savoir si l'objet remis en gage est aux risques du créancier auquel il a été livré, plutôt qu'aux risques du débiteur qui en est resté propriétaire (2). L'on voit qu'elle n'était pas applicable au cas de vente. C'était donc en vertu d'autres principes que la chose

(1) Instit., *De empt. et vend.*, § 3.
(2) L. 9, C. *De pign. act.*

vendue était tout de suite aux risques de l'acquéreur. Plusieurs jurisconsultes en ont contesté l'existence dans le droit romain, et certains publicistes ont en même temps prétendu qu'il était plus conforme à l'équité que la chose pérît pour le compte du vendeur, tant qu'elle n'était pas livrée, puisqu'il en était resté propriétaire (1).

Quoi qu'il en soit, c'était un principe constant dans notre ancienne jurisprudence, que la chose était immédiatement aux périls de l'acquéreur. Et voici comment Pothier (2) répondait à l'objection tirée de la règle, *res perit domino* : « Cette maxime reçoit application lorsqu'on oppose le propriétaire à ceux qui ont la garde ou l'usage de la chose : en ce cas la chose périt pour le propriétaire... Mais lorsqu'on oppose le propriétaire débiteur d'une chose, au créancier de cette chose qui a une action contre le propriétaire pour se la faire livrer, en ce cas la chose périt pour le créancier, plutôt que pour le propriétaire qui, par la perte de la chose, est libéré de l'obligation de la livrer. » Cette manière de concilier des principes et des textes opposés du droit romain, est certainement fort ingénieuse ; mais ne doit-elle pas nous paraître un peu entachée des subtilités dont heureusement l'article 1138 nous a fait grâce? Si en effet la chose est aujourd'hui aux risques du créancier dès l'instant où elle a dû être livrée, c'est par une application très exacte de la règle, *res perit domino*.

24. Les risques de la chose s'entendent de toutes les détériorations, dégradations, pertes totales ou partielles qui, postérieurement au contrat et sans la faute du débiteur, frappent l'objet de la convention.

Là où sont les inconvénients, là aussi doivent être les avantages ; *commodum ejus esse debet cujus periculum est* (3). Le

---

(1) Voy. Ducaurroy, *Instit. expliq.*, t. 3, n° 1041. — Pothier, *Vente*, n° 307. — Troplong, *Vente*, n° 358.

(2) *Vente*, n° 307.

(3) Instit., *De empt. et vend.*, § 3.

créancier a donc droit, par une équitable compensation, à tous
les accroissements, améliorations, plus-value et autres accidents qui, sans le fait du débiteur, viennent augmenter la
chose et sont inhérents au droit de propriété. De même enfin
qu'elle périt pour le propriétaire, *perit domino*, de même elle
croît pour lui, *crescit domino*; c'est ce que le droit romain
appelle *pericula et commoda*.

Nous disons que les périls que doit supporter le créancier
sont ceux qui ont une origine postérieure à la convention ; car
s'ils avaient une origine antérieure, ils serviraient, suivant les
cas, de base à une action en garantie.

Nous disons encore que les détériorations de la chose doivent survenir sans la faute du débiteur, comme les améliorations, sans son fait. Autrement, le créancier, loin d'être passible
des unes, aurait contre le débiteur, suivant les circonstances,
une action en dommages et intérêts ou en résolution ; ou bien,
loin de profiter des autres purement et simplement, il devrait
payer pour elles au débiteur une indemnité.

25. La mise immédiate de la chose aux risques et périls du
créancier conduit à cette double conséquence : Si la chose est
périe en partie, le débiteur est quitte en la livrant dans l'état
où elle se trouve. Si elle est périe en totalité, il ne doit plus
rien ; son obligation est éteinte par la perte de la chose, *inte-*
ritu rei (1302). Mais le créancier n'est pas dispensé pour cela
de payer ce qu'il a promis. Tant pis pour lui si la chose est
venue à périr en partie ou en totalité. Ce sont là les hasards
des spéculations et les risques de la propriété, en quelque
chose qu'elle consiste.

Cependant si les obligations du créancier étaient successives, de telle sorte que leur succession dût correspondre à la
succession de leur cause, la chose venant à périr, le contrat
serait résolu et toutes parties réciproquement libérées. Ainsi, le
payement successif des fermages correspondant à l'obligation
successive de faire jouir, si pendant la durée du bail la chose

louée est détruite en totalité par cas fortuit, le bail est résilié de plein droit. Si elle n'est détruite qu'en partie, le preneur peut, suivant les circonstances, demander ou une diminution du prix, ou la résiliation même du bail. Dans l'un et l'autre cas, il n'y a lieu à aucun dédommagement (1722).

26. L'article 1138, en disant que la chose est aux risques du créancier dès l'instant où elle a dû être livrée, semble dire que, s'il y avait terme pour la tradition, elle ne serait aux risques du créancier qu'à l'échéance du terme. Ainsi, j'achète une maison, des bestiaux qu'on ne doit me livrer que dans huit jours; je stipule une servitude, un usufruit que je ne dois exercer que dans un an. La chose sera-t-elle aux risques du promettant, jusqu'à l'expiration de ces huit jours, de cette année? Dira-t-on que la chose ne devant être livrée qu'à cette époque, ce n'est qu'à cette époque qu'elle commence à être aux risques du créancier? Il n'y aurait pas en droit de plus grande erreur. Les risques ne sont pas en effet attachés à cette circonstance qu'on a été mis ou qu'on devait être mis en possession, mais bien à cette seule et unique circonstance qu'on est propriétaire. Or le stipulant est-il propriétaire, oui ou non, malgré la stipulation d'un terme pour faire délivrance? Il est propriétaire, puisque le terme, sans toucher à la perfection du contrat, ne fait qu'en retarder l'exécution (1185). Donc il court les risques de la chose, bien qu'il ne doive être mis en possession que dans un certain délai (1).

Ces expressions de notre article, *dès l'instant où elle a dû être livrée*, ne sont cependant pas totalement dépourvues de sens. Elles se réfèrent au cas où, le contrat étant parfait d'ailleurs, la chose néanmoins ne peut pas être encore livrée. Par exemple, j'achète des choses au compte, au poids, à la mesure. La vente est bien parfaite en ce sens qu'il y a engagement irrévocable; mais elle ne l'est pas en ce sens qu'il n'y a pas encore d'objet

(1) Toullier, t. 6, p. 214, note.

individualisé, dont la propriété et les risques soient actuellement passés sur la tête du stipulant. Remarquons en effet
que les expressions dont nous cherchons le sens s'appliquent
à la fois à la translation de la propriété et à la translation des
risques; d'où il suit que les risques ne cessent de passer au
créancier que dans le cas où la chose n'étant pas en état d'être
livrée, à défaut de spécification, la propriété n'en a pas été
non plus transférée. Tel nous paraît être le seul moyen de
concilier les termes de l'article 1138 avec les principes généraux du droit.

27. Ce point éclairci, voyons les exceptions.

Il est incontestable que les parties peuvent, par une convention particulière, laisser les risques de la chose à la charge du
promettant, pendant un certain délai, jusqu'à la tradition,
par exemple. Ainsi, achetant des moutons en foire, je puis
convenir avec mon vendeur que les bêtes, alors même qu'elles
auront été comptées et marquées par moi, demeureront, jusqu'à leur délivrance, à ses risques et périls.

Mais il ne suffirait pas, pour les lui imposer, de stipuler
qu'il les déplacera lui-même, et les tirera hors foire jusqu'à tel
endroit. Une pareille clause, sans toucher aux risques de la
chose, est simplement relative au mode de sa tradition. Il faut
donc expressément convenir que jusque-là la chose demeurera
à ses risques et périls, sauf le cas de faute personnelle qui lui
soit imputable.

28. Si le débiteur, sans avoir pris à sa charge les risques
de la chose, n'en a pas fait délivrance au terme convenu, par
cela seul qu'il est en retard de la livrer, est-il responsable des
risques? Pas encore. Mais du moment qu'il est mis en
demeure, sa responsabilité commence (1138). Et il est tout
simple que sa mise en demeure mette la chose à ses risques et
périls; car cette responsabilité est la sanction naturelle de sa
morosité et le meilleur encouragement à l'exactitude. C'est
donc pour son compte que la chose périt en partie ou en tota-

lité, la perte fût-elle le résultat d'un cas purement fortuit et de force majeure.

Lors même cependant que le débiteur est en demeure, s'il ne s'est pas chargé des cas fortuits, il cesse d'être responsable de la perte de la chose, dans le cas où il établit que la chose fût également périe chez le créancier, si elle eût été livrée (1302). Quelque peu favorable que puisse paraître la position du débiteur contumax, il ne serait pas raisonnable de faire de sa mise en demeure l'occasion d'un profit tout net pour le créancier. C'est bien assez que ce dernier soit indemnisé; ce serait trop qu'il fût enrichi.

29. La mise de la chose aux risques du créancier suppose nécessairement la perfection du contrat, sous le rapport de la détermination de son objet. Comment pourrait-on lui imposer les risques d'une chose qui n'est encore ni déterminée ni individualisée? Il faut, avant tout, qu'elle passe à l'état d'individu et de corps certain; que l'on sache *quid, quale, quantum sit* (1). C'est alors seulement qu'elle est aux risques du créancier.

30. C'est en conformité de ce principe que, dans les obligations alternatives, les choses qui périssent les premières périssent pour le compte du débiteur. En effet, on ne sait pas, dans l'alternative, dans l'embarras de l'option, quel est l'objet du contrat. Mais aussitôt qu'il ne reste plus qu'une seule chose, les autres étant péries sans la faute du débiteur, comme alors cette chose est nécessairement l'objet de la convention, elle commence, pourvu qu'elle soit déterminée, à être aux risques du créancier. On a alors une obligation pure et simple, et pour objet un corps certain. Les articles 1193, 1194 et 1195 contiennent l'application de ces principes.

31. C'est encore à raison de l'indétermination de la chose que l'article 1585 dispose que, lorsque les marchandises ne .

---

(1) L. 8, *ff. De per. et comm. rei vend.*

sont pas vendues en bloc, mais au compte, au poids ou à la mesure, la vente n'est point parfaite en ce sens que les choses vendues sont aux risques du vendeur, jusqu'à ce qu'elles soient comptées, pesées ou mesurées.

Or il y a vente au poids, au compte, à la mesure, toutes les fois que le prix est convenu à tant le kilogramme, tant le litre, tant la pièce, etc..., en un mot, à tant l'unité, soit qu'il s'agisse de peser, compter ou mesurer. Ainsi, je vous vends cent kilogrammes de charbon, cent hectolitres de blé, cent têtes de bétail, jusqu'au comptage, pesage ou mesurage, la chose est aux risques du vendeur.

Peu importerait même que j'eusse dit : je vous vends tout le blé qui est dans mon grenier, tout le charbon qui est dans mes magasins, tout le troupeau qui est dans mon écurie, ou telle quantité à prendre sur le bloc, si j'avais ajouté, stipulant le prix en détail et par unité, tant l'hectolitre, tant le kilogramme, tant la pièce. Dans ce cas la vente est encore faite au compte, au poids, à la mesure, et les choses sont à mes risques tant qu'on ne les a pas individualisées par le pesage, le mesurage ou le comptage. C'est seulement lorsque cette opération est faite que l'on sait ce qui a été vendu, *quid, quale, quantum vænierit*, et que l'acheteur sachant ce qu'il a acheté, sait aussi ce qu'il a à perdre (1).

Il y a encore vente au poids, au compte, à la mesure, lorsqu'on vend la chose au poids, au compte, à la mesure, le prix fût-il unique et fixé en bloc. Ainsi, je vous vends pour quinze cents francs cent hectolitres de blé, cent moutons, trente pieds d'arbres, mille kilogrammes de sucre. La chose vendue est à mes risques tant qu'elle n'a pas été comptée, pesée ou mesurée. Le prix unique est ici considéré comme un total

---

(1) L. 35, § 5, 6, 7, *ff. De contr. empt.* — POTHIER, *Vente*, n° 309. TROPLONG, *Vente*, n° 90. — DURANTON, t, 16, n° 88. — Cass., 26 avril 1870. SIREY, 70, 1, 265. — *Contrà*, DUVERGIER, *Vente*, t. 1, n° 90. — ZACHARIÆ, t. 2, p. 491, 1ʳᵉ édit., et t. 4, p. 341, 4ᵉ édit. — Grenoble, 22 mai 1869. SIREY, 69, 2, 179. — Dijon, 12 décembre 1867. SIREY, 68, 2, 311.

produit par l'addition des prix de détail de chaque hectolitre de blé, de chaque tête de mouton, de chaque pied d'arbre, de chaque kilogramme de sucre. *Nec interest unum pretium omnium centum metretarum an semel dictum sit, an in singulas eas* (1).

Mais il ne faut pas confondre ce cas avec celui où l'on aurait vendu pour un prix unique, non tant de mesures d'une certaine chose, mais telle chose que l'on dit avoir tant de mesures. Ainsi, je vous vends pour deux mille francs mon pré, que j'assure avoir quatre-vingt-quinze ares, mon bois que j'assure contenir cent pieds d'arbres, deux cents tonneaux de vin de la contenance chacun de deux cent vingt litres, deux cents pains de sucre du poids chacun de cinq kilogrammes. L'expression du poids, du nombre, de la mesure n'a d'autre effet, la chose étant suffisamment déterminée dans son individualité, que d'obliger le vendeur à faire raison à l'acheteur du défaut dans la contenance, dans le poids, dans le nombre ou dans la mesure. Dans ce cas, la chose est immédiatement aux risques de l'acheteur, parce qu'on sait *quid, quale, quantum vænierit* (2).

Ce que nous avons dit des ventes de choses mobilières au compte, au poids, à la mesure s'applique aux ventes d'immeubles faites à la mesure. Le mot marchandises, dont se sert l'article 1585, n'exclut pas les choses immobilières. Il doit s'entendre de toutes les choses qui sont dans le commerce. Si donc je vends, à tant l'hectare, cent hectares à prendre dans ma forêt, jusqu'au mesurage la chose est à mes risques (3).

Mais il en serait autrement de la vente d'un corps certain et limité faite pour un prix totalisé, quoique à tant la mesure.

(1) L. 35, § 7, *ff. De contr. empt.* — POTHIER, *Vente,* n° 309. — TROPLONG, *Vente,* n° 91.

(2) L. 10, § 1, *ff. De per. et comm. rei vend.* — POTHIER, *Vente,* n° 309. — TROPLONG, *Vente,* n°ˢ 92, 329. — Cass., 30 août 1830. DALLOZ, 30, 1, 359.

(3) TROPLONG, *Vente,* n° 329.

Le mesurage n'ajoutant rien à la perfection de la vente, et n'étant qu'un moyen de réparer les erreurs de calcul, n'a pas pour effet d'affranchir l'acquéreur des risques de la chose (1).

32. Comme la condition suspensive tient en suspens l'existence même de l'obligation (1168), il en résulte que la chose due sous une condition de cette espèce demeure, tant que la condition n'est pas accomplie, aux risques et périls du débiteur, soit qu'il s'agisse d'une perte totale ou partielle (1182). Le débiteur de la chose périe ou dégradée ne peut donc réclamer l'exécution de l'obligation contractée à son profit. Car l'obligation qu'il a contractée lui-même n'a plus son objet principal, et réciproquement l'obligation de son adversaire n'a plus sa cause primitive, en cas de dégradations, ou même n'en a plus du tout, en cas de perte totale. Mais alors la chose est aux risques et périls du débiteur, non pas à cause de son indétermination, mais à cause de l'incertitude de l'obligation elle-même.

33. Une mise d'enchères est une promesse d'acheter conditionnelle, faite sous la condition suspensive, s'il n'y a pas d'autres mises plus fortes qui la couvrent. La perte et les dégradations de la chose survenues fortuitement entre l'enchère et l'adjudication, *pendente conditione*, sont donc à la charge de celui sur lequel on poursuit la vente. L'enchérisseur aura, en cas de perte partielle, le choix ou de résoudre l'adjudication, ou de s'y tenir sans diminution du prix (1182).

Nous n'adoptons pas sur ce point l'opinion de Pothier (2), suivie néanmoins par MM. Troplong (3), Merlin (4) et Grenier (5), qui donnent à l'enchérisseur l'alternative ou de se

---

(1) TROPLONG, *Vente,* n° 329.
(2) *Vente,* n° 493.
(3) *Hypothèques,* n° 9,949.
(4) Rép., v° *Enchères.*
(5) *Hypothèques,* t. **2,** n° 465.

faire décharger de son enchère, ou accorder une diminution de prix. Ces auteurs, en suivant l'opinion de Pothier, n'ont pas fait attention que le Code civil a posé un principe nouveau, en autorisant le créancier, en cas de perte partielle survenue *pendente conditione,* à opter entre la résolution pure et simple et le maintien du contrat sans diminution du prix. Toute la question est donc de savoir si une mise d'enchères produit ou non une obligation conditionnelle. Or on ne saurait nier qu'elle produise une obligation d'acheter sous condition suspensive (1). Nous appliquons également ceci aux surenchères sur adjudication ou vente volontaire (2).

34. Il n'en est pas autrement de la promesse d'acheter, sans que l'autre partie s'oblige elle-même à vendre. Cette promesse d'acheter, faite sans réciprocité d'une promesse de vendre, laisse la chose aux risques de celui à qui elle a été faite. Il y a là en effet une obligation contractée sous condition suspensive et régie par l'article 1182, puisque l'obligation de l'acquéreur n'a été contractée que sous la condition potestative de la part du vendeur, s'il consent à vendre (3).

Mais si le vendeur avait mis en demeure de réaliser sa promesse celui qui a promis d'acheter, la chose passerait dès ce moment aux risques de ce dernier, parce que la condition serait alors accomplie. Telle est l'opinion de Pothier (4); mais nous ferons remarquer que, à la différence de cet auteur, nous aimons mieux faire passer les risques sur la tête de l'acquéreur, comme conséquence de la perfection du contrat et de l'accomplissement de la condition, qu'à titre de dommages et intérêts envers le vendeur qui, en mettant l'autre partie en demeure d'acheter, a suffisamment manifesté son intention de vendre.

---

(1) Troplong, *Vente,* n° 79. — Pothier, *Vente,* n° 518.
(2) Duranton, t. 11, n° 92.
(3) Duranton, t. 16, n°s 52, 56.
(4) Pothier, *Vente,* 493.

35. Par application des mêmes principes, on doit décider que dans les ventes dont le prix doit être déterminé par un tiers désigné et convenu, la chose demeure aux risques et périls du vendeur, tant que le prix n'a pas été fixé. C'est là en effet une vente conditionnelle, dont l'existence est en suspens, et dépend de la fixation du prix (1592). N'est-il pas d'ailleurs conforme à l'intention commune des parties que la chose soit estimée suivant l'état où elle se trouvera au moment de l'expertise (1) ?

Mais alors, à la différence des obligations conditionnelles ordinaires où le créancier profite des avantages sans souffrir des risques, puisqu'il peut, à son choix, résoudre l'obligation (1182), l'acquéreur payant le prix à dire d'expert, *boni viri arbitratu*, ne profite en réalité pas plus des uns qu'il ne souffre des autres, puisqu'ils viennent en augmentation ou en diminution de l'expertise.

Il va sans dire que nous réservons le cas où les parties seraient convenues du contraire, en stipulant que pour déterminer le prix, le tiers estimerait la chose dans l'état où elle se trouvait au moment du contrat. Faisant ainsi abstraction des améliorations comme des pertes, elles auraient mis la chose aux risques du stipulant.

Nous supposons d'ailleurs, dans tous les cas, que la perte est simplement partielle ; car l'obligation étant conditionnelle, puisqu'elle dépend de l'opération d'un tiers, le contrat, si la perte était totale, s'évanouirait à défaut d'objet, au moment même où il aurait pu s'achever.

36. Il faut se garder avec soin de confondre les conventions où le prix doit être ultérieurement fixé par l'expertise d'un tiers déterminé, avec les conventions portant stipulation d'un prix *au cours*. Celles-ci n'ont en effet aucun caractère conditionnel, soit que les parties visent le cours passé, présent ou

---

(1) TROPLONG, *Vente*, n° 160.

à venir; car le cours passé ou présent n'offre rien d'éventuel, et le cours à venir, rien d'incertain, sinon quant à son chiffre, du moins quant à son existence. Il manque donc l'éventualité et l'incertitude, double élément essentiel à toute condition. Il s'agit dès lors d'apprécier uniquement le sens de ces mots, *au cours*. Ils emportent avec eux l'idée d'un prix moyen, tenant le milieu entre le cours le plus élevé et le cours le plus bas; et si ce prix est inconnu au moment du contrat, il n'en est pas moins certain d'ores et déjà ou qu'il existe ou qu'il existera, pour ainsi dire, comme expertise publique. Dans tous les cas, c'est un élément assuré.

En vertu des mêmes principes, il faut décider, en matière d'expropriation pour utilité publique, que, s'il s'agissait d'une maison, par exemple, et que la maison vînt à être incendiée après le jugement d'expropriation, mais avant la fixation de l'indemnité, la perte de la chose serait à la charge de celui au profit duquel l'expropriation aurait été prononcée. Il est en effet devenu propriétaire par la seule force du jugement d'expropriation, rendu suivant l'article 14 de la loi du 3 mai 1841. Les autres formalités à accomplir ne sont plus que des actes d'exécution. Or, comme il est certain qu'une indemnité sera fixée n'importe par quels jurés, la translation de la propriété n'a lieu en réalité sous aucune condition suspensive; elle est pure et simple, moyennant un prix dont l'existence est certaine, bien que la quotité n'en soit pas encore fixée. Il manque donc le caractère d'incertitude et d'éventualité qui est essentiel pour constituer une condition réellement suspensive.

Par les mêmes raisons, il convient de décider qu'il doit en être ainsi lorsqu'au lieu de faire dépendre la détermination du prix de l'expertise d'un tiers dénommé, les parties ont déclaré s'en rapporter à des experts que la justice est chargée de choisir. Dans ce cas, en effet, il y a une égale certitude qu'un prix quelconque sera fixé.

37 Les ventes faites à l'essai sont toujours présumées faites sous condition suspensive (1588), à moins que les parties ne soient convenues du contraire. La chose y reste donc aux risques du vendeur.

38. Dans les ventes de choses qu'on est dans l'habitude de goûter avant d'en faire l'achat, il n'y a point de vente tant que l'acheteur ne les a pas goûtées et agréées (1587). Ces ventes étant faites sous la condition de dégustation et d'agrément, les choses demeurent aux risques du vendeur tant que le contrat n'est pas achevé par l'adhésion définitive de l'acheteur. *Videlicet quasi tum plenissime væneat, cum fuerit degustatum*(1). Ce point ne saurait faire le moindre doute, lorsque le vendeur s'en est rapporté au goût personnel de l'autre partie.

Mais il n'en est pas de même lorsque la chose doit simplement avoir les qualités requises pour satisfaire le goût commun, et que des arbitres doivent en connaître en définitive. S'il est constaté que la chose a ces qualités, la vente a été parfaite dès le principe. Il n'y a pas eu, à proprement parler, de condition de dégustation ; il y a eu seulement clause de garantie, dans une prévision qui ne s'est pas réalisée (2). Tels sont les usages et la pratique du commerce ; du moins, en matière commerciale, on peut aisément le présumer.

Si, dans ce dernier cas, nul délai n'avait été fixé pour la dégustation, le vendeur intéressé à la perfection de la vente, n'aurait qu'à mettre l'acheteur en demeure de déguster, protestant que, faute par lui de le faire, son silence vaudra comme agrément de la chose, et comme décharge pour lui des risques et périls. Une simple sommation suffira, puisqu'il ne s'agit que d'une mise en demeure ; et il ne faudra pas, comme l'exigeait Pothier (3), une sentence qui ordonne que, faute de

---

(1) L. 1, *ff. De per. et comm. rei vend.*

(2) TROPLONG, *Vente,* n° 101. — DURANTON, t. 16, n° 93. — DUVERGIER, *Vente,* t, 1, n° 164. — ZACHARIÆ, t. 2, p. 485, n^to 9, 1re édit., et t. 4, p. 335, 4° édit.

(3) *Vente,* n° 310.

dégustation dans tel jour, le marché sera exécuté purement et simplement, pourvu qu'il y ait faute imputable à l'acheteur. La mise en demeure a pour but de faire réputer la condition accomplie, et par suite la vente parfaite et définitive. La mise de la chose aux risques de l'acheteur n'est donc que la conséquence de la perfection du contrat.

Mais prenons une autre hypothèse: des choses ont été vendues au compte, au poids ou à la mesure. Il n'a pas encore été procédé au pesage, au comptage, au mesurage. Conséquemment la vente est imparfaite, et le vendeur est toujours passible des risques de la chose. Il met l'acheteur en demeure d'y procéder. Cette mise en demeure, impuissante à déterminer la chose, est impuissante de même à déplacer les risques, à les faire passer sur la tête de l'acheteur. Mais alors si le vendeur doit d'un côté comme propriétaire, subir les risques de la chose survenus depuis la mise en demeure, d'autre part, comme le préjudice qu'il peut en éprouver est le résultat de la morosité de l'acheteur, il a, comme créancier droit à des dommages et intérêts; de telle sorte que ce qu'il perd par les risques, il le gagne par une réparation, et tout se compense (1).

S'agissant même de choses à prendre sur un bloc désigné, et qui aurait éprouvé une perte partielle ou des détériorations, il pourrait rendre l'acquéreur directement responsable des risques, en l'obligeant d'exécuter la convention et de prendre livraison des choses dans l'état où elles se trouvent; ce mode de réparation est lui-même une juste conséquence de sa mise en demeure.

Si un terme avait été convenu pour la dégustation, le comptage, le pesage ou le mesurage de choses mobilières, les risques postérieurs à l'échéance du terme continueraient à demeurer à la charge du vendeur. Car la chose n'a été ni agréée, ni déterminée, et la propriété n'a pas été transférée. Cependant, comme la seule échéance du terme suffit pour mettre l'ache-

(1) Troplong, *Vente*, n° 94.

teur en demeure d'opérer le retirement (1657), il s'ensuit que l'acquéreur finit par supporter les risques de la chose, sous la forme indirecte de dommages et intérêts équivalents. Et même si le vendeur opte pour l'exécution stricte du contrat, dans ce dernier cas, la charge des risques pèse directement sur l'acheteur, puisqu'il prend les choses dans l'état où elles se trouvent; ce qui ne peut avoir lieu, bien entendu, que pour des choses à goûter et à agréer passées à l'état de corps certains, ou pour des choses à prendre sur un bloc déterminé. Car, autrement, il n'y aurait qu'une obligation de genre.

S'il s'agissait de choses immobilières promises à tant la mesure, comme la seule échéance du terme ne suffit point en général pour constituer de droit une mise en demeure, il y aurait à se conformer aux dispositions de l'article 1139. La mise en demeure produirait alors les effets que nous venons de signaler, soit pour le cas d'exécution ou de résolution du contrat.

39. Disons enfin que les risques de la chose, après avoir passé avec la propriété, d'une partie à l'autre, retournent avec la propriété à celle qui l'avait aliénée dans le principe, et à qui elle doit être restituée. Tels sont les effets de la condition résolutoire expresse ou tacite, de la rescision pour lésion, de la nullité pour un vice quelconque. L'annulation du contrat le fait considérer comme non avenu, et remet les choses au même état que si la convention n'avait jamais existé (1183). Chaque partie est donc censée n'avoir jamais aliéné sa propriété; d'où la conséquence que les risques de la chose survenus *pendente conditione,* sont à la charge de celle qui l'a livrée et à qui elle doit être rendue (1).

Notons toutefois que dans le cas de résolution faute de payement, de rescision ou de nullité pour un vice quelconque, la partie poursuivante pourra, suivant les circonstances, obte-

---

(1) Voy. 1183, n°ˢ 63 et suiv.

nir des dommages et intérêts qui compenseront le préjudice qu'elle éprouverait par la restitution de sa chose dégradée ou périe. Alors ce sera l'autre partie qui finira par supporter les risques survenus *pendente conditione.* Il y aura ensuite, le contrat une fois annulé, une question de payement sans cause et de réception avec bonne ou mauvaise foi. Or, l'article 1379 déclare garant de la perte de la chose, arrivée même par cas fortuit, celui qui l'a reçue de mauvaise foi. La mauvaise foi équivaut ainsi à une mise en demeure.

40. Nous voyons encore le vendeur, sans être propriétaire, supporter, en cas d'éviction de son acquéreur, les risques de la chose, puisqu'il doit restituer la totalité du prix, la chose fût-elle détériorée par des accidents de force majeure (1631). C'est qu'alors le payement du prix a eu lieu sans cause.

En nous résumant, nous disons que les risques de la chose suivent en principe la propriété; que néanmoins on peut en être chargé, sans être propriétaire, avant ou après avoir cessé de l'être, directement, par une clause expresse ou par une mise en demeure, et indirectement, sous forme de restitution ou de dommages et intérêts.

41. Tels sont les principes du Code concernant la perfection des obligations de livrer par le seul consentement des parties contractantes. Mais par la loi du 23 mars 1855, le législateur les a modifiées d'une manière très considérable, en y introduisant le principe de la transcription, renouvelé de la loi du 11 brumaire an VII, et que le Code avait abrogé.

L'article 26 de cette loi, relative au régime hypothécaire, était ainsi conçu : « Les actes translatifs de biens et droits susceptibles d'hypothèque doivent être transcrits sur les registres du bureau de la conservation des hypothèques dans l'arrondissement duquel les biens sont situés. Jusque-là ils ne peuvent être opposés aux tiers qui auraient contracté avec le vendeur, et qui se seraient conformés aux dispositions de la présente loi. »

Et l'article 28 ajoutait : « La transcription prescrite par l'article 26 transmet à l'acquéreur les droits que le vendeur avait à la propriété de l'immeuble, avec les dettes et hypothèques dont l'immeuble est grevé. » De la combinaison de ces deux articles il résultait que la transcription était nécessaire pour rendre parfaite, à l'égard des tiers, l'aliénation d'immeubles ou de droits susceptibles d'hypothèque ; que tant que cette formalité n'avait pas été remplie, les actes consentis par le vendeur, contenant aliénation ou affectation hypothécaire, étaient valables à l'égard des tiers qui avaient opéré la transcription ou l'inscription de leurs titres ; que par la même raison les créanciers du vendeur pouvaient jusque-là faire inscrire les hypothèques qu'il leur avait concédées antérieurement à l'acte d'aliénation ; qu'enfin entre deux actes contenant aliénation d'immeubles ou de droits susceptibles d'hypothèque, la préférence était due à celui des deux acquéreurs qui le premier avait fait régulièrement transcrire son titre, quoiqu'il fût d'une date postérieure à l'autre acte non transcrit.

Après de longues discussions, le législateur du Code civil repoussa le principe de la transcription, et adopta dans toutes ses rigoureuses conséquences la maxime qu'on ne peut transférer à autrui plus de droits qu'on n'en a soi-même, et que par suite la formalité de la transcription était impuissante à transférer la propriété, si le vendeur n'était pas lui-même propriétaire. Or, a cessé d'être propriétaire celui qui, en vertu d'un acte dont l'antériorité est légalement établie, a déjà aliéné sa chose au profit d'un autre. Toutefois, par exception, l'article 939 exigea que les donations de biens susceptibles d'hypothèque fussent transcrites pour être opposables aux tiers. La transcription fut encore maintenue dans le régime hypothécaire, comme une formalité nécessaire pour consolider la propriété d'immeubles susceptibles d'hypothèque, sur la tête de l'acquéreur, à l'égard des créanciers hypothécaires, soit qu'il s'agisse d'empêcher les créanciers ayant des droits de privilége ou d'hypothèque d'en faire opérer valablement l'inscription sur les biens aliénés; soit qu'il s'agisse d'effectuer la purge des priviléges et hypothèques régulièrement conservés et grevant les immeubles; soit enfin qu'il s'agisse de l'extinction des mêmes priviléges et hypothèques par le moyen de la prescription. Enfin les articles 834 et 835 du Code de procédure donnèrent à la formalité de la transcription les caractères d'une sorte de mise en demeure pour les créanciers ayant privilége ou hypothèque de prendre inscription, en leur accordant pour cela quinzaine à partir de la transcription de l'acte.

En rétablissant le principe de la transcription, la loi du 23 mars 1855 lui a donné une portée beaucoup plus étendue que la loi du 11 brumaire an VII. Elle l'a en effet appliqué, ainsi que nous le verrons plus loin, à divers actes qui en étaient dispensés sous cette dernière loi. Mais le législateur moderne a pensé que la situation de la propriété immobilière ne saurait être trop complètement connue, soit quant à ses transmissions successives, soit quant aux charges qui la grèvent, soit quant aux modifications et démembrements dont elle peut être l'objet. Dans l'intérêt du crédit immobilier, il s'est attaché à organiser le mieux possible, par des dispositions simplement additionnelles, un régime plus complet de publicité qui rassurât les intérêts des tiers, et garantît leur bonne foi contre les surprises et les fraudes résultant d'actes occultes dont rien ne révèle l'existence. Les registres de la transcription sont donc considérés comme le dépôt où doivent être réunis les éléments de cette publicité. Car, d'après la loi, la transcription consiste dans la copie littérale et entière sur un registre public à ce destiné et tenu par le conservateur des hypothèques, des actes soumis à cette formalité.

42. Article 1er : « Sont transcrits au bureau des hypothèques de la situation des biens : 1° tout acte entre vifs translatif de propriété immobilière ou de droits réels susceptibles d'hypothèque; 2° tout acte portant renonciation à ces mêmes droits;

3° tout jugement qui déclare l'existence d'une convention verbale de la nature ci-dessus exprimée; 4° tout jugement d'adjudication autre que celui rendu sur licitation au profit d'un cohéritier ou copartageant. »

Signalons ici quelques actes qui sont assujettis à la formalité de la transcription.

Nul doute, quant à la dation en payement, laquelle est assimilée et équivaut à la vente (1).

Doivent également être transcrits les actes portant cession d'une action en revendication ou en reprise d'un immeuble contre un tiers. L'acte amiable ou le jugement qui intervient plus tard ne fait que reconnaître et déclarer le droit cédé, avec effets rétroactifs (2).

Quant à la transaction qui n'est que récognitive du droit litigieux, elle est affranchie de la formalité. Mais elle y est soumise, si elle contient en outre la translation ou renonciation de la propriété ou de tout autre droit réel sur une chose autre que celle sur laquelle portait le litige, et qui a fait le sujet de la transaction proprement dite (3).

Doivent aussi, suivant nous, être transcrites, les promesses acceptées de vente ou autres contrats qui sont soumis à la transcription. Comme ces promesses, soit bilatérales, soit unilatérales, sont, ainsi que nous avons essayé de l'établir (4), légalement obligatoires et par elles-mêmes translatives, à leur date, du droit de propriété ou autres droits réels, il s'ensuit qu'elles doivent être transcrites pour être opposables aux tiers. Les parties qui ont stipulé en se faisant consentir de semblables promesses s'exposeraient à des mécomptes, si elles attendaient pour accomplir la formalité, le contrat qui est passé plus tard en exécution de la promesse déjà acceptée, ou le jugement qui doit en tenir lieu. Mais alors ces actes sont

(1) TROPLONG, *Transcript.*, n°s 61 et suiv.
(2) TROPLONG, *Transcript.*, n°s 56 et 59.
(3) TROPLONG, *Transcript.*, n°s 69 et suiv.
(4) *Suprà*, n°s 9 et suiv.

eux-mêmes dispensés de la transcription, du moment que la promesse à laquelle ils se réfèrent a reçu la formalité (1).

Il importe peu du reste que les actes assujettis à la transcription soient purs et simples ou soumis à une condition. Comme la condition accomplie a un effet rétroactif, l'acte doit être transcrit, sans attendre sa purification. Le besoin de publicité est le même pour prévenir et rendre inefficaces les actes qui s'accompliraient dans le temps intermédiaire, *pendente conditione* (2).

De même doit être immédiatement transcrit l'acte consenti par un gérant officieux qui promet ou stipule sans mandat du maître. Comme la ratification ultérieure de ce dernier produit des effets rétroactifs, il importe, pour asseoir le fondement de cette rétroactivité, de faire opérer tout de suite la transcription (3).

Quelque généraux et absolus que semblent les termes de la loi, ils ne sont point applicables aux actes administratifs par lesquels l'Etat, le département, la commune ou un établissement d'utilité publique, constituant un corps moral, auraient aliéné, au profit de particuliers, des immeubles ou autres droits dépendants de leur domaine, susceptibles d'hypothèque (4). Les formes particulières auxquelles ils sont soumis sont une garantie suffisante, qui a fait considérer comme inutile la formalité de la transcription. S'ils paraissent rentrer, par le fond même, dans la classe des actes que la loi y assujettit, néanmoins ils en sortent par le caractère spécial de leurs formalités.

Mais du caractère exceptionnel et des termes même de la loi, il résulte que sont seuls soumis à la formalité de la transcription les actes entre vifs réellement translatifs de propriété; qu'ainsi les autres actes, tels que les dispositions à

---

(1) *Contrà,* TROPLONG, *Transcript.,* n° 52.
(2) TROPLONG, *Transcript.,* n° 54.
(3) TROPLONG, *Transcript.,* n°s 55, 128.
(4) TROPLONG, *Transcript.,* n°s 80 et suiv.

cause de mort, et les renonciations aux droits qui en résultent, ou les partages et actes réputés équivalents à partage en sont dispensés (1).

L'acquéreur ou le donataire qui, sur la poursuite hypothécaire, conserve l'immeuble mis aux enchères, en se rendant dernier enchérisseur, n'est pas tenu de faire transcrire le jugement d'adjudication. Telle est la disposition de l'article 2189, et elle doit être appliquée encore aujourd'hui; car le jugement d'adjudication ne fait que maintenir, sans mutation, la propriété sur la tête de l'acquéreur ou du donataire (2).

La formalité de la transcription n'est pas non plus exigée en matière d'expropriation pour cause d'utilité publique, soit qu'elle ait été prononcée par jugement, ou qu'elle ait été amiablement consentie. Comme elle a un caractère de nécessité qui la place en dehors de la loi nouvelle, elle demeure régie par la loi spéciale du 3 mai 1841 (3).

Du reste, la loi du 23 mars ne modifie en rien les règles relatives à la transcription des donations immobilières, lesquelles constituent un système complet en ce qui touche les actes de cette espèce. De même pour les substitutions (4).

Quant aux charges et démembrements de la propriété, l'article 2 est ainsi conçu : « Sont également transcrits, 1° tout acte constitutif d'antichrèse, de servitude, d'usage et d'habitation; 2° tout acte portant renonciation à ces mêmes droits; 3° tout jugement qui en déclare l'existence en vertu d'une convention verbale; 4° les baux d'une durée de plus de dix-huit années; 5° tout acte ou jugement constatant, même pour bail de moindre durée, quittance ou cession d'une somme équivalente à trois années de loyers ou fermages non échus. »

La transcription des actes de cette catégorie a été exigée

---

(1) TROPLONG, *Transcript.*, n⁰ˢ 50, 93 et suiv.
(2) TROPLONG, *Transcript.*, n° 101.
(3) TROPLONG, *Transcript.*, n⁰ˢ 103 et 104.
(4) Art. 11, loi du 23 mars 1855.

par les mêmes motifs que la transcription des actes translatifs de propriété. Car il importe également aux tiers de connaître les démembrements, les modifications et les charges qui diminuent l'importance de leur gage, et altèrent la valeur vénale de la chose.

Mais l'article 2 est inapplicable aux actes passés dans la forme administrative par lesquels l'État, le département ou la commune, considérés comme propriétaires, auraient concédé à des particuliers des droits de la nature de ceux qu'il détermine.

43. La transcription n'est rien autre chose que l'inscription des actes publics ou privés (1) soumis à cette formalité, par copie littérale et entière, sur un registre public à ce destiné et tenu par le conservateur des hypothèques. Elle a lieu au bureau des hypothèques dans l'arrondissement duquel sont situés les biens. Il faut ainsi transcrire l'acte en autant de bureaux qu'il y a de biens situés dans des arrondissements différents (2).

D'après l'article 5 de la loi du 23 mars 1855, le conservateur, lorsqu'il en est requis, délivre sous sa responsabilité l'état spécial ou général des transcriptions.

La partie qui requiert transcription dépose entre les mains du conservateur l'original où une copie en due forme de l'acte à transcrire. Quant aux obligations et devoirs du conservateur, ils sont réglés par les articles 2196 et suivants du Code civil.

Comme élément de publicité légale, la transcription ne peut être suppléée ni remplacée par aucune autre formalité.

Nul ne peut se faire relever du défaut ou de l'irrégularité de la transcription pour cause d'incapacité personnelle, ou toute autre cause, sauf recours en indemnité contre qui de droit. Car la sécurité des tiers tient à l'application rigoureuse et absolue de la loi envers tous. La formalité est enfin d'intérêt public.

---

(1) TROPLONG, *Transcript.*, n°s 135 et suiv.
(2) TROPLONG, *Transcript.*, n° 133.

Du reste, la transcription n'est point obligatoire, et aucun délai n'est fixé pour son accomplissement. Chacun reste libre, à ses risques et périls, de fonder sa sécurité sur la seule bonne foi des contrats.

Elle peut être requise par toute partie intéressée, par le vendeur, l'acquéreur, l'un ou l'autre des contractants, ou leurs créanciers, soit même par un tiers, soit qu'il y ait ou non personnellement intérêt, et quand même il agirait en vertu d'un pouvoir simplement verbal. Elle n'est en effet qu'un acte conservatoire, qui ne peut nuire à personne, que la loi encourage comme éminemment favorable à la bonne foi et à la sincérité des transactions (1).

44. Article 3 : « Jusqu'à la transcription, les droits résultant des actes et jugements énoncés aux articles précédents ne peuvent être opposés aux tiers qui ont des droits sur l'immeuble et qui les ont conservés en se conformant aux lois. Les baux qui n'ont point été transcrits ne peuvent jamais leur être opposés pour une durée de plus de dix-huit ans. »

La loi du 23 mars 1855 n'étant exécutoire qu'à partir du 1er janvier 1856 (art. 10), ses articles 1, 2 et 3 ne sont pas applicables aux actes ayant acquis date certaine et aux jugements rendus avant le 1er janvier 1856. Leur effet est réglé par la législation sous l'empire de laquelle ils sont intervenus (art. 11).

L'inefficacité des actes non transcrits à l'égard des tiers qui ont sur l'immeuble des droits régulièrement acquis et conservés, est la disposition importante de la loi. Il s'ensuit que, relativement à eux, les conventions ne sont plus parfaites par le seul consentement des parties contractantes, puisqu'elles doivent être transcrites pour leur être opposables, et que tant que cette formalité n'a pas été remplie, elles ne peuvent pas

---

(1) MERLIN, Rép., v° *Transcription*, § 2, n° 1. — BATTUR, *Hyp.*, n° 543. — ZACHARIÆ, t. 1, p. 434, 1re édit., et t. 2, p. 67, 4° édit.

leur être opposées. Les actes soit purs et simples ou conditionnels sont donc réputés, par rapport à eux, inexistants jusqu'à leur transcription. Elle seule les rend efficaces et parfaits à leur égard ; et de là résulte que l'antériorité de l'acte, justifiée par date certaine, n'est d'aucune considération, lorsque, n'étant point transcrit, il s'agit d'en apprécier les effets envers les tiers qui ont des droits acquis sur la même chose qui en fait le sujet. Ainsi, entre prétendants droit sur les mêmes choses immobilières, la préférence appartient à celui qui le premier aura fait transcrire son titre, abstraction faite de toute antériorité certaine de sa date ; et elle est décidée par le seul fait qu'il a été le premier à faire transcrire, indépendamment de toute mise en possession réelle.

La transcription a donc pour effet de rendre les droits résultant de l'acte ou du jugement opposables aux tiers. Par elle la transmission de ces droits devient parfaite à leur égard. Quant aux autres effets qu'elle produit, ils se rattachent à la matière des hypothèques. Ainsi, elle est le préliminaire de la purge, elle fixe le point de départ de la prescription des priviléges et hypothèques, elle libère et affranchit par elle-même l'immeuble des priviléges et hypothèques qui procèdent des propriétaires antérieurs, et qui étant soumis à la formalité de l'inscription n'ont pas été inscrits auparavant. Les articles 834 et 835 du Code de procédure qui accordaient pour s'inscrire le délai de quinzaine à partir de la transcription, sont en effet abrogés par la loi du 23 mars, article 6.

45. Pour que les tiers puissent se prévaloir du défaut de transcription de l'acte qu'on leur oppose, il faut qu'ils aient des droits acquis sur la chose, et qu'ils les aient conservés en se conformant aux lois. Il s'ensuit que les créanciers chirographaires, ainsi que l'a expliqué dans la discussion M. Rouher, vice-président du conseil d'Etat, ne peuvent jamais opposer le défaut de transcription, puisqu'ils n'ont en cette qualité aucun droit réel sur l'immeuble, qui leur est simplement affecté

comme gage général de leur créance, en vertu d'un engagement personnel (1).

Il en résulte encore que si le tiers auquel on oppose un acte non transcrit, est lui-même porteur d'un titre qui n'a pas été soumis à la transcription, il ne peut repousser celui de son adversaire, puisque le sien n'étant point transcrit est par cela même également réputé inexistant et frappé d'inefficacité. Entre deux titres respectivement inefficaces à l'égard de l'une ou de l'autre partie, la préférence sera donc déterminée par l'antériorité de date, conformément aux règles ordinaires du Code civil (2).

On dirait vainement que, dans ce cas, c'est le défendeur mis en possession du droit qui lui a été transféré, qui doit être préféré à l'autre, indépendamment de toute antériorité de titre, par la raison qu'il ne peut être évincé en vertu d'un titre qui n'étant point transcrit ne lui est pas opposable. En effet, la transcription n'est exigée que pour protéger les droits régulièrement acquis et conservés. Lors donc qu'il n'y a point de droits de cette nature qu'un tiers puisse invoquer, il importe peu que l'acte dont on se prévaut contre lui soit transcrit ou non. Or celui dont le titre est postérieur et non transcrit, n'a aucun droit légalement existant par rapport à son adversaire. Donc le titre de ce dernier, étant par cela même dispensé de transcription, l'emporte par suite de la seule antériorité de sa date, et il n'est pas exact de prétendre qu'il n'a point administré la preuve régulière de son droit.

Par exemple, je me suis fait consentir une servitude par le propriétaire qui a déjà vendu sa chose à Paul. Aucun de nous n'a fait transcrire son titre. Je ne pourrai opposer à Paul le défaut de transcription; car je suis dans le même cas, et comme son titre à une date certaine antérieure, le mien tombera.

Mais si je l'avais fait transcrire avant toute instance engagée,

---

(1) TROPLONG, *Transcript.*, n° 146.
(2) TROPLONG, *Transcript.*, n° 151.

il l'emporterait, tandis, au contraire, que si la transcription n'en avait été faite qu'après l'instance liée, je ne pourrais me prévaloir de l'accomplissement tardif de cette formalité. Car le jugement qui intervient n'étant que déclaratif, doit se reporter à l'état de la cause au moment où elle a été engagée. Or, à ce moment-là, n'y ayant point de transcription, mon titre n'était pas opposable à mon adversaire, qui avait, au contraire, en sa faveur un acte dont la date antérieure était légalement certaine.

46. C'est un peu, comme on voit, le prix de la course. Nous sommes donc amené à poser cette question : le tiers qui a été complice de la fraude commise envers une partie qui ayant un titre antérieur ne l'a point fait transcrire, peut-il se prévaloir du défaut de transcription? Nous ne le pensons pas. La transcription n'est exigée que pour protéger les droits acquis de bonne foi. La fraude n'est jamais un principe d'acquisition de droits légitimes, et ce serait méconnaître l'esprit de la loi que de faire tourner la formalité de la transcription au préjudice de la bonne foi, et à l'avantage du dol et de la fraude. Aussi, dans son exposé au corps législatif, M. le conseiller d'État Suin disait : « Il est de principe que s'il avait été fait par le même propriétaire deux ou plusieurs aliénations du même immeuble ou des mêmes droits réels, celle qui aurait été transcrite la première exclurait toutes les autres, à moins que celui qui le premier a rempli cette formalité n'eût participé à la fraude. »

En présence de paroles aussi formelles, on ne saurait douter que le défaut de transcription ne puisse pas être opposé par les tiers de mauvaise foi (1). Et par tiers de mauvaise foi, il faut entendre, non pas ceux qui ont pu savoir qu'il existait un premier acte non transcrit, et qui ont, en usant de diligence, profité d'un avantage offert par la loi (2); mais seulement

---

(1) Cass., 8 décembre 1858. Sirey, 60, 1, 991.
(2) Cass., 3 therm. an XIII, cité par M. Troplong, *Transcript.*, n° 190.

ceux qui, au moment où ils ont contracté, avaient une connaissance positive de l'acte existant antérieurement au profit de leur adversaire, et se sont réellement rendus complices et participants d'une fraude caractérisée, et souvent d'un véritable stellionat. Cependant ils ne seraient pas réputés de mauvaise foi, si ayant traité de bonne foi, dans l'ignorance des droits précédemment transmis à un autre, ils avaient acquis la connaissance de cette première transmission de droits seulement au moment où ils ont fait transcrire leur titre. Si, dans le premier cas, le titre du tiers, quoique non transcrit, leur est opposable, dans le second, il ne peut pas leur être opposé, à cause de leur bonne foi dans le temps où ils ont contracté.

Il est donc vrai de dire que, hors les cas de fraude et de complicité de fraude, la transcription seule de l'acte arrête le droit de disposer de la chose, et que tout acte assujetti à la transcription et non transcrit est inefficace, non opposable, réputé inexistant à l'égard des tiers qui ont sur la chose des droits acquis de bonne foi et en conformité de la loi.

La loi de 1855 doit se combiner avec les principes de l'article 1167, concernant l'action révocatoire pour fraude. Les tiers fraudés pourront, aujourd'hui comme auparavant, exercer l'action paulienne, sans qu'on puisse leur opposer que l'acte qu'ils attaquent a été transcrit, tandis que le leur ne l'a pas été. Ainsi, un premier acheteur qui n'a pas transcrit sera préféré à un second acquéreur qui a fait transcrire, s'il a participé à la fraude, ou à un donataire qui s'est mis en règle, alors même qu'il a été de bonne foi, parce que de la part du vendeur, donateur ensuite, il y a fraude, et que le donataire veut faire un gain, *certat de lucro captando* (1).

47. Sous le Code civil, on a pu penser que l'acquéreur qui avait fait transcrire son titre d'acquisition pouvait invoquer en sa faveur les effets de cette transcription, quoique les actes

_____

(1) TROPLONG, *Transcript.*, n° 154 et suiv.

personnels aux propriétaires antérieurs n'eussent point été soumis à cette formalité, et que même la transcription du dernier acte de mutation ne rappelât pas les noms des propriétaires précédents, dont les titres particuliers n'avaient pas été spécialement transcrits (1). A plus forte raison cette opinion a-t-elle pu être admise pour le cas où la transcription du dernier acte rappelait les noms des propriétaires antérieurs (2). C'est que, dans le système du Code, la transcription n'est exigée que comme l'un des éléments de la publicité hypothécaire, et qu'elle ne l'est point comme condition de la transmission parfaite à l'égard des tiers de la propriété ou de tout autre droit réel immobilier. Au contraire, d'après la nouvelle loi, la transcription seule rend les actes soumis à cette formalité opposables aux tiers, de telle sorte qu'aucun de ces actes, s'il n'a été régulièrement transcrit, ne peut leur être opposé, et est censé, quant à eux, ne pas exister. Il ne suffit donc pas de faire transcrire son titre particulier d'acquisition, si les titres des propriétaires précédents ne sont pas eux-mêmes transcrits. Ceci va mieux s'expliquer par un exemple.

Je vends ma propriété à Primus ; pas de transcription. Primus vend à Secundus ; pas de transcription encore. Enfin Secundus vend à Tertius, qui fait transcrire seulement son acte personnel d'acquisition. Cette transcription le rend sans doute opposable aux tiers qui prétendraient avoir acquis des droits de Secundus. Mais quant à ceux qui prétendraient en avoir acquis soit de moi, soit de Primus, Tertius ne peut invoquer contre eux son titre personnel. En effet, il est l'ayant-cause des propriétaires précédents, à la suite de son auteur immédiat ; il n'a pas plus de droits que ce dernier, il ne peut donc pas plus que lui opposer aux tiers les actes qui sont interve-

(1) Zachariæ, t. 1, p. 435, 1re édit. — Duranton, t, 20, n° 360. — Cass., 28 mai 1807. Sirey, 7, 1, 295. — 13 déc. 1813. Sirey, 14, 1, 46.

(2) Merlin, Rép. v° *Transcript.*, § 3, n° 2. — Grenier, *Hyp.*, t. 2, n° 365. — Battur, *Hyp.*, n° 548. — Troplong, *Hyp.*, n° 913. — Persil, art. 2181, n° 20. — *Contrà*, Tarrible, Rép. de Merlin, *ibid.*

nus entre lui et Primus, et entre Primus et moi. De même que ces actes, à défaut de transcription, ne pourraient être opposés aux tiers par Primus et Secundus, ils ne peuvent non plus leur être opposés par Tertius, qui ne saurait avoir plus de droits que ses auteurs, et qui est obligé d'invoquer les droits prétendus transmis à ces derniers, à l'appui de ceux qui lui ont été transférés par son auteur immédiat.

On ne peut même accuser, dans ce cas, les tiers de négligence; car ceux qui tiennent des droits réels sur la même chose soit de moi, soit de Primus, ont bien pu savoir, en consultant les registres de la transcription, que Tertius avait acquis de Secundus: mais il n'ont pu s'assurer, en l'absence de toute transcription régulièrement opérée, que j'avais consenti une aliénation au profit de Primus, et que ce dernier en avait consenti lui-même une autre au profit de Secundus. C'est au contraire à Tertius à vérifier la régularité des titres de ses auteurs immédiats ou médiats, et à leur donner, relativement aux tiers, toute l'efficacité dont ils sont susceptibles, en accomplissant les formalités prescrites par la loi (1).

A la place d'aliénations successives, nous pouvons supposer tout autre acte de nature à être transcrit. La solution est exactement la même. Chaque acte est soumis individuellement à la transcription, sans que la transcription du dernier titre puisse couvrir ou purger le défaut de transcription des titres auxquels il se rattache. Supposons donc, pour en revenir à notre espèce, que Primus ait consenti une antichrèse, une servitude au profit d'un tiers. Ce tiers aura pour faire transcrire son titre, aussi longtemps que l'acte d'aliénation consenti par Primus à Secundus n'aura pas été transcrit. Et Tertius ne pourra ni lui opposer que son titre particulier a été transcrit, ni que l'acte que j'ai consenti à Primus ne l'a pas été. Car, d'une part, l'acte intervenu entre Primus et Secun-

---

(1) Voy. TROPLONG, *Transcript.*, nᵒˢ 164 et suiv. — ZACHARIÆ, t. 2, p. 315, nᵗᵉ 99, 4° édit.

dus n'est opposable que moyennant sa transcription ; et, d'autre part, comme il ne se présente pas de tiers qui prétendent tenir des droits de moi, Primus n'avait pas besoin, pour être légalement saisi, de faire transcrire son titre, qui d'ailleurs est aussi le principe des droits de Tertius, comme émanant de l'auteur commun.

De ce que chaque acte, pour être opposable aux tiers, doit être transcrit individuellement, il suit qu'il est indifférent que dans la transcription, on ait rappelé ou non les noms des propriétaires antérieurs, dont les titres n'ont pas été encore transcrits. Cette mention ne peut suppléer la formalité de la transcription.

Il importe peu, au surplus, que les transcriptions aient lieu dans un ordre conforme ou inverse à celui de la date des actes, que les derniers et plus récents soient ou non les derniers transcrits. La loi ne fixant aucun délai pour l'accomplissement de la formalité, elle peut toujours être remplie, sous la seule sanction que jusque-là l'acte n'est pas opposable aux tiers.

48. Quoi qu'il en soit, considérée dans les rapports particuliers des parties contractantes entre elles, l'obligation de livrer la chose est toujours parfaite par le seul consentement, indépendamment de toute transcription. Ainsi, elle rend le créancier propriétaire et met la chose à ses risques, dès l'instant où elle a dû être livrée, conformément à l'article 1138. Ainsi, les dispositions de l'article 1583 sont aujourd'hui d'une exactitude complète : la vente est parfaite entre les parties, et la propriété est acquise de droit à l'acheteur, à l'égard du vendeur, dès qu'on est convenu de la chose et du prix, quoique la chose n'ait pas encore été livrée ni le prix payé. En un mot, la loi nouvelle sur la transcription laisse complètement intacts les principes du Code concernant les effets de l'obligation de donner, lorsqu'on les envisage au point de vue des rapports particuliers des parties contractantes l'une à l'égard de l'autre. L'acquisition de la propriété et des autres droits qui en dépendent résulte toujours, relativement à elle, direc-

tement et immédiatement du titre sur lequel elle se fonde, et non de la transcription, à l'accomplissement de laquelle elle ne saurait être réputée subordonnée.

Il s'ensuit que le créancier peut, sans avoir accompli la formalité de la transcription, exercer tous droits de propriété et autres, et faire valoir toutes actions, soit contre le promettant, soit contre tous tiers étrangers, à l'exception de ceux à l'égard desquels la loi déclare son titre non opposable, à défaut de transcription.

Réciproquement, les tiers qui ont des droits régulièrement acquis et conservés sur la chose, peuvent les faire valoir contre le stipulant, alors même qu'il n'a pas encore fait transcrire son titre d'acquisition.

49. Il en résulte encore que celui qui a acquis d'un non propriétaire, *a non domino,* est en état d'invoquer la prescription de dix ou vingt ans, s'il a un juste titre et s'il est de bonne foi (2265), quoique son titre n'ait pas été transcrit. Mais il ne pourra se prévaloir de cette prescription qu'à l'égard du vrai propriétaire, ses héritiers et ceux de ses ayants-cause, vis-à-vis desquels la transcription du titre n'est pas requise pour qu'il leur soit opposable (1).

Mais quant aux tiers qui auraient acquis du vrai propriétaire des droits qu'ils auraient conservés en se conformant aux lois, il ne pourra leur opposer la prescription de dix ou vingt ans, si son titre n'est point transcrit. Car, à défaut de transcription, son titre n'est pas un juste titre d'acquisition. Il ne peut, n'étant pas opposable aux tiers, lui transférer la propriété à leur égard, de telle sorte qu'il est censé ne point avoir le sentiment juste de la propriété acquise, *justa opinio dominii quæsiti.* Il est bien vrai que la transcription du titre qu'il tient du non propriétatre ne peut rien apprendre aux tiers qui tiennent leurs droits du propriétaire véritable, qui

---

(1) ZACHARIÆ, t. 2, p. 319, 4e édit. — Montpellier, 8 novembre 1882, *France jud.* 1883, p. 262.

n'est nulle part signalé comme ayant déjà conféré à d'autres des droits sur sa chose. Mais c'est ici une question de juste titre. Or il n'y a pas de juste titre, lorsque le titre sur lequel le possesseur fonde la prescription n'a pas été complété par la formalité de la transcription, qui seule le rend opposable aux tiers (1).

Il est vrai encore que la prescription de dix ou vingt ans n'étant pas alors opposable aux tiers, le propriétaire véritable à l'égard duquel cette prescription a été accomplie, a transmis plus de droits qu'il n'en avait. Mais en faisant cette objection on méconnaît précisément les effets de la transcription, d'après lesquels aujourd'hui on transmet effectivement, sauf recours de qui de droit, plus de droits qu'on n'en a soi-même.

On ne comprendrait pas enfin comment le titre émané du non propriétaire, produirait en faveur du stipulant des effets plus étendus que s'il était émané du propriétaire véritable. I ne peut donc se prévaloir que de la prescription de trente ans, ou de la prescription de dix ou vingt ans, à partir seulement du jour où il aura fait transcrire son titre. Si sous le Code il était indistinctement en état de prescrire envers tous (2), ceci tenait à la nature de la transcription, d'après ses principes. Mais la distinction que nous proposons nous paraît fondée sur les principes de la loi nouvelle. Nous disons donc que dans tous les cas où la prescription de dix ou vingt ans avec juste titre et bonne foi est invoquée contre des tiers, à l'égard desquels le titre d'acquisition n'est opposable que moyennant sa transcription, la prescription ne commence à courir que du jour où cette transcription a été opérée ; tandis, au contraire, que si le titre est opposable, sans avoir besoin d'être transcrit, aux tiers contre lesquels on l'invoque, la prescription s'accom-

_____

(1) TROPLONG, *Transcript.*, n°ˢ 177 et suiv. — ZACHARIÆ, t. 2, p. 320, 4° édit. — Voy. Lyon, 17 fév. 1834. SIREY, 35, 2, 18. Par application de la loi du 11 brumaire an VII. — Voy. cep. Agen, 24 nov. 1842. SIREY, 43, 2, 177.

(2) ZACHARIÆ, t. 1, p. 437, 1ʳᵉ édit. — MERLIN, Rép. v° *Prescript.*, sect. 1, § 5, art. 1, n° 3.

plit alors conformément aux règles du Code civil et abstraction
faite de la loi nouvelle.

Nous ne faisons après tout que réduire la question à ces
termes : Quand y a-t-il juste titre, c'est-à-dire un titre capable de transférer par lui-même et directement la propriété ?
Or cette question, considérée par rapport aux tiers, dépend de
celle-ci : en quels cas et à l'égard de quelles personnes la loi
exige-t-elle la transcription du titre pour qu'il produise effet
envers les tiers ?

50. Comme la transcription est une formalité extrinsèque à
l'acte ; qu'elle n'est que la révélation publique de la transmission de la propriété ou autres droits réels ; qu'elle n'a d'autre
effet que d'assurer l'exécution de l'acte transcrit et de maintenir d'une manière incommutable, à l'égard des tiers et au
profit de celui qui s'en prévaut, les droits que cet acte a pour
objet de lui transmettre, elle ne constitue pas un titre nouveau
qui puisse modifier l'ancien, ou y ajouter, ni surtout en purger
ou couvrir les vices intrinsèques, et lui attribuer une validité
et une efficacité qu'il n'aurait pas lui-même. Ainsi, elle ne
couvre ni ne purge les vices de simulation, de fraude, de capacité, d'objet et de cause. Les mêmes actions en révocation,
rescision ou nullité subsistent après comme avant la transcription (1).

51. Si deux actes ont été transcrits le même jour, peut-on,
et par quels moyens de preuve, déterminer l'antériorité de
l'une des transcriptions sur l'autre ? Ici ne s'applique point
l'article 2147 qui est spécial. Que les créanciers inscrits le même
jour exercent en concurrence une hypothèque de la même
date, soit ; on le comprend. Mais on ne peut admettre un
pareil concours, en cas de transcription, pour des actes qui

---

(1) Merlin, Quest., v^{is} *Expropriation forcée*, § 2. — Grenier,
Hypoth., n° 368. — Zachariæ, t. 1, p. 438, 1re édit., et t. 2,
p. 64, 4° édit. — Troplong, *Transcript.*, n° 187.

confèrent des droits incompatibles et mutuellement exclusifs les uns des autres. La question doit donc se résoudre par les circonstances.

Si l'une des parties a été de mauvaise foi, si elle a présenté son acte à la transcription, sachant que l'autre y avait déjà présenté le sien, ou même que déjà il était transcrit ; pas de difficulté, la question se résout en fait par la mauvaise foi et la fraude.

Supposons donc que tous sont également de bonne foi. La question ne devra pas alors se décider par le seul ordre des transcriptions matériellement opérées sur le registre. Le hasard ou le conservateur en est le maître. Il faut s'en rapporter à d'autres circonstances, et d'abord au registre et aux numéros d'ordre prescrits par l'article 2200 (1), sans que toutefois ce soit là un moyen péremptoire de décision. Car l'ordre des présentations peut avoir été interverti par erreur.

Est-il impossible de déterminer par les circonstances aucune antériorité d'une transcription sur l'autre ? On tombe forcément dans un cas analogue à celui où aucun des actes n'a été transcrit. Car c'est la même chose d'avoir un acte qui n'est pas transcrit du tout, ou d'en avoir un dont la transcription n'est pas justifiée à une date antérieure. A défaut d'antériorité constatée, quant à la transcription, la question se résout donc par l'antériorité légalement certaine des actes soumis à la formalité, abstraction faite de leur transcription (2).

Si les actes étaient passés le même jour, sans que rien n'établît autrement leur antériorité, il faudrait d'abord tenter de la déterminer par les faits et circonstances de la cause, et, en cas d'impossibilité, accorder la préférence à celui qui ayant été mis en possession, serait ainsi défendeur à une demande qui ne se trouve pas justifiée contre lui (3).

(1) Paris, 9 février 1877. SIREY 77, 2, 55.
(2) TROPLONG, *Transcript.*, nᵒˢ 192 et 193.
(3) TROPLONG, *Transcript.*, nᵒ 194. — Voy. 1328, nᵒˢ 53 et suiv. — Caen, 23 fév. 1866. SIREY, 67, 2, 236. — Grenoble, 14 août et 11 déc. 1869. SIREY, 70, 2, 35.

S'il y avait concours entre une inscription et une transcription du même jour, la question de priorité et de préférence devrait se résoudre, d'après les mêmes principes, par l'appréciation des circonstances et faits de la cause.

ARTICLE 1139.

Le débiteur est constitué en demeure, soit par une sommation ou par autre acte équivalent, soit par l'effet de la convention, lorsqu'elle porte que, sans qu'il soit besoin d'acte, et par la seule échéance du terme, le débiteur sera en demeure.

Sommaire.

1. Sens du mot demeure.
2. L'article 1139 s'applique aux obligations de faire comme aux obligations de donner.
3. La mise en demeure est la constatation du retard.
4. Trois sortes de mises en demeure.
5. Mise en demeure légale.
6. Echéance du terme, quand il est convenu qu'il n'y aura pas besoin d'acte.
7. En quels termes cette convention doit avoir lieu.
8. Mise en demeure par l'échéance du terme, quand la chose ne pouvait être donnée ou faite que dans un certain temps.
9. Il faut que le débiteur ait connu la nécessité de faire ou de donner la chose dans le temps où elle devait l'être.
10. Distinction entre les dettes quérables et portables.
11. Mise en demeure par interpellation.
12. Notaires peuvent, comme les huissiers, constater la mise en demeure.
13. Insuffisance de l'interpellation verbale. Distinction.
14. Exception au cas où les parties sont convenues d'une interpellation verbale. Comment elle se prouve.
15. Un commandement suffit.
16. De même, la citation devant un juge même incompétent.
17. De même, la citation en conciliation, sans qu'elle soit suivie, dans le mois de la comparution ou de la non conciliation, d'une assignation en justice.

18. La comparution volontaire des parties au bureau de conciliation produit le même effet.

19. La sommation et le commandement ont un effet perpétuel.

20. La reconnaissance du débiteur suffit, lorsqu'il déclare qu'il se tient pour constitué en demeure. Comment elle se prouve.

21. Quand le débiteur est mis en demeure, il n'a droit à aucun délai.

22. Le créancier peut renoncer au bénéfice de la mise en demeure.

COMMENTAIRE.

1. Le terme demeure, *mora*, est synonyme de retard. Dans son acception juridique, il s'entend également du retard que le créancier apporte dans l'exercice de son droit, et du retard que le débiteur met dans l'accomplissement de son obligation. Appliquée au créancier en retard d'exercer son droit, la demeure a pour sanction les prescriptions et les déchéances; appliquée au débiteur en retard d'accomplir ses engagements, elle a pour sanction soit les dommages et intérêts, soit la mise de la chose à ses risques et périls, soit enfin la résolution du contrat synallagmatique.

2. C'est de cette dernière espèce de retard que nous avons à nous occuper ici. Les principes qui lui sont relatifs sont épars dans divers textes du Code. Nous aurons à les réunir et à les résumer.

Ce que nous en dirons ne sera pas seulement applicable aux obligations de donner, mais encore aux obligations de faire, les règles étant absolument les mêmes (1). Aussi l'article 1139 serait-il mieux à sa place, sous la section IV qui traite spécialement des dommages et intérêts, et avant tout de la mise en demeure qui y donne lieu.

3. Quoi qu'il en soit, voyons ce qu'on entend par mise en demeure et d'où elle résulte. Nous en verrons plus loin les conséquences, et déjà même nous en avons vu quelques-unes.

(1) Toullier, t. 6. n° 246.

La mise en demeure est la constatation légale du retard. En même temps qu'on le constate on le qualifie. Désormais il a un sens et une portée qu'il n'avait pas auparavant ; il produit certains effets que le retard simple serait impuissant à produire.

4. Le débiteur, à quelque titre qu'il doive la délivrance ou la restitution de la chose, est mis en demeure à l'échéance du terme, soit par l'autorité seule de la loi, soit par la convention même, soit enfin par l'interpellation que le créancier lui adresse. Nous avons ainsi la mise en demeure légale, conventionnelle, interpellatoire.

5. Comme exemples de mise en demeure légale, nous citerons quelques dispositons du Code. Ainsi, l'article 1378 veut que celui qui a reçu de mauvaise foi, paye avec le capital, les intérêts et les fruits du jour du payement. L'article 1379 le rend pour la même cause garant de la perte de la chose arrivée même par cas fortuit. L'article 1657 prononce la résolution de plein droit des ventes de choses mobilières, à défaut de retirement au terme convenu. L'article 1996 porte que le mandataire doit au mandant l'intérêt des sommes qu'il a employées à son usage, à dater de cet emploi. L'article 1912 dit enfin que le débiteur d'une rente constituée en perpétuel peut être contraint au rachat, s'il cesse de remplir ses obligations pendant deux années. Nous pourrions multiplier les citations; mais il suffit des exemples présentés pour faire comprendre l'origine et la nature de ces mises en demeure, *ipso jure*, par la force seule de la loi, du débiteur en retard de satisfaire à ses engagements.

6. Le débiteur est encore constitué en demeure par l'effet de la convention, lorsqu'elle porte que sans qu'il soit besoin d'acte et par la seule échéance du terme, le débiteur sera en demeure (1139).

Cette disposition est une sorte de transaction entre la longanimité de notre ancien droit et la rigueur du droit romain.

Selon les usages de l'ancienne jurisprudence française, le débiteur n'était censé mis en demeure que par une interpellation judiciaire, et seulement du jour de cette interpellation, quelle que fût d'ailleurs la qualité du créancier. Il n'y avait d'exception qu'envers le voleur que sa mauvaise foi mettait tout de suite en demeure, *odio furti,* en haine du vol (1).

On allait plus loin : on regardait comme simplement comminatoires les clauses par lesquelles les parties étaient convenues que, par la seule échéance du terme, sans le secours d'aucune interpellation, le débiteur serait mis en demeure. Il fallait, de toute nécessité, une interpellation valablement faite, comme si l'exécution de cette clause n'était pas conforme aux règles de la bonne foi.

Le droit romain était, au contraire, fort rigoureux. Un terme était-il convenu? Son échéance faute de payement constituait le débiteur en demeure; *dies interpellabat pro homine* (2). Et l'on disait qu'alors la mise en demeure résultait de la force des choses, *mora ex re fiebat.*

Aucun terme n'avait-il été convenu? Comme dans ce cas l'obligation n'était payable qu'à la demande du créancier, le débiteur n'était constitué en demeure que par l'interpellation personnelle; *mora ex personnâ fiebat.* On disait alors, *nulla intelligitur mora ibi fieri, ubi nulla petitio est* (3). Mais remarquons que l'interpellation du créancier ne constituait le débiteur en demeure que parce qu'elle rendait précisément la dette exigible, en faisant naître et échoir le terme tout à la fois.

L'article 1139 a donc, par terme moyen, reconnu d'une part la force obligatoire de clauses que notre ancienne jurisprudence considérait comme non avenues ; et, d'autre part, dénié à la simple échéance du terme la portée que lui donnait le droit romain.

---

(1) L. 20, *ff. De cond. ex causâ furt.* — POTHIER, *Oblig.,* n° 144.

(2) L. 12, C. *De cont. et comm. stipul.*

(3) L. 88. *ff. De reg. jur.*

7. Il n'est pas indispensable, pour mettre le débiteur en demeure par la seule échéance du terme, de se servir littéralement des termes de la loi et de dire en conséquence : sans qu'il soit besoin d'acte et par la seule échéance du terme. Il est satisfait aux prescriptions de la loi par l'emploi d'expressions équipollentes, les termes de l'article 1139 n'ayant rien d'exclusif ni de sacramentel (1).

Il vaut mieux toutefois en dire plus que moins. Mieux vaut alors une redondance inutile qu'une concision équivoque. C'est surtout dans ces sortes de clauses qu'abondance de mots ne nuit pas. Comme il s'agit en effet d'une exception aux règles du droit commun, il faut la prouver, et le doute s'interprète en faveur des principes ordinaires, dans l'intérêt du débiteur.

Il ne suffirait donc pas, pour constituer d'emblée le débiteur en demeure, de fixer un jour pour l'exécution de la convention, en se bornant à ajouter : sous peine de tous dommages et intérêts. Cette clause n'équivaudrait pas à celle-ci : le débiteur sera en demeure sans qu'il soit besoin d'acte et par la seule échéance du terme. Ce serait s'en référer simplement à la loi, pour la sanction de l'inexécution de l'engagement, sans déroger aucunement à ses dispositions.

Mais lorsque la clause qui dispense le créancier de toute mise en demeure ne présente ni incertitude, ni ambiguité, les juges doivent en assurer l'exécution stricte. Ils violeraient la loi du contrat, si, sans établir aucune dérogation à la convention primitive, ils soumettaient le créancier à la nécessité de démarches préalables, d'une sommation ou autres actes équivalents, alors qu'il en est formellement dispensé par une stipulation positive, maintenue dans toute sa force (2).

---

(1) DURANTON, t. 10, n° 441. — DELVINCOURT, t. 2, p. 741.
(2) Cass., 11 juin 1855. SIREY, 56, 1, 264.

8. Ici la mise en demeure par l'échéance du terme est expresse; là, au contraire, elle est implicite, sans cesser néanmoins d'être conventionnelle; c'est lorsque la chose que le débiteur s'était obligé de donner ou de faire ne pouvait être donnée ou faite que dans un certain temps qu'il a laissé passer (1146). Alors revient la maxime du droit romain, *dies interpellat pro homine.*

Tels sont, par exemple, les cas où j'aurais acheté des bestiaux livrables tel jour pour les revendre à une foire voisine; où j'aurais remis une somme d'argent à quelqu'un pour le remboursement de mon acquéreur sous faculté de réméré; où j'aurais fait marché avec un maçon pour la réparation immédiate de ma maison menaçant ruine; où j'aurais loué une voiture pour me rendre tel jour à Guéret où doivent s'adjuger des biens dont je me propose de devenir acquéreur. On voit qu'il y a urgence, péril en la demeure. Si donc mon vendeur ne me livre pas les bestiaux au jour convenu; si mon mandataire n'exerce pas pour moi le réméré; si mon maçon ne s'empresse pas de réparer ma maison et qu'elle vienne à tomber; si le voiturier ne me conduit pas à Guéret au jour convenu; comme l'accomplissement de ces faits et la délivrance de ces choses ne pouvaient être différés sans préjudice, le débiteur, mis en demeure par la seule échéance du terme, sera passible envers moi tant des risques de la chose, faute de délivrance, que des dommages et intérêts, faute d'exécution. Ce sont les conséquences de sa mise en demeure.

9. L'article 1146 semble n'exiger qu'une seule condition, à savoir que la chose ne puisse être donnée ou faite que dans un certain délai que le débiteur a laissé passer. Mais il en est une autre, capitale, essentielle, que la raison et l'équité doivent suppléer. Il faut que le promettant ait su, soit par la nature de la convention, soit par une mention expresse dans le contrat, soit enfin par les circonstances dont les juges sont appréciateurs souverains, que la chose ne pouvait être donnée ou faite que dans un certain délai, dont l'échéance, faute d'exécution, devait être dommageable pour le stipulant.

La mise en demeure suppose en effet la mauvaise foi, c'est-à-dire la connaissance acquise des besoins du créancier et du dommage que peut causer le retard. Comment le débiteur serait-il donc responsable de son défaut d'exactitude, alors qu'on ne lui en a pas fait connaître la nécessité, et qu'il a cru de bonne foi s'obliger dans des circonstances ordinaires, où sa mise en demeure ne peut résulter que d'une interpellation régulièrement faite? Autant il vaudrait dire qu'il peut être tenu de dommages et intérêts au-delà de ses prévisions possibles au moment du contrat; ce qui n'est pas (1150).

10. En parlant jusque là de la mise en demeure légale ou conventionnelle, nous avons supposé que le créancier n'avait rien à faire, et seulement à attendre le payement. Que si cependant le payement devait avoir lieu au domicile du débiteur, ainsi qu'il se fait régulièrement (1247), et non à celui du créancier; si, en d'autres termes, la dette était quérable de la part du stipulant, et non portable de la part du promettant, le créancier ne serait point dispensé de constater par acte équivalent à une mise en demeure, qu'au jour fixé par la convention, il s'est inutilement présenté en personne ou par mandataire pour prendre et recevoir payement (1).

Par cela même en effet que le créancier ne demande pas payement où et quand il doit le demander, et que le débiteur n'a qu'à l'attendre et le voir venir, il est censé renoncer à la mise en demeure prononcée par la loi ou stipulée par la convention (2).

C'est sur cette distinction entre les dettes quérables et les dettes portables, que la Cour de cassation a décidé que si la rente est portable, le droit au remboursement est irrévoca-

---

(1) TOULLIER, t. 6, nᵒˢ 249 et 555. — ZACHARIÆ, t. 2, p. 316, 1ʳᵉ édit., et t. 4, p. 96, 4ᵉ édit. — DURANTON, t. 10, nᵒ 442.

(2) TOULLIER, t. 6, nᵒˢ 262 et 559.

blement acquis au créancier par le seul défaut de payement des arrérages pendant deux années (1); tandis que si la rente était quérable, le créancier devrait, pour avoir droit au remboursement, constater par sommation qu'il s'est inutilement présenté pour recevoir payement aux jour et lieu convenus.

11. Passons à la mise en demeure que nous appelons interpellatoire. Voici quand elle a lieu : la loi n'a rien disposé; la convention n'a rien prévu; le jour de l'échéance arrive et le débiteur ne paye pas. Alors il doit être constitué en demeure, soit par une sommation, soit par un autre acte équivalent (1139).

Cette sommation, ordinairement l'œuvre d'un huissier, contient, avec ou sans la signification du titre, mention de la créance, de son exigibilité, des démarches faites jusque-là pour obtenir payement, s'il en a été fait, de l'interpellation actuellement adressée au débiteur, de ses dires et observations, s'il y a lieu, et, pour conclusions, protestation contre tous dommages et intérêts et autres conséquences résultant du retard.

12. Comme la sommation qui met le débiteur en demeure n'est pas un acte de poursuite ni d'exécution, le droit de la faire n'appartient pas exclusivement aux huissiers. Les notaires peuvent en général, concurremment avec les huissiers, mettre un débiteur en demeure, puisqu'il ne s'agit que de la simple constatation d'un fait, et non de l'exécution des ordonnances de justice, jugements et arrêts (2). Ne les voyons-nous pas concourir pour la confection et la signification des protêts (173, C. com.), sommation particulière et moyen de mise en demeure spécial à certaines dettes de commerce? Ajoutons que les notaires ont le droit incontestable de faire des offres

_____

(1) Cass., 8 avril 1818. SIREY, 18, 1, 238, — 10 nov. 1818. SIREY, 19, 1, 13. — 16 déc. 1818. SIREY. 19, 1, 174.

(2) TOULLIER, t. 6, n° 252. — RODIÈRE, dissertation insérée dans Dalloz, 1835, p. 335.

réelles (1258); or les offres purgeant la mise en demeure, quoi de plus naturel que cette même mise en demeure se constitue comme elle se purge, par le ministère du même officier public ?

13. Que devons-nous entendre par ces termes de l'article 1139, *ou autre acte équivalent?* Il est constant d'abord qu'il faut un acte, c'est-à-dire un monument écrit, et de plus en bonne forme, suivant les expressions de l'article 962.

Nous commencerons donc par rejeter comme insuffisante toute interpellation verbale, parce qu'elle ne se formule point comme le veut la loi. En vain offrirait-on d'en administrer la preuve par témoins (1). *Frustra probatur quod probatum non relevat;* est inutile la preuve d'un fait sans conséquence. A quoi bon prouver que vous avez verbalement interpellé votre débiteur ? On vous dira toujours que votre interpellation n'est pas une mise en demeure, mais un simple avis, dont la bénignité quant à la forme efface la rigueur quant au fond.

Mais il ne faut pas confondre cette interpellation verbale avec une convention ultérieure par laquelle les parties auraient modifié leur premier contrat, en ce sens que la seule échéance du terme convenu ou prorogé dût constituer désormais le débiteur en demeure. Dans ce cas, toute la question gît dans la preuve de cette convention alléguée ; et cette preuve se fera suivant les règles ordinaires, soit par titres, soit par témoins. Le créancier invoque si peu alors une interpellation verbale, qu'il demande à prouver une convention qui le dispense précisément de toute mise en demeure (2).

Du reste, les dispositions de l'article 1139 ne sont pas si impérieusement exclusives qu'elles prohibent toute convention par laquelle les parties auraient substitué, comme mise en demeure, une interpellation verbale à la sommation ordinaire. Une semblable interpellation nous paraît alors suffi-

---

(1) TOULLIER, t. 6, n° 253.
(2) Voy. *infrà*, n° 20, pour le cas de reconnaissance.

sante, et il ne s'agit plus que de la prouver, même par témoins, puisque la preuve préalablement faite de la convention a déjà produit un commencement de preuve écrite qui rend admissible la preuve testimoniale. Il est vrai que la loi prohibe ce genre de preuve dans un intérêt public; mais les prohibitions de la loi ne sont point violées, puisque la preuve de l'interpellation verbale n'est admise qu'en conséquence du contrat, et sur la preuve préalable de ce contrat.

Il n'en est pas autrement d'une simple lettre missive, même chargée. Elle ne saurait par elle-même, pas plus qu'une interpellation verbale, constituer légalement une mise en demeure (1).

15. Le commandement, toujours fondé sur un titre exécutoire, est un acte autrement fort dans son principe et autrement rigoureux dans ses conséquences que la simple sommation. Il lui est donc plus qu'équivalent; il lui est supérieur, comme moyen légal de mise en demeure. Suffisant pour interrompre la prescription, à plus forte raison doit-il suffire pour constater le retard (2244).

Si le commandement était nul pour vices de forme, comme commandement, mais qu'il contînt d'ailleurs tous les éléments constitutifs de la sommation simple, il vaudrait encore à ce titre, et suffirait pour constituer le débiteur en demeure. Nous apporterons néanmoins cette restriction : c'est qu'il ne vaudrait même pas subsidiairement comme sommation simple, mais il ne vaudrait rien du tout, si un jugement l'avait déclaré nul et non avenu purement et simplement, sans aucunes réserves.

16. Une citation en justice est aussi une interpellation suffisante (2), alors même qu'elle serait donnée devant un juge incompétent (2246). Les raisons de décider sont les mêmes qu'au cas d'interruption de prescription.

---

(1) Cass., 16 avril 1876. SIREY, 77, 1, 30.
(2) Cass., 29 août 1860. SIREY, 61, 1, 145.

Ainsi, par cela même que j'assigne mon débiteur en exécution de son engagement, que je poursuis une action en rescision, en résolution, en nullité, en revendication, je constitue mon adversaire en demeure et lui impose la responsabilité légale de son retard, à la date de l'ajournement, la juridiction saisie se déclarât-elle plus tard incompétente.

Mais si l'assignation est nulle pour défaut de forme, si le demandeur se désiste de sa demande, s'il laisse périmer l'instance, ou si la demande est rejetée sans aucunes réserves (1), alors il n'y a plus rien qui puisse constituer la mise en demeure. Ici encore nous raisonnons par analogie de l'article 2247 relatif à l'interruption de la prescription.

17. La citation en conciliation n'est pas un acte de l'instance. Elle annonce la demande sans l'introduire. Les parties passent au temple de la Concorde, avant d'entrer dans celui de la Justice. Cependant, comme ce préliminaire est obligatoire, il n'est pas juste que le créancier use en pure perte son temps à l'accomplir. Aussi, la citation en conciliation interrompt-elle la prescription et fait-elle courir les intérêts, pourvu qu'elle soit suivie, dans le mois du jour de la comparution ou de la non conciliation, d'une assignation en justice (2245, C. civil; 57, C. pr.).

Ce n'est pas cependant que nous croyons que cette dernière condition soit nécessaire pour que le débiteur soit régulièrement constitué en demeure, à la date de la citation. Cet acte suffit en effet par lui-même pour constater le retard, aussi bien que pourrait le faire une simple sommation. Il doit donc être considéré comme suffisant, à quelque époque que l'action soit plus tard introduite. M. Toullier (2) exprime, il est vrai, une opinion contraire, mais sans la motiver. Or il nous semble avoir perdu de vue la différence énorme qui distingue

---

(1) Voy. TROPLONG, *Prescript.*, n° 610. — Cass., 14 mars 1876. SIREY, 76, 1, 350.

(2) T. 6, n° 259.

les deux cas ; c'est qu'ici il suffit d'une simple sommation, tandis qu'en général elle est insuffisante pour interrompre la prescription et faire courir les intérêts. On comprend dès lors que, dans ce dernier cas, le législateur ait exigé que la manifestation du créancier soit sérieuse, et qu'il ne tienne pas indéfiniment son débiteur sous la menace d'une instance toujours imminente et toujours différée. Mais en considérant comme acte équivalent à une sommation la citation donnée pour comparaître au bureau de paix, il est évident que cet acte ne doit constituer les cités en demeure qu'autant que lors de leur comparution devant le juge, ils auraient refusé de payer ce qu'ils devaient (1).

18. La comparution volontaire des parties au bureau de conciliation nous paraît également suffisante pour constituer le débiteur en demeure, à la date de cette comparution. Nous ne voyons pas en effet en quoi peut être nécessaire une citation préalable, rendue frustratoire par la bonne volonté des parties, qu'il faut plutôt encourager par des résultats utiles. Est-ce qu'il n'y a pas eu interpellation devant le juge de paix et constatation d'icelle dans le procès-verbal dressé en conséquence ? Que pourrait ajouter à la certitude de l'interpellation un exploit préliminaire ? Ce serait une attestation superflue ; car le seul effet qu'il produise, c'est de constater que le débiteur a été appelé et sommé de comparaitre, puis d'avancer de quelques jours sa mise en demeure. Or le débiteur comparaît volontairement, il est interpellé, procès-verbal est dressé, et si le créancier perd quelque chose à ne pas avoir employé la voie de citation, c'est de n'avoir une mise en demeure qu'à la date de la comparution de son débiteur (2).

19. A la différence de l'assignation qui se périme par trois ans, comme acte d'instance, la sommation et le commandement qui lui équivaut comme mise en demeure, ont un effet

---

(1) Cass., 14 juin 1814. MERLIN, Quest., vº *Emphytéose*, § 3.
(2) BONCENNE, t. 2, p. 59. — *Contrà*, CARRÉ, nº 249.

perpétuel, c'est-à-dire qui dure autant que la créance (1).
Quelques auteurs paraissent cependant surpris de ce résultat,
et s'étonnent que la simple sommation, insuffisante pour interrompre la prescription, ait néanmoins, comme mise en
demeure, des effets plus durables qu'une poursuite judiciaire.
D'où ils concluent que la loi a laissé à l'arbitraire des tribunaux de décider, suivant les circonstances, si l'inaction du
créancier pendant plus ou moins de temps n'est pas une déser-
tion tacite de son droit et une renonciation à la mise en
demeure (2).

Il nous semble, au contraire, que la sommation a vis-à-vis
du débiteur un effet perpétuel, précisément parce qu'elle est
un acte moins rigoureux et moins menaçant. Il ne faut pas
oublier que la mise en demeure n'est que la constatation du
retard. Or la sommation de l'huissier, le procès-verbal du
notaire que nous rangeons sur la même ligne, ne font que
constater ce retard. Ils n'ont de valeur que comme monument,
comme preuve authentique. Eh bien! nous demanderons où
est la loi qui fixe la durée d'une preuve, de la constatation
d'un simple fait. Le créancier pourra donc opposer la mise en
demeure dûment constatée par acte de notaire ou d'huissier,
aussi longtemps que durera son droit principal. Que si au lieu
de sommer son débiteur, il l'ajourne en justice, il fait alors
plus que constater le fait du retard; il met la personne sous le
coup de poursuites judiciaires. Plus cette procédure est grave,
plus son caractère doit être sérieux. Le créancier, au lieu de se
borner à une démonstration vaine, doit donc agir, sans laisser
entre les divers actes de ses poursuites une interruption de
plus de trois ans, sous peine de péremption. Ainsi, ce qui fait
pour quelques-uns la prétendue bizarrerie des dispositions de
la loi, nous en donne au contraire la justification pleine et
entière.

(1) DELVINCOURT, t. 2, p. 741.
(2) Voy. TOULLIER, t. 6, n° 260.

20. La prescription est interrompue par la reconnaissance volontaire du débiteur (2248). Sa mise en demeure peut résulter de même de sa reconnaissance. Ainsi, l'acte authentique ou privé par lequel il reconnaîtrait l'interpellation verbale qui lui aurait été adressée, et l'accepterait comme mise légale en demeure, cet acte, disons-nous, le constituerait en demeure très régulièrement, aussi bien qu'une sommation. Telle serait la lettre par laquelle il promettrait au créancier de le payer au plus tôt, prenant à sa charge les dommages et intérêts et autres conséquences de droit de son retard.

Une remarque importante, c'est que, par sa reconnaissance, le débiteur doit, pour être efficacement et réellement constitué en demeure, se tenir pour bien et dûment interpellé, pour mis en demeure, en propres termes ou en expressions équivalentes. Il ne suffirait pas qu'il reconnût simplement son retard, qu'il demandât un nouveau délai et s'excusât de sa morosité. Il ne serait pas, dans ce cas, du tout mis en demeure.

Quant à la preuve de cette reconnaissance, sorte de convention accessoire, elle nous paraît devoir se faire d'après les règles ordinaires du droit, et comme pourrait se faire celle de la convention primitive elle-même, par écrit ou par témoins, suivant que la preuve testimoniale est prohibée ou admise. Notons d'ailleurs qu'à supposer que l'obligation principale fût elle-même constatée par écrit, demander à prouver la reconnaissance par lequel le débiteur s'est déclaré constitué en demeure, ce n'est pas toujours demander à prouver contre et outre la teneur d'un acte. Car la preuve ne fait alors que porter sur les conséquences, non réglées à l'avance, du retard apporté par le débiteur dans l'exécution de ses engagements.

21. La mise en demeure est immédiatement acquise au créancier. Il ne s'agit pas d'accorder au débiteur, à partir de la sommation, ce qu'on appelle un délai moral, généralement de vingt-quatre heures. Tant pis pour lui si, averti par la convention, il ne s'est pas mis en mesure de payer exactement à l'échéance. Telles sont les dispositions formelles de l'article 1139, quand il porte que le débiteur est constitué en demeure par une sommation, par un acte équivalent, ou par la seule échéance du terme, s'il en a été ainsi convenu. Une mise en demeure est incompatible avec la concession du moindre délai, parce que le débiteur qui a terme n'est pas en retard, et, en ce sens, ne doit rien (1).

22. Le créancier peut sans doute renoncer au bénéfice de la mise en demeure, par exemple, lorsqu'il accorde un délai nouveau au débiteur. Mais comme nul n'est censé facilement renoncer à son droit, il ne suffirait pas, en l'absence de toute autre circonstance, qu'il n'eût fait que recevoir un simple à-compte. La mise en demeure subsisterait pour le surplus avec toute ses conséquences.

La renonciation de la part du créancier à la mise en demeure et à ses suites de droit, peut également résulter d'actes et de faits qui y dérogent, et sont incompatibles avec les effets juridiques que la loi attache à toute mise en demeure. Mais il faut que ces faits et actes ne présentent aucun caractère équivoque, et qu'ils ne se réduisent point à une supposition vague, dénuée de toute justification régulière. La jurisprudence offre de nombreux exemples de ces dérogations expresses ou implicites, surtout en matière d'assurances terrestres, en ce qui concerne le payement des primes et les clauses pénales qui y sont stipulées (2). Mais qu'on veuille bien le remarquer, elle ne se fonde jamais que sur la pensée d'une dérogation ultérieure, résultant de faits reconnus et constants.

ARTICLE 1140.

Les effets de l'obligation de donner ou de livrer un immeuble sont réglés au titre *de la Vente* et au titre *des Priviléges et Hypothèques.*

(1) Voy. TOULLIER, t. 6, n° 569.
(2) Cass., 10 juin 1863. SIREY, 63, 1, 375.

Sommaire.

1. L'article 1140 a réservé des questions non résolues.
2. Dangers des transmissions occultes signalés par les auteurs.
3. Transcription des donations.
4. Code civil modifié par l'article 834 du Code de procédure.
5. Loi du 23 mars 1855.

COMMENTAIRE.

1. L'article 1140 n'est qu'un renvoi à d'autres titres du Code. Le législateur en l'édictant n'a voulu que constater les réserves qu'il faisait sur un point très grave.

L'article 1138 avait déjà réglé la transmission de la propriété entre contractants par l'effet seul de la convention ; mais s'ensuivait-il qu'à l'égard des tiers la propriété fût de même immédiatement transmise ? Cette question se rattachait intimement au régime hypothécaire. Elle fut réservée, et la solution en fut renvoyée aux titres de la vente, des priviléges et des hypothèques.

Lorsqu'on en vint à la vente, la solution de la question ne se trouva pas encore disposée, et, pour ne rien préjuger, l'article 1583 porta que la vente était parfaite entre les parties, et la propriété acquise de droit à l'acheteur à l'égard du vendeur, quoique la chose n'eût pas encore été livrée, ni le prix payé. *A l'égard du vendeur!* on ne savait pas encore si la propriété serait de même acquise à l'égard des tiers.

On finit par arriver au titre des priviléges et hypothèques, et la question, toujours ajournée, demeura sans solution expresse, ou plutôt reçut une solution implicite de la non reproduction des dispositions de la loi du 11 brumaire an VII, qui exigeaient la transcription du contrat, pour qu'il opérât, à l'égard des tiers, la transmission de la propriété. C'est ainsi que le législateur, sous prétexte de ne rien préjuger, ne réserva la question que pour ne pas la résoudre.

Il s'en est suivi que, à l'égard de tous, la propriété est transmise par l'effet seul du contrat, sans tradition de la chose, et sans transcription de l'acte (1).

2. Nous n'avons pas à signaler ici les inconvénients et les dangers de ce système de transmission occulte ; nous n'avons pas à montrer quelles incertitudes et quelles défiances, ruine du crédit public et privé, il jette dans les opérations si importantes par leur multiplicité de prêts sur gage immobilier. Tous les jurisconsultes qui se sont occupés de notre régime hypothécaire en ont fait, sous ce point de vue surtout, une critique plus ou moins vive, mais dans laquelle cependant l'exagération le dispute quelquefois à la vérité.

3. Quoi qu'il en soit, l'article 939 exige la transcription des contrats de donations immobilières, et les articles suivants déterminent la sanction du défaut de cette formalité. Cette exception au droit commun, à l'égard des donations, est une anomalie dans nos Codes. On ne peut l'expliquer que comme souvenir traditionnel de l'insinuation prescrite par l'ordonnance de 1731, ou comme ébauche d'un système renouvelé de la loi de brumaire, et demeuré en définitive plus qu'imparfait.

4. Le Code de procédure a néanmoins modifié d'une manière très importante les principes du Code civil, touchant les effets de la transmission de la propriété, à l'égard des créanciers hypothécaires. Sous l'empire de ces principes, celui qui avait un titre hypothécaire était déchu du droit de prendre plus tard inscription, lorsque l'immeuble était transmis à un tiers sans que l'hypothèque eût été inscrite. Le Code civil appliquait ainsi, à la dernière rigueur, les effets de la translation immédiate de la propriété. Mais le Code de procédure a modifié ce point, en autorisant le créancier non inscrit au moment de l'acte translatif qui dépouille son débiteur, à prendre encore inscription dans la quinzaine de la transcription

---

(1) Voy. TOULLIER, t. 6, n° 204. — TROPLONG, *Vente*, n° 45.

de l'acte (834, C. pr.). Ceci est bien pour les créanciers qui ont un titre hypothécaire antérieur; mais ceux qui ont contracté plus tard, de bonne foi, et en considération d'un gage qui leur échappe!... C'est alors que la transmission occulte, puisqu'elle a eu lieu sans tradition ni transcription, produit envers les tiers tous ses désastreux effets.

5. Enfin, la loi du 23 mars 1855 a rétabli le principe de la transcription, d'une manière même plus large que ne l'avait fait la loi du 11 brumaire an VII. Elle a de plus abrogé, par son article 6, les articles 834 et 835 du Code de procédure. Nous nous sommes déjà expliqué sur les dispositions principales de cette loi, et nous y renvoyons le lecteur (1).

ARTICLE 1141.

Si la chose qu'on s'est obligé de donner ou de livrer à deux personnes successivement est purement mobilière, celle des deux qui en a été mise en possession réelle est préférée et en demeure propriétaire, encore que son titre soit postérieur en date, pourvu toutefois que la possession soit de bonne foi.

Sommaire.

1. Transmission des meubles corporels.
2. L'article 1141 ne s'occupe pas des meubles incorporels.
3. Cas où la possession est néanmoins utile quant à ceux-ci.
4. Motifs de l'article 1141.
5. Hypothèse qu'il prévoit.
6. La possession doit être de bonne foi. En quoi cette bonne foi consiste.
7. L'article 1141 n'exige pas que la possession soit exclusivement à titre de propriétaire.
8. Ce qu'on doit entendre par possession réelle.
9. La possession antérieure suffit, quand son titre ne fait que changer.

(1) 1138, nos 41 et suiv.

10. La délivrance consensuelle ne suffit pas.

11. La remise de la facture ou de la lettre de voiture est insuffisante.

12. Comment et quand y a-t-il prise de possession suffisante, en cas de vente de récolte sur pied, de forêt debout?

13. De l'apposition d'une marque ou d'un sceau. Distinction.

14. Comptage, pesage, mesurage, ou dégustation ne sont pas une mise en possession.

15. Celui qui prend possession de la chose déjà livrée à un autre est tenu de restitution.

16. Cas où la bonne foi consiste dans l'ignorance de la prise de possession opérée déjà par un autre.

17. Sommation adressée aux autres par l'un des stipulants caractérise et supplée sa prise de possession.

18. Bien que le promettant soit resté en possession, ses créanciers ne peuvent saisir la chose au préjudice du stipulant.

COMMENTAIRE.

1. L'obligation de donner une chose purement mobilière produit certains effets que nous devons examiner sous un double rapport. Quels sont-ils entre contractants? Quels sont-ils à l'égard des tiers?

Entre contractants, nous ne voyons pas que l'obligation de donner un meuble corporel produise d'autres effets que l'obligation de donner un immeuble. En vertu du principe général posé dans l'article 1138, le contrat est parfait par le seul consentement des parties, et la propriété transmise de droit sans qu'il soit besoin de tradition. L'article 1583 ne distingue pas non plus entre la vente de choses mobilières et la vente d'immeubles. Il déclare la propriété de la chose acquise de droit à l'acheteur à l'égard du vendeur.

2. Nous avons prononcé plus haut le mot de meuble corporel; c'est que les effets du transport des meubles incorporels sont réglés spécialement par les articles 1689 et suivants, relatifs aux cessions de créances et aux autres droits incorporels, tels qu'une hérédité. L'article 1141 leur étant inappli-

cable (1), nous n'avons pas à nous en occuper ; et chaque fois que nous parlerons ici de choses mobilières, il sera sous-entendu qu'il s'agit de choses corporelles, soit que nous examinions les effets du contrat dont elles sont la matière, à l'égard des parties contractantes ou à l'égard des tiers.

3. Ce n'est pas cependant que la possession soit sans valeur pour la transmission des choses mobilières incorporelles. Ainsi, les billets au porteur, qui se confondent avec la créance qu'ils énoncent, se transmettent par la possession, et le possesseur du billet est également réputé possesseur de la créance (2).

De même, le nantissement consistant en une créance n'est régulièrement constitué que par la remise du titre qui la constate, entre les mains du créancier ou d'un tiers convenu qui en est resté en possession (3). Et cette règle est applicable même au cas où le nantissement ne consiste que dans une partie de la créance (4). En prescrivant cette remise, le législateur s'est à la fois préoccupé du principe du nantissement qui n'existe que par la possession, et des fraudes rendues plus faciles envers les tiers par le maintien des titres de créance entre les mains du débiteur ; d'où la conséquence nécessaire qu'on ne peut donner valablement en gage une créance existant sans titre (5).

4. Les choses mobilières se prêtent mieux que les autres à l'occupation. Elles sont susceptibles d'une détention manuelle ; et si les signes de cette détention sont moins durables, ils

---

(1) Bordeaux, 26 août 1831. Sirey, 32, 2, 75. — Cass., 10 fév. 1832. Sirey, 32, 2, 394. — Montpellier, 4 janv. 1853. Sirey, 53, 2, 266.

(2) Merlin, Quest., v° *Revendication,* § 1.

(3) Art. 2076. — Duranton, t. 18, n° 525. — Favard, v° *Nantiss.,* § 1, n° 4. — Zachariæ, t. 3, p. 171, 1re édit., et t. 4, p. 706, 4e édit. — Troplong, *Nantiss.,* n°s 277 et 280. — Lyon, 31 janv. 1839. Sirey, 39, 2, 537. — Cass., 11 juin 1846. Sirey, 46, 1, 444.

(4) Troplong, *ibid.,* n° 279. — Aix, 21 juill. 1842. Sirey, 43, 2, 199.

(5) Troplong, *ibid.,* n° 278.

sont plus saisissants dans leur actualité. D'un autre côté, par
leur facilité de locomotion, les meubles se soumettent plus
aisément aux transmissions conventionnelles et aux déplace-
ments de fait. Par la même raison, ils échappent plus aisément à la poursuite. Voilà pourquoi on a fait de la possession
pour les meubles un signe de propriété, et qu'on a dit que, en
fait de meubles, possession vaut titre (2279).

On sait aujourd'hui à quoi s'en tenir sur le dédain superbe
que le droit romain affectait pour les choses mobilières,
mobilium vilis est possessio. C'est sur d'autres considérations
qu'il faut fonder l'article 1141 ; et, nous le répétons, ses dispositions sont fondées sur ce que la détention actuelle des meubles présente de saisissant, sur la rapidité de leurs déplace-
ments, la facilité de leurs transmissions successives, la difficulté de leur poursuite, l'incertitude de leur reconnaissance,
et aussi sur la faible importance de la réclamation dans la plupart des cas.

5. « Si la chose qu'on s'est obligé de donner ou de livrer à
deux personnes successivement, est purement mobilière, celle
des deux qui en a été mise en possession réelle est préférée, et en demeure propriétaire, encore que son titre soit
postérieur en date, pourvu toutefois que la possession soit de
bonne foi (1141). »

On comprend l'hypothèse de notre article. Je vous vends
une chose purement mobilière, des bijoux, un tableau, un
cheval ; je ne vous en ai pas encore fait tradition, et plus tard
je vends le même objet à Paul. Je le mets en possession
réelle ; il est de bonne foi. Il vous sera préféré et demeurera
propriétaire. C'est ainsi que j'aurai pu transférer à un tiers
sur une chose un droit que je n'avais pas moi-même ; ou plutôt vous, premier acquéreur en date, vous verrez, faute de
droit de suite, votre propriété passer et rester entre les mains
du possesseur de bonne foi, sans que vous puissiez l'y atteindre.

L'article 1141 suppose ainsi, dans le concours de deux ou

plusieurs transmissions successives de la même chose, une ou plusieurs transmissions, et ce sont les dernières qui sont faites *a non domino*, par un non propriétaire, puisque par la première aliénation il a épuisé et perdu, vis-à-vis du premier acquéreur, tout son droit de propriété. Régulièrement, il devrait y avoir une question de prescription. Mais en fait de meubles, possession vaut titre. Or celui à qui la chose a été livrée est en possession, et nous le supposons de bonne foi. Une moitié des dispositions de l'article 2279 entre ainsi dans celles de l'article 1141.

Mais l'article 2279 embrasse une autre hypothèse; la voici : Il ne s'agit plus de deux ou plusieurs transmissions successivement faites de la même chose par la même personne; il s'agit d'une translation unique faite par un non propriétaire. Ici encore la possession de bonne foi vaut titre, et le véritable propriétaire ne peut revendiquer sa chose, sauf le cas de perte ou de vol (2280), et même il n'a alors que trois ans.

Revenons à l'article 1141.

6. Vous voyez qu'il attribue à la possession des choses mobilières une influence décisive sur la question de leur propriété. Nous devons donc en apprécier avec soin les divers caractères.

La possession doit être avant tout de bonne foi, c'est-à-dire que le stipulant, postérieur en date, ne pourrait l'invoquer pour demeurer propriétaire, s'il avait su qu'un tiers avait acquis sur la chose des droits antérieurs. La loi n'a en effet d'autre but que de favoriser la confiance, en protégeant la bonne foi. Elle ne saurait donc consacrer les actes de fraude et de spoliation. Mais il suffit que la bonne foi ait existé au moment de l'acquisition (2269). Peu importerait que le stipulant mis en possession de la chose eût connu plus tard les vices de son contrat, soit avant, soit après sa mise en possession (1).

(1) Voy. *infrà*, n° 16.

7. L'article 1141, en disant que la personne qui a été mise la première possession réelle de la chose est préférée et en demeure propriétaire, semble exiger que la possession ait lieu à titre de propriétaire. Cette interprétation serait une erreur. Le mot propriétaire est pris ici dans son acception la plus large. Il indique une translation de droits réels, *in re*, tout aussi bien que d'une propriété pleine et entière.

Ainsi, le créancier gagiste mis en possession de la chose d'autrui de bonne foi, et à titre de gage, conserve son droit sur l'objet, comme s'il avait réellement appartenu à son débiteur (1).

Ainsi du preneur, du commodataire, de l'emprunteur; le contrat leur transmet des droits réels sur la chose; et pourvu qu'ils soient d'ailleurs mis en possession et de bonne foi, ils sont préférés au propriétaire véritable, à l'encontre duquel la convention s'exécute, comme s'il l'avait lui-même consentie.

8. L'article 1141 parle de possession réelle. Il ne faut pas entendre cette possession dans le sens trop absolu de possession manuelle, pour dénier toute efficacité à toute autre possession qui ne mettrait pas rigoureusement la chose dans la main du prétendu détenteur. Ces expressions signifient simplement une possession certaine, non équivoque, évidente, matérielle. Elle doit en effet, pour avoir quelque valeur à l'égard des tiers, se signaler par des caractères saisissants et palpables de publicité et d'évidence (2). Et il en résulte que notre article ne s'en tient pas seulement au premier moyen de tradition qu'énonce l'article 1606, en matière de vente d'effets mobiliers; qu'il n'admet pas exclusivement la tradition réelle; mais qu'il ne repousse aucun des autres moyens de délivrance et de mise en possession.

Nulle difficulté ne peut s'élever, à coup sûr, touchant le

---

(1) TROPLONG, *Prescript.*, n° 1060, et *Nantiss.*, n°ˢ 72 et suiv. — ZACHARIÆ, t. 3, p. 169, 1ʳᵒ édit., et t. 4, p. 700, 4° édit. — DURANTON, t. 18, n° 533.

(2) TROPLONG, *Vente,* n° 280.

caractère de la possession, lorsqu'on saisit la chose avec les mains (1), ou même lorsqu'on a simplement préposé quelqu'un à la garde de la chose (2), ou bien encore lorsqu'on l'a mise au milieu d'autres objets appartenant au créancier, qui cependant ne l'a pas touchée (3). Voilà littéralement des cas de tradition, de mise en possession réelle.

On est encore suffisamment mis en possession par la remise des clefs des bâtiments qui contiennent les choses mobilières (4). Dans ce cas, le possesseur remplit toutes les conditions exigées par l'article 1141, puisque les choses ne peuvent lui être enlevées que par une effraction. La remise des clefs de l'armoire ou du meuble qui les contient nous semble de même constituer une prise de possession suffisante.

9. Mais l'article 1606 dispose que la délivrance de la chose peut encore se faire par le seul consentement des parties, si le transport ne peut pas s'en faire au moment de la vente, ou si l'acheteur l'avait déjà en son pouvoir à un autre titre.

Procédons par voie de division.

Lorsque le stipulant postérieur a déjà la chose dans ses mains, soit à titre de louage, de dépôt, de commodat, ou de gage, toute tradition en exécution du second contrat devient inutile, impossible même. Si le titre de la possession change, elle, au contraire, ne change pas. Elle est là, certaine, non équivoque ; et c'est assez. La loi ne demande rien de plus (5).

Supposons que j'aie vendu une pendule, un cheval : puis je les garde, convention faite avec l'acquéreur, à titre de louage ou de dépôt. Entre nous, il y aura bien tradition suffisante (1919). Mais, à l'égard des tiers, je n'aurai pas abdiqué ma possession. Possesseur précaire vis-à-vis de ma partie, je

---

(1) L. 1, § 1, *ff. De acquir. possess.*
(2) L. 51, *ibid.*
(3) L. 18, § 2, *ibid.*
(4) Art. 1606. — L. 1, § 21, *ff. De acquir. possess.*
(5) TROPLONG, *Vente,* n° 281. — DURANTON, t. 16, n° 191.

reste possesseur et propriétaire vis-à-vis des étrangers. Si donc je vends et livre réellement la même chose à un second acquéreur, il sera préféré au premier; car l'article 1141 veut une possession non fictive, mais réelle.

10. Suffira-t-il du seul consentement des parties pour assurer la préférence au second créancier, sous le prétexte que le transport de la chose ne pouvait se faire au moment du contrat? Je vous vends, par exemple, à Tulle, des meubles que j'ai à Guéret. Je ne puis pas vous les livrer immédiatement. Sera-ce une raison pour que vous soyez, malgré le défaut de toute tradition réelle, préféré à celui qui le premier demande délivrance et prend possession? Non certainement; car il n'y a dans cette prétendue tradition que vous invoquez rien de réel ni de public. Elle n'est rien à l'égard des tiers. C'est sans doute pour repousser les effets de cette délivrance simplement consensuelle, que l'article 1141 parle de possession réelle (1).

11. La remise même de la facture qui ne fait que constater le marché; de la lettre de voiture qui n'est qu'un titre contre le voiturier, ne suffirait pas, si d'ailleurs les choses n'étaient réellement sorties des mains du vendeur et n'étaient expédiées à l'acheteur. Placées sous la garde et la conduite du voiturier, pour le compte du stipulant, elles seraient réputées en la possession réelle de ce dernier (2).

12. Je vous vends ma récolte encore sur pied, ma forêt debout, mes fruits pendants par branches. Immeubles par nature (520 et suiv.), ces choses sont ici considérées comme meubles, à raison de la destination que leur assigne le contrat. Au moment de la vente, le transport effectif ne peut s'en faire. Est-ce le cas de se contenter d'une délivrance consensuelle?

---

(1) TROPLONG, *Vente*, n° 281. — DURANTON, t. 16, n° 192. — *Contrà*, TOULLIER, t. 7, n° 40.

(2) TROPLONG, *ibid.*

Non ; car il n'y a pas mise en possession réelle, publique, non équivoque. La possession ne prendra caractère qu'au moment où l'acquéreur aura commencé l'enlèvement de la récolte, l'exploitation de la forêt, la cueillette des fruits (1). Et ce point dépend encore beaucoup des circonstances.

Ainsi, s'il s'agit des fruits d'arbres épars, en cueillir un, ce n'est pas prendre possession de tous. S'il s'agit des récoltes de plusieurs héritages, enlever le foin d'un pré, ce ne sera pas prendre possession du foin d'un autre pré, et encore moins de la moisson d'une terre voisine. La pluralité des choses comprises dans la convention fait que chaque chose doit être délivrée séparément et à part, puisqu'elle peut l'être. C'est à peu près comme si, après avoir vendu un troupeau de cent moutons, je commençais par n'en délivrer que dix. Les autres, vendus et livrés plus tard à un tiers lui appartiendraient incontestablement.

Mais ce n'est pas la peine que la prise de possession de chaque chose se fasse, pour ainsi dire, à fond. Par exemple, j'ai fauché, moissonné, cueilli, exploité au quart, ou à moitié, un pré, une terre, un arbre, une forêt ; j'ai suffisamment pris possession de la chose ; j'ai imprimé à ma possession, par la publicité de mes actes, un caractère d'évidence et de certitude qui ne permettra pas que je sois dépouillé par un autre acquéreur, même des autres parties que je n'ai pas encore eu le temps de mobiliser et de mettre dans mes mains. Exiger de moi davantage, dire que je ne resterai propriétaire des choses qu'au fur et à mesure que j'en prendrai manuellement possession, ce serait exagérer les dispositions de la loi sur les caractères et la nécessité de la possession réelle.

C'est d'après ces considérations que la Cour de cassation a décidé que la mise en possession effective d'un bois à exploiter résultait suffisamment de ce que l'acquéreur avait com-

_____

(1) *Contrà*, TOULLIER, t. 7, n° 41.

mencé l'exploitation, et établi un garde-vente pour la coupe (1).

Toutefois ce que nous venons de dire ne peut légalement s'appliquer qu'au cas où celui qui a commencé l'enlèvement de la récolte ou l'exploitation de la forêt, est en débat avec un autre créancier qui, sans avoir pris lui-même possession réelle de la chose, entend s'opposer à ce qu'il pousse plus loin son occupation. C'est à lui, au contraire, que nous reconnaissons le droit d'invoquer sa prise de possession partielle, pour rester maître de toute la chose. Mais si les parties de la chose sur lesquelles sa possession réelle ne s'est pas encore étendue venaient à être effectivement et manuellement livrées à un autre, ce dernier, comme détenteur, lui serait préférable, pourvu que sa possession fût de bonne foi, mais seulement jusqu'à concurrence de ce qui aurait été remis dans ses mains.

Ainsi, l'enlèvement d'une partie de la récolte, l'exploitation d'une partie de la forêt pourra bien servir d'exception contre la demande même du premier acquéreur qui n'a pas encore pris possession réelle, aussi bien pour les parties à enlever ou à exploiter que pour celles qui l'ont été déjà; mais ce commencement d'enlèvement et d'exploitation ne pourra point fonder d'action, même au profit du premier acquéreur, pour ressaisir entre les mains du second stipulant les parties de récolte et de forêt dont celui-ci aurait pris lui-même possession effective et mieux caractérisée. Tant il est vrai qu'en fait de choses mobilières, les transmissions ne sont préférables qu'à raison de la priorité de la possession réelle de la chose !

13. Y a-t-il une prise de possession suffisamment caractérisée, dans le sens de l'article 1141, dans l'apposition d'une marque, d'un sceau sur la chose qui fait l'objet du contrat, alors que le créancier la laisse sur place et ne procède pas à son enlèvement? Les lois 1, § 2, et 14, § 1, *ff. De per. et comm.*

---

(1) Cass., 21 juin 1820. SIREY, 21, 1, 109.

rei vend., disent bien que la chose est censée livrée, lorsque le sceau de l'acheteur y a été apposé; mais il faut remarquer que ces décisions ne sont relatives qu'à la question des risques. Ainsi, la loi 14 dit que les bois marqués du sceau de l'acheteur sont aux risques de ce dernier, et la loi 1, § 2, que, suivant Trébatius, le tonneau de vin est livré et par conséquent aux risques de l'acheteur, quand il a été marqué par lui. Mais Ulpien ajoute que Labéon pense le contraire; ce qui est vrai, dit-il, parce que la marque a pour but plutôt d'empêcher une substitution que de constituer une tradition réelle de la chose.

Cette distinction peut être bonne lorsqu'il s'agit d'apprécier les rapports des contractants entre eux, la perfection ou l'imperfection du contrat, à leur égard, au point de vue soit de la translation de la propriété, soit du déplacement des risques (1). Mais elle n'a aucun sens lorsqu'il s'agit d'examiner la validité et les effets du contrat envers les tiers. Remarquez en effet que cette distinction repose sur une question d'intention; à quelle fin le sceau de l'acheteur a-t-il été apposé par lui? Or l'intention, toujours occulte, au moins à l'égard des tiers, ne saurait signaler à leurs yeux la perfection du contrat par les caractères d'évidence et de publicité que la loi exige en demandant une mise en possession réelle.

L'article 1141 veut en effet une possession telle que la bonne foi des tiers soit suspecte ou leur erreur inexcusable; c'est là que nous puisons le principe d'une distinction. L'apposition de la marque est-elle évidente, palpable, comme sur un arbre, des pièces de bois empilées et frappées du marteau 2°, comme sur une bête marquée au ciseau ou au cachet de l'acheteur? Alors nous disons que l'apposition de la marque ou du sceau est une prise de possession suffisante.

Que si au contraire il s'agit d'une marque occulte, imp

(1) Voy. Troplong, *Vente*, n° 103. — Duranton, t. 16, n° 160.
(2) Cass., 15 janv. 1828. Dalloz, 28, 1, 90.

ceptible, ou même équivoque, comme l'échantillon qu'on enlève ordinairement au cercle du tonneau, et même le plus souvent à l'insu du marchand, qu'on ne veut pas blesser par un soupçon peu flatteur, alors nous disons que cette marque, destinée à prévenir une substitution, *ne dolium summutetur*, ne constitue pas une prise de possession réelle. La bonne foi des tiers est en effet encore possible; leur confiance a pu être trompée par les apparences; ils ont pu et dû croire, faute d'indices contraires, à la propriété du vendeur resté en possession. On ne pourra donc leur opposer, comme tradition effective, une marque qui n'était point saillante à leurs yeux.

14. Entre contractants, le comptage, le pesage, le mesurage, la dégustation et l'agrément de la chose suffisent sans doute pour la perfection du contrat. Mais si, après avoir compté, pesé, mesuré, goûté et agréé, je laisse la chose en bloc, en ballot, en sac, en tonneau, en la possession du vendeur, comme alors je n'en ai pas pris possession réelle, le second acquéreur mis en possession de bonne foi en demeure propriétaire. C'est qu'en effet, en l'absence d'un sceau et d'une marque qui signalent publiquement l'existence d'un contrat antérieur et parfait, les tiers peuvent encore être trompés et abusés par les apparences.

15. Comme entre créanciers qui ont stipulé successivement la même chose, la préférence appartient à celui qui le premier a été mis en possession réelle de bonne foi, il suit que si l'un des stipulants se saisit de la chose déjà livrée à un autre et devenue ainsi la propriété de ce dernier, il peut être poursuivi en restitution comme indû possesseur, et même, suivant la gravité des circonstances, comme coupable de vol.

16. Nous avons dit plus haut (1) que le possesseur était réputé de bonne foi, lorsqu'il avait ignoré, seulement même au moment de sa stipulation, la stipulation faite antérieure-

(1) N° 6.

ment par un autre. Nous avons ici à compléter notre pensée et son expression sur les caractères de cette bonne foi.

Si toutes les choses mobilières se prêtaient également à une possession réelle, à une occupation manuelle qui les embrassât, les empoignât, pour ainsi dire, dans leur totalité, une semblable possession aussi absolue, aussi impénétrable, exclûrait, par une nécessité de fait, toute autre possession concurrente et rivale. Dès lors il serait oiseux de faire observer que, si l'un des stipulants, non mis en possession, a été de bonne foi lors de sa stipulation, il lui faut de plus une autre bonne foi au moment de sa prise de possession, à l'encontre du créancier qui a été mis le premier en possession réelle de la chose. Et cette autre bonne foi consiste elle-même dans l'ignorance de sa part de la prise de possession opérée par son adversaire antérieurement à lui.

Mais nous avons vu aussi que beaucoup de choses mobilières ne se prêtaient pas à un maniement aussi immédiat ni aussi parfait dans toutes leurs parties. Nous avons donc été conduits à admettre comme prise de possession suffisante, par exemple, l'exploitation commencée d'une forêt, l'enlèvement commencé de la récolte d'un pré, d'une terre, etc... Cependant, bien que cette possession nous ait paru suffire pour assurer la préférence pour la totalité au possesseur, fût-il le dernier stipulant, nous avons en même temps reconnu qu'elle ne devait pas avoir pour effet d'autoriser une action en répétition de sa part contre le créancier qui aurait été mis après lui en possession plus réelle, plus effective de certaines parties de la chose qu'il n'avait pas encore occupées.

Or voici où nous voulons en venir : cette prise de possession opérée par un autre, postérieurement à celle plus générale et moins parfaite du stipulant qui a commencé à exploiter la forêt, à enlever la récolte, cette possession doit être de bonne foi; c'est-à-dire que le second possesseur doit avoir ignoré d'abord, au moment de sa stipulation, la stipulation antérieure d'un autre, et ensuite, au moment de sa mise en possession, la mise en possession antérieure de son adversaire, celui-ci n'eût-il même stipulé qu'après lui. En effet, dès que la préférence est due à la priorité de la possession, il importe peu, d'une part, que le titre du possesseur soit postérieur en date ; et, d'autre part, il suffit que sa prise de possession, qui ne pouvait s'étendre tout d'un coup sur la totalité de la chose, trouve dans la connaissance qu'en avait acquise son adversaire, ce qui pouvait manquer à son entière perfection.

Ce que nous disons d'une forêt, d'une récolte, dont l'exploitation ou l'enlèvement serait commencé, nous le disons de toutes les choses qui, soit par leur nature, leur importance ou leur quantité, ne peuvent être d'un seul coup livrées corporellement, et ne sont susceptibles que d'une prise de possession graduelle et successive dans leurs diverses parties. Le créancier qui le premier aura pris possession réelle, sans embrasser toute la chose, sera néanmoins préféré pour le tout, et aura même action en répétition contre celui qui plus tard et de mauvaise foi aurait occupé manuellement certaines parties de la chose, sur lesquelles la possession du premier n'avait pas eu le temps de s'étendre.

Quant à cette mauvaise foi, elle résultera des circonstances dont l'appréciation est abandonnée aux tribunaux. Le créancier mis en possession aura d'ailleurs un moyen facile de constituer les autres en mauvaise foi, ce sera de leur faire connaître, par une sommation, la prise de possession opérée par lui, et de protester contre toute occupation de leur part, au préjudice de la sienne.

17. Cette sommation peut ne pas avoir seulement pour but de faire connaître aux autres stipulants une prise de possession antérieure ; elle peut servir encore à caractériser une prise de possession qui autrement serait insuffisante, comme l'apposition d'une marque ou d'un sceau imperceptible. Elle lui donne en effet la publicité et la certitude faute desquelles elle était inefficace.

Elle peut même suppléer une mise en possession réelle.
J'achète un troupeau de moutons qu'on doit me livrer dans
huit jours. Il avait été précédemment vendu à un autre, mais
j'étais de bonne foi en l'achetant. Nous ne sommes ni l'un ni
l'autre en possession réelle. Dans ces circonstances, j'adresse
à l'autre acquéreur une sommation par laquelle je m'oppose à
l'enlèvement des moutons que j'ai achetés et laissés à la garde
de mon vendeur. Si délivrance lui est faite, je pourrai répéter la chose dans ses mains. C'est que j'ai pris le premier
possession réelle, en établissant mon vendeur gardien de la
chose pour mon compte exclusif, puisqu'il suffit, pour être
réputé possesseur, de préposer quelqu'un à la garde de la
chose (1).

Que si la même sommation m'avait été adressée par le premier acheteur, elle produirait contre moi les mêmes effets,
avec d'autant plus de raison qu'elle constituerait, outre une
prise de possession réelle, une protestation de nullité contre
mon titre.

18. L'article 1141 soulève une question grave par son importance, et par la controverse dont elle est l'objet. Les créanciers de celui qui a transmis à un autre des droits réels, de
propriété ou autres sur une chose mobilière, peuvent-ils
encore la saisir dans ses mains et la faire vendre, alors que le
stipulant n'en a pas pris avant la saisie possession réelle ?
MM. Troplong, Toullier, Duvergier pensent que les créanciers
le peuvent aujourd'hui, comme ils le pouvaient sous l'ancienne jurisprudence ; qu'enfin la célèbre loi *quotiens* (2) subsiste dans toute sa force pour les ventes de meubles, à la seule
condition que la possession soit de bonne foi (3). Mais une
intime conviction nous porte à soutenir le contraire.

(1) L. 51, *ff*, *De acquir. posses.*
(2) L. 14, C. *De rei vend.*
(3) Troplong, *Vente*, n° 42. — Toullier, t. 7, n° 36. — Duvergier,
Vente, t. 1, n° 37.

La loi *quotiens* dit que, de deux aliénations successives celle-là est préférable, qui a été la première suivie de tradition : *Quotiens duobus in solidum prædium jure distrahitur, manifesti juris est eum eum cui priori traditum est in detinendo dominio esse potiorem.* C'est que sous l'empire du droit romain, ainsi que nous l'avons vu, on tenait pour maxime que la propriété se transférait non pas par la seule force du contrat, mais aussi par le secours de la tradition. Il en était de même sous notre ancienne jurisprudence, et par les mêmes raisons.

Qu'y a-t-il donc d'étonnant que Pothier (1), que tous les auteurs aient dit alors que les créanciers du vendeur pouvaient, jusqu'à la tradition, saisir l'objet du contrat, parce qu'il en était resté propriétaire? Que Bourjon (2) ait pensé que la vente de meubles faite sans déplacement était nulle à l'égard des créanciers du vendeur? Tout cela était de la plus pure logique.

Mais les principes sont aujourd'hui changés. Est-ce qu'en effet la propriété n'est pas transmise de droit, du moins entre contractants, par la seule force de la convention, dès l'instant que la chose a dû être livrée, ou plutôt dès l'instant qu'on s'est obligé de la livrer, sans qu'aucune tradition soit nécessaire? Comment peut-on donc, avec des principes si différents, arriver cependant aux mêmes conséquences?

Il est vrai que l'article 1141 introduit, pour la transmission des meubles corporels, une exception à la règle posée dans l'article 1138; qu'il dit, comme la loi *quotiens,* que de deux acquéreurs successifs celui-là reste propriétaire, à qui le premier la chose a été livrée de bonne foi. Mais comme exception, l'article 1141 ne peut être appliqué qu'au cas spécial qu'il prévoit. Or il suppose, non pas les créanciers du promettant venant saisir dans ses mains la chose qu'il a promise et qu'il n'a pas encore livrée, mais bien deux ou plusieurs personnes envers lesquelles il s'est obligé successivement de livrer la même chose; et celle qui la première aura été mise en possession

_____

(1) *Vente,* n° 320.

(2) T. 1, tit. Ier, chap. 6, sect. 3, n° 11.

réelle sera préférée et demeurera propriétaire. Pourquoi? Est-ce parce que la propriété n'a pas été acquise de droit au premier stipulant? Non sans doute; car l'article 1138 est là qui domine tout. La véritable et unique raison, c'est que les meubles n'ont pas de suite; c'est que leur possession vaut titre pour les tiers mis en possession de bonne foi *a non domino*, et que le second stipulant, mis le premier en possession réelle de la chose par le promettant qui, par l'effet de sa première obligation, a cessé pourtant d'être propriétaire, se trouve très régulièrement en position d'invoquer les principes ordinaires qui régissent la transmission des meubles, et de dire que sa possession vaut titre.

Les créanciers du promettant sont-ils donc des tiers? Là est en résumé toute la question. Evidemment ils ne peuvent exercer sur les choses de leur débiteur que les droits qu'il a acquis ou conservés lui-même sur elles. Ils se mettent en effet en son lieu et place. Ils ne peuvent donc pas plus que lui dire au stipulant à qui la chose n'a pas encore été livrée, qu'en matière de meubles possession vaut titre. Ne serait-il pas d'une légalité fort plaisante et fort curieuse que le vendeur, resté en possession de la chose promise, pût dire à son acquéreur qu'en fait de meubles possession vaut titre, qu'en conséquence, toujours possesseur, il est toujours propriétaire? Mais la règle posée dans l'article 2279 ne peut être invoquée que dans les cas où la possession du détenteur, et les conséquences de droit qu'il prétend en tirer ne sont pas en contradiction avec ses obligations personnelles. Or ses obligations comme vendeur, comme promettant, sont en contradiction flagrante avec les conséquences de droit qu'il prétend tirer du fait de sa possession. Il doit enfin exécuter la convention, et ses créanciers, se mettant en son lieu et place, ne peuvent pas plus que lui rien faire qui en empêche l'exécution (1).

(1) Bourges, 25 janv. 1841. SIREY, 41, 2, 624. — Cass., 24 juin 1845. SIREY, 46, 1, 551. — Douai, 5 fév. 1848. SIREY, 48, 2, 742. — Dijon, 27 juin 1864. SIREY, 64, 2, 183.

Bourjon, MM. Toullier et Troplong fondent cependant la nullité de la vente des meubles non encore livrés, à l'égard des créanciers du vendeur, sur la maxime qu'en fait de meubles possession vaut titre. Que l'article 1141 ait son principe dans cette maxime protectrice et salutaire, bien ; mais qu'on en déduise pour les créanciers du vendeur resté en possession, le droit de saisir et de faire vendre sur lui la chose qu'il a vendue, c'est ce qui nous paraît une erreur démontrée, parce que, encore une fois, les créanciers saisissants étant les ayants-cause du saisi et non des tiers, acceptant forcément ses droits et ses obligations, ne peuvent pas invoquer la maxime, lorsqu'elle est en opposition avec un contrat qui l'exclut, et des engagements qui la contredisent de la part de leur auteur.

Que si l'on prétend qu'autrement la fraude pourra facilement et impunément se commettre ; que les débiteurs saisis pourront toujours faire intervenir de prétendus acquéreurs, prête-nom complaisants, nous répondrons d'abord que nous supposons une première transmission ayant date certaine à l'égard des tiers (1), et ensuite que la fraude passe toutes les règles ; que les tribunaux ont le pouvoir et les moyens de la déjouer ; que, à trop vouloir la prévenir et la réprimer, on est exposé à confondre dans une commune proscription les actes frauduleux et les actes de bonne foi ; que si enfin on veut n'admettre de lois que celles qui ne laissent aucune place à la fraude, il y en a bien peu qui puissent tenir contre la réprobation générale d'une pareille défiance.

Nous ne dirons donc pas avec M. Toullier (2) que si, après avoir acheté des meubles, l'acquéreur les louait ou les prêtait au vendeur, ils continueraient de pouvoir être saisis par ses créanciers, parce que ces meubles n'ayant jamais été délivrés, il y a lieu de présumer la fraude et la collusion. La clause de constitut possessoire n'empêche pas sans doute le second

(1) Voy. 1328, n° 18.
(2) T. 7, n° 41.

acquéreur mis en possession réelle et de bonne foi d'être préféré au premier; mais celui-ci n'en sera pas moins investi d'une possession suffisante à l'égard des créanciers de son vendeur, qui ne pourront plus les frapper de saisie, sauf les cas de fraude (1167). Mais ce sera aux saisissants à la prouver (1).

SECTION III.

DE L'OBLIGATION DE FAIRE OU DE NE PAS FAIRE.

ARTICLE 1142.

Toute obligation de faire ou de ne pas faire se résout en dommages et intérêts, en cas d'inexécution de la part du débiteur.

Sommaire.

1. Sur quoi est fondé l'article 1142.
2. Il n'en résulte pas d'obligation alternative. Conséquence.
3. Les tribunaux ne peuvent que prononcer des dommages et intérêts.
4. La contrainte par corps ne s'applique qu'au payement des dommages et intérêts.
5. L'article 1142 n'empêche pas la résolution suivant l'article 1184.
6. Obligations mixtes. Substitution facultative d'une obligation de donner à une obligation de faire. Exemples.

COMMENTAIRE.

1. Lorsque l'obligation consiste à faire une chose, le parti pris par le débiteur de ne pas la faire oppose une force d'inertie invincible. *Nemo potest præcisè cogi ad factum,* on ne peut être précisément contraint de faire. La puissance de la loi vient se briser contre la volonté de l'homme, qu'elle n'essaye

(1) ZACHARIÆ, t. 2, p. 507 et 508, 1re édit.

même pas de vaincre par des moyens de contrainte directe. D'autre part, l'obligation consiste-t-elle à ne pas faire, il est évident que si le promettant a fait ce qu'il ne devait pas faire, il n'y a pas de puissance au monde capable d'empêcher qu'il ne l'ait fait. Aussi, la loi se borne-t-elle à dire que toute obligation de faire ou de ne pas faire se résout en dommages et intérêts, en cas d'inexécution de la part du débiteur (1142).

2. Ce n'est pas que toute obligation de faire ou de ne pas faire constitue une obligation alternative, dont le double objet soit la chose promise ou des dommages et intérêts. Les dommages et intérêts ne sont que la compensation, l'équivalent du dommage causé par le défaut d'exécution, d'où la conséquence que le débiteur ne ferait pas des offres satisfactoires en offrant à son créancier une somme de..., à titre de dommages et intérêts, pour se dispenser de faire ce qu'il a promis, ou de ne pas faire ce qu'il doit omettre.

3. Mais il résulte en même temps de l'article 1142 que les tribunaux ne peuvent pas condamner principalement et directement le débiteur à faire ou à ne pas faire ; qu'ils n'ont que le droit de le condamner à des dommages et intérêts, à défaut d'exécution.

Du reste ils peuvent, suivant les circonstances, lorsqu'il y a simple retard dans l'exécution, au lieu de le condamner à une somme déterminée, prononcer contre lui une condamnation à tant de dommages et intérêts pour chaque jour de retard, sauf ensuite à la convertir en une somme fixe du jour où l'inexécution de l'obligation est définitive et absolue. On ne saurait prétendre qu'une semblable condamnation, qui a pour but de vaincre la résistance du débiteur, soit une atteinte portée à sa liberté, et une voie de contrainte directe ou indirecte envers la personne ; elle n'est qu'un mode de réparation du préjudice causé (1). Mais il convient, en pareil cas,

(1) Cass., 26 juillet 1854. SIREY, 55, 1, 33. — 25 mars 1857. SIREY, 57, 1, 267. — 18 mars 1878. SIREY, 1, 197, 781. Jurisprudence constante.

de fixer un délai pour l'exécution, passé lequel il devra être ensuite fait définitivement droit aux parties.

4. La contrainte par corps prononcée contre le débiteur, dans le cas où la loi l'autorise, n'est elle-même qu'un moyen d'exécution qui tend au payement, non pas de l'obligation de faire ou de ne pas faire, mais bien des dommages et intérêts tenant lieu de son accomplissement.

5. L'article 1142 ne déroge ni ne préjudicie aux dispositions de l'article 1184. Lorsque l'obligation de faire ou de ne pas faire résulte d'un contrat synallagmatique, la condition résolutoire est toujours sous-entendue pour le cas où l'une des parties ne satisfera pas à ses engagements.

6. Certaines obligations ont un caractère mixte, par suite de la faculté qu'ont les tribunaux de les convertir, sans les dénaturer. Telles sont les prestations alimentaires, soit qu'elles résultent d'une obligation légale ou d'une obligation conventionnelle. Les tribunaux peuvent en effet substituer arbitrairement une pension annuelle en argent ou en denrées, à une prestation d'aliments en nature, et *vice versâ*. Ils n'ont à cet égard qu'à consulter les convenances communes des parties, alors surtout qu'il s'agit d'une dette légale d'aliments.

Que si l'obligation alimentaire résulte purement d'une convention, les juges auront sans doute un pouvoir moins arbitraire, et ils ne pourront substituer à une pension alimentaire déterminée, en denrées ou en argent, laquelle est une obligation de donner, une prestation d'aliments en nature et en communauté d'habitation, laquelle est une obligation de faire. Mais à une obligation de nourrir, loger, vêtir, soigner tant en santé qu'en maladie, et en cohabitation commune, ils peuvent substituer une pension annuelle, alors du moins que le débiteur rend par son fait le mode de payement convenu impossible (1). Car si c'était exclusivement par le fait du

(1) Cass., 26 juill. 1843. Sirey, 43, 1, 900.

créancier que la prestation en nature ne pût avoir lieu, cette circonstance équivaudrait à la remise de la dette et tournerait à la libération du débiteur.

ARTICLE 1143.

Néanmoins le créancier a le droit de demander que ce qui aurait été fait par contravention à l'engagement soit détruit, et il peut se faire autoriser à le détruire aux dépens du débiteur, sans préjudice des dommages et intérêts, s'il y a lieu.

ARTICLE 1144.

Le créancier peut aussi, en cas d'inexécution, être autorisé à faire exécuter lui-même l'obligation aux dépens du débiteur.

Sommaire.

1. Sur quoi est fondé le principe des articles 1143-1144. Application.
2. Application au cas où les parties sont convenues de passer acte de leur convention.
3. Les articles 1143-1144 ne contredisent point la maxime, *nemo potest præcisè cogi ad factum.*
4. Nécessité de l'autorisation préalable. Distinction.
5. En cas de non autorisation, le créancier ne peut faire valoir les quittances des ouvriers employés par lui, que comme simples renseignements.
6. S'il s'agit de faire, le créancier n'est pas toujours en droit de demander l'autorisation de faire lui-même. Distinction.
7. Cette autorisation est même toujours facultative.
8. Le créancier autorisé n'en est pas moins responsable de tout excès de dépenses provenant de son fait.
9. L'autorisation est aussi facultative, quand il s'agit d'une obligation de ne pas faire.
10. L'autorisation ou l'indemnité qui en tient lieu ne doit s'accorder que sans préjudice d'autres dommages et intérêts.
11. L'article 1144 s'applique à certaines obligations de donner.

COMMENTAIRE.

1. Si, en principe, toute obligation de faire ou de ne pas faire se résout, en cas d'inexécution, en dommages et intérêts, c'est moins par respect pour la liberté individuelle du débiteur, que par l'impossibilité d'obtenir directement une exécution stricte de l'engagement. Mais l'on conçoit très bien qu'il existe certains cas où il est possible d'arriver à une exécution parfaite, sans avoir recours à une contrainte précisément exercée sur la personne du débiteur. Ainsi, vous vous êtes obligé à ne pas exhausser votre maison. Si vous faites ce que vous devez ne pas faire, je ne pourrai certainement pas vous faire condamner à le détruire de vos propres mains; mais j'aurai le droit de demander que ce qui aura été fait en contravention à l'engagement soit détruit. Je pourrai même me faire autoriser à le détruire, à vos frais et dépens, sans préjudice des dommages et intérêts, s'il y a lieu (1143).

S'agit-t-il d'une obligation de faire, son inexécution peut résulter soit de ce que le débiteur n'a rien fait du tout, soit de ce qu'il a fait quelque chose qui ne constitue pas un payement régulier. Vous vous êtes obligé, par exemple, à me planter dans tel héritage cent châtaigniers; vous me plantez des chênes ou d'autres arbres qui ne sont pas de l'essence convenue. J'ai le droit de demander que ce qui a été fait en contravention à l'engagement soit détruit, et je puis me faire autoriser à faire arracher, à vos dépens, les arbres par vous mal à propos plantés, sans préjudice des dommages et intérêts.

Mais j'ai encore un autre droit. J'ai fait détruire ce qui a été fait en contravention à votre obligation. J'ai bien obtenu par là la réparation de ce que vous avez fait; mais je n'ai pas encore obtenu le payement de ce que vous devez faire, c'est-à-dire, dans notre hypothèse, la plantation de cent châtaigniers. Eh bien, l'article 1144 porte que le créancier peut aussi, en cas d'inexécution, être autorisé à faire exécuter lui-même l'obligation, aux dépens du débiteur. Je pourrai donc vous assigner en justice pour voir dire que vous devrez planter, dans tel délai, les cent châtaigniers convenus, faute de quoi je serai d'ores et déjà autorisé à le faire faire moi-même, à vos frais et dépens, par l'emploi d'ouvriers dont les mémoires et quittances vaudront contre vous, sauf à moi à vous poursuivre en remboursement d'iceux, sur exécutoire délivré par le président du tribunal, sans autre jugement.

2. C'est par application du principe posé dans l'article 1144 qu'on arrive à la décision suivante : Vous me vendez tel domaine, et vous vous obligez en même temps à m'en passer acte authentique devant tel notaire. Je ne puis pas vous amener de force, *manu militari*, en l'étude du notaire ; mais j'ai le droit de vous assigner en justice en reconnaissance de la vente que vous m'avez consentie, le jugement à intervenir devant tenir lieu de l'acte authentique que vous avez promis de me consentir. En réalité, je suis autorisé par la justice à faire faire par elle-même ce que mon débiteur n'a pas voulu faire faire par un autre.

3. On comprend que la personne du débiteur n'est dans aucun de ces cas directement contrainte à faire ou à ne pas faire ; que seulement le créancier, en faisant lui-même détruire ce qui a été fait, ou faire ce qui n'a pas été exécuté, obtient la réparation de ce qui a été fait en contravention à l'engagement, ou même mieux l'accomplissement parfait de l'obligation. Les articles 1143 et 1144 ne contrarient donc pas la maxime : *nemo potest præcisè cogi ad factum*; et même l'autorisation accordée au créancier de faire ou de défaire, aux frais du débiteur, n'a d'autre résultat que de remplacer une indemnité évaluée *a priori*, à titre de dommages et intérêts, par une autre indemnité plus exacte, et déterminée *a posteriori*, à titre de remboursement de salaires et de dépenses.

4. Comme nul ne peut se faire justice lui-même, on doit obtenir l'autorisation préalable de la justice pour faire ce que le débiteur a promis et n'a pas fait, ou pour détruire ce qu'il a fait en contravention à son engagement, toutes les fois du moins qu'on s'en prend à sa chose. Vous avez promis de me planter une haie; vous me creusez un fossé. Je puis très bien combler le fossé, parce que j'agis chez moi et sur ma propriété. Mais vous vous êtes obligé à ne pas planter d'arbres à telle distance de ma terrasse, pour ne pas en gêner le prospect; vous plantez néanmoins. Je ne puis m'introduire sur votre terrain, ni, de mon autorité privée, détruire votre plantation. Ce serait une voie de fait illégitime.

S'agit-il de faire, je pourrai sans doute faire moi-même, chaque fois que mes œuvres s'exécuteront sur ma propre chose. Ainsi, je pourrai très légalement planter chez moi les arbres que vous deviez y planter.

Que si l'obligation de faire ne peut être exécutée qu'en s'en prenant à la chose du débiteur, y eût-il même urgence, péril en la demeure, le créancier ne pourra l'exécuter personnellement sans y être au préalable autorisé par la justice. Tel est le cas où ayant fait prix avec un voiturier pour me conduire dans telle ville, celui-ci refuse, au moment du départ, de se mettre en route, ou de continuer au milieu du voyage. Je ne pourrai, de ma seule autorité, prendre sa voiture et ses chevaux, et me faire conduire à ma destination. Tout ce que je suis en droit de faire, ce sera de me mettre en route, s'il y a lieu, avec la voiture et les chevaux d'un autre, sauf ensuite à réclamer contre mon obligé des dommages et intérêts, pour l'évaluation desquels le juge tiendra compte des circonstances.

5. Mais il faut remarquer que dans le cas où, sans autorisation préalable, je fais détruire ce qui devait n'être point fait, ou faire ce qui devait être fait, je ne puis opposer les quittances ou mémoires des personnes employées par moi, comme titre que je puisse rendre exécutoire contre mon débiteur, ainsi que j'aurais pu le faire en recourant à une autorisation

préalable. Je ne pourrai les présenter que comme simples renseignements pour l'évaluation de l'indemnité qui m'est due, de telle sorte que les juges pourront, suivant les circonstances, les taxer d'exagération.

6. S'il est vrai, en principe, que le créancier puisse, dans tous les cas, demander que ce qui a été fait en contravention à l'engagement soit détruit, et se faire autoriser à le détruire lui-même, aux dépens du débiteur, il est vrai aussi qu'il n'en est pas toujours de même, lorsqu'il s'agit de l'inexécution d'une obligation de faire. Il n'est pas en effet toujours en droit d'obtenir l'autorisation d'exécuter lui-même l'obligation aux dépens du débiteur. L'article 1144 ne doit recevoir son application que dans les cas où il s'agit d'une opération vulgaire, d'une œuvre commune, pour ainsi dire fongible, qui peut être consommée par tel ou tel indifféremment, sans dommage pour le créancier, sans aggravation de la position du débiteur. Tels sont un mur à construire, un fossé à creuser, des labours à faire, et autres choses semblables. Dans tous ces cas, la qualité de la façon peut varier; mais le prix de main-d'œuvre ne varie guère; et c'est ce qui importe au débiteur qui doit en faire les frais. Si l'on sait, par la demande du créancier, qu'il est indifférent pour lui que la chose se fasse par tel ou tel, on doit également veiller à ce que le débiteur n'en soit pas lésé et ne paye pas, sous forme de remboursement des salaires donnés aux ouvriers, plus qu'il ne doit rigoureusement payer à titre de dommages et intérêts.

Lors donc que l'obligation de faire consiste dans une œuvre intimement personnelle au débiteur; que son objet n'est fongible ni pour lui, ni pour le créancier; qu'elle ne peut être conséquemment exécutée que par celui-là seul qui s'y est engagé, il n'y a pas lieu de demander l'autorisation de la faire exécuter par un autre. Telle est, par exemple, une œuvre d'art ou de littérature. Par qui remplacer l'artiste ou l'auteur qui a promis de faire? Quelle œuvre d'un autre remplacera celle promise? Je ne sache guère que Mummius qui ait considéré comme choses fongibles les tableaux et les statues de Corinthe. L'obligation de faire se résout donc alors, de toute nécessité, en simples dommages et intérêts.

7. Il y a mieux : alors que, par la nature de la chose à faire, le créancier est en position de demander l'autorisation de la faire exécuter par un autre, les tribunaux ont le droit de se borner, s'ils l'estiment convenable, à prononcer des dommages et intérêts contre le débiteur. L'autorisation demandée n'est en effet qu'un moyen particulier d'obtenir satisfaction pour l'inexécution de l'engagement. Or les juges peuvent la rejeter, pour adopter un autre mode d'indemnité qui leur paraît plus juste et plus favorable à l'intérêt commun des parties (1).

Ajoutons que le montant des dommages et intérêts alloués dans ce cas doit être avant tout calculé de manière à suffire aux salaires des ouvriers que le créancier se propose d'employer pour l'exécution de la chose. Autrement, les dommages et intérêts ne seraient pas une indemnité satisfactoire. Ce mode de réparation a même cet avantage que, désormais la main-d'œuvre étant à son compte, le créancier sera invité à plus d'économie et de surveillance.

8. Ce n'est pas cependant que, dans le cas même où il a été autorisé à procéder personnellement à l'opération, aux frais du débiteur, et à lui opposer, comme titre exécutoire sur ordonnance du président, les mémoires et quittances des ouvriers employés par lui, ce n'est pas, disons-nous, que dans ce cas il ne soit encore responsable de tout excès de dépenses qu'il aurait occasionné par sa mauvaise foi, par son incurie, par son manque de prudence et de discrétion dans le choix et l'emploi des ouvriers. Car il y a quasi-délit.

_____

(1) Cass., 20 déc. 1820. Sirey, 1821, 1, 432. — 19 mars 1855. Sirey, 55, 1, 648. — Lyon, 14 juin 1860. Sirey, 61, 2, 163.

9. A plus forte raison, les juges peuvent-ils refuser d'autoriser le créancier à détruire ce qui a été fait, et se borner à lui allouer, à titre de dommages et intérêts, de quoi payer la destruction de ce qui a été fait mal à propos et le rétablissement des choses. Dans ce cas encore, ils n'ont qu'à apprécier les circonstances, et à déterminer d'après elles quel est le meilleur mode d'indemnité.

10. Soit qu'ils accordent au créancier l'autorisation de faire ce qui n'a pas été fait, ou de détruire ce qui devait n'être point fait, soit au contraire qu'ils lui refusent cette autorisation pour ne lui allouer qu'une somme déterminée, les tribunaux ne doivent pas oublier que, dans l'un et l'autre cas, des dommages et intérêts lui sont encore dus, pour le retard apporté dans l'exécution de l'obligation de faire, ou pour le seul fait d'exécution de ce qui devait n'être point fait. Autrement, le créancier n'obtiendrait pas la réparation du dommage accompli; il serait seulement garanti contre le dommage à venir.

11. Bien que l'article 1144 soit placé sous la section qui traite des obligations de faire ou de ne pas faire, il s'applique néanmoins aux obligations de donner. Le créancier peut en effet, dans tous les cas, en demandant l'exécution de l'obligation avec dommages et intérêts, s'il y a lieu, se faire autoriser à se procurer la chose aux frais du débiteur, lorsqu'elle n'est déterminée que dans sa quantité et dans son espèce, et qu'elle est par conséquent fongible. Une pareille obligation consistant en genre et ne transférant point par elle-même la propriété immédiate de la chose, se rapproche alors de l'obligation de faire. Si, par exemple, vous vous êtes obligé à me fournir cent hectolitres de blé au prix de quinze francs, et que vous ne les livriez pas, je puis me faire autoriser à les acheter moi-même au cours du moment. Et si le cours est supérieur au prix convenu de quinze francs, vous devez être condamné à me payer l'excédant, *quanti plurimi emero*. Ce sont là mes dommages et intérêts, comme ce serait votre profit, par réciprocité, si j'ache-

tais au-dessous de quinze francs. Je devrais vous payer la différence. Mais ce dernier cas ne se présentera que très rarement, parce que le créancier s'empressera de demander la résolution qui lui fait une position meilleure (1).

Il va sans dire que cette autorisation est purement facultative de la part des tribunaux, aussi bien que lorsqu'il s'agit d'une obligation de faire ou de ne pas faire.

De là cette conséquence : si l'acquéreur d'un corps certain et déterminé ne peut, après éviction, agir contre son vendeur qu'en dommages et intérêts, *ad interesse*, l'acquéreur d'objets qui ne consistent qu'en genre, *in genere*, peut, à son choix, agir en dommages et intérêts, ou en exécution de l'obligation primitive, après l'éviction soufferte. Cette exécution est en effet possible, et elle s'effectue par la délivrance et la prestation de la chose promise, en même qualité et quantité (2).

S'il s'agissait cependant d'un prêt de choses fongibles que l'emprunteur ne pût restituer en même quantité et qualité, le prêteur ne pourrait, au préjudice de son débiteur, se faire autoriser à se les procurer à ses frais. L'emprunteur ne doit en effet, dans ce cas, que la valeur des choses eu égard au temps et au lieu de la restitution convenue ou de l'emprunt, et seulement, pour dommages et intérêts, l'intérêt du jour de la demande en justice. Or, s'il pouvait se faire autoriser à se procurer en nature les choses aux frais de l'emprunteur, il ferait payer à celui-ci plus que les articles 1903 et 1904 ne permettent d'exiger (3).

ARTICLE. 1145.

Si l'obligation est de ne pas faire, celui qui y contrevient doit les dommages et intérêts, par le seul fait de la contravention.

(1) TOULLIER, t. 7, n° 64. — ZACHARIÆ, t. 2, p. 277, 1re édit., et t. 4, p. 40, 4e édit. — *Contrà*, DELVINCOURT, t. 2, p. 742.
(2) DUMOULIN, *Div. et indiv.*, n° 26.
(3) Voy. 1153, n° 20.

Sommaire.

1. L'article 1145 serait mieux à sa place sous la section suivante.
2. Motifs de ses dispositions.
3. Il s'applique aux obligations de faire emportant obligation de ne pas faire,
4. Et, de même, aux obligations de donner.

COMMENTAIRE.

1. Cet article n'est guère à sa place. Il eût été plus logiquement placé sous la section suivante, qui s'occupe des dommages et intérêts résultant de l'inexécution de l'obligation. Après la règle que les dommages et intérêts ne sont dus que lorsque le débiteur est constitué en demeure, venaient naturellement les exceptions, et, parmi elles, les dispositions de l'article 1145 portant que, si l'obligation est de ne pas faire, celui qui y contrevient doit les dommages et intérêts par le seul fait de la contravention.

2. Cette disposition est fondée sur des raisons bien simples : la mise en demeure n'est utile que pour constater le retard dans l'exécution, et elle ne signifie rien lorsqu'elle n'a pour objet que de protester contre l'accomplissement d'un fait positif, commis en contradiction avec l'exécution régulière de l'obligation.

3. L'article 1145 ne s'applique pas seulement au cas où l'obligation consiste principalement à ne pas faire telle chose, mais encore à tous les cas où l'obligation consistant à faire telle chose, emporte virtuellement celle de n'en faire aucune autre. Je me suis obligé à semer en blé une de vos terres. Par cela même, je dois n'y jeter aucune autre semence. Si donc je la sème en bois, au lieu de la semer en blé, je contreviens à mon engagement, et par ce seul fait je vous dois des dommages et intérêts. Je donne à un tailleur du drap pour me faire

un habit; il me le coupe en pantalon. Par le seul fait de la contravention, des dommages et intérêts me sont dus.

4. Les obligations de donner emportent souvent aussi obligations de ne pas faire. L'article 1145 régit ces obligations accessoires. Ainsi, celui qui doit livrer une chose est tenu, jusqu'à la livraison, de veiller à sa conservation avec les soins exigés par la loi. Il doit par suite ne rien faire qui l'expose à des détériorations, à des avaries, à une perte totale ou partielle. C'est là une obligation dont l'inexécution se résout, par le seul fait de la contravention, en dommages et intérêts. Et si le promettant est d'ailleurs en retard d'exécuter son engagement principal, la mise en demeure qui le contaste n'aura pas besoin de contenir une protestation particulière contre l'infraction aux soins que réclame la nature du contrat pour la conservation de la chose.

FIN DU PREMIER VOLUME.

Limoges, Imp. Vᵉ H. Ducourtieux, 7, rue des Arènes.

CODE DE COMMERCE

Du royaume d'Italie

Traduit, commenté et comparé aux principaux Codes étrangers et au Droit romain

Par Mᵉ Joan BOHL

Avocat à la Cour d'Amsterdam

1884. — 1 vol. in-8° : **10** fr.

THÉORIE ET PRATIQUE

DES PARTAGES D'ASCENDANTS

Envisagés des points de vue du Droit ancien, de la législation actuelle et des réformes proposées

Par Armand BONNET

Président de chambre à la Cour d'appel de Poitiers
Membre du Conseil général de la Vienne

1874. — 2 vol. in-8° : **12** fr.

DU MÊME AUTEUR :

DES DISPOSITIONS PAR CONTRAT DE MARIAGE

ET DES DISPOSITIONS ENTRE ÉPOUX

ENVISAGÉES DES POINTS DE VUE DU DROIT ROMAIN, DE L'ANCIENNE JURISPRUDENCE DE LA FRANCE ET DU CODE CIVIL

2ᵉ édition, 1873. — 3 vol. in-8° : **22** fr.

TRAITÉ DES EFFETS DE COMPLAISANCE

EN

DROIT CIVIL ET COMMERCIAL ET EN DROIT PÉNAL

Par E. DRAMARD

CONSEILLER A LA COUR DE LIMOGES

1880. — 1 vol. grand in-8° : **5** fr.

ÉTUDE THÉORIQUE ET PRATIQUE

SUR LES

TITRES AU PORTEUR PERDUS, VOLÉS, DÉTRUITS, etc.

Et les moyens d'en recouvrer la possession et la jouissance

Par Ernest LE GOST

Avocat, Docteur en Droit

1880. — 1 vol. in-8° : **6** francs

www.ingramcontent.com/pod-product-compliance
Lightning Source LLC
Chambersburg PA
CBHW031354210326
41599CB00019B/2768